기본 증권투자

김성우 · 이해영 공저

Fundamentals of Investments

MEDIA JIPHIL
(주)지필미디어

김성우(金成雨)

약 력 : 성균관대학교 경제학과 졸업
Boston University 경영학 석사, 경영학박사
University of Michigan Visiting Scholar
공인회계사 시험위원
금융감독위원회 보험사구조조정위원회 위원
현, 경기대학교 경영학과 교수

저 서 : 재무관리(3인 공저), 2010
증권투자론(2인 공저), 2005
Excel을 이용한 경영자료분석(6인 공저), 2000
선물거래와 옵션거래, 1999 외 다수

이해영(李海永)

약 력 : 성균관대학교 경영학과 졸업
성균관대학교 대학원 경영학 석사, 경영학 박사
청주대학교 경영학과 부교수
University of Delaware Visiting Scholar
공인회계사 시험위원
현, 강남대학교 경영학부 교수

저 서 : 재무관리(3인 공저), 2010
증권투자의 실제, 2005
현대투자론, 2003
계량경영의 이해, 2001 외 다수

기본 증권투자

저 자 김성우 · 이해영
발 행 처 (주) 지필미디어
주 소 서울시 서대문구 미근동 72-3 미근빌딩 101호
전 화 (02)362-4504
팩 스 (02)393-4509
이 메 일 book@jiphil.co.kr
홈페이지 jiphil.co.kr
발 행 인 고현희
발 행 일 2012년 7월 15일 초판인쇄
등록번호 제 312-1997-000043호 (1997년 07월 16일)

I S B N 978-89-97394-05-0
가 격 25,000원

머리말

쉴 새 없이 반복되는 세계적인 금융위기와 재정위기로 인하여 점점 더 많은 사람들이 금융상품투자에 관심을 갖게 되고 있다. 그들은 금융시장이 왜 이렇게 요동을 치는지, 앞으로 어떻게 흘러 갈 것인지, 이런 상황에서 손실을 보지 않거나 줄이려면 어떻게 해야 되는지, 이러한 와중에도 투자성과를 높일 수 있는 방법이 있는지 궁금해 하고 고민스럽게 생각한다. 금융상품투자에 관심을 갖는 일반인도 늘고 있지만 학생들도 부쩍 증가하고 있다. 이러한 추세는 졸업 후 금융시장 상황을 이해하고 준비하려는 이유도 있지만 경영학을 이해하여 실생활에 접목하려는 학생들이 점점 더 많아지고 있다는 현실적인 이유도 반영하고 있다.

그런데 막상 금융상품투자, 즉 증권투자를 공부하려 하면 너무 복잡하고 난해한 수식과 이론이 앞을 가로 막는 경우가 많다. 일반인들에게는 이론 자체가 너무 난해하고 현실과 괴리가 있는 것처럼 생각되고, 학생들에게는 통계학과 수학에 가로 막혀 이론의 줄거리를 파악하기 어렵다.

투자이론을 이해하기 힘들어하면서도 어떻게든 배우려고 애쓰는 학생들을 볼 때마다 쉽게 전달할 수 있는 교재가 필요하다는 것을 절실히 느껴왔다. 이러한 현실에 조그마한 도움이 되고자 머리를 맞댄 저자들은 그동안의 강의를 통해 나름대로 쌓아온 자료를 바탕으로 독자들이 이해하기 쉬운 강의교재를 만들기로 하였다.

이 책의 목적은 증권투자를 하는 투자자들이 고수익을 얻을 수 있는 투자기법을 제시하는 것이 아니라 합리적으로 투자의 위험을 측정하고, 부담하여야 하는 위험 대비 최선의 수익을 얻기 위한 증권투자이론들을 설명하기 위한 것이다.

이 책에서는 위험의 측정, 위험과 수익률 간의 관계, 효율적인 자산포트폴리오 관리기법, 주식과 채권 등 각 증권의 가치분석 등 기본적인 투자이론을 독자들에게 전달하려고 노력하였다. 또한, 독자들이 스스로 증권투자의 근 틀을 세울 수 있도록 골격이 되는 이론들만을 간결하게 설명하였다. 왜냐하면, 많은 이론들을 한꺼번에 설명하는 것보다 핵심을 명료하게 익히도록 하는 것이 보다 효과적이라고 판단했기 때문이다.

이와 더불어 투자이론의 특성상 복잡한 수학을 자주 만나게 되는데 불가피한 수식과 계산을 제외한 복잡한 수학은 가능하면 피하려고 노력하였다. 또한 현실에서 응용할 수 있도록 다양한 예제와 연습문제를 제시하여 학습 효과를 높이려고 하였다.

많은 사람들의 격려와 도움이 없었으면 이 책은 없었을 것이다. 좋은 강의를 위한 효과적인 교재의 필요성을 절실히 깨닫게 해 준 많은 학생들을 비롯하여 직·간접적으로 저자들이 아이디어를 갖는데 도움을 주신 동료, 선·후배 교수님들께 감사드린다. 또한 흔쾌히 출판을 허락해 주신 지필미디어 고현희사장님을 비롯한 직원 여러분들께 감사드리며, 기쁠 때나 어려울 때나 항상 힘이 되어 준 가족들에게 이 책을 전한다.

2012년 여름

저자 씀

▎차례 ▎

머리말 · iii

제1장 투자와 금융환경 · 1

01 투자의 의의 · 3
02 투자자산과 시장참여자 · 8
03 투자의 결정기준 및 투자과정 · 12
04 금융환경변화와 금융혁신 · 16
연습문제 · 19

제2장 금융시장 및 금융자산 · 23

01 금융시장의 기능과 분류 · 25
02 단기금융상품 · 29
03 장기금융상품 · 33
연습문제 · 53

제3장 증권시장과 거래제도 · 57

01 증권시장의 의의와 구조 · 59
02 발행시장과 유통시장 구조 · 63
03 매매거래 · 74
04 감독 및 규제, 관계기관 · 79
05 주식시장지표 · 90
연습문제 · 105

제4장 포트폴리오 이론 · 109

01 수익률 · 111
02 위험 · 114
03 효용 · 118
04 개별자산의 선택 · 122
05 포트폴리오의 선택 · 126
연습문제 · 148

제5장 자본자산가격결정모형과 차익거래가격결정모형 · 153

01 자본자산가격결정모형 · 155
02 차익거래가격결정모형 · 171
연습문제 · 188

제6장 시장의 효율성 · 193

01 효율적 시장의 의의 · 195
02 효율적 시장가설의 유형 · 197
03 효율적 시장 가설의 검정 · 202
04 자본시장의 이례현상 · 228
연습문제 · 240

제7장 주식가치의 평가 · 245

01 주식의 내재가치 · 247
02 배당할인모형 · 249
03 이익평가모형 · 257
04 EVA모형 · 259

05 잉여현금흐름모형 • 263
06 주가배수모형 • 268
연습문제 • 278

제8장 채권의 가격과 수익률 • 283

01 채권의 개념 • 285
02 채권의 가치 • 286
03 채권수익률 • 294
04 채권수익률의 기간구조 • 298
05 채권의 위험 • 306
연습문제 • 310

제9장 채권투자전략 • 315

01 이자율 위험 • 317
02 이자율에 대한 채권가격의 민감도 • 318
03 듀레이션 • 320
04 소극적 채권투자전략 • 327
05 적극적 채권투자전략 • 338
연습문제 • 345

제10장 선물거래 • 351

01 선물의 개념 • 353
02 선물거래의 종류 • 357
03 선물거래로 인한 손익 • 358
04 계약의 종료 • 359
05 선물가격 • 362

06 선물거래전략 · 367
07 대표적인 선물거래 · 374
08 스왑 · 380
연습문제 · 384

제11장 옵션거래 · 389

01 옵션개요 · 391
02 옵션거래전략 · 399
03 옵션의 내재가치와 시간적 가치 · 406
04 풋-콜 패리티 · 407
05 옵션가격결정모형 · 410
06 옵션을 이용한 델타헤지 · 415
07 옵션의 성격을 가진 증권 · 418
연습문제 · 424

부록 · 429

[수표 1] 복리이자요소($CVIF$) · 431
[수표 2] 연금의 복리이자요소($CVIF_a$) · 434
[수표 3] 현가이자요소($PVIF$) · 437
[수표 4] 연금의 현가이자요소($PVIF_a$) · 440
[수표 5] 누적표준정규분포값 · 443

연습문제 해답 · 445
찾아보기 · 455

제1장

투자와 금융환경

01 투자의 의의

우리는 주변에서 투자(investments)란 용어를 자주 듣게 된다. 증권투자, 부동산투자 그리고 자녀교육에의 투자 등은 일상생활에서 자주 사용하고 있는 용어 들이다. 여기서 투자는 과연 개인의 경제활동에서 어떠한 의미를 지니고 있을까? 개인의 경제활동 목표는 그의 효용을 극대화(utility maximization)하는 데 있다고 알려져 있다. 여기에서 효용은 개인의 주관적인(심리적 만족감 또는 정신적 행복감을 의미하는데, 효용을 극대화하기 위해서는 소비(consumption)가 중요한 역할을 한다. 즉, 인간에게는 생존을 위하여 최소한의 소비가 필요함은 물론 인간다운 삶을 위해서도 적정 수준의 소비가 필요하다. 또한 소비를 위해서는 소득(income)이 뒷받침되어야 한다. 그러나 소비의 흐름과 소득의 흐름이 시간상 항상 일치하는 것은 아니다. 따라서 개인은 소비의 흐름과 소득의 흐름 사이의 차이를 조정하여야 한다.

그러므로 경제행위에 있어서 개인의 중요한 의사결정의 하나는 일정하게 주어진 소득 범위 내에서 자기의 효용을 극대화하기 위하여 현재 얼마를 소비하고 미래의 소비를 위하여 현재 얼마를 저축할 것인가에 관한 선택의 문제라고 할 수 있다. 이러한 행위를 소비의 시간 배분이라고 하는데 소비의 시간 배분은 저축과 마이너스 저축인 차입을 통해 이루어진다. 즉 현재 소비하고 남은 잉여자금을 저축하여 현재의 소비를 미래로 미루고, 현재소비에 부족한 자금을 미래의 소득을 근거로 차입하여 미래의 예상 소득을 앞당겨서 소비하는 행위를 소비의 시간 배분이라고 한다. 각 개인의 현재의 소비와 미래의 소비에 대한 균형점은 각 개인의 현재 및 미래 소비에 대한 효용함수에 달려 있다.

한편 저축은 소비를 유보하는 소극적인 행위이다. 따라서 개인에게 투자기회가 주어지고 투자에서 얻어지는 확실한 수익률이 저축에서 얻어지는 이자율 보다 크다면 개인은 투자기회를 적극 활용하려 할 것이다. 이런 의미에서 투자는 '현재 유보한 소비를 최대한의 미래 소비로 전환하기 위해 미래에 소득을 창출해내는 자산

(assets)을 취득하고 운용하는 적극적인 행위'를 말한다. 이러한 투자의 정의는 투자에서의 수익률과 이자율 등 미래에 일어날 모든 가능성을 알고 있다는 확실성(certainty)을 전제로 하고 있다. 그러나 우리는 미래가 불확실한 상황 하에 살고 있다.

미래의 불확실성(uncertainty)을 고려하여 투자를 정의하면 투자는 '확실한 현재의 소비를 희생하여 이에 대한 보상으로 불확실한 미래 수익을 바라는 행위'라고 할 수 있다. 즉 투자는 미래의 수익을 기대하고 현재의 현금이나 다른 자원을 맡겨두는 것을 말한다. 예를 들어 여러분이 주식투자를 한다고 가정하자. 여러분은 주식투자로 얻을 미래의 수익금이 현금 묶인 시간과 투자 위험을 모두 정당화시킬 것을 기대하고 주식을 매입할 것이다. 이러한 투자의 정의로부터 투자는 다음과 같은 두 가지 특성을 지니고 있음을 알 수 있다.

투자의 첫 번째 특성은 소비의 경제적 희생이 이루어지는 투자시점은 현재이지만 그에 대한 보상은 미래에 이루어진다는 점에서 찾을 수 있다. 이를 투자의 시간특성이라고 한다. 그러므로 미래 수익에는 시간에 대한 보상(time premium), 즉 시간을 기다리는 것에 대한 보상이 포함되어야 한다. 투자의 두 번째 특성은 현재의 희생은 확실한 것인데 반하여 미래 수익은 불확실하다는 점에서 찾을 수 있다. 이를 투자의 위험특성이라고 한다. 그러므로 미래 수익에는 위험에 대한 보상(risk premium)이 포함되어야 한다.

결국 투자에서 미래 수익은 희생에 대한 보상, 즉 대가를 말하는 것으로 다음 두 가지로 구성되어 있음을 알 수 있다. 하나는 현재소비를 절약하여 미래까지 기다리는데 대한 보상 즉 투자기간에 따른 대가와 다른 하나는 미래의 불확실성에 따르는 위험에 대한 적절한 보상, 즉 위험을 부담한 대가이다. 그러므로 투자로부터 기대하는 미래 수익의 크기는 투자자가 어느 정도의 시간을 감수하려고 하느냐 하는 시간의 선호정도인 시간선호(time preference)와 어느 정도의 위험을 부담하려고 하느냐 하는 위험의 선호정도인 위험선호(risk preference)에 따라 달라질 것이다. 다시 말하면 투자란 어느 정도의 시간과 위험을 선호하느냐를 결정하는 선택의 문제로 볼 수 있다. 결국 미래 수익은 다음과 같이 기간에 따른 대가와 위험을 감수한 대가의 합으로 볼 수 있다.

미래 수익 = 기간에 따른 대가 + 위험을 감수한 대가 (1.1)

위 식으로부터 투자가치의 평가는 미래 수익과 수익의 불확실성으로 부터 발생하는 위험이라는 두 가지 요인에 의하여 결정된다는 것을 알 수 있다. 즉, 투자가치는 위험과 수익의 함수라는 다음 관계가 성립한다.

V (투자가치) = f (위험, 미래수익) (1.2)

한편 위 식에서 미래수익을 측정하기 위해서는 절대 금액인 수익(return)을 사용하지 않고 상대적인 비교를 위하여 수익률(rate of return)을 사용한다. 일반적으로 미래의 수익은 미래 수익률 확률분포의 기대값인 기대수익률[$E(R)$]로 측정하며, 위험은 수익률 확률분포의 표준편차[$\sigma(R)$]로 측정한다. 여기에 대하여는 제4장에서 자세히 설명할 것이다. 또한 위 식으로부터 투자결정은 미래에 수익이 발생하기 때문에 위험의 틀과 시간의 틀 사이에 이루어진다고 할 수 있다. 즉, 투자결정은 다음과 같은 두 가지 선택의 문제라고 할 수 있다.

첫째, 시간선호의 문제이다. 투자자들은 같은 금액이라면 미래의 소비보다는 현재의 소비를 선호하게 되는데, 투자로 인한 미래 수익의 크기에 따라 현재 얼마를 소비하고 미래에 얼마를 소비할 것인가를 결정하여야 한다.

둘째, 위험선호의 문제이다. 현재의 확실한 소비를 희생하여 얻어지는 투자의 미래수익은 불확실한데 이때 투자자는 어느 정도의 위험을 부담해야하는지를 결정하여야 한다.

위험과 미래수익의 관계는 위험이 큰 투자는 그 위험에 대하여 적절한 보상을 해야 하며, 모든 투자자는 위험에 상응하는 보상을 기대한다는 사실로부터 파악할 수 있다. 즉 모든 투자자들이 이성적으로 행동한다면, 위험이 큰 투자의 미래수익은 위험이 작은 투자의 미래수익보다 크게 될 것이다. 또한 위험이 전혀 없는 투자자산인 무위험자산(risk-free asset)이 존재하면, 그 투자로부터의 수익률은 확실히 예측할 수 있다. 무위험자산으로는 국공채, 정기예금 등이 있으며 여기에 투자하였을 때의 수익률을 무위험이자율(risk-free rate) 또는 위험전무수익률이라고 한다. 무위험이자율은 정부의 통화정책, 신용정책, 기대되는 물가상승률 등에 영향을 받는다.

이러한 의미에서 투자자산은 해당 자산에 대한 투자로부터 실현되는 미래수익의 불확실성 여부에 따라 무위험자산과 위험자산(risky asset)으로 구분할 수 있다. 위험자산이란 미래의 수익이 불확실한 자산을 말한다. 주식이나 부동산 등은 위험자산이라 할 수 있다.

결국 앞에서 설명했던 미래 수익을 나타내는 식 (1.1)은 다음 식으로 표시할 수 있다.

미래 수익 = 기간에 따른 대가 + 위험을 감수한 대가 (1.3)
= 무위험이자율 + 위험 프리미엄

위 식에서 볼 수 있는 바와 같이 모든 투자에 기대되는 미래수익은 위험이 전혀 없는 투자자산에 투자하였을 때의 수익(무위험이자율)에 그 투자가 갖는 위험에 대한 보상을 합한 것이다. 그리고 위험에 대한 보상, 즉 위험프리미엄(risk premium)은 위험이 클수록 커지게 된다. 위험과 미래수익의 관계를 그림으로 나타내면 [그림 1-1]과 같다.

[그림 1-1]에서 볼 수 있는 바와 같이 무위험이자율의 크기는 투자기간에 따른

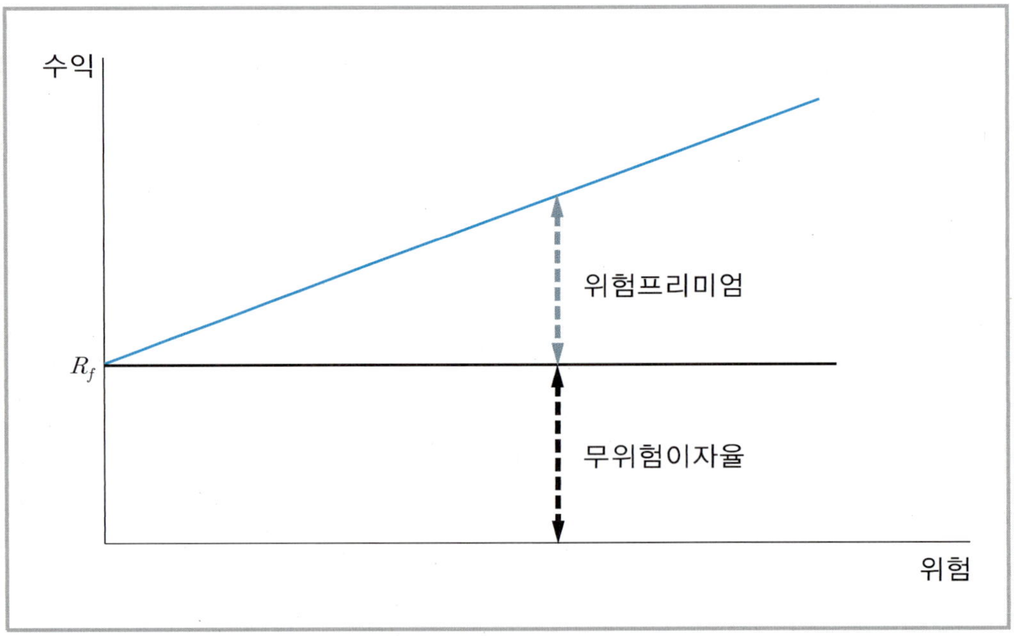

그림 1-1 위험과 미래 수익의 관계

대가이며, 위험프리미엄의 크기는 위험을 감수한 대가이다. 또한 위험과 기대수익률은 상충관계(trade-off relationship)에 있다고 할 수 있다. 즉 투자자는 위험을 회피하자면 기대수익률을 포기해야 하고, 기대수익률을 추구하자면 위험을 감수하여야 한다. 일반적으로 사후적으로도 주식의 경우에는 위험이 큰 만큼 수익이 높게 나타나지만, 단기 미국 국채인 재무증권(Treasury Bill : TB)은 위험이 가장 작은 만큼 수익이 가장 낮고 회사채의 경우에는 위험과 수익이 중간에 자리 잡고 있는 것으로 알려져 있다.

위험과 미래수익의 상충관계에서 볼 때 투자자들은 미래수익이 동일하면 위험이 낮은 투자대상을 선택하고, 위험이 동일하면 미래수익이 높은 투자대상을 선택할 것이다. 이를 지배원리(principle of dominance)라고 한다. 그러므로 같은 위험 수준에서는 미래수익이 높을수록, 그리고 동일한 미래수익 수준에서는 위험이 낮을수록 좋은 투자대상이 된다. 위험이 낮으면서 미래의 기대수익이 높을 수 없으며 이러한 관계는 '공짜 점심은 없다(no free lunch)'는 속담이 잘 표현하고 있다. 이는 높은 미래수익을 원할 경우에는 반드시 높은 위험을 부담할 각오를 하여야 한다는 것을 의미한다. 따라서 투자자의 이론적인 투자목표는 자신의 부의 극대화(wealth maximization)를 추구하여 효용을 극대화시키는데 있지만, 현실적인 투자목표는 일정한 위험수준에서 투자수익인 미래수익을 최대화시키거나 일정한 미래수익 수준에서 위험을 최소화시키는 것이 되어야 한다.

투자와 관련된 용어로 보관(holdings), 저축(savings), 투기(speculation) 등이 사용된다. 보관은 현재의 자산을 그대로 유지하려고 하는 것으로 미래의 수익을 추구하는 경제적 행위가 아니다. 돈을 장롱 깊숙한 곳에 넣어 두고 필요시 사용하는 행위를 경제적 의미의 투자라고 할 수는 없다. 저축은 앞에서 설명한 바와 같이 현재의 소비를 희생하여 그에 대한 보상으로 확실한 크기의 미래 수익을 얻으려는 것으로서 위험보상과는 관련 없이 단순히 시간에 대한 보상만을 추구하는 경제적 행위를 말한다. 저축은 위험보상과는 관계없는 자금의 이전행위를 말한다.

한편 투기는 확실한 현재의 소비를 희생하여 그에 대한 보상으로 불확실한 수익을 얻으려는 경제적 행위라는 점에서 투자와 구분하기 어려워 보일 수 있으며 이런 의미에서 투자의 범주에 속한다고도 할 수 있다. 그러나 일반적으로 정보의 확인도 없이, 특히 위험에 대한 정보의 확인도 없이 비교적 단기적인 기간 내에 투자성과를 얻으려는 행위를 투기라고 하며 이와는 달리 미래의 기대수익률과 위험을 모두 고려한 합리적인 의사결정에 의한 행위를 투자하고 한다.

02 투자자산과 시장참여자

투자자가 투자하는 대상인 투자자산은 크게 실물자산(real assets)과 금융자산(financial assets)으로 구분된다.

실물자산은 토지, 건물, 생산시설(기계 및 설비), 부동산, 귀금속, 골동품 등을 말하며 투자자에게 직접 만족을 제공하거나 소득을 창출해내는 자산이다. 실물자산은 재화와 용역을 생산하여 그 자체가 경제적 가치를 창조하고 사회적 부의 창조에 직접 공헌한다. 실물자산은 각기 고유한 특성을 가지고 있으며, 똑같은 것이 존재하지 않는 경우가 대부분이기 때문에 객관적인 가치평가가 쉽지 않으며, 일반적으로 투자의 규모가 크고 분할투자가 불가능하다.

금융자산은 실물자산과는 달리 그 자체가 재화와 용역을 생산하는데 직접 사용되는 자산이 아니라 자산의 이용으로부터 얻어질 소득에 대한 분할적인 청구권(claims) 또는 자산에 대한 소유지분을 나타내는 자산이다. 즉 금융자산은 직접 경제적 가치나 사회적 부를 창출하거나 대표하지 못하고 간접적으로 이에 공헌한다. 금융자산은 흔히 유가증권(증권)이라고 하는데, 은행예금, 주식, 채권, 수익증권, 보험증서, 외국환, 할인어음 등이 모두 금융자산에 속한다. 주식은 단순한 종이 조각에 불구하며 해당 경제의 생산증력에 직접 기여하지는 못하지만, 대신 주식은 실물자산이 만들에 내는 소득에 대한 청구권이 된다. 일반 사람들이 자동차 공장을 소유할 수 없다고 하더라도 자동차를 만드는 회사의 주식을 매입하여 자동차 생산에 나오는 소득을 공유할 수 있다.

실물자산은 소득을 창출하는 자산인 반면에 금융자산은 단순히 소득이나 부를 투자자 사이에 분배하는 역할을 할 뿐이다. 개인은 소득을 현재 소비할 것인지 아니면 미래를 위하여 투자할 것인지 선택하고, 투자의 경우 다양한 금융자산을 매입함으로써 자신의 부를 금융자산에 저장하게 된다. 개인투자자들이 기업으로부터 이들 증권을 매입하면 기업은 조달된 자금을 사용하여 공장이나 설비, 기술, 재고자산 등과 실물자산을 구입하게 된다. 따라서 개인이 금융자산에서 받는 수익은 궁극적으로 증권을 발행하여 구입한 실물자산이 창출하는 소득에서 나오는 것이다.

투자대상으로써 금융자산은 실물자산에 비해 투자대상으로서 많은 장점을 지니고 있다. 이들을 살펴보면 다음과 같다.

첫째, 금융자산은 분할하기가 쉬워서 소액투자가 가능하고, 금융자산이 거래되는 시장과 가치평가를 위한 객관적인 분석방법이 비교적 잘 정립되어 있다. 따라서 금융자산은 투자자가 가장 쉽게 접할 수 있는 투자수단이다.

둘째, 투자자는 금융자산에 투자함으로써 간접적으로 실물자산의 일부만을 분할해서 소유할 수 있기 때문에 여러 종류의 자산에 분산해서 투자할 수 있다.

셋째, 금융자산은 원활하게 거래가 이루어지는 시장이 존재하기 때문에 가격이 공정하게 결정되고, 원하는 시점에 적은 거래비용으로 쉽게 매매를 할 수 있어 환금성도 크다.

이 책에서는 거의 대부분을 금융자산만을 다루기로 한다. 그렇지만 투자자들이 매입하기로 선택한 금융자산의 투자성패 여부는 그 금융자산의 기초가 되는 실물자산에 달려 있다는 사실을 잊어서는 안 된다.

한편 금융자산은 다시 단기금융자산과 장기금융자산으로 구분된다. 단기금융자산은 보통 만기가 1년 미만인 단기금융상품을 말하며 단기금융시장(money market)에서 거래된다. 단기금융자산으로는 미국정부의 재정증권, 외국환평형기금채권, 통화안정증권 등의 단기국공채와 양도성예금증서(certificate of deposit: CD), 신종기업어음(commercial paper: CP) 및 환매조건부채권(repurchase agreements: RP) 그리고 콜(call) 등이 있다. 단기금융자산에 대하여는 제2장 제2절에서 상세히 설명할 것이다.

장기금융자산은 보통 만기가 1년 이상인 장기금융상품을 말하며 장기금융시장인 자본시장(capital market)에서 거래된다. 투자론에서 주로 다루는 투자대상은 장기금융자산이다. 장기금융자산으로는 확정소득증권(fixed income securities)인 채권(bond), 잔여소득증권(residual income securities)인 주식(stock), 파생증권

(derivative securities), 증권투신상품과 부동산 관련 상품 등이 있다.

확정소득증권은 이자와 원금 지급액이 확정되어 있어 미리 약정된 고정소득을 얻을 수 있는 증권으로 채권이 대표적이다. 즉, 채권에 투자한 투자자는 정기적으로 약속된 이자를 지급 받고 만기에 액면금액을 지급 받는다. 채권은 발행주체에 따라 국공채와 회사채 및 특수채로 구분하기도 한다. 채권의 분류에 대하여는 제2장 제4절에서 다시 설명할 것이다.

주식을 잔여소득증권이라고 부르는 이유는 기업이 벌어들인 이익 중 주주들에게는 근로자, 거래처, 채권자, 정부 등 다른 이해관계자들에게 지급하고 남은 나머지가 지급되기 때문이다. 채권과는 달리 주식은 기업에 대한 소유지분을 나타낸다. 주식에 투자한 투자자들은 고정된 투자소득을 얻지 못하며 소유지분의 정도에 따라 기업으로부터 배당을 받는다. 주주가 받게 되는 배당은 기업의 영업실적에 따라 변동한다. 그러므로 주식에 투자하는 투자자는 채권에 투자하는 것에 비해 보다 큰 투자위험을 부담하게 된다. 주식은 크게 우선주와 보통주로 구분된다. 주식의 분류에 대하여는 제2장 제3절에서 설명할 것이다.

파생증권은 투자성과가 특정자산(기초자산)의 가격에 따라 변동하는 투자자산으로 선물(futures), 옵션(option), 스왑(swap) 등이 대표적이다. 선물은 미리 정해놓은 미래 일정시점에 품질, 규격 등이 표준화된 일정량의 특정상품을 현시점에서 일정한 가격으로 매매하기로 한 계약을 의미한다. 이에 비해 옵션은 어떤 거래 당사자가 다른 당사자에게 특정 자산을 미리 약속된 날에 미리 약속된 가격으로 사거나 팔 수 있는 권리를 나타낸다. 그리고 스왑은 미리 약정된 현금흐름 또는 자산을 미래에 교환하기로 하는 두 거래자 사이의 사적인 계약을 의미한다. 투자자는 파생증권에 투자함으로써 다양한 투자성과를 얻을 수 있으며 투자에 따른 위험을 효율적으로 관리할 수 있다. 선물에 대하여는 제10장에서, 옵션에 대하여는 제11장에서 자세히 설명할 것이다.

투자자는 증권투자신탁을 이용하여 수익증권(beneficiary certificate)이나 뮤추얼펀드(mutual fund)라 불리 우는 금융자산에 투자할 수도 있다. 수익증권과 뮤추얼펀드는 다수의 투자자로부터 자금을 모집하여 기금을 형성하고 이를 여러 자산에 투자함으로써 얻은 투자수익을 투자자에게 배분하여 주는 금융상품이다.

한편 부동산 관련 상품으로는 자산담보부증권(asset backed security: ABS), 주택저당채권담보부채권(mortgage backed security: MBS), 리츠(real estate investment trusts: REITs) 등이 있다. ABS는 금융기관이나 기업들이 보유하고 있는 대출채권, 부동산, 외상매출금 등의 자산을 하나의 그룹으로 집합화하여 자산유동화전문회사(special purpose company: SPC)에 양도하고 그 자산을 담보로 발행한 유가증권을 말한다. MBS는 ABS의 한 종류로 은행이나 주택할부금융사 등의 주택저당채권을 유동화중개기관이 매입해 이를 담보로 발행한 증권을 말한다. 마지막으로 리츠는 소액투자자에게서 모은 자금으로 부동산투자회사를 설립하여 사무실, 상가, 주택 등 부동산에 투자한 후 운영 수익을 배당형식으로 주주에게 돌려주는 주식회사형 부동산투자신탁을 말한다.

투자자산을 분류할 때 인적자산(human capital)을 포함하는 경우도 있다. 인적자산은 인간에 투자되어 축적된 교육과 기술을 말한다. 교육과 기술은 생산성을 높여줄 뿐만 아니라 삶의 질을 높여주는 역할도 한다. 실물자산이 재화와 용역을 생산하는데 이용되는 유형자산 인데 비하여 인적자산은 재화와 용역의 생산에 동원되는 무형자산이다. 인적자산에 대한 투자는 경제적인 이익만을 위한 것이 아니라 미래 소득과는 별도로 정신적인 만족감만을 주기 때문에 소비의 성격도 강하다. 따라서 인적자산에 대한 가치평가는 상당히 주관적일 수밖에 없다.

한편 투자자는 개인투자자(individual investors)와 외국인투자자(foreign investors), 전문투자자(professional investors), 그리고 기관투자자(institutional investors)로 구분되기도 한다.

개인투자자는 보통의 투자자로서 연령, 재산수준, 직업, 교육정도, 성별, 가족구성 등에 따라 매우 다양한 형태를 보인다. 이들은 개미군단이라고 부르기도 하며, 인적자산(교육), 주거용 부동산, 그리고 여러 금융자산 등에 투자한다. 이들은 자산의 증식 또는 기업의 지배를 투자목적으로 한다.

외국인투자자는 해외자본을 국내로 반입하여 금융자산 투자에 참여하는 투자자를 말한다. 자본시장이 통합되고 개방이 확대됨에 따라 외국인투자자가 자본시장에 미치는 영향이 점차 증대되고 있다.

전문투자자는 개인 또는 기관 투자자들로부터 수수료를 받고 투자관리에 대한 서비스를 제공해 주는 개인 또는 기관을 지칭한다. 이들은 특정인에게 고용되어 투자관리를 대행하거나 다수의 개인투자자들로부터 자금을 모아 펀드를 형성하고 이의 운용과 관리를 담당하고 있는 투자자이다. 투자자문회사나 각종 기관투자자들의 펀드 매니저(fund manager)가 이에 속한다.

기관투자자는 법인형태를 취하고 있는 투자자로 은행, 증권회사, 보험회사, 증권투자신탁회사, 연금기금, 각종 재단 등이 이에 속한다. 이들은 자산운용에 있어서 타인의 자산에 대한 선의의 관리자로서 의무를 다해야 한다. 이들은 자신의 장래 채무와 비용을 충당하거나 수익을 얻을 목적으로 투자자금을 운용하며, 개인투자자에 비해 대규모의 거래를 행하므로 시장의 움직임에 상당한 영향력을 행사한다.

03 투자의 결정기준 및 투자과정

투자자가 최적 투자안을 선정하기 위해서는 투자대상들의 투자가치를 분석하고 평가하는 기준이 필요한데 이를 투자의 결정기준이라고 한다. 투자의 결정기준은 크게 개별자산접근법(asset by asset approach)과 포트폴리오접근방법(portfolio approach)으로 구분된다. 여기에서 포트폴리오란 하나의 증권에만 투자하지 않고 둘 이상의 증권에 분산투자할 경우의 투자대상을 지칭하는 개념이다. 따라서 개별자산접근법은 투자대상들을 독립적, 개별적으로 분석하여 선택하는 기법이며, 포트폴리오접근법은 둘 이상의 복수 증권들의 결합관계를 분석하는 기법이다. 개별자산접근법은 증권분석(securities analysis)이라고도 하는데, 기본적 분석(fundamental analysis)과 기술적 분석(technical analysis)이 이에 속한다.

기본적 분석방법은 증권의 가격은 주당이익, 배당, 재무구조, 경영진의 능력, 산업의 동태와 경제상황 등과 같은 요인들에 의하여 결정된다고 가정하고 있다. 이러한 요인들에 의하여 결정된 증권가격을 그 증권의 내재가치(intrinsic value)라고 한다. 기본적 분석에서는 시장에서 증권에 대한 수요와 공급에 의해서 객관적으로 결정되는 시장가치(market price)가 그 증권이 본래 지니고 있는 내재가치에 장기적으로는 접근해가지만 단기적으로는 동일할 수 없다는 전제하에 증권의 시장가치와 내재가치를 비교하여 투자를 결정한다. 즉 기본적 분석은 시장가치가 내재가치보다 작은, 즉 과소평가된 증권을 매입하고, 시장가치가 내재가치보다 큰, 즉 과대평가된 증권을 매각하여 수익을 얻고자 하는 투자관리 분석기법이다. 이 책의 제7장 주식의 가치평가와 제8장 채권의 가치평가 및 제9장 채권투자전략이 기본적 분석방법에 해당한다. 그러나 이 책에서는 기본적 분석방법으로 자주 언급되는 경제분석, 산업분석 및 기업분석에 대하여는 설명하고 있지 않다.

기술적 분석방법은 앞으로 증권가격이 움직이는 양상을 설명하기 위하여 과거의 증권가격의 움직임을 분석하는 기법이다. 기술적 분석은 과거 증권가격 움직임의 양상이 미래에도 반복되고, 증권가격이 이성적 요인뿐만 아니라 비이성적 요인, 심리적 요인에 의해서도 결정된다고 가정하고 있다. 따라서 기술적 분석에서는 증권가격의 패턴을 결정짓는 증권의 수요와 공급 그 자체에 대한 분석을 중요시한다. 예를 들면 과거 증권가격 변동의 특징적인 패턴을 차트로 추적하거나, 이동평균 투자심리선과 같은 투자지표를 이용하여 포착하고 있다. 기술적 분석은 본래 다우이론(Dow theory)에서 발전하였는데 증권시장의 시황이 약세시장이나 강세시장으로 전환되는 시점과 시장동향을 미리 포착하여 초과수익을 얻고자 하는 데에 분석의 초점을 두고 여러 기법이 제시되고 있다. 또한 기술적 분석 기법들은 대체로 주가의 전체동향을 알기 위한 분석방법으로 개발된 것이 많으나, 개별주식의 예측에도 많이 사용된다. 이 책에서는 기술적 분석기법에 대하여는 설명하고 있지 않다.

한편 포트폴리오접근방법은 증권을 둘 이상의 복수증권과의 결합관계에서 투자가치를 평가하여 투자대상을 선택하는 방법이다. 포트폴리오접근방법이 최근에 와서 관심을 끄는 이유는 투자자들이 하나의 증권에 투자하지 않고 여러 증권에 분산투자함으로써 투자수익을 희생시키지 않으면서 위험을 줄일 수 있기 때문이다. 포트폴리오분석은 두 개 이상의 투자대상에 분산투자를 하였을 때 나타나는 포트폴리오의 기대수익률과 위험에 대한 분석을 기초로 하여 일정한 기대수익률에서 투자위험을 최소화할 수 있는 효율적 분산투자의 방법을 중점적으로 다루고 있다. 포트폴리오이론에 대하여는 제4장에서 자세히 설명하고 있다.

현대 투자이론은 포트폴리오분석을 근간으로 하여 크게 두 가지 부분으로 구성되어 있다. 하나는 최적포트폴리오의 선택에 관한 것이며, 다른 하나는 시장 전체로 볼 때 균형상태에서 자산의 가격구조를 설명하는 자본자산가격결정모형(capital asset pricing model: CAPM)에 관한 것이다. CAPM은 개별투자자들이 투자위험을 최소화시키는 효율적 포트폴리오를 구성하여 최적포트폴리오를 선택할 경우 시장전체로 볼 때 균형상태에서의 자산의 기대수익률과 위험의 관계를 나타낸 것이다. 최적포트폴리오의 선택에 관한 이론은 제4장 제5절 포트폴리오의 선택에서 그리고 자본자산가격결정모형에 대한 내용은 제5장 제1절에서 자세히 설명할 것이다.

투자자는 투자관리과정을 통하여 투자목표를 달성하고자 한다. 투자관리과정도 관리기능의 한 분야이므로 하나의 관리과정으로 이해할 수 있다. 따라서 투자관리과정은 계획(plan), 실행(do), 통제(see)의 연속적인 활동으로 이루어진 관리순환(management cycle)의 체계를 가진다. 이를 그림으로 나타내면 [그림 1-2]와 같다.

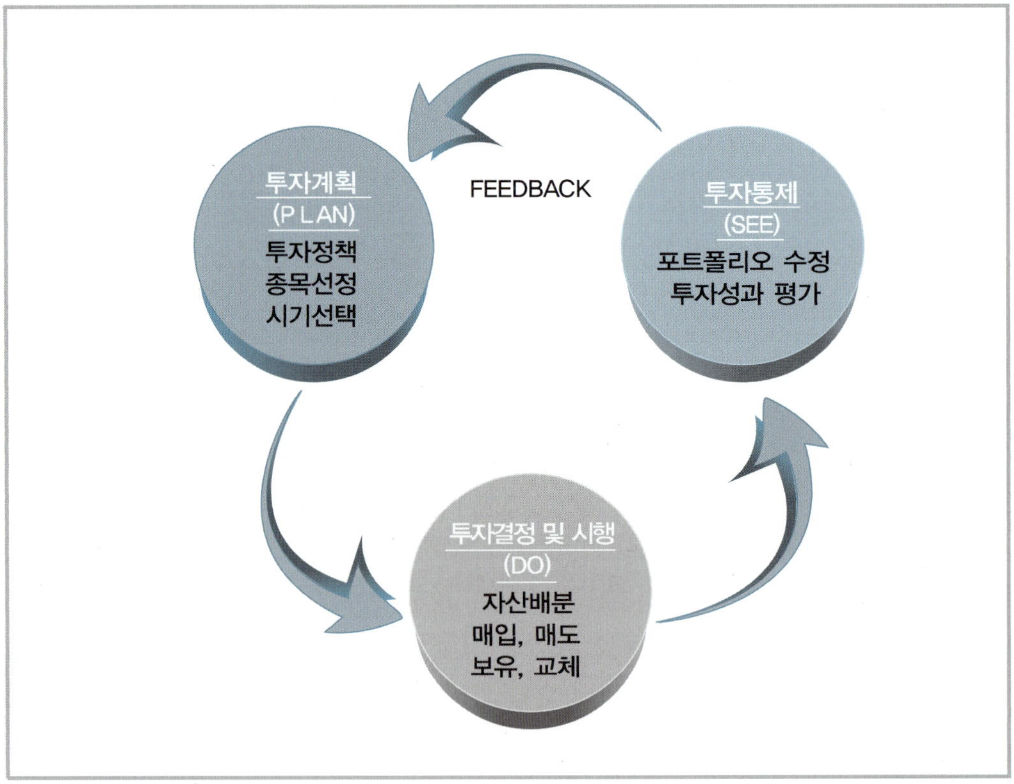

그림 1-2 투자관리과정

[그림 1-2]에서 살펴볼 수 있는 바와 같이 투자관리과정은 투자계획, 투자결정 및 시행, 투자통제로 이루어져 있다. 투자계획은 투자의 정책방향을 설정하고, 투자대상 종목을 선정하며, 적절한 투자기회를 선택하는 활동을 말한다. 여기서 투자정책(investment policy)이란 투자자의 투자목표와 투자자금의 규모, 투자기간, 증권분석의 능력, 세금 등의 제약조건을 고려하여 설정되는 투자활동의 기준을 말한다. 또한 투자대상종목을 선정하기 위해서는 투자결과에 영향을 미치는 경제변수와 미래 증권시장의 움직임을 예측하고, 투자종목의 미래수익률의 확률분포를 추정하여야 한다.

그리고 투자결정 및 시행이란 투자계획에 따라 자산배분(asset allocation)을 실행하여 최적포트폴리오를 구성하고, 포트폴리오에 편입시킬 투자 종목을 최적시기에 매입하고 편입에서 제외할 종목을 적절한 시기에 매도하며, 기존 보유자산의 계속 보유여부와 교체여부를 결정하고 실행하는 활동을 말한다. 여기에서 자산배분이란 수립된 투자정책과 시장상황에 대한 예측을 종합화하여 주요 투자종목에 자금을 배분하는 것을 말한다.

마지막으로 투자통제란 포트폴리오를 수정하고 투자성과를 평가하는 활동을 말한다. 포트폴리오성과의 평가란 실현된 투자의 성과가 원래의 투자목표와 비교하여 어떠한 차이를 보이는지를 비교하는 것이다. 즉, 시장상황의 변화에 따라 최초에 구성된 포트폴리오를 가지고 투자목표를 달성할 수 없게 될 수도 있으므로 이를 감안하여 포트폴리오를 지속적으로 수정하여야 한다. 그리고 투자기간이 종료되는 시점에서 투자성과를 측정하고 원래의 투자목표와 비교하여 어떤 차이를 보이는지 그리고 그 차이가 왜 발생하였는지를 분석하여야 한다. 이러한 성과 평가의 결과가 피드백(feed back) 되고 차기 투자계획을 수립할 때 활용되어야 한다. 투자관리과정에서 중요한 것은 통제과정의 결과를 피드백하여 차기 투자계획에 반영한다는 점이다.

[그림 1-2]의 일련의 투자관리의 과정에서 가장 중요한 것은 최적 투자안의 선정과 정인 투자결정이다. 투자결정을 위한 투자관리의 기본방향은 초과수익(excess return)의 가능성을 전제하느냐에 따라 적극적 투자관리(active investment management)와 소극적 투자관리(passive investment management)로 나누어 볼 수 있다. 일반적으로

시장에서 얻을 수 있는 수익보다 더 높은 수익인 초과수익은 시장의 효율성(market efficiency)과 관련되어 있다. 여기서 효율성이란 정보의 효율성(informational efficiency)을 말하는 것으로서, 정보가 발생될 때 그 정보가 얼마나 완전하고, 신속하게, 비용 없이 증권의 가격에 반영되는지를 말한다. 자본시장의 효율성에 대하여는 제6장 제1절 자본시장의 효율성에서 설명할 것이다.

적극적 투자관리는 증권의 시장가격에 이용 가능한 모든 정보가 충분히 반영되어 있지 않다는 비효율적 시장을 전제로, 시장에서 과소평가 혹은 과대평가된 증권을 식별하거나 증시동향을 감안하여 적절한 투자시점을 포착함으로써 초과수익을 얻으려는 입장이다. 따라서 적극적 투자관리자는 기본적 분석과 기술적 분석 등의 전통적 투자관리방법을 사용하여 증권시장에서 평균적으로 얻는 수익보다 더 높은 수익(beat-the-market)을 추구한다.

반면에 소극적 투자관리는 시장이 효율적이어서 증권의 시장가격에 이용 가능한 모든 정보가 이미 충분히 반영되어 있으므로, 시장에서 과소평가 혹은 과대평가된 증권을 식별하는 것이 불가능하여 결과적으로 초과수익을 얻을 수 없다는 입장이다. 따라서 소극적 투자관리자는 투자대상을 무작위로 선정하거나 효율적 분산투자(efficient diversification)와 위험통제(risk control)를 투자관리방법으로 사용하여 투자성과의 개선을 도모한다.

04 금융환경변화와 금융혁신

2000년대 이후 가장 큰 변화는 세계의 금융환경에서 일어났다고 할 수 있다. 전 세계적으로 국제자본의 이동에 대한 규제가 완화되고 정보·통신기술이 발달하면서 자금이 신속하게 이동할 수 있게 되어 각 나라의 금융시장은 빠른 속도로 통합되고 있다. 또한 금융환경의 변화와 더불어 다양해진 투자자들의 수요에 부응하고, 한편으로는 금융규제로부터 벗어나기 위하여 세계의 금융기관과 기관투자자들은 금융혁신(financial innovation)을 강력하게 추진하고 있다. 그 결과 신종 금융상품과 금융거래기법 등이 다양하게 나타나고 있다. 금융시장의 세계화(globalization), 금융자산의 증권화(securitization), 금융공학(financial engineering), 정보와 컴퓨터 네트워크(information and computer network) 등의 네 가지 추세가 금융시장의 투자환경을 변화시키고 있다. 환경변화에 따른 최근의 금융시장의 네 가지 추세를 정리하면 다음과 같다.

첫째, 금융시장의 세계화이다. 금융시장이 세계화 된 원인으로는 세계 각국 자본시장의 개방과 잘 발달된 정보통신망을 이용한 투자자금의 신속한 이동, 세계 각국의 금융 산업에 대한 규제완화에 따른 투자자들의 국제 투자에 대한 관심, 금융시장에서의 가격의 자율화 등을 들 수 있다. 세계화의 영향으로 외환시장에서 환율의 결정에 정부가 개입할 수 있는 여지가 줄고, 환율이 수요와 공급에 의해 결정되면서 외국자금의 이동이 환율에 직접적인 영향을 미치게 되어 환율의 변동성이 증가하였다. 또한 투기를 목적으로 하는 국제금융자본의 이동은 경제가 취약한 국가의 경제안정을 해치고 극단적인 위기상황으로 빠지게 할 수도 있어 경제의 안정성이 저하되었고, 각 국의 증시가 금융 선진국의 증시를 따라서 움직이는 동조화현상이 나타나고 있다.

둘째, 금융자산의 증권화이다. 금융자산의 증권화는 증권발행을 통한 자금조달이 증가하는 현상을 말한다. 즉, 시장성이 없는 금융자산을 시장성을 갖는 증권으로 그 성격을 바꾸어줌으로써 자산의 유동성과 시장성을 높여주는 것을 말한다. 금융증권화의 대표적인 사례가 부동산 관련 상품인 ABS, MBS, REITs 등이다. 금융증권화의 결과 기업의 자금조달이 대출을 통한 간접금융에서 주식과 채권의 발행을 통한 직접금융으로 전환되고 증권시장의 기능이 강화되고 있다.

셋째, 금융공학이다. 금융공학이란 수학적 모형과 컴퓨터 기반의 거개 기법을 활용하여 새로운 금융상품을 합성해 내는 것을 말한다. 금융공학이 발전한 결과 다양한 파생금융상품이 등장하게 되었다. 금리, 환율 등의 가격이 자유화되면 필연적으로 가격변동성과 위험도 증가하게 마련이다. 이와 같이 위험요인이 증가함에 따라 투기이익을 노리는 투기적 거래자는 물론 위험관리에 관심을 갖는 투자자와 기업이 늘면서 선물, 옵션 등의 다양한 파생금융상품이 등장하고 그 시장도 급격하게 성장하고 있다. 또한 옵션과 선물 등은 주식이나 채권 등과 같은 전통적인 증권에 비하여 보다 적은 투자금액으로 동일한 크기의 수익을 얻을 수 있는 투자대상이므로 기초자산의 미래가격의 변화에 대하여 우월한 예측능력을 갖고 있는 투자자는 이들 파생증권을 투자수단으로 활용할 수 있다.

넷째, 정보와 컴퓨터 네트워크이다. 현대 컴퓨터문명과 통신수단의 발달은 지리적인 거리개념과 시간개념을 변화시켜 금융시장의 정보화를 촉진시킨 배경이 되었다. 금융시장은 시간과 공간을 초월하여 열리고 있으며, 사람이 거래하는 것이 아니라 통신망을 이용한 사이버 거래가 이루어지고 있다. 사이버 증권거래란 사이버 공간상에서의 증권거래를 말한다. 인터넷의 등장으로 투자자들은 시간과 공간의 제한 없이 투자정보를 얻을 수 있게 되었고 낮은 거래비용으로 거래를 할 수 있게 되었다. 또한 컴퓨터와 금융기술의 발달로 적은 비용으로 새로운 금융 상품과 서비스의 제공이 가능해지면서 증권화가 빠르게 진행될 수 있었다. 또한 새로운 금융 상품의 발달로 투자대상이 크게 확대되었다. 혁신적인 금융상품 및 금융서비스를 디자인하고 이를 실행하며, 금융상의 문제에 대한 창조적인 해결책을 만들어 내는 기법인 금융공학은 투자론에서 새로운 영역을 이루면서 발전하고 있다.

연습문제

객관식

1. 투자자가 시간에 대한 보상으로 얻고자 하는 것은 무엇인가?
   ① 위험프리미엄　② 무위험이자율
   ③ 적정수익률　④ 시간당임금×투자시간

2. 개인 경제활동의 목표로 가장 적합한 것은 무엇인가?
   ① 소비 극대화　② 저축 극대화
   ③ 효용 극대화　④ 소득 극대화

3. 다음 중 위험과 수익의 상충관계(trade-off)를 올바르게 설명한 것을 고르시오.
   ① 위험과 수익을 추구하거나 포기하지 않는다.
   ② 위험과 수익 사이에는 아무런 관계가 존재하지 않는다.
   ③ 위험을 회피하면 수익을 포기해야 하고, 수익을 추구하면 위험을 감수하여야 한다.
   ④ 위험을 회피하면 수익을 감수해야 하고, 수익을 추구하면 위험을 회피하여야 한다.

4. 다음 중 무위험자산으로 생각할 수 있는 것은 무엇인가?
   ① 회사채　② 주식
   ③ 정부채권　④ 뮤추얼펀드

5. 일반적으로 개미군단이란 어떠한 투자자를 일컫는 말인가?
   ① 개인투자자　② 기관투자자
   ③ 큰 손　④ 전문투자자

6. 다음 중 누가 가장 높은 수익률을 올릴 것으로 기대할 수 있는가?

① 도박꾼 ② 큰 손

③ 증권투자 전공 교수 ④ 원숭이

7. 다음 중 어떤 증권의 위험이 가장 작은가?

① 10년 만기 국채 ② 대기업 주식

③ 3년 만기 회사채 ④ 벤처기업 주식

8. 금융자산의 장점이라고 보기 어려운 것은 어느 것인가?

① 금융자산은 거액투자에 가장 적합하다.

② 금융자산의 가치를 평가하는 객관적인 분석방법이 잘 정립되어 있다.

③ 일반적으로 금융자산은 적은 거래비용으로 쉽게 매매할 수 있다.

④ 금융자산은 실물자산에 비해 환금성이 크다.

9. 실물자산이라고 할 수 있는 것을 고르시오.

① 재화와 서비스를 생산하는데 사용되는 토지, 건물, 기계, 지식

② 공장의 토지 담보

③ 통화

④ 주식, 회사채

10. 최근의 금융시장환경 변화와 가장 관련이 없는 것은 무엇인가?

① 한국과 미국 증시의 동조화현상 ② 부동산투자회사(REITs)의 등장

③ 투기적 파생금융상품의 퇴조 ④ 금융공학의 발달

주관식

1. 투자의 의의를 확실성상황과 불확실성상황으로 구분하여 설명하시오.

2. 투자의 두 가지 속성과 이들의 관계에 대하여 설명하시오.

3. 투자와 투기를 비교설명하시오.

4. 투자관리과정에 대하여 설명하시오.

5. 최근 일어나고 있는 금융환경의 주요변화를 설명하시오.

제2장
금융시장 및 금융자산

01
금융시장의 기능과 분류

1. 금융시장의 의의와 금융시스템

금융시장은 금융상품이 거래되는 시장이다. 금융시장에서 자금의 유통수단으로 화폐 또는 화폐적 청구권을 나타내는 일체의 수단(financial instruments)들을 금융상품 또는 금융자산이라고 한다. 투자자가 금융상품을 거래할 때 자금은 금융상품과 반대 방향으로 순환한다. 이를 자금의 금융적 유통이라 한다. 금융적 유통은 일정기간을 기준으로 수입이 지출을 초과하는 잉여(흑자)부문과 지출이 수입을 초과하는 부족(적자)부문으로 구분된다. 물이 높은 곳에서 낮은 곳으로 흐르듯이, 자금도 남는 곳에서 부족한 곳으로 흐르게 마련이다. 이러한 자금의 유통이 금융(financing)이며, 금융이 이루어지는 장소가 금융시장(financial market)이다. 또한 은행과 보험회사 등과 같은 금융중개기관(financial intermediaries)은 잉여부문과 부족부문 사이에서 자금의 유통이 원활하게 이루어지도록 중개역할을 하고 있다. 즉, 금융중개기관은 자금의 순환을 중개하는 과정에서 영리를 추구하는 기업이다. 금융의 수단이 점점 다양해지고 복잡해지는 현실과 효율적인 금융이 국가경제의 성패를 좌우한다는 점에 비추어 볼 때 금융중개기관의 역할과 중요성은 점점 커지고 있다.

금융시스템(financial system)은 금융시장, 금융중개기관, 금융제도와 관행 등을 포함하여 금융과 관련된 총체적인 시스템을 말한다. 금융은 우리의 몸에서 혈액의 순환작용으로 비유될 수 있다. 혈액의 순환작용으로 인간 활동에 필요한 산소와 영양분이 신체의 각 부분에 공급되는 것과 마찬가지로, 자금의 유통인 금융에 의해 필요한 자금이 경제 각 부문에 배분된다. 잉여부문의 여유자금은 금융시스템을 통해서 산업자금으로 이전된다. 즉, 여유자금이 경제활동에 투입되어 확대 재생산됨으로써 생산, 고용, 소득, 저축이 연쇄적으로 증대되어 국민의 생활수준이 향상되고 부를 축적할 수 있게 된다. 따라서 효율적인 금융시스템은 경제발전에 없어서는 안 될 필수적인 요소이다.

개인 차원에서의 금융은 소비의 시간 배분과 투자가 반복되는 과정에서 발생하는 자금의 흐름을 의미한다. 금융시스템을 이해하기 위해서는 금융의 개념을 국가 차원의 국민경제로 확장할 필요가 있다. 국민경제를 구성하는 두 중심축은 가계와 기업이며, 여기에 정부와 금융시스템이 더해져서 한 국가의 경제가 구성된다. 이 관계를 그림으로 나타내면 [그림 2-1]과 같다.

[그림 2-1]에서 가계(household)는 개인(individual)의 집합체를 말한다. 가계는 기업에 노동을 제공하고 임금을 받으며, 기업이 제공하는 재화와 용역을 소비하게 된다. 그리고 가계의 일부가 소득을 초과하는 소비를 할 수는 있지만, 가계 전체의 소비가 소득을 초과할 수는 없다. 따라서 자금의 흐름면에서 가계는 잉여부문이다. 가계는 내일의 소비를 위해 오늘의 소비를 희생하여 투자를 하는데 이러한 금

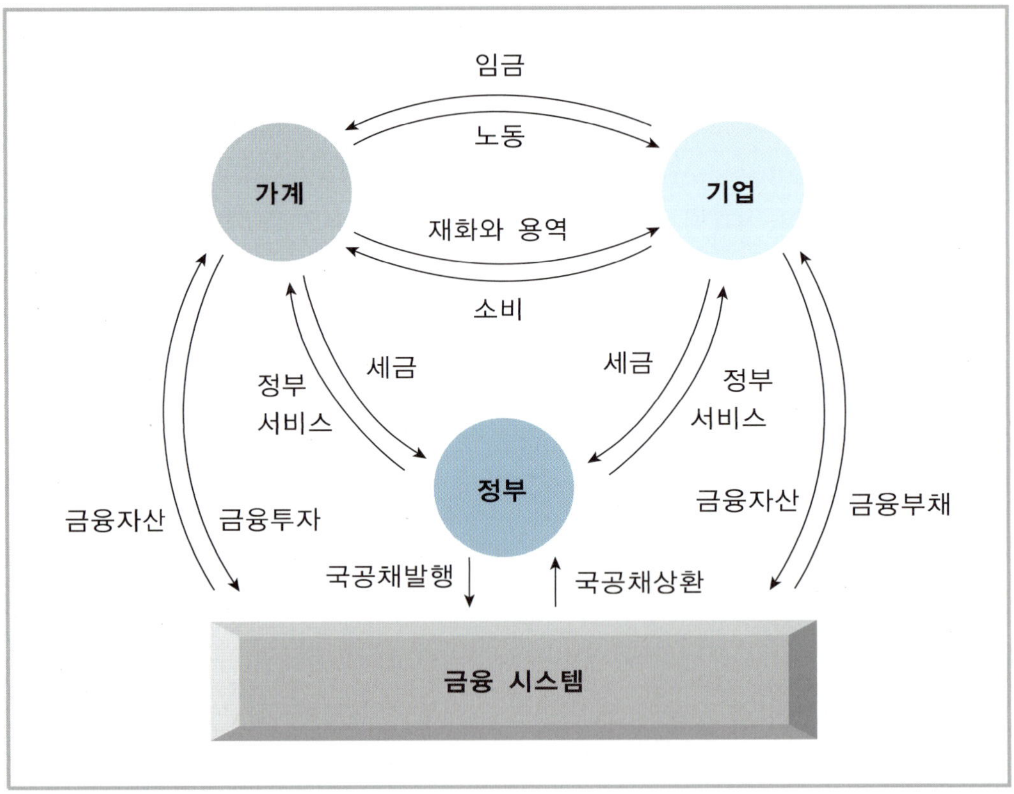

그림 2-1 금융시스템

융투자의 자금이 금융시스템을 통해 기업에 산업자금으로 투입된다.

기업(firm)은 생산의 주체로서 생산요소인 노동과 자본을 결합하여 재화와 용역을 생산한다. 따라서 자금의 흐름면에서 기업은 항상 생산 활동에 필요한 자금을 필요로 하는 부족부문이다. 기업은 필요한 자금을 금융시스템을 통하여 조달하며, 효율적인 생산 활동을 통해 고용과 소득을 창출하고 가계가 부를 축적할 수 있는 투자기회를 제공한다. 가계의 투자자금이 기업에 의해 확대 재생산되기 위해서는 생산요소의 효율적인 배분과 운용이 전제되어야 한다.

정부(government)는 그 자신도 금융에 참여하면서 금융시스템이 공정하고 효율적으로 운영될 수 있도록 감시하고 통제하는 역할을 한다. 정부가 수행하는 중요한 경제적 역할 중의 하나는 영리를 목적으로 하는 일반 기업이 생산해 낼 수 없는 정부서비스를 생산·공급하는 일이다. 정부서비스에는 국방, 교육, 치안, 사회간접시설 등이 포함된다. 정부는 정부서비스 생산에 필요한 재원을 세금과 사용수수료를 통하여 조달한다. 그러나 정부에서 일정기간 동안 거두어들이는 금액인 세입과 지출하는 금액인 세출의 흐름이 항상 일치하는 것은 아니다. 이러한 경우 정부 역시 자금의 부족분을 금융을 통해 해결하게 된다. 세출이 세입을 초과할 경우에는 부족한 자금을 국공채를 발행하여 가계나 기업으로부터 차입하고, 세입이 세출을 초과하는 경우에는 국공채를 상환함으로써 자금의 과부족을 해소하게 된다.

정부는 시중의 유동성 조절을 위해 채권을 발행하기도 한다. 정부의 국공채 발행과 상환은 채권에 대한 수요와 공급을 통해 금리체계와 시중의 자금흐름에 직접적인 영향을 미친다. 이 밖에도 정부는 금융, 재정, 조세 등 각종 경제정책과 규제를 통해 공정하고 효율적인 경제시스템을 유지하는 역할을 수행한다. 이러한 과정에서 정부는 가계와 기업의 의사결정에 막대한 영향을 미치고 있다.

금융시장은 금융거래 방식이나 자금의 유통기간의 성격, 자금거래당사자의 성격, 그 밖에도 여러 가지 기준에 따라 다양한 분류가 가능하다. 예를 들어 금융거래 방식인 자금의 유통경로를 기준으로 직접금융시장과 간접금융시장, 자금의 유통기간의 장단에 따라 화폐시장(통화시장)과 자본시장, 양도가 가능한 금융상품의 형태에 따라 신용시장과 증권시장, 거래되는 자금의 표시가 자국통화인가 외국통화인가에 따라 원화시장과 외환시장, 거래발생장소에 따라 국내금융시장과 국제 금융시장 등으로 분류되기도 한다. 이 밖에도 분류 목적에 따라 여러 가지 형태의 분류가 가능하다. 이 책에서는 직접금융시장과 간접금융시장 및 화폐시장과 자본시장에 대해 설명하기로 한다.

2. 직접금융시장과 간접금융시장

금융시장은 자금의 유통이 이루어지는 방식 즉, 자금의 중개 방법에 따라 직접금융시장과 간접금융시장으로 구분된다.

금융시장에서 자금의 유통은 보통 금융자산인 증권의 매매를 통하여 이루어진다. 이 때 자금의 적자부문인 최종수요자가 자금조달을 위해 직접 발행한 증권을 직접증권(direct security)이라 하고, 자금의 최종 수요자가 아닌 금융중개기관이 자금조달을 위하여 발행한 증권을 간접증권(indirect security)이라고 한다. 직접증권의 대표적인 예로는 채권과 주식을 들 수 있다. 채권은 기업이나 정부가 일정기간 후(만기)에 정해진 액면금액과 그 기간 동안 일정한 이자를 지급한다는 채무이행증서이다. 주식은 기업자산에 대한 분할적 소유권(지분권)을 나타내는 증권이다. 그리고 은행에서 발행한 예금증서나 보험회사가 발행한 보험증권이 간접증권의 예라고 할 수 있다.

직접금융시장(direct financing market)은 자금의 이전이 자금의 최종수요자와 최종공급자 사이에서 직접증권의 매매 형태로 이루어지는 시장을 말한다. 현대 금융의 특징인 '증권화'(securitization)란 직접증권의 발행에 의한 금융거래의 비중이 상대적으로 커지고 있는 현상을 말한다. 한편 간접금융시장(indirect financing market)은 금융중개기관을 통해 자금이 중개되어 간접증권의 매매 형태로 자금의 이전이 이루어지는 시장을 의미한다. 금융중개기관은 자신의 명의와 책임 하에 간접증권을 발행하여 조달한 자금을 자금의 최종수요자에게 공급한다. 직접금융시장에도 금융중개기관이 등장하지만 이 경우 금융중개기관은 증권을 직접 발행하는 것이 아니며, 증권의 발행과 매매 업무를 대행하는 중개자(broker)의 역할에 불과하다.

3. 화폐시장과 자본시장

금융시장은 자금의 공여기간인 금융자산의 만기에 따라 화폐시장 또는 단기금융시장과 자본시장 또는 장기금융시장으로 구분된다.

화폐시장(money market)은 만기가 1년 미만인 단기금융상품이 거래되는 시장이다. 개인이나 기업의 경우 일시적으로 자금이 모자랄 때 여유 자금이 있는 주위에서 빌리는 경우가 있으며 은행·증권사·보험사 같은 금융회사에서도 일시적으로 자금이 부족하거나 남는 경우가 발생할 수 있다. 짧게는 하루, 길게는 일 년 이내의 만기로 돈을 빌려주고 받는 시장이 형성되는데 이를 화폐시장이라고 한다. 이와 같이 화폐시장은 단기적인 자금과부족을 해소하기 위한 시장으로, 거래금액이 크고 유동성이 높으며 상대적으로 부도위험이 낮은 것이 특징이다. 화폐시장은 자본시장과 비교하는 의미로 자금시장이라 부르기도 한다. 화폐시장에서 거래되는 단기금융상품은 제1장에서 지적한 바와 같이 콜, 환매조건부채권, 양도성예금증서, 신종기업어음 등과 단기국공채인 재정증권(treasury bill: T-bill), 외국환평형기금채권, 통화안정증권 등이 있다.

자본시장(capital market)은 자금의 공여기간이 1년 이상인 장기금융상품이 거래되는 시장이다. 자본시장은 통상 증권시장을 의미하지만 실제로는 명확한 구분 없이 혼용되는 경우가 많다. 증권시장에서 다루어지는 금융상품은 주식과 채권 이외에도 옵션과 선물 등 파생금융상품과 부동산관련 상품으로까지 그 범위가 확대되고 있다. 특히 최근에는 외환거래가 자유화되면서 달러화, 유로화 등 외국환도 금융자산으로 인식되어 자본시장은 외환시장까지 포함하는 아주 광범위한 개념으로 사용되고 있다.

02 단기금융상품

단기금융상품은 금융시스템이 원활하게 작동하는데 필수불가결한 요소이다. 단기금융상품의 가장 큰 역할은 개인과 기업 등 경제주체들의 일시적인 자금 과부족을 신속하게 조절할 수 있는 유동성을 제공하는데 있다. 실제 금융회사를 포함한 기업·가계 등 경제주체들은 경영환경 변화에 따라서 일시적으로 자금 과부족 상태가 발생할 수 있는데, 이 경우 단기금융상품이 이를 효과적으로 처리할 수 있는 수단을 제공한다. 단기금융상품이 거래되는 화폐시장을 통해 금융시장에서 일시적으로 급격하게 증권의 가격이 변화하는 위험이라든지 부도가 발생할 수 있는 신용위험을 줄여주는 효과를 가져 온다.

1. 콜

국내에서는 여러 종류의 단기금융상품이 있는데, 가장 대표적인 것이 콜(call)이다. 콜은 사전적으로는 금융회사들이 자금 조절을 위해 90일 이내의 만기로 돈을 빌려주고 빌리는 상품을 의미하지만, 실제로는 보통 하루를 만기로 자금을 빌리고 빌려주는 초단기 금융상품이다. 금융회사들은 매일매일 자금 사정을 점검해서 자금부족이 예상되면 여유자금을 가진 금융회사로부터 다음 날 갚을 것으로 약속하면서 필요한 자금을 빌리게 된다. 이 경우 담보 없이 빌리는 게 보통인데, '부르면 즉각 대답'하는 식으로 거래한다는 의미에서 콜(call)이라고 불린다.

외국의 경우 콜의 거래는 대부분 은행으로만 제한되어 있기 때문에 콜시장은 은행 간 자금시장으로 불린다. 하지만 우리나라에서는 은행을 포함하여 은행, 증권회사, 투자신탁회사, 종합금융회사, 보험회사 등 거의 모든 금융회사가 참여하고 있으며 거래의 대부분은 무담보 신용거래이다. 콜은 대출해 주는 입장에서는 콜론(call loan), 차입하는 입장에서는 콜머니(call money)라고 한다. 콜시장에서 결정되는 콜금리는 단기금리의 지표로 활용되고 있다. 우리나라의 콜시장에서 거래되는 자금의 규모는 매우 큰 편이다. 우리나라에서는 주로 여유자금이 있는 은행·자산운용사들이 콜론 기관이 되고, 증권사 등이 콜머니 기관이 된다.

2. 환매조건부채권

환매조건부채권(repurchase agreements: RP)은 콜과 비슷한 기능을 한다. 이름에서 알 수 있듯이 환매조건부채권은 일정기간 후에 일정한 가격으로 다시 매입(조건부 채권 매입) 또는 매도(조건부 채권 매도) 한다는 조건으로 발행되는 채권이다. 이 채권은 일정 기간 후에 처음 거래 당시 정해진 가격으로 다시 매입하는 조건으로 매매된다. 환매조건부채권을 이용하면 채권을 보유한 금융기관은 장기로 보유하고 있는 증권을 매각하지 않고 환매조건부로 매도하여 자금을 조달할 수 있어 단기적으로 자금이 필요할 경우 유용하게 사용될 수 있다. 즉 채권보유자는 RP 거래를 통해 보유채권을 매각하지 않고 유동화하여 단기자금을 조달할 수 있다. 이와 같이 RP발행은 긴급한 자금이 필요한 채권보유자가 만기 이전에 채권을 매각할 때 발생할 수 있는 불이익을 방지하고 채권의 유동성을 높이기 위하여 도입된 제도이다. 우리나라에서 발행된 RP에는 거래 상대방이 누구냐에 따라서 대고객 RP, 금융회사 간의 기관간 RP, 그리고 한국은행이 유동성 조절을 위해 사용하는 한국은행 RP등이 있다. 거래금액은 금융회사는 10억 원 이상, 개인은 1,000만 원 이상이 일반적이다. 만기제한은 없으나 7일짜리가 대표적으로 거래되고 있다.

3. 양도성예금증서와 신종기업어음

은행의 경우 단기자금을 조달하기 위해 양도성 예금증서(certificate of deposit: CD)를 발행할 수 있다. CD는 은행이 발행한 정기예금증서에 양도성을 부여하여 약정기일에 증서소지인에게 원리금을 지급하는 단기고수익 상품이다. CD는 은행의 자금조달원을 확대하고 수신경쟁력을 제고시키기 위해 무기명으로 발행되며, 은행에서의 중도상환은 불가능하나 증권회사 등을 통해 매매가 가능하다. 발행금리는 자율화되어 있으며 유통금리는 시장실제금리와 연동되어 결정된다. 은행은 대출 등 자금수요에 따라 CD의 발행규모를 조절함으로써 탄력적으로 자금을 운용할 수 있다. 정기예금증서인 CD는 만기 이전에 자금이 필요한 경우 타인에게 양도가 가능하며, 은행이 다른 은행이나 개인, 법인을 상대로 발행하는데 만기는 최소 30일 이상이 되어야 한다. 따라서 콜이나 RP에 비해 자금조달 기간이 약간 긴 편에 속한다. 우리나라에서 CD가 주목받았던 이유는 은행의 변동대출금리가 대부분 CD금리에 연동이 되어 있었기 때문이다. 2008년 글로벌 금융위기를 거치면서 국내에서는 은행이 CD 발행을 통해 확보한 자금을 가지고 대출해주는 것을 제한하는 정책을 시행하고 있어 그 발행액이 점차 줄어들고 있다.

신종기업어음(commercial paper: CP)은 증권사 등 금융회사뿐만 아니라 우량기업이 단기로 자금을 조달하기 위해 발행하는 융통어음이다. CP는 기업이 단기자금을 조달하기 위해 자기신용으로 발행한 약속어음을 증권사가 할인 매입한 후 시중 실세금리로 고객에게 다시 대출하는 방식의 금융상품이다. CP는 2개 이상의 신용평가기관으로부터 B등급 이상을 받은 우량기업만이 발행할 수 있다. CP의 할인과 매출은 주로 종합금융회사와 증권회사가 담당한다. CP는 투자자들에게는 단기로 자금을 투자할 수 있는 좋은 투자처가 된다. 일반적으로 CP의 발행금액은 10억원 이상이며, 만기는 6개월 이상으로 다른 단기금융상품보다는 다소 긴 편에 속한다. 최근 일부 기업이 CP를 발행하여 자금을 조달한 이후 법정관리에 들어가면서 CP 투자자가 손실을 입는 사건이 몇 차례 발생하였으며 이로 인해 CP에 대한 투자자의 신뢰가 바닥에 떨어지면서 CP 발행이 급격히 감소하는 모습을 보이고 있다.

4. 재정증권, 외국환평형기금채권과 통화안정증권

대표적인 단기국공채로는 재정증권(treasury bill: T-bill, TB)이 있다. TB는 정부가 국고금의 출납과 통화관리에 관한 정책을 효율적으로 수행하기 위하여 만기 1년 이내의 기간으로 발행하는 증권을 말한다.

정부는 원화가치를 안정시키고 투기적 외환의 유출입에 따른 악영향을 방지하기 위해 외국환평형기금을 마련하고 있는데, 이 기금의 재원조달을 위해 발행되는 것이 외국환평형기금채권(외평채)이다. 외평채는 IMF 외환위기로 민간에서 외화를 구하지 못하자 정부가 직접 나서 이 채권을 발행하게 됨으로써 널리 알려졌다.

국공채의 범주에 속하지는 않지만 정부보증채권으로서 한국은행이 통화량을 조절하기 위하여 발행하는 특수채권인 통화안정증권이 있다. 발행된 통화안정증권은 증권회사와 종합금융회사를 중개기관으로 하여 금융시장에서 거래된다. 통화안정증권의 만기는 2주에서 2년으로 다양하게 있으나, 2000년대 접어들면서 월별 발행규모를 일정하게 유지하기 위해 2년물의 발행비중이 점차 늘어나고 있다.

중앙은행은 단기금융시장을 전반적인 금리수준을 조정하기 위한 통화정책의 수단으로 이용한다. 2008년 중반까지 한국은행은 콜금리 운용목표치를 정책대상금리로 사용하였으며, 이후에는 한국은행 RP 매도금리를 기준금리로 사용하고 있다. 따라서 금융시장에서는 콜·RP 등의 금리 움직임을 중요한 시장신호로 받아들이고 있다. 금융시장의 위기가 커지면 단기금융상품의 금리뿐만 아니라 차입자의 신용도를 반영한 가산금리가 함께 상승하게 되는데, 이런 현상은 금융회사 간 자금차입조건이 악화되고 있다는 것을 의미한다. 따라서 단기금융상품의 금리는 은행 간, 또는 경제주체 간의 자금 사정을 파악하는 데 유용한 수단이 된다. 해외에서 대표적인 단기금융시장의 상황을 나타내는 지표로는 런던은행 간 거래금리인 리보(Libor), 유로지역 은행 간 거래금리인 유리보(Euribor) 등이 있다.

03 장기금융상품

1. 주식

1.1 주식의 의의

주식은 주식회사가 자기자본조달의 방법으로 출자에 의해서 발행하는 증권이다. 그리고 주식회사의 정관에는 권리의 내용을 달리하는 여러 종류의 주식을 발행할 수 있음을 규정하고 있다. 주식의 종류는 이익배당과 잔여재산의 분배에 관한 권리의 순서에 따라 우선주(preferred stock), 보통주(common stock), 후배주(deferred stock)로 구분된다. 주식의 특별한 유형으로 보통주보다 이익배당에는 우선하지만 잔여재산분배에 있어서는 열등한 주식인 혼합주도 존재한다. 그러나 주식의 가장 대표적인 것이 보통주와 우선주이므로 이 책에서는 이들에 대해서 설명하기로 한다.

보통주는 주식회사가 출자에 대한 증거로 보통주 주주에게 발행하는 증권을 말하며, 보통주발행에 의하여 조달된 자본은 그 기업의 영구자본으로서 모든 영업활동의 기초자본이 된다. 보통주에 투자한 주주는 그 기업의 실질적 주인으로서 상법과 해당기업의 정관이 정한 권리·의무의 주체가 된다. 보통주 주주의 권리·의무는 크게 나누어 보면 첫째, 기업의 재산 및 실현된 이익에 대한 권리인 잔여재산분배청구권과 이익배당청구권, 둘째, 경영지배 및 통제의 권리인 주주의 지분율에 따른 의결권, 셋째, 경영위험에 대한 최후부담의무 등이다.

우선주는 배당 및 잔여재산분배에 있어서 그 청구권리가 보통주에 우선하는 주식을 말한다. 우선주에 의해 조달된 자본은 법적으로 자기자본을 형성하나 실질적으로는 타인자본과 유사한 성격을 갖는다. 왜냐하면 기업은 우선주 발행 시 예정배당률을 미리 정하기 때문에 기업의 이익상태가 호전된다 하더라도 약속된 배당률 이상은 지급하지 않는다. 따라서 우선주 배당은 고정금융비용인 타인자본의 이자와 그 성격이 유사하다. 그러나 우선주가 회사채와 다른 점은 우선주는 법적으로 자기자본을 형성하고, 약속된 배당률을 반드시 지급하지 않아도 법적인 책임을 부담하지 않으며, 이익배당 및 잔여재산분배 청구가 회사채보다 후순위라는 것이다. 따라서 투자위험의 관점에서 보면 우선주의 위험은 회사채권자의 위험보다는 크고 보통주의 위험보다는 작다. 따라서 우선주의 기대수익률은 회사채의 기대수익률보다는 높고 보통주의 기대수익률보다는 낮다.

1.2 보통주의 형태

액면주와 무액면주

주권 상에 액면금액이 표시되어 있는 주식이 액면주(par value stock)이며, 액면금액이 표시되어 있지 않고 다만 주식 수만 표시되어 있는 주식이 무액면주(non-par value stock)이다. 우리나라는 그 동안 액면주의 발행만을 허용하였으나 최근 상법개정을 통해 무액면주를 발행할 수 있도록 하였다. 다만 정관에서 정한 경우 주식의 전부를 무액면주로 발행할 수 있으며 액면주식과 무액면주식을 동시에 발행하는 것은 금지하고 있다.

사실 주식의 액면가는 별 의미를 가지고 있지 않다. 액면가는 자본금을 산출하는 기초단위로서 액면총액(액면가×총 발행주식수)이 대차대조표상의 자본금이라는 것 이외에는 별다른 의미가 없다. 또한 주식 발행 시에도 발행가격은 액면가에 반드시 일치시킬 필요가 없고 회사형편에 따라 할증발행을 할 수 있으며, 이 때 액면가를 초과하는 납입액에 대하여는 회계상 자본잉여금으로 처리하게 된다. 주식의 할인발행은 우리나라에서는 특수한 경우에만 예외적으로 인정되지만, 현실적으로 찾아보기 힘들다. 또한 주식이 일단 상장된 후에는 해당기업의 영업성적에 따라 주가가 형성되므로 주가는 액면가와 전혀 무관하며, 회사가 정리 또는 해산된다 하더라도 보통주 주주가 받을 수 있는 잔여재산은 기업의 채무현황에 따라 좌우되기 때문에 액면가와는 관계가 없다. 이와 같이 액면주의 액면가가 경제적으로 무의미함에도 불구하고 우리나라에서 그동안 액면주의 발행만을 인정하고 있었던 이유는 우리나라 자본시장이 액면가가 없는 주식의 가치를 정확히 평가할 수 있을 정도로 효율적이지 못하다고 판단하여 투자자들의 주식평가에 도움을 주고자 하기 위함이다.

기명주와 무기명주

주권과 주주명부에 주주의 이름이 기재된 주식이 기명주(bearer stock)이다. 기명주는 회사가 현주주의 현황을 명확하게 파악할 수 있기 때문에 편리하나 주식이 상장되어 활발히 거래될 때에는 그 때마다 명의를 변경하여야 하므로 매우 불편하고 증권의 신속한 유통을 저해하기도 한다. 그리고 유통시장에서 주식매매가 이루어질 때마다 주주가 바뀌기 때문에 배당, 신주인수권 배정, 의결권에 대한 권리행사를 하기 위해서는 정확한 주주명부가 필요하다.

반면 무기명주(non-bearer stock)는 주권 및 주주명부에 주주의 이름이 표시되지 않은 주식이다. 주주의 이름이 기재되어 있지 않아 현재 주권을 소지하고 있는 사람이 정당한 주주로 인정받기 때문에 매매거래가 신속하고 간단하며 거래의 기밀이 유지될 수 있는 장점이 있다. 그러나 기업이 배당지급시나 주주총회 때 권리

행사자를 명확히 파악할 수 없고, 기업이 원하지 않는 주주에 의해 지배될 우려가 있다는 단점을 가지고 있다.

1.3 우선주의 형태

누적적우선주와 비누적적우선주

우선주의 배당은 원칙적으로 예정배당률로 지급되어야 하지만 기업의 이익상태가 좋지 못하다든지 기타 불가피한 사정이 있을 때에는 예정배당률을 지급하지 못하는 경우가 있다. 이 때 금기에 지급하지 못한 배당을 차기에 누적하여 지급하도록 되어 있는 우선주를 누적적우선주(cumulative preferred stock)라 하고, 지급하지 못한 배당은 해당기로서 완료되고 다음 기에 누적되지 않는 우선주를 비누적적우선주(non-cumulative preferred stock)라 한다. 만약 기업이 누적적 우선주를 발행한 경우 기업은 누적된 배당금을 모두 지급하기까지는 보통주에 대한 배당을 원칙적으로 지급할 수 없다.

참가적우선주와 비참가적우선주

우선주에는 일정한 예정 배당액만을 지급하는 형태와, 예정 배당액 이외에도 보통주의 이익배당시 같이 참가하는 형태가 있는데, 전자를 비참가적우선주(non-participating preferred stock)라 하고, 후자를 참가적우선주(participating preferred stock)라 한다. 즉, 참가적우선주는 기업의 이익상태가 양호하여 보통주 주주에게 우선주에 대한 배당액 이상의 배당을 지급할 경우 그 초과배당에 같이 참여하여 보통주 주주와 같은 수준의 배당을 받을 수 있도록 되어 있는 우선주이다.

전환우선주와 비전환우선주

일정시기에 일정한 가격으로 보통주로 전환할 수 있는 권리가 부여된 우선주를 전환우선주(convertible preferred stock)라 하며, 보통주로 전환할 수 있는 권리가 없는 우선주를 비전환우선주(non-convertible preferred stock)라고 한다. 전환우선주는 우선주의 일반적 형태이다.

2. 채권

2.1 채권의 의의와 종류

채권은 자금을 필요로 하는 주체(발행자, 채무자)가 투자자(채권자)로부터 자금을 차입하고 그 증표로서 발행한 원리금지급에 대한 의무관계를 명시한 채무증서이다. 원리금지급의무란 채권발행자가 채권소유자에게 정해진 만기일까지 일정 기간마다 액면금액에 대해 정해진 이자를 지급하고 만기일에는 액면금액을 상환하는 의무를 말한다. 채권은 원리금지금액이 확정되어 있기 때문에 확정소득증권(fixed income securities)이라고 한다. 채권을 발행주체에 의하여 크게 분류하면 국공채와 회사채로 구분할 수 있다. 국공채는 다시 국채와 지방채 및 특수채로 구분된다.

국채는 중앙정부가 발행하는 채권으로 원리금상환이 보장되는 무위험자산(risk-free asset) 이다. 따라서 국채수익률은 무위험이자율로 정의된다. 국채수익률은 시장에서 형성된 가장 낮은 금리로서 다른 증권의 수익률을 결정하는 데 기준금리(benchmark interest rate) 역할을 한다. 우리나라에서 헌법에 규정된 조폐권과 조세징수권을 근거로 발행되는 국채에는 정부회계의 부족자금조달 및 유동성조절을 위한 재정증권과 국민주택건설촉진에 필요한 자금조달을 위한 국민주택기금채권 등이 있다.

지방채는 지방자치단체가 지방자치단체의 조세징수권이나 중앙정부의 지급보증을 바탕으로 발행한다. 우리나라의 경우 지방자치단체는 행정자치부 장관에게 지방채 발행계획안을 제출하고 지방의회의 의결과 행정자치부 장관의 승인을 거쳐 지방채를 발행한다. 우리나라에서 발행되는 지방채에는 지하철건설재원조달을 위한 지하철공채가 있다.

특수채는 특별법에 의해 설립 · 운영되는 특별 법인에 의해 발행된다. 특수채는 공사에서 발행하는 공사채와 금융기관이 발행하는 금융채로 나뉘어진다. 우리나라의 경우 공사채는 재정경제부 장관의 승인 하에 발행되며, 금융채는 재정경제부가 정한 연간 한도 내에서 매월 승인을 거쳐 발행된다. 우리나라에서 발행되는 공사채로는 전기통신공사의 통신시설확장 재원조달을 위한 전신전화채권이 있으며, 금융채로는 산업은행의 주요산업 개발자원 확보를 위한 산업금융채권 그리고 한국은행의 시중 통화관리를 위한 통화안정증권 등이 있다.

회사채(corporate bond) 또는 사채는 기업이 거액의 자금을 비교적 장기간 사용하기 위하여 일반투자자들로부터 집단적 · 공개적으로 자금을 차용하고 그 증거로서 발행하는 유가증권으로 주식과 함께 기업의 대표적인 직접금융수단이다. 우리나라의 경우 등록법인과 상장법인만이 발행할 수 있으며, 채권자들을 회수불능 위험에 빠뜨릴 염려가 있기 때문에 채권자들을 보호하기 위하여 상법에서는 일정한 범위 이내로 사채발행을 규제하고 있다. 또한 사채권에는 사채의 액면가(face value), 액면이자율(또는 표면이자율, coupon rate), 만기(maturity) 등을 반드시 표시하도록 되어 있다. 발행기업과 채권자의 권리내용에 따라 다양한 회사채가 발행된다.

한편 채권은 이자지급방식에 따라 이표채(coupon bond), 할인채(또는 무이표채, discount bond, zero-coupon bond) 및 복리채(compounding bond)로 분류되기도 한다. 이표채는 액면가에 대해 정해진 액면이자율을 일정기간마다 지급하는 채권으로 채권의 권면에 붙어 있는 이표(coupon)를 떼어 이자지급을 청구하기 때문에 생긴 이름이다. 즉, 이표채는 만기까지 매 기간 일정액의 이자를 지급하고 만기일에 마지막 이자와 액면금액을 상환한다. 우리나라에서 발행되는 대부분의 회사채는 이자를 매 3개월마다 지급하는 이표채이다.

할인채 또는 무이표채는 만기까지의 이자를 발행시점에서 미리 할인(공제)하여 발행하는 채권이다. 즉, 할인채는 만기까지 이자를 지급하지 않고 만기일에 액면금액을 상환한다. 우리나라에서 발행하는 통화안정증권, 산업금융채권 등이 이에 속한다.

복리채는 중간 이자를 만기까지 복리로 계산하여 만기에 액면가와 함께 지급하는 채권으로, 우리나라에서 발행되는 복리채로는 산업금융채권, 국민주택기금채권 등이 있다.

또한 채권은 상환기간에 따라 단기채권, 중기채권, 장기채권 및 영구채권으로 분류하기도 한다. 단기채권은 1년마다 상환하는 채권으로 우리나라에서는 재정증권, 통화안정증권 등이 이에 속한다. 그리고 중기채권은 상환기간이 1년 이상 5년 미만이며, 장기채권은 5년 이상이다. 우리나라에서 발행되는 중기채권으로는 국민주택기금채권, 토지개발채권, 산업금융채권 등이 있으며, 장기채권으로는 국민주택채권, 지하철공채 등이 있다. 경제가 안정된 나라일수록 장기채권이 차지하는 비중이 크고 상환기간도 더 길다. 예를 들어 미국과 일본에서는 10년 이상의 채권을 장기채권으로 분류한다. 영구채권(console, perpetual bond)은 만기가 없이 액면이자를 영구히 지급하는(즉, 액면가 상환이 없음) 채권으로 영국에서 발행된 적이 있다.

2.2 회사채의 종류

기업의 경영환경이 복잡해지고 투자자의 요구가 다양화함에 따라 회사채의 종류도 매우 다양해지고 있다. 회사채는 여러 가지 기준에 따라 다음과 같이 분류할 수 있다.

❖ 보증 및 담보의 유무에 따른 분류

보증사채와 무보증사채

회사채는 원리금지급을 제3의 기관에서 보증하느냐의 여부에 따라 보증사채(guaranteed bond)와 무보증사채(unguaranteed bond)로 구분된다. 금융선진국에서는 무보증사채가 일반적이나 우리나라에서는 아직도 기업의 신용도가 낮아 보증사채가 대부분이다. 발행기업은 보증금융기관에 보증수수료를 지불한다. 채권수익률은 발행기업의 신용과는 관계없이 보증금융기관의 신용을 바탕으로 결정된다. 우리나라에서도 무보증사채의 발행이 1989년 이후 활성화되어 오고 있다.

담보사채와 무담보사채

회사채는 담보 유무에 따라 담보사채(secured bond)와 무담보사채(unsecured bond)로 분류된다. 담보사채는 원리금의 확실한 지급을 위하여 담보를 필요로 하는 사채를 말하고, 무담보사채는 사채발행에 있어 아무런 담보를 필요로 하지 않고 기업의 신용만으로 발행되는 사채를 말한다. 담보로 제공되는 자산에는 주로 그 기업이 소유하고 있는 기계, 설비, 토지, 건물 등의 실물자산과 타 기업의 주식 및 사채 등의 유가증권이 포함된다. 그러나 은행차입이 신용보다는 담보위주로 이루어지고 있으며 담보부회사채를 발행하는 것보다는 은행담보차입이 간단·신속하고 차입비용도 적게 들기 때문에 담보사채는 잘 발행되지 않고 있다.

일반사채

원리금상환에 대해 금융기관의 보증이나 발행기업의 자산에 대한 담보 없이 순수하게 발행기업의 신용에 의해 발행되는 무보증·무담보 회사채가 일반사채(debenture)이다. 일반사채를 보유한 투자자는 기업이 청산될 때 기업자산에 대한 청구권이 주주보다는 우선하지만 보증사채나 담보사채보다는 뒤진다. 이러한 위험이 반영되어 일반사채의 수익률은 보증사채나 담보사채보다는 높게 정해진다. 일반사채 중에서도 종속무담보채권(subordinated debenture)은 기업자산에 대한 청구권이 주식보다는 우선하지만 다른 모든 채권보다는 뒤지는 채권이다. 일반사채는 투자자보호를 위해서 재무구조가 건전한 우량기업만이 발행할 수 있는데, 일반적으로 신용평가회사로부터 A등급 이상을 받은 기업에게만 일반사채발행이 허용된다.

❖ 상환시기 및 상환방법에 따른 분류

수시상환사채

일반적으로 사채는 만기에 상환되나 수의상환사채(callable bond)는 만기 이전이라도 발행기업이 원하는 시기에 상환될 수 있다. 조기 상환을 통하여 기업은 사채에 대한 이자비용을 절약할 수 있다. 즉, 시중금리가 하락하여 기발행사채(outstanding bond)의 이자율이 상대적으로 높게 될 경우 기업은 현재의 낮은 이자율로 새로운 사채를 발행하여 기발행사채를 차환함으로써 이자비용을 절약할 수 있다. 따라서 수의상환은 발행기업에게는 유리하나 사채권자들에게는 불리하기 때문에 발행기업은 기존사채를 액면가 이상으로 상환해 주는 것이 통례이다. 이 때 액면가를 초과하는 금액을 콜 프리미엄(call premium)이라고 한다.

감채기금부사채

만기에 거액의 상환자금을 일시에 지출함으로써 발생하는 자금부족 상태를 방지하며, 사채원금상환의 확실성을 높이기 위하여 상환에 필요한 금액을 매 결산기마다 일정액씩 적립할 것을 규정한 사채가 감채기금부사채(sinking fund bond)이다. 감채기금은 일반적으로 신탁기관에 적립된다.

연속상환사채

일단 발행된 사채에 대하여 일정기간마다 일정액씩 계속해서 상환할 수 있도록 되어 있는 사채가 연속상환사채(serial bond)이다. 연속상환사채도 만기일에 일시 거액의 상환부담을 줄이기 위한 것이며, 상환방법은 발행 시에 만기를 서로 다르게 연속적으로 정하는 경우도 있고, 일단 발행된 사채에 대하여 일정기간마다 추첨에 의하여 그 일부씩 상환하는 경우도 있다. 연속상환사채는 기업이 감채기금부사채의 목적을 직접적으로 달성할 수 있도록 하며, 투자자들로 하여금 각자의 기호에 맞는 만기를 선택할 수 있게 해주는 이점이 있다.

❖ 주식관련회사채

전환사채

사채발행 시에 결정된 조건에 의하여 일정기간 경과 후 사채권자의 희망에 따라 발행회사의 보통주로 전환될 수 있는 사채가 전환사채(convertible bond: CB)이다. 사채권자들은 보통주의 주가가 일정한 전환비율에 따른 보통주의 주당 전환가격보다 높을 경우에는 전환사채를 보통주로 전환함으로써 매매차익인 자본이득(capital gain)을 얻을 수 있으며, 그렇지 못할 경우에는 전환하지 아니하고 계속 사채권자로 남게 될 것이다. CB는 투자자들에게 사채의 안전성과 더불어 보통주의 주가상승에 따른 자본이득까지도 얻을 수 있게 하므로 매력적인 투자대상이 될 수 있다. 발행기업의 입장에서는 전환권을 제공하는 대신에 낮은 이자율로 채권을 발행할 수 있고, 보통주로 전환되는 경우에는 원리금 상환에 대한 부담이 없어지고 자기자본이 증가되어 자본구조를 개선하는 효과도 얻을 수 있다. 그러나 유리한 전환조건의 전화사채가 부당하게 특정인에게 인수되는 경우 소액주주들의 부가 전환사채 소유자에게 이전되는 결과가 발생할 수도 있다. 따라서 전환사채에 대한 발행요건은 일반사채보다는 엄격한 편이다.

신주인수권부사채

기업이 신주를 발행할 때 이를 인수할 수 있는 권한이 부여된 사채를 신주인수권부사채(bond with warrant: BW)라 한다. BW는 전환사채와 같이 기업의 보통주에 연결된 자본조달수단이며 사채권자의 자유재량으로 그 인수여부가 결정되는 옵션(option)의 성격을 가지고 있다. 그러나 전환사채는 전환에 의하여 사채가 소멸되어 보통주로 전환되지만 신주인수권부사채는 사채의 형태가 그대로 존속되면서 별도의 신주를 유상으로 인수할 수 있다는 점에서 차이가 있다.

또한 신주인수권을 사채로부터 분리할 수 있는 경우와 그렇지 못한 경우가 있는데 우리나라에서는 두 가지가 모두 발행되고 있다. 전자의 경우는 신주인수권 자체에 별도의 가격이 형성되어 거래되며, 이 때 사채권자 이외의 제3자가 신주를 인수할 수도 있다. 신주인수권부사채의 발행 동기는 전환사채의 경우와 비슷하다.

교환사채

채권자의 의사에 따라 발행기업이 소유하고 있는 상장 유가증권과 교환을 청구할 수 있는 권리가 부여된 회사채가 교환사채(exchangeable bond: EB)이다. EB는 CB와 마찬가지로 교환권을 부여하는 대가로 채권의 이자율을 낮게 정하여 기업의 자금조달비용을 절약할 수 있다. 투자자의 입장에서도 채권의 안전성과 주식의 수익성을 동시에 소유할 수 있는 이점이 있다.

전환사채권자의 전환청구에 대해 발행기업은 신주를 발행하여 전환해주고, 교환사채권자의 교환청구에 대해서는 발행회사가 보유하고 있는 타 회사의 주식을 교환해준다는 점에서 교환사채와 전환사채는 서로 다르다. 또한 교환사채는 기존주주의 이익에 특별한 영향을 미치지 않으므로 채권발행방법에 대해 특별한 규정이 없다. 그러나 전환사채는 신주발행으로 기존 주주의 이해에 직접적인 영향을 미칠 수 있기 때문에 주주에게 전환사채를 우선적으로 인수할 수 있는 권한을 부여하고 있다.

❖ 기타의 형태

수익사채

기업의 영업실적이 부진하여 사채이자지급이 어려울 경우 이자를 지급하지 않아도 채무불이행이 되지 않는 특수한 조건의 사채가 수익사채 또는 이익사채(income bond)이다. 그러나 기업의 이익이 회복되면 미지급이자를 지급하여야 한다. 수익사채는 발행회사의 실적에 따라 이자를 지급 받기 때문에 투자자에게는 매우 불리한 증권이다. 수익사채는 정상적인 일반기업에서는 발행되지 않으며, 이미 재무적 곤경에 빠져있는 기업이 지급불능채권을 수익사채로 교환하여 발행하는 경우가 대부분이다.

이익참가사채

약정된 소정의 이자를 지급받고도 보통주 주주에게 일정수준 이상의 배당이 주어질 때에는 이 배당에 참가할 수 있는 사채를 이익참가사채(participating bond)라 한다.

금리연동부사채

사채권자에게 지급되는 이자가 어떤 기준에 의해 결정되느냐에 따라 사채는 확정(고정)이자부사채와 금리연동부사채로 구분된다. 확정이자부사채는 사채발행당시에 액면이자율이 확정되어 있는 사채로서 액면이자율은 시중금리변동과 무관하나, 금리연동부사채는 시중금리(일반적으로 금융기관의 공금리)수준에 따라 액면이자율이 일정기간마다 조정되는 사채이다. 우리나라에는 보증사채의 액면이자율을 3년, 4년, 5년 차에 그 해의 1년 만기 정기예금금리에 연동시키는 금리연동부사채가 1980년부터 발행된 바 있지만, 금리자유화조치 발표 이후 대부분의 회사채가 확정이자부사채로 발행되고 있다.

3. 파생상품

파생증권(derivative securities)은 투자성과가 특정자산(기초자산)의 가격에 따라 변동하는 투자자산으로 선물(futures), 옵션(option), 스왑(swap) 등이 대표적이다. 선물은 미리 정해놓은 미래의 일정시점에 품질, 규격 등이 표준화된 일정량의 특정상품을 현시점에서 일정한 가격으로 매매하기로 한 계약을 의미한다. 이에 비해 옵션은 어떤 거래 당사자가 다른 당사자에게 특정자산을 미리 약속된 날에 미리 약속된 가격으로 사거나 팔 수 있는 권리를 말한다. 그리고 스왑은 미리 약정된 현금흐름 또는 자산을 미래에 교환하기로 하는 두 거래자 사이의 사적인 계약을 의미한다. 투자자는 파생증권에 투자함으로써 다양한 투자성과를 얻을 수 있으며 투자에 따른 위험을 효율적으로 관리할 수 있다. 선물에 대하여는 제10장 선물거래에서, 옵션에 대하여는 제11장 옵션거래에서 자세히 설명하기로 한다.

3.1 선물의 의의와 종류

일반적으로 시장에서 이루어지는 현물거래(spot transaction)는 거래의 계약과 동시에 현금의 결제와 상품의 인도·인수가 이루어지는데 비해, 선물거래(future transaction)는 먼저 거래계약을 체결하고 일정 기간이 경과한 후에 현금결제와 상품의 인도·인수가 이루어진다. 매매계약을 체결한 시점과 결제시점 간에 차이가 있다는 점에서 선물거래는 다음에서 설명할 옵션거래와 유사하다. 그러나 옵션계약은 상황이 유리할 때만 권리를 행사하기 때문에 강제성이 없는 반면에 선물계약은 계약을 반드시 이행해야 하는 의무를 지닌다는 점에서 근본적인 차이가 있다.

선물거래는 선도거래로부터 그 유래를 찾을 수 있는데, 1848년 미국에 시카고 상품거래소(Chicago Board of Trade: CBOT)가 설립되면서부터 선도거래가 체계적으로 이루어지기 시작하였다. 선도계약은 미래의 약정 일에 미리 정한 가격으로 자산을 사거나 팔아야 하는 의무가 부여된 계약이라는 점에서 선물계약과 유사하다. 즉, 선물계약과 선도계약은 미래의 가격변동에 대한 불확실성을 제거한다는 점에서 공통점이 있다. 그러나 선도계약은 선물계약과 다음과 같은 근본적인 차이점을 갖고 있다.

선물거래는 미래의 약정 일에 미리 정한 가격으로 자산을 인도・인수할 수도 있고 혹은 미래의 약정일 이전에 의무를 상쇄하는 거래인 반대매매를 통하여 매수한 가격과 매도한 가격 차이를 정산하고 계약에서 자유로워질 수 있다. 반면에 선도계약은 미래의 약정 일에만 미리 정한 가격으로 자산을 반드시 인도・인수하여야 하는 계약이다.

또한 선도거래는 거래당사자들만 합의한다면 어떤 상품에 대해서도 거래가 이루어질 수 있다는 장점이 있다. 그러나 선도계약은 당사자 간의 직접계약에 의해 거래가 이루어지므로 동일한 수량을 동일한 시기에 공급 또는 수요하고자 하는 거래상대방을 찾아야 한다는 어려움이 있다. 선도거래는 원칙적으로 거래당사자 간에만 효력을 갖는다. 선도거래와 선물거래의 차이를 보다 구체적으로 설명하면 다음과 같다.

(1) 선도거래는 거래 당사자 간의 합의에 의해서 거래조건이 결정되는 반면에 선물거래는 공인된 거래소에서만 거래가 되기 때문에 거래조건이 표준화되어 있다.

(2) 선도거래에서는 만기일에 특정 상품의 인도・인수가 반드시 이루어지지만 선물거래에서는 만기일 이전에 반대매매를 통해 계약이 종료될 수 있다.

(3) 선도계약에서는 계약이행을 보증하는 중개자가 없이 거래 당사자가 직접 거래하므로 당사자의 신용이 중시되지만 선물거래에서는 거래 당사자가 결제소를 통해서 간접적으로 연결되므로 당사자의 신용이 중시되지 않는다.

(4) 선도거래의 결제는 만기일에 일괄적으로 정산되지만 선물거래는 매일매일 일일정산(marking to market)을 통해 정산된다.

(5) 선도거래는 당사자 간의 직접거래이므로 쉽게 유동화 시킬 수 없지만 선물거래는 유동성이 확보된다.

(6) 선도거래에는 가격 및 거래제한이 없지만 선물거래에는 가격과 거래제한이 있다.

선물은 선물거래의 대상이 되는 기초자산에 따라 크게 상품선물(commodity futures)과 금융선물(financial futures)로 구분할 수 있다.

상품선물은 농산물이나 광물과 같은 교역상품을 거래대상으로 한다. 즉 상품선물은 옥수수, 귀리, 소맥, 대두 등의 농산물과 금, 은, 백금, 알루미늄 및 원유, 가스 등의 금속과 에너지를 선물거래의 대상으로 하며, 1970년대 초까지 선물거래의 주종을 이루었다. 그러나 1970년대 이후 국제금융시장에서 환율과 이자율의 변동이 심해지면서 위험회피를 위해 금융자산을 기초자산으로 하는 선물거래가 시작되었다. 대표적인 금융선물로는 주가지수선물(stock index futures) 통화선물(currency futures), 금리선물(interest rate futures) 등이 있다. 금융선물거래는 시카고상업거래소(Chicago Mercantile Exchange: CME)에 국제통화시장(International Money Market: IMM)이 개설되면서 급격히 발달하여 왔다. 최근에 들어서는 전체 선물거래규모의 2/3 이상을 금융선물거래가 차지하고 있으며 오늘날 그 거래규모가 급속히 확대되어 중요성이 증대되고 있다.

[표 2-1]은 세계 주요 선물거래소와 각 거래소에서 거래되는 기초자산을 정리한 것이다. [표 2-1]에서 살펴 볼 수 있는 바와 같이 선물거래가 가장 활발한 미국

표 2-1 세계주요 선물거래소와 상품

선물거래소	상 품
Chicago Boand of Trade(CBOT)	곡물(소맥, 옥수수, 대두) 광물(금, 은) 금리선물(T-Bond, T-Note), 주가지수선물
Chicago Mercantile Exchange(CME)	축산물(돈육, 생우, 생돈) 통화선물(미달러, 독일마르크, 일본엔, 스위스프랑, 프랑스프랑) 금리선물(T-Bill, 유로달러) 주가지수선물(S&P 500), 선물옵션
Commodity Exchange(COMEX)	비철금속(금, 은, 동, 알루미늄)
New York Mercantile Exchange(NYMEX)	에너지(원유, 난방유, 프로판가스),백금
Coffee, Sugar & Cocoa Exchange(CSCE)	커피, 원당, 코코아
New York Cotton Exchange(NYCE)	원면
London Metal Exchange(LME)	비철금속
London International Financial Futures Exchange(LIFFE)	통화선물, 금리선물(영국장기국채, 유로달러)

에는 CBOT, CME, COMEX, NYMEX 등의 여러 선물거래소가 있다. 이들 미국의 선물거래소에서 거래되는 상품은 매우 다양하다. 1848년에 설립된 CBOT에서는 상품선물과 금리선물 그리고 주가지수선물 등이 활발히 거래되고 있으며 CME에서는 상품선물 이외에 외환선물, 금리선물, 주가지수선물 등 금융선물이 거래되고 있다. 미국 이외에도 런던, 몬트리올, 암스테르담, 오사카, 동경, 홍콩, 싱가포르, 브라질 등 전 세계적으로 여러 나라에서 선물거래소를 개설하고 있으며 선물거래소 숫자는 계속 증가 중이다. 이러한 선물거래소에서 거래되는 상품은 지역별 특성에 따라 상품선물, 외환선물, 금리선물, 그리고 주가지수선물을 모두 포함하기도 하며, 이중에서 일부만을 취급하기도 한다.

우리나라에서는 1996년 5월 3일 KOSPI 200을 거래대상으로 하는 KOSPI 200 주가지수선물시장이 처음 개설되었다. 그리고 1999년 4월 23일에는 선물거래소가 개장되어 미국 달러선물, CD와 국고채를 거래대상으로 하는 금리선물, 금선물 등을 거래하기 시작하였고, 2001년 1월 30일에는 KOSDAQ 50 주가지수선물이 선물거래소에 상장되었다. 그리고 2005년 1월 27일부터 선물거래소는 한국거래소에 통합되어 운영되고 있다.

한편 선물거래는 선물매입(long position)과 선물매도(short position)로 구분된다. 선물매입은 만기일에 기초자산을 선물가격으로 매입할 것을 약속한 계약이며, 선물매도는 만기일에 기초자산을 선물가격으로 매도할 것을 약속한 계약이다. 따라서 선물매입자는 매입한 선물에 대해 만기일에 현물을 인수받거나, 만기일 이전에 매입했던 선물을 다시 매도함으로써, 즉 반대매매를 함으로써 거래를 청산(close out)할 수 있다. 반대로 선물매도자는 만기일에 선물의 기초자산을 인도하거나, 만기일 이전에 매도했던 선물을 다시 매입함으로써 거래를 청산할 수 있다. 이와 같이 반대매매로 선물매입자가 만기일 이전에 동일한 기초자산을 대상으로 한 선물을 매도함으로써 본래의 매입포지션을 청산하는 것을 매도청산(long liquidation) 또는 전매도라고 하고, 선물매도자가 만기일 이전에 동일한 기초자산을 대상으로 한 선물을 매입함으로써 본래의 매도포지션을 청산하는 것을 매입청산(short covering) 또는 환매수라고 한다.

대표적인 금융선물인 주가지수선물, 금리선물 및 통화선물을 간단히 설명하면 다음과 같다.

주가지수선물

주가지수선물거래란 주식시장에서 거래되고 있는 전체 또는 일부 주식의 가격 수준을 나타내는 주가지수를 기초자산으로 하는 선물거래를 말한다. 주가지수선물은 다른 선물거래와는 달리 다음과 같은 특성을 갖는다.

(1) 주가지수는 매매의 실체가 없는 추상적인 개념으로 그 자체로는 어떤 가치도 갖지 않는다. 따라서 주가지수선물에서는 주가지수 1 포인트 당 일정한 가치를 부여함으로써 거래가 가능하도록 하고 있다. 우리나라의 경우 KOSPI 200 지수선물의 경우에는 지수 1 포인트 당 500,000원의 가격을 부여해서 거래하고 있다.

(2) 주가지수선물은 시세자체를 매매하는 선물로서 주식투자자에게 직접적인 위험헤징 수단을 제공하고 있다. 또한 주가지수는 실체가 없는 추상적 개념이므로 만기일에 실물의 인도를 통해 선물거래를 청산할 수 없다. 따라서 주가지수선물은 최종결제일에 당일 현재의 실물가격에 상당하는 가격을 기준으로 현금결제를 통해 거래를 청산하게 된다.

미래에 주가지수가 상승할 것으로 예상하는 투자자는 주가지수선물을 매입함으로써 미래에 주가지수가 상승할 경우 상대적으로 낮은 가격으로 주가지수선물을 매입할 수 있으므로 이득을 얻을 수 있다. 반대로 미래의 주가지수가 하락할 것으로 예상하는 투자자는 주가지수선물을 매도함으로써 미래에 주가지수가 하락할 경우 상대적으로 높은 가격으로 주가지수선물을 매도할 수 있으므로 이득을 얻을 수 있다.

주가지수선물의 존재는 주식투자자로 하여금 직접적으로 가격위험을 없앨 수 있는 수단을 제공한다. 투자자가 여러 주식에 분산투자할 경우 기업의 특수한 사정 때문에 발생하는 비체계적 위험을 제거할 수 있다. 그러나 분산투자를 한다고 해도 시장전체에 영향을 미치는 체계적 위험(시장위험)은 제거시킬 수 없다. 그런데 주식과 주가지수선물에 동시에 투자하면 체계적 위험까지도 제거가 가능하다. 자세한 것은 제10장에서 설명하기로 한다.

금리선물과 통화선물

금리선물계약(interest-rate contract)이란 기초자산의 가격이 오직 이자율 수준에 의해서만 결정되는 선물계약을 말한다. 기업이 이자율위험을 없애는 것은 구리가격에 노출된 위험을 없애는 것보다 훨씬 복잡하다. 왜냐하면 구리가격은 단일 숫자로 설명할 수 있는 반면에 이자율수준은 이자율의 전체적인 기간구조를 알아야 설명할 수 있기 때문이다. 금융선물거래는 1970년대 이후 급격한 환율변동과 금리변동을 겪으면서 금융자산 투자에 부수되는 위험을 없앨 수 있는 수단이 필요함에 따라 급격히 증가하기 시작하였다. 예전부터 상품거래의 위험관리수단으로 이용되던 선물거래가 금융자산거래의 위험을 줄여주는데 활용되기 시작하면서 금융선물거래(financial futures transaction)가 발달하게 되었다. 금융선물거래는 미국의 시카고 상업거래소(Chicago Merchantile Exchange: CME)의 국제금융시장(International Monetary Market: IMM)에서 시작된 통화(외한)선물거래가 그 효시이다. 특히 1971년 스미소니언 협정이 가져온 환율변동폭의 확대는 외환을 기초자산으로 한 선물거래의 필요성을 가중시켰다. 금리선물은 이자율 수준에 따라 가치가 변동하는 금융자산을 거래대상으로 하는 선물계약이다. 금리선물 거래가 주로 채권을 대상으로 이루어지고 있으므로 채권선물이라고 부르기도 한다. 금리선물의 기초자산에는 장기재무성증권(Treasury Bond), 중기재무성증권(Treasury Note), 단기재무성증권(Treasury Bill), 유로달러(Eurodo-llar) 등이 있다.

통화선물은 주요국 통화를 거래대상으로 하는 선물계약이다. 통화선물의 주된 목적은 환율변동에 따른 환위험을 관리하는 것으로 미국 달라, 유로화, 영국 파운드화, 캐나다 달러화, 일본 엔화 등이 대표적이다.

3.2 옵션의 의의와 종류

옵션(option)은 소유자가 특정자산을 미리 약정된 가격으로 만기일에, 또는 만기일 이내의 기간 동안에 상대방으로부터 사거나 상대방에게 팔 수 있는 권리를 뜻하는 것으로 옵션거래는 이러한 권리를 매매하는 것이다. 따라서 옵션은 권리를 매매하는 것이지 의무를 수반하는 것이 아님에 유의할 필요가 있다.

옵션거래에서 미리 약정된 가격을 행사가격(exercise price, striking price)이라고 하며, 특정 자산을 기초자산(underlying asset)이라고 한다. 현재 기초자산으로 사용되는 자산들 중 대표적인 금융자산으로는 개별주식, 주가지수, 통화, 선물 등이 있다.

옵션과 유사한 성격의 거래형태는 오랜 옛날부터 존재하였으나 오늘날과 같은 옵션거래가 처음으로 제도화된 것은 1973년 시카고 옵션거래소(Chicago Board of Options Ex-change: CBOE)가 개설되면서부터이다. 그 후 옵션거래는 거래량, 거래금액, 거래 주식 수 등에서 급격한 증가세를 나타내었으며, 거래지역도 미국뿐 아니라 전 세계 주요국가로 확대되었다. 옵션거래가 이와 같이 단기간 내에 급격히 증가하게 된 이유는 옵션자체가 훌륭한 투자대상이 될 수 있을 뿐 아니라, 다른 금융상품과 결합하여 다양한 형태의 현금흐름을 창출함으로써 투자자에게 더욱 폭넓은 투자기회를 제공할 수 있기 때문이다.

옵션은 분류기준에 따라 콜옵션(call option)과 풋옵션(put option), 유로피언 옵션(European option)과 아메리칸 옵션(American option) 등으로 구분할 수 있다.

콜옵션 : 정해진 기간 동안에 미리 약정된 가격으로 기초자산을 살 수 있는 옵션을 말한다.

풋옵션 : 정해진 기간 동안에 미리 약정된 가격으로 기초자산을 팔 수 있는 옵션을 말한다.

유로피언 옵션 : 만기일에만 권리를 행사할 수 있는 옵션을 말한다.

아메리칸 옵션 : 만기일을 포함하여 만기일 전에 언제라도 소유자의 의사에 따라 권리를 행사할 수 있는 옵션을 말한다.

한편 옵션은 기초자산인 대상자산에 따라 상품옵션과 금융옵션으로 구분된다. 상품옵션은 농수산물, 귀금속, 원유 등 실물상품을 대상으로 하는 옵션이며 금융옵션은 주식, 주가지수, 통화, 금리, 선물 등 금융상품을 대상으로 하는 옵션이다.

금융옵션을 간단히 설명하면 다음과 같다.

주식옵션(stock option)

1973년 시카고 옵션거래소(CBOE)에서 18종목의 개별 주식에 대한 옵션거래로 시작되었다. 주식옵션이 행사될 때 주식을 실제로 교환하는 경우는 흔하지 않으며 대신 옵션매도자와 옵션매입자가 손익을 현금으로 정산하는 것으로 종료되는 것이 일반적이다. 우리나라에서는 2002년 1월 증권거래소에 주식옵션이 상장되어, 현재 한국거래소의 선물시장에서 거래되고 있다.

주가지수옵션(stock index option)

주가지수를 대상 자산으로 하는 옵션거래로 1983년 CBOE에서 거래가 시작되었다. 주가지수는 계산상의 수치일 뿐이며 거래의 대상이 될 수 없기 때문에 권리행사나 반대매매 시 손익을 현금으로 정산하게 된다. 즉, 옵션을 행사하는 경우 주가지수에서 행사가격을 차감한 결제차금에 승수를 곱한 금액을 옵션매도자가 옵션매입자에게 지불하도록 함으로써 옵션거래가 완료된다.(자세한 것은 제11장에서 설명하기로 한다) 우리나라에서는 1997년 7월에 KOSPI 200 주가지수옵션이 증권거래소에 도입되었으며 현재는 한국거래소에서 거래되고 있다.

통화옵션(currency option)

특정 외국통화를 약정된 조건 하에서 자국통화로 사거나 팔 수 있는 권리가 부여된 옵션으로 1982년 필라델피아 증권거래소(Philadelphia Exchange: PHLX)에서 거래가 시작된 후, CBOE, CME 등에서 거래되고 있다. 통화옵션을 매입한 투자자는 옵션을 행사할 수 있는 유리한 상황이 될 때 행사가격과 만기시점의 환율 차이만큼 이득을 얻게 된다. 현재 한국거래소에서는 원/미국달러옵션이 거래되고 있다.

금리옵션(interest rate option)

채권을 기초로 발행된 옵션으로 1982년 CBOE에서 거래가 시작된 후 CME 등에서 거래되고 있다. 기초자산으로 이용되는 채권으로는 주로 미국의 재무증권(T-Bill, T-Note, T-Bond)이나 양도성예금증서(CD) 등이 있다.

선물옵션(futures option)

약정된 조건으로 특정 선물거래를 사거나 팔 수 있는 권리가 부여된 옵션으로 선물옵션매입자가 선물옵션을 행사하게 되면 선물옵션매도자는 옵션매입자에게 선물거래의 현재가격과 행사가격의 차이에 해당되는 금액을 지불하여야 한다. 최근에는 선물옵션거래가 증대되고 있는데, 그 이유는 현물을 기초로 하는 것에 비해 유동성이 상대적으로 높아 거래가 쉽고, 효율적으로 가격이 형성되어 가격조작이 어려우며, 가격정보 제공이 용이하고, 거래비용이 상대적으로 낮기 때문이다.

3.3 스왑

일정 수량의 특정 상품을 서로 다른 두 시점에 매입하고 매도하도록 하는 두 개의 거래를 하나로 묶은 계약이 스왑(swap)이다. 교환되는 특정 상품이 이자일 때 이자율 스왑, 통화일 때는 통화스왑이라고 한다. 1981년 세계은행과 IBM 간에 통화스왑거래가 처음 이루진 후 가격위험을 없애기 위한 좋은 수단으로 인식되면서 거래규모가 계속해서 증가하고 있다.

이자율스왑(interest rate swap)은 두 거래 당사자가 정기적으로 일정한 명목원금(notional principal)에 대해 고정금리이자와 변동금리이자를 서로 교환하는 거래를 말한다. 또한 통화스왑(foreign currency swap)은 특정 통화의 이자 및 원금을 다른 통화의 이자 및 원금과 상호 교환하는 계약이다. 스왑의 계약과 만기 시점에서 원금도 교환된다는 것이 이자율스왑과 다른 점이다. 통화스왑거래를 통해 두 거래 당사자가 상대적으로 이점이 있는 통화로 차입한 후 차입에 따른 의무를 교환함으로써 차입비용을 낮출 수 있다. 자세한 것은 제10장에서 설명하기로 한다.

연습문제

객관식

1. 화폐시장의 금융상품이 아닌 것을 고르시오.
   ① CD ② TB ③ RP ④ CB

2. 다음 중 증권발행시 주주들의 경영지배권의 변동을 고려하지 않아도 되는 경우는 어느 것인가?
   ① 보통주의 발행 ② 일반사채의 발행
   ③ 전환사채의 발행 ④ 신주인수권부사채의 발행

3. 이익이 발생되지 않을 경우 소정의 이자를 지급하지 않아도 채무불이행이 되지 않는 사채는 무엇인가?
   ① 이익참가사채 ② 이익사채
   ③ 전환사채 ④ 확정이자부 사채

4. 다음 전환사채에 관한 내용 중 틀린 것을 고르시오.
   ① 전환사채는 사채의 안정성과 주식의 수익성을 동시에 충족시킬 수 있는 증권이다.
   ② 전환사채의 전환여부는 전적으로 사채권자의 선택사항이다.
   ③ 전환사채의 최소가치는 일반사채의 가치이다.
   ④ 전환사채의 이자율은 통상 일반사채의 이자율보다 높다.

5. 주식과 사채의 접근경향을 예시한 것 중 적절하지 않은 것은 무엇인가?
   ① 주식과 사채의 유한책임성 ② 무의결권주식과 의결권부사채
   ③ 상환주와 영구사채 ④ 주식의 투기성과 사채의 안정성

6. 기업이 신주를 발행할 때 주주와 마찬가지로 신주를 인수할 수 있는 권한이 부여된 사채는 어느 것인가?

① BW　② CB　③ 이익사채　④ 구매력 사채

7. 보통주의 특성이라고 보기 어려운 것을 고르시오.

① 기업의 영구자본　② 주주의 경영참가권
③ 주주의 이익배분권　④ 기업의 경영권 유지

8. 특정영업기에 소정의 배당을 받지 못하였을 경우 미지급된 배당액을 다음 영업기에 수령 할 수 있는 우선주는 어느 것인가?

① 참가적 우선주　② 비참가적 우선주
③ 누적적 우선주　④ 비누적적 우선주

9. 증권시장의 경제적 기능이 아닌 것을 고르시오.

① 산업자본의 조달 기능　② 저축수단의 제공
③ 재정금융정책의 수단 제공　④ 투자대상의 다양화

10. 우선주에 관한 설명 중 틀린 것을 고르시오.

① 배당이나 잔여재산분배 청구가 보통주에 우선한다.
② 보통주와 마찬가지로 이익수준에 따라 매기 배당액이 결정된다.
③ 일반적으로 일정기간 후에 보통주로 전환되거나 상환된다.
④ 위험과 기대수익이 사채와 보통주의 중간적 수준이다.

주관식

1. 금융시장의 의의에 대하여 설명하고 금융자산의 특성에 따라 금융시장을 분류하시오.

2. 금융시스템에 대하여 설명하시오.

3. 단기금융상품을 제시하고 주요 차이점을 설명하시오.

4. 투자대상으로서 국공채의 특성을 설명하시오.

5. 주식과 회사채를 투자위험의 관점에서 비교 설명하시오.

제3장

증권시장과 거래제도

01 증권시장의 의의와 구조

증권시장(securities market)은 증권을 매매 대상으로 하는 시장으로서 자본시장이라고도 한다. 넓은 의미에서 증권시장은 기업을 비롯한 자금의 수요자가 유가증권을 발행하거나 매출하여 필요한 자금을 조달하고, 투자자는 유가증권의 매입이나 매각을 통하여 자신의 금융자산을 운용하는 포괄적이며 추상적인 개념의 시장을 말한다. 한편 좁은 의미에서 증권시장은 다수의 매매 쌍방이 일정한 시간, 일정한 장소에 집결하여 일정한 조직과 거래질서 하에서 증권을 매매 거래하는 조직적이고 구체적인 시장을 말한다.

최초의 조직화된 증권시장은 1613년에 개설된 네덜란드 암스테르담증권거래소이다. 그 이후 1698년에 런던증권거래소가 개설되었고, 1817년에는 뉴욕증권거래소가 개설되었다. 우리나라의 경우 일본제국시대에 개설된 경성증권거래소가 있으나 해방 이후 1956년 대한증권거래소가 개장되고 한국증권거래소, 한국증권선물거래소를 거쳐 오늘의 한국거래소로 발전하여 왔다.

증권시장은 기업에게 대규모의 산업자본을 제공하고, 일반투자자에게 투자대상을 제공하며, 정부에게는 금융조정정책의 매개체 역할을 수행한다. 즉, 증권시장은 다음과 같은 기능을 수행한다.

(1) 기업의 장기산업자금 조달을 가능하게 한다. 증권시장은 증권이라는 수단을 통하여 일반 투자자의 소규모 자금을 널리 흡수하여 기업에게 장기적이고 안정적인 산업자금을 공급한다.

(2) 자금을 효율적으로 배분한다. 증권시장은 유휴자금을 보다 수익성이 높고 성장성이 기대되는 기업으로 집중시키고, 산업 간 합리적인 자본이동 내지 자본배분이 이루어지게 하여 산업구조의 고도화를 촉진시킨다.

(3) 일반투자자에게 자금을 운용할 수 있는 투자대상을 제공한다. 일반적으로 개인을 비롯한 국민경제 주체들은 소득이 많아지고 경제가 안정됨에 따라

실물자산보다 금융자산을 선호하고, 은행예금 등과 같은 간접금융상품에 대한 투자보다는 증권과 같은 직접금융상품에의 투자를 선호하는 경향이 있다.

(4) 소득의 재분배를 가능케 한다. 사회적 측면에서 증권시장은 증권의 분산에 의하여 소득의 재분배를 구현하는 정책수단이 되고 있다. 즉, 오늘날의 자본주의 국가들은 증권의 소유가 일반 대중에게 광범위하게 이루어지는 증권분산을 통한 증권자본주의를 지향함으로써 경제력 집중을 완화시키고 분배의 공평성을 도모하고 있다.

(5) 정부가 증권을 발행하고 상환하는 정책을 통하여 재정금융정책을 실현하는 효과적인 수단을 제공한다. 또한 정부는 공개시장조작을 통하여 시장의 유동성을 조절하기도 한다.

증권시장은 기능상 발행시장과 유통시장으로 구성되어 있다. 먼저 발행시장의 의의와 주요 기능은 다음과 같다.

발행시장(issuing market)

자금을 필요로 하는 기업, 국가, 공공단체 등이 발행주체가 되어 알선기관인 발행기관을 통해 자금공급자인 투자자에게 증권을 매각하여 장기적인 자본을 조달하는 시장이다. 즉, 자금의 수요자인 발행주체가 유가증권을 새로 발행하거나 특정인이 보유하고 있는 유가증권을 자금의 공급자인 가계나 금융기관 등 투자자에게 매각함으로써 증권시장에 새로운 유가증권을 공급하고 자금을 조달하는 추상적인 시장을 말한다. 새로운 증권이 최초로 출현하고 증권의 발행자와 증권의 수요자 사이에 화폐자본과 증권자본 간의 최초의 교환이 이루어지는 시장이라는 점에서 1차 시장, 본원적 시장(primary market) 또는 신규증권시장(new issue market)이라고도 한다. 경제적 관점에서 발행시장이란 기업 또는 공공단체의 소요자금이 증권화되고, 투자자들이 가지고 있는 자금이 기업 또는 공공단체가 필요로 하는 장기자본으로 전환되는 직접금융(direct financing) 시장을 말한다.

발행시장의 주요 기능

(1) 발행시장의 가장 중요한 기능은 자금조달의 기능이다. 자금의 수요자인 발행주체(국가, 기업, 공공단체)의 측면에서 볼 때, 발행시장은 광범위한 투자자 층으로부터 거액의 장기자금을 일시에 조달할 수 있게 하여 기업자본의 대규모화를 가능하게 함으로써 경제의 원활한 순환을 가져오게 한다. 또한 발행시장은 이러한 자금 공급에 따라 창출되는 부가가치를 배당 또는 이자 등의 형태로 투자자들에게 적절히 배분되게 하는 창구의 기능을 하게 된다.

(2) 발행시장은 널리 분산되어 있는 자금의 공급자인 투자자의 자금을 증권을 매개로 하여 한 곳으로 집중시켜 자본의 효율성을 가져오게 하는 자본의 집중기능과 신규로 발행되는 증권을 최초로 분산시켜 기업의 소유구조를 분산하는 소유분산기능을 하고 있다.

(3) 정부는 발행시장에서 공개시장조작을 통해 통화를 조정함으로써 금리 및 물가의 안정화를 기할 수 있다.

(4) 발행시장은 투자자들에게 투자수단을 제공하여 준다. 투자자는 발행시장을 통하여 주식, 채권 등을 매입함으로써 기업에 자금을 제공하고 배당과 이자를 제공받아 투자자금을 증식할 수 있다.

한편 유통시장의 의의와 주요 기능은 다음과 같다.

유통시장(circulating market)

이미 발행된 금융증권이 투자자들 사이의 유통거래에 의해 소유권이 이전되는 시장이다. 즉, 발행시장을 통하여 일단 공급된 증권이 투자자들 사이에서 거래되는 시장으로서 2차 시장(secondary market)이라고도 한다. 유통시장은 증권의 매매를 통하여 화폐자본과 증권자본이 반복적으로 교환되는 순환거래가 이루어지는 시장이라 할 수 있다. 유통시장에서는 투자자들 사이에서 거래대금이 오갈 뿐 증권발행자에게 자금이 공급되는 것은 아니다. 발행시장과 비교하여 유통시장은 다음과 같은 특징이 있다. 발행시장에서는 매도측이 1인 또는 소수의 집단이며, 매수측은 보통 다수의 투자자인데 반하여 유통시장은 매도측이나 매수측이 모두 다수로 구성되어 거래가 경쟁적인 시장이다. 또한 발행시장은 일반적으로 구체적인 시장시설에 의하여 이루어지지 아니하기 때문에 추상적 시장이라고 할 수 있으며, 유통시장은 일반적으로 거래소시장을 의미하므로 구체적, 조직적 시장이고 거래가 반복적으로 이루어지는 계속적 시장이다.

유통시장의 주요 기능

(1) 발행시장에서 발행된 증권의 시장성과 유동성을 높인다. 투자자는 발행시장에서 매입한 증권을 유통시장을 통하여 언제나 적정가격에 매각할 수 있다. 이러한 유통시장의 기능은 일반투자자의 투자를 촉진시켜 발행시장에서의 장기자본조달을 원활하게 해준다.

(2) 다수의 투자자가 참여하는 자유경쟁시장이므로 증권의 공정한 가격을 형성한다. 유통시장에서 결정된 가격은 많은 사람들에 의하여 합의된 적정가격(fair price)이다.

(3) 유통시장에서 형성되는 가격은 앞으로 발행할 새로운 증권의 가격을 결정하는 지표가 된다. 즉, 자금의 수요자는 유사한 기업의 증권가격을 분석함으로써 앞으로 필요한 자금조달 규모와 조달방법 등을 결정할 수 있다.

(4) 유통시장에 의한 유가증권의 시장성과 유동성은 유가증권의 담보력을 높여준다.

증권시장은 기능상 발행시장과 유통시장으로 구분하지만, 두 시장이 독립적인 별개의 시장은 아니다. 유통시장에서 증권거래가 원활하게 이루어지지 않는다면 증권가격이 공정하게 결정되지 않고 환금성도 떨어져서, 발행시장에서 증권의 신규발행이 제약을 받게 될 것이다. 마찬가지로 발행시장에서 금융증권이 공정한 가격에 의해 안정적으로 발행되지 않는다면, 유통시장에서도 증권가격이 안정되지 않아 원활한 거래가 이루어지지 못할 것이다. 따라서 발행시장과 유통시장은 분리된 별도의 시장이 아닌 하나의 유기적인 시장으로 이해되어야 한다. 이와 같이 발행시장과 유통시장은 상호보완적인 관계에 있다. 발행시장은 발행된 증권이 유통시장에서 활발하게 거래될 수 있어야 한다는 것을 전제로 하여 성립하고, 유통시장은 순조로운 증권의 공급이 이루어지는 발행시장을 전제로 성립하는 것이다. 즉, 발행시장에서 발행된 유가증권이 유통시장에서 거래될 수 있어야 유가증권을 취득한 최초의 투자자는 투자한 자금의 회수가 가능하고 발행주체도 계속 유가증권을 원활히 발행할 수 있다. 그러므로 발행시장은 자본의 증권화를 담당하는 시장이고 유통시장은 증권의 현금화를 담당하는 시장이라고 할 수 있다.

02 발행시장과 유통시장 구조

1. 발행시장의 구조

발행시장은 자금의 수요자인 발행자(issuer), 자금의 공급자인 투자자(investor) 및 자금의 수요자와 공급자를 연결시켜 주는 역할을 하는 발행기관(underwriter)으로 구성된다.

발행주체인 발행자는 증권을 발행하여 자금을 조달하는 증권의 공급자인 동시에 자금의 최종수요자이다. 발행자에는 주식과 회사채를 발행하는 기업, 국공채를 발행하는 정부와 지방자치단체, 특별법에 의하여 설립된 특수채와 금융채를 발행하는 공기업과 특수은행 그리고 국내에서 유가증권을 발행하는 외국법인 등이 있다.

투자자란 발행시장에서 모집 또는 매출에 응하여 최종적으로 유가증권을 취득하여 발행주체에 자금을 공급하고 이것을 다시 유통시장에서 매각하는 자를 말한다. 투자자는 개인들로 구성된 일반투자자와 법인의 형태를 취하고 있는 기관투자자, 외국인 및 일반기업으로 나눌 수 있다.

발행기관 또는 인수기관은 증권발행에 관련된 사무를 담당하고, 증권을 인수하여 투자자에게 매도하는 증권회사와 종합금융회사를 지칭한다. 발행기관은 증권의 발행주체와 투자자 사이에서 증권과 자금이 적절하게 배분될 수 있도록 증권발행에 따른 사무를 처리하고 유가증권을 모집 또는 매출할 때 인수기능을 수행한다.

2. 증권발행방법

발행자의 입장에서 증권발행은 자주 발생하는 일상적인 일이 아니며, 법적·제도적으로도 전문성이 요구되는 업무이기 때문에 발행기관의 역할이 필요하다. 신규로 발행된 증권이 발행시장에서 완전히 매각(소화)되지 않으면 발행자가 계획했던 자금을 조달하지 못할 뿐만 아니라 발행자의 이미지가 손상되는 이중의 위험에 처하게 된다. 이러한 위험을 발행위험이라고 한다. 발행자의 입장에서 증권의 발행시점과 가격을 결정하는데 발행기관의 전문적인 경험과 지식을 활용한다면 발행위험을 미리 방지할 수도 있고, 발행증권을 발행기관에 인수시킴으로써 발행위험을 전가할 수도 있다. 유가증권의 발행에 대한 책임과 위험을 분산하고 원활한 발행업무를 위해 여러 발행기관이 공동으로 하나의 유가증권 발행에 참여하는 것이 보통인데 이러한 발행기관의 집단을 넓은 의미의 인수단(syndicate)이라고 한다.

유가증권의 발행형태는 일반적으로 발행될 유가증권의 수요자를 모집하는 방법에 따라 공모발행(public offering, public issue)과 사모발행(private placement)으로 나누어진다.

공모발행

공개모집을 통해 일반투자자를 상대로 증권을 발행하는 방식이다. 주식의 공모발행은 발행주체가 신규로 발행된 주식이나, 발행회사의 대주주 등이 소유한 주식을 다수의 투자자(50인 이상 법인·개인 등)에게 취득할 것을 권유하는 방법으로 주식을 매도하는 것을 말한다. 공모발행은 발행증권이 일부 투자자에게 매점되는 것을 방지하고 투자자 층을 넓힐 수 있는 장점이 있는 반면, 발행절차가 복잡하고 발행된 증권이 전부 소화되지 못하는 발행위험이 존재하는 단점이 있다.

사모발행

발행주체가 소수의 투자자(50인 미만)에게 유가증권의 취득을 권유하는 방법으로 유가증권을 매도하는 방식이다. 주식의 사모발행은 기업의 발기인, 구주주(기존주주), 임원, 종업원 등 기업과 특수 관계에 있는 연고자에게 사적으로 발행주식을 인수시키는 비공개모집방식을 말한다. 채권의 사모발행은 국공채를 중앙은행이 인수하거나, 회사채를 특정 보험회사가 인수하는 경우를 말한다. 이때 발행조건은 발행자와 인수자가 협의하여 결정한다. 사모발행은 절차가 간단하고 단기간에 적은 비용으로 모집할 수 있는 장점이 있는 반면, 제한된 투자자만을 대상으로 발행하므로 소화능력에 한계가 있는 단점도 있다.

증권발행에 관련된 일체의 발행사무와 발행된 증권이 투자자에게 모두 인수되지 않고 남는 위험인 발행위험을 누가 부담하느냐에 따라 직접발행과 간접발행으로 나누어진다.

직접발행

발행주체가 중개기관을 거치지 않고 직접 유가증권을 모집 또는 매출하는 방법으로 유가증권 발행에 따른 제반 업무처리와 위험을 발행주체가 부담하는 방식이다. 발행사무 절차가 전문적이고 발행위험에 대한 부담이 크기 때문에 실제로는 잘 활용되지 않는다. 다만 발행규모가 작고 소화에 무리가 없는 회사설립 시에 활용된다. 공모를 직접발행 방법으로 하는 경우를 직접공모라고 한다. 앞에서 설명한 사모발행은 소수의 투자자를 상대하기 때문에 매도절차가 비교적 간단하므로 대부분 직접발행의 형태를 취한다.

간접발행

직접발행에 따른 사무 처리의 번잡을 피하고 인수위험부담을 없애기 위하여 발행주체가 중개기관의 도움을 받아 유가증권을 발행하는 방식이다. 즉, 간접발행은 수수료를 지급하여 발행사무와 발행위험을 발행기관에 부담시키는 방법이다. 금융환경이 복잡해지고 발행업무에 전문성이 요구됨에 따라 대부분 간접발행방식이 활용된다. 앞에서 설명한 공모발행은 사모발행시보다 복잡한 업무처리를 하여야 하므로 일반적으로 간접발행의 형태를 취하게 된다.

간접발행은 발행기관의 발행위험부담정도에 따라 다시 위탁모집(best effort offering), 잔액인수(stand-by agreement), 총액인수(firm commitment underwriting)

의 3가지 방식으로 구분된다.

위탁모집 또는 모집주선이란 발행자가 유가증권의 모집 · 매출에 대한 사무처리 및 투자자에 대한 권유 등을 증권회사 등에 위탁하되 발행예정증권의 전량에 대해 투자자를 모집할 수 없는 경우에 발생하는 위험에 대해서 발행자가 책임지는 방식이다. 즉, 발행기관은 모집에 최선을 다하지만, 소화되지 않은 증권은 발행자에게 반납함으로써 발행위험은 부담하지 않는 방식이다.

잔액인수는 발행기관이 발행총액을 일단 인수받아 모집을 담당하지만 일정 모집기간까지 소화되지 않은 증권은 발행자와 미리 약정한 가격(일반투자자보다는 낮은 가격)으로 인수하는 방식이다. 또한 모집사무를 처리하는 기관과 인수하는 기관이 다를 수 있다. 발행기관은 발행총액에 대한 인수 수수료와 판매량에 대한 판매 수수료를 보수로 받게 된다.

총액인수는 발행기관이 발행증권 전부를 자기자금으로 인수한 후, 이를 일반투자자에게 매각하는 방식이다. 따라서 가격변동에 따르는 손해 등 모든 위험은 발행기업으로부터 발행기관으로 이전된다. 발행기관은 인수를 위하여 많은 자금을 필요로 할 뿐만 아니라 투자자에게 매도하기까지 증권을 보유하여야 하므로, 공모실패에 따른 위험과 증권의 가격변동에 따른 위험을 부담하게 된다. 그러므로 발행기관은 자금부담과 발행위험을 분산시키고 매출을 원활히 하기 위하여 여러 발행기관이 공동으로 인수단을 구성하는 것이 보통이다. 인수단은 최종투자자가 지급하는 판매가격과 발행자에게 지급하는 인수가격의 차이를 보수로 받게 된다.

3. 기업공개와 증자

회사설립은 회사설립 시 발행되는 보통주를 누가 인수하느냐에 따라 발기설립과 모집설립으로 구분된다. 발기설립은 발기인에 의해 주식이 전액 인수되는 것과 동시에 회사가 설립되므로 동시설립이라고도 한다. 모집설립은 증권시장을 통하여 불특정다수의 일반투자자들로부터 납입을 받아 주식회사가 설립되는 것을 말한다. 모집설립을 위해서는 기업공개(going public)가 필요하다.

기업공개란 1인 또는 몇몇 대주주가 소유하고 있는 주식회사의 지분을 일반대중에게 매각하여 주식이 다수의 주주에게 분산되는 것을 의미한다. 기업공개를 통해 소유지분이 분산된 기업을 공개기업이라 한다. 기업공개방법에는 주식회사가 발행한 주식을 일반투자자에게 균일한 조건으로 공모하는 신주모집과 이미 발행되어 대주주가 소유하고 있는 주식의 일부를 매출하는 구주매출이 있으며, 두 방법이 병행되기도 한다. 구주매출의 경우에는 매각되는 주식이 기발행주식이므로 주식매각대금이 기업으로 유입되는 것은 아니다.

기업공개는 사회·경제적인 측면에서도 기업의 소유권이 대중에게 분산됨으로써 경제력의 집중을 막고, 기업의 성장과 발전에 대한 결과가 일반 대중에 분배되는 대중자본주의와 증권자본주의를 실현할 수 있다는 점에 의의가 있다. 즉 기업공개는 주식분산을 통해 일반대중으로부터 조달한 자금을 효율적으로 운용하고 그 결과를 사회에 환원함으로써 기업의 사회적 책임을 구현하는 역할을 수행한다. 이와 같은 기업공개의 긍정적인 역할 때문에 기업공개를 장려하기 위한 세제와 법률상의 혜택이 주어지고 있다. 그러나 기업공개를 위해서는 여러 가지 규정상의 요건을 갖추어야 하는데 그 이유는 공정하고 합리적인 기업공개를 통해 투자자를 보호하고 증권시장의 안정성을 지키기 위해서이다.

기업공개를 위해 아직 상장되지 않은 주식을 처음 공모할 경우, 그 주식을 최초공모주(initial public offerings: IPO)라고 하며, 발행가격은 기준이 되는 시장가격이 없으므로 발행회사와 인수기관이 협의하여 결정한다. 그러나 실제로는 상장 이후 주가가 발행가액보다 상당히 높게 형성되는 경향이 있다. 이러한 현상은 인수기관이 위험부담을 줄이기 위해 가능한 한 발행가액을 낮추어 증권의 판매를 용이하게 하려는 것으로 이해되고 있다. 이러한 이유로 높은 수익이 기대되는 공모주청약에는 수요가 많이 몰리고 있다. 한국에서는 최초공모주를 저소득 근로자의 재산형성을 위해 근로자 증권저축이나 근로자 주식저축에 가입한 투자자에게 공모주의 일정 물량을 우선 배정한 후 나머지를 일반투자자에게 청약을 받아 배정하고 있다.

우리나라가 택하고 있는 수권자본제도에 의하면 회사설립 시에는 발행할 주식의 총수를 정관에 정하되, 설립 당시에는 수권자본의 1/4이상을, 그리고 회사설립 이후에는 필요에 따라 수시로 이사회의 결의를 거쳐 수권자본 내에서 주식을 발행할 수 있도록 되어있다. 이와 같이 기업이 영업활동을 계속하는 과정에서 필요에 의하여 추가로 주식을 발행하여 자본을 조달하는 경우를 증자라고 한다.

증자에 의하여 새로이 발행되는 주식을 신주라 하고 기존의 주식을 구주라 한다. 일반적으로 증자를 하는 목적은 설비자금 및 운전자금 조달, 부채의 상환, 자본금 대형화에 의한 공신력 제고, 주주에 대한 이익배당, 재무구조의 개선, 주식분산과 유통주식수의 증가에 의한 원활한 주식거래의 유도, 경영안정권의 확보 등을 위해서이다.

증자는 실질적인 자본의 추가조달을 위하여 주식을 발행하는 유상증자와 실질적 자본의 증가 없이 회계 상 자본계정 상호간 자금의 이동만을 야기하는 무상증자로 나누어진다. 유상증자의 경우 자본금증가와 함께 기업자산이 증가하므로 실질적 증자라고 하며, 무상증자는 자본금이 증가할지라도 기업자산은 전혀 변동하지 않으므로 형식적 증자라고 한다.

유상증자와 무상증자는 동시에 이루어지기도 하는데 이때에는 병행증자와 포괄증자로 구분한다. 유·무상 병행증자는 유상증자와 무상증자가 별개로 취급되어 유상증자를 포기하더라도 무상증자에는 참여할 수 있는 경우를 말하며, 유·무상 포괄증자는 유상증자에 참여하지 않으면 무상증자에도 참여할 수 없는 경우를 의미한다.

유상증자에는 신주인수권(preemptive right, right)이란 용어가 사용되고 있다. 신주인수권은 기업이 유상증자를 통하여 추가적으로 자금을 조달하는 경우 새로이 발행되는 주식을 우선적으로 인수할 수 있는 권리이다. 신주인수권을 가진 기존주주가 권리의 행사를 포기하기 때문에 배정되지 못하고 남게 되는 신주가 있다면 이를 실권주라고 한다.

유상증자는 신주인수권을 배분하는 방식에 따라 다음과 같이 구분된다.

구주주배정(주주할당발행)

현재 우리나라에서 시행하고 있는 가장 일반적인 형태로서 기존 주주(구주주)에게 지분에 따라 신주인수권을 배정하여 유상증자 후에도 구주주의 지분이 그대로 유지되어 재산권과 의결권이 보호되는 가장 전통적인 방식이다. 정관에 별도의 다른 조항이 없으면 주주는 지분에 따라 신주인수권을 배정받을 권리를 갖게 된다.

제3자 배정(연고자할당발행)

회사와 특수한 관계가 있는 연고자(임원, 거래처, 근로자)에게 신주인수권을 배정하는 방식이다. 할당 내용에 따라 회사의 경영권에 변화가 올 수 있고 구주주에게 손실이 발생할 수도 있으므로 정관에 특별히 정하거나 주주총회의 특별결의 절차를 거쳐야 하는 등 엄격한 통제를 가하고 있다. 근로자 단체인 우리사주조합에 신주 발행물량의 일정 분을 배정하는 우리사주제도가 제3자 배정의 대표적인 예에 속한다.

일반공모(general cash offer)

발행기관이 일반투자자들에게 청약신청을 받아 신주를 발행하는 방식이다. 이 방법은 구주주의 신주인수권을 인정하지 않는 형태로 미국에서는 일반화되어 있다. 우리나라에서는 일반공모는 정관에 구주주의 신주인수권에 대한 제한 규정이 있어야 가능한데, 그러한 규정이 없으면 주주총회의 특별결의에 의해 정관을 변경하여야 한다. 그 이유는 구주주의 지분이 감소하여 경영권이 침해될 수도 있고 신주의 발행가액이 너무 낮게 책정되는 경우에는 구주주로부터 신주주에게 부가 이전되는 현상이 발생하기 때문이다.

주주우선공모발행(standby rights offer)

구주주 배정, 제3자 배정, 일반공모를 시차를 두고 결합한 방식이다. 우선 구주주나 우리사주조합에게 신주인수권을 배정하고, 만약 실권주(미청약분)가 발생하면 일반투자자에게 일반공모를 하고, 그래도 미청약분이 발생하면 유상증자를 담당하는 발행기관이 나머지를 인수하는 방법이다. 구주주의 권익도 보장하고 실권주 발생에 따른 위험도 피할 수 있기 때문에 가장 흔히 사용되고 있다.

직접공모

인수회사를 통하지 않고 발행회사가 직접 자기의 책임과 계산 하에 신주를 공모하는 방식이다. 보통 비상장·비등록기업이 소규모의 주식을 공모하는 경우에 사용되는 방법이다.

4. 유통시장의 구조

증권유통시장의 기본적 구조는 정규시장과 장외시장의 두 시장조직으로 형성되어 있으며, 정규시장은 유가증권시장, 코스닥시장, 파생상품시장으로 구성되어 있다.

정부는 국내 증권 및 선물시장의 효율화를 촉진하고 경쟁력을 강화하고자 기존의 한국증권거래소, 한국증권업협회 및 한국선물거래소에 분산되어 있는 유가증권의 매매거래 및 선물거래에 관한 업무를 통합하여 2005년 1월 27일 한국증권선물거래소를 거쳐 한국거래소(KRX)를 설립하였다. 한국거래소는 유가증권시장, 코스닥시장, 파생상품시장의 운영주체를 통합하고, 개별 시장의 특성을 반영하여, 유가증권시장은 우량·대형주 시장으로 특화하고, 코스닥시장은 중소형·벤처시장으로서 유가증권시장과 차별화된 성장기반을 마련하며, 파생상품시장은 KOSPI 200선물 포함한 파생상품 전문시장으로 재편함으로써, 기존 유통시장의 큰 틀은 그대로

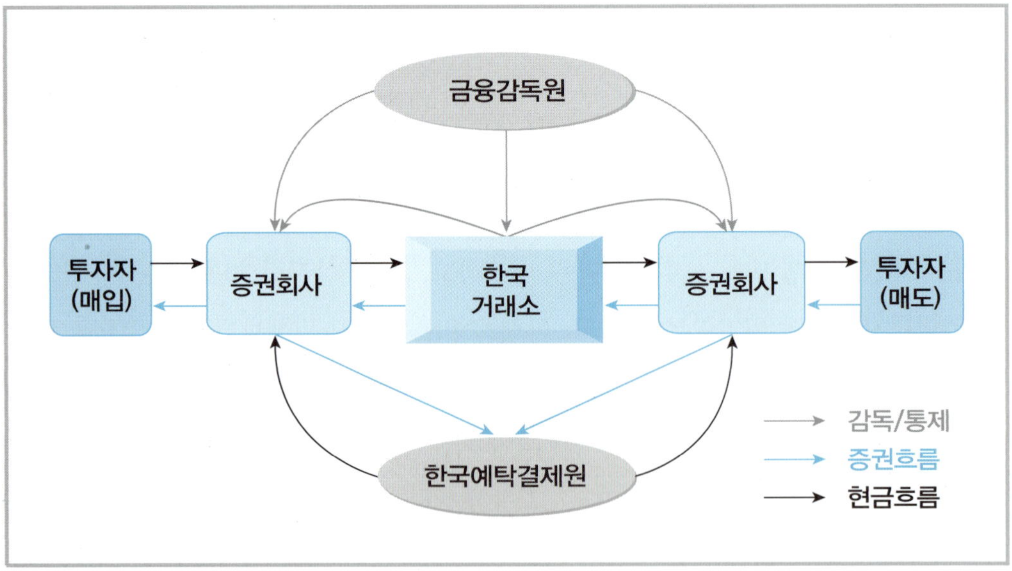

그림 3-1 유통시장의 구조

유지하고 있다.

유가증권시장은 주식, 채권, 수익증권 등 상장유가증권만을 대상으로 거래가 이루어지는 시장으로서, 우리나라 한국거래소는 일정한 자격을 갖춘 회원(증권회사)만이 참여할 수 있다. 그리고 증권회사는 고객으로부터 주문을 받아 경쟁매매과정을 통하여 거래를 성사시킨다. 즉, 증권의 유통은 투자자 상호간의 매매거래에 의해 이루어지지만 현실적으로는 [그림 3-1]과 같이 증권회사의 중개에 의하여 성립된다.

코스닥(Korea Securities Dealers Automated Quotation: KOSDAQ) 시장은 미국의 NASDAQ(National Association of Securities Dealers Automated Quotation) 시장을 벤치마킹하여, 비상장기업 중에서 성장성과 기술력 있는 벤처기업과 유망 중소기업들이 발행한 주식을 거래하는 시장이다.

파생상품시장은 KOSPI 200 주가지수선물과 옵션, 스타지수선물, 개별주식선물, 국채, 미달러, CD, 금, 통안증권금리 선물 및 개별주식 옵션이 거래되는 시장이다.

한편, 장외시장(Over-the-Counter: OTC) 이란 넓은 의미로는 구체적인 매매장소가 있는 한국거래소 밖에서 유가증권이 거래되는 시장을 총칭하는 의미로 쓰이나, 좁은 의미로는 유가증권시장이나 코스닥시장과 같이 일정한 시간과 규칙에 의하여 경쟁매매가 이루어지는 조직화된 시장 이외의 증권거래시장을 의미한다. 장외시장은 매매당사자간의 개별 접촉에 의해 거래되는 직접거래와 증권회사의 중개에 의하여 거래되는 창구거래 등의 방식이 있다.

유가증권시장과 코스닥시장 이외의 조직화된 시장으로는 프리보드(Free Board)가 있다. 프리보드란 유가증권시장과 코스닥시장의 상장요건을 충족하지 못하여 제도권시장에 진입하기 어려운 기업들이 발행한 주식이나 상장이 폐지된 주식들에 대해 유동성을 부여하는 호가중개시스템을 말한다. 다수의 투자자가 참여하는 시장을 통해 프리보드는 장외주식의 공정한 가격형성을 유도하고, 기존방식의 개별적 장외주식거래를 통해 발생할 수 있었던 불공정거래나 사기행위로부터 투자자를 보호할 수 있으며, 비상장 법인 발행주식에 대하여 직접금융시장을 통한 자금조달의 기회를 제공한다. 뿐만 아니라 상장이 폐지된 주식들이 계속 거래되도록 하여 투자자에게 환금의 기회를 부여하고 있다.

5. 상장

유가증권을 거래소에서 매매할 수 있도록 하는 것을 상장(listing/등록)이라 하고 매매대상으로 인정된 증권을 상장증권이라 하며, 상장증권을 발행한 회사를 상장회사라고 한다. 기업공개는 개인이나 가족 등 소수의 주주에 의해 폐쇄적으로 경영되던 기업의 주식을 다수의 대중에게 분산하는 것이라고 할 수 있는 반면에, 상장은 거래소가 상장 기준을 충족하는 유가증권에 대하여 유가증권시장에서 집단적·대량적으로 매매거래가 될 수 있도록 승인하는 행위이다. 기업공개와 상장은 그 개념이 다름에도 불구하고 우리나라에서는 오랫동안 동일한 개념으로 사용되어 왔다. 이처럼 기업공개와 상장이 동일시 된 것은 1972년 기업공개촉진법이 제정되어 기업공개명령제도가 도입되면서부터 라고 할 수 있다. 그러나 1999년 들어 정부는 발행시장제도를 정비하여 증권시장을 활성화하고 기업이 필요한 자금을 원활하게 조달할 수 있도록 기업공개와 상장을 분리하였다. 즉, 종전에는 일정 요건(기업공개요건 또는 협회등록공모요건) 이하의 기업에 대하여는 증권회사의 인수업무를 제한함으로써 간접적으로 기업공개를 억제하여 왔으나, 기업공개와 상장이 분리됨에 따라 앞으로는 상장 요건을 갖추지 못한 기업이라 하더라도 주간사회사와의 계약에 의하여 기업공개를 추진하고 주식발행을 통해 자금을 조달하는 것이 가능하게 되었다. 이러한 제도변화는 우리나라 발행시장을 한 단계 성숙시키는 계기가 될 수 있는 중요한 변화라고 할 수 있다.

[표 3-1]에서 볼 수 있는 바와 같이 기업공개와 상장은 본래의 의미에서는 확실한 차이가 있다.

표 3-1 기업공개와 상장

구 분	기업공개	상 장(등록)
시 장	발행시장	유통시장
목 적	기업의 자금조달	유가증권의 원활한 유통, 공정한 가격형성
성 격	주식분산의 한 형태	거래적격 유가증권의 선별
규제취지	공시주의 (발행당사자)	규제주의 (상장 적격성여부 심사)
특 성	발행기업과 청약자의 이해조화 발행물량의 소화를 중시	공익과 투자자보호 기업의 계속성, 시장성 중시

주식이 공개되고 상장되면 거래소로부터 많은 규제와 관리조치를 받게 된다. 그 이유는 증권가격이 공정하게 형성되고, 유통이 원활하게 이루어져 시장성이 확보되도록 함으로써 투자자를 보호하기 위해서이다. 거래소가 상장된 주식의 가치를 보증하는 것은 아니지만, 상장은 해당회사에 대한 투자자의 신뢰성을 높이는 결과를 가져와 주식가치의 향상, 기업자금조달의 용이, 담보가치의 향상, 회사의 지위 상승 등 부수적인 효과를 기대할 수 있다.

한국거래소는 일정한 기준에 따라 상장 심사를 하는데 그것은 주식의 원활한 유통과 공정한 가격형성을 통해 투자자를 보호하기 위해서이다. 상장요건은 여러 가지 사항이 포함되어 있지만 크게 나누어 기업의 규모, 재무내용, 유통성, 건전성 및 공익과 투자자보호에 관한 요건을 충족하여야 한다.

포스코나 한국전력과 같은 한국 우량기업의 주식이 주식예탁증서(DR)의 형태로 뉴욕증권거래소(NYSE)에 상장되어 있는 것과 마찬가지로 외국기업의 주식도 주식예탁증서의 형태로 한국거래소에 상장될 수 있다.

주식의 상장 방법으로는 신규상장, 신주상장, 변경상장, 재상장, 직상장, 명령상장 등이 있다. 신규상장은 기업을 공개하여 주식을 일반에게 매도한 후 처음으로 증권거래소에 주권을 상장하는 것을 말하며, 신주상장은 증권거래소에 이미 상장되어 있는 법인(기존상장회사)이 유상증자, 무상증자, 주식배당, 합병, 전환사채의 권리행사 등의 이유로 새로 발행된 주권을 상장하는 것을 의미한다. 변경상장은 기존 상장회사에 대한 주권의 종목(상호), 종류(보통주, 우선주), 액면금액, 수량(자본감소나 주식병합 및 분할 등)등이 변경된 경우 신주권으로 교체 발행하여 상장하는 것이다. 우선주가 보통주로 전환되어 상장되는 경우, 주식병합에 의해 주권의 수가 감소하는 경우, 주식분할에 의해 주권의 수가 증가하는 경우가 변경상장에 속한다.

재상장은 상장 폐지된 법인의 주권을 상장 폐지 후 5년 이내에 다시 상장, 또는 상장법인의 분할 및 분할합병에 의해 설립된 법인의 주권을 상장하는 것을 말한다. 직상장은 코스닥등록법인이 신규모집·매출 등의 기업공개절차를 거치지 않고 심사를 거쳐 바로 증권거래소에 상장하는 것을 의미한다. 명령상장은 기업의 신청에 의해 심사를 거쳐 이루어지는 신청 상장이 아니라 공공의 이익을 위하여 정부의 명령에 의한 상장을 의미한다. 증권시장의 관리기관은 상장된 주식이 상장요건을 충족시키는지, 기업 내용을 적시에 공시하는지 등을 계속 파악하여 부실 주식의 유통을 방지하고 투자자에게 정확한 투자정보를 제공함으로써 증권시장의 건전한 발전을 도모하고자 상장주식을 관리한다.

03 매매거래[1)]

1. 매매거래기준과 매매거래절차

주식의 매매거래는 공휴일을 제외한 월요일부터 금요일까지 이루어지며, 정규시장(09:00 ~ 15:00), 장개시 전 시간외시장(07:30 ~ 08:30), 장종료 후 시간외시장(15:10 ~ 16:00) 등으로 구분된다. 시간외시장은 정규시장 종료 전과 후 투자자에게 추가적으로 매매기회를 부여하기 위하여 제공되는 시장을 말한다.

주식시장에서의 매매는 호가단위와 매매수량단위에 따른다. 호가란 매매시장에서 주식의 종목별로 가격과 수량 등을 상대방에게 제시하여 거래를 하기 위한 의사표시를 말한다. 호가단위는 가격표시의 최소단위이며 최소가격변동폭이다. 한편 한국거래소에서는 매매가 원활하게 이루어질 수 있도록 최소매매수량단위(round lot)를 정하고 있다. 거래소시장에서 주식의 매매수량단위는 10주이다. 수량단위에 미달하는 1~9주를 단주(odd lot)라고 하며, 이에 대하여는 증권회사가 직접 거래 상대방이 되어 매매를 성립시킨다. 단, 코스닥시장에서는 매매수량단위가 1주이다.[2)]

투자자들의 일반적인 매매거래절차는 계좌를 설정하고 매매주문을 내며 위탁증거금과 위탁수수료를 납입하는 절차를 거친다. 한국거래소 시장에서 매매거래를 할 수 있는 자는 증권업의 허가를 받고 한국거래소 회원으로 등록된 증권회사에 한정되어 있다. 따라서 일반투자자가 매매거래를 행하기 위해서는 증권회사에 위탁하여

1) 증권거래제도는 수시로 변경되기 때문에 이 책의 내용과 일부 다를 수도 있다.
2) 그러나 유가증권시장에서도 당일의 기준가격이 5만원 이상 고가주의 경우의 매매수량단위는 1주이며, 또한 시간외시장에서의 매매수량단위는 1주이다.

그 회사의 시장대리인을 통해야만 한다. 그러므로 주식투자를 하려는 고객은 사전에 증권회사와 매매거래계좌 설정계약을 체결하여야 한다.

매매거래계좌가 설정되면 고객은 증권회사에 매매거래에 관한 주문을 하게 되는데, 주문방법으로는 문서, 전화, 전신 등이 있으며, 최근에는 PC통신이나 인터넷을 통한 온라인거래가 일반화되어 있다. 주문에는 매매거래의 종류(특별한 지시가 없으면 보통거래로 처리), 종목(같은 종목이라도 신주와 구주를 구분), 매도 또는 매수주문, 수량, 가격, 주문의 유효기간(특별한 주문이 없으면 하루 동안 유효), 현금거래 또는 신용거래의 구분 등의 내용이 포함되어야 한다.

매매주문의 방법은 지정가주문, 시장가주문, 조건부지정가주문으로 구분된다.

지정가주문(limit order)

투자자가 지정한 가격보다 유리한 가격에서만 거래가 체결될 것을 요구하는 주식시장에서 대표적인 주문방법이다. 지정가주문은 사자주문에서는 지정가 이하로 매수해 달라는 주문이고, 팔자주문에서는 지정가 이상으로 매도해 달라는 주문이다.

시장가주문(market order)

투자자가 원하는 가격을 지정하지 않고 현재 가장 유리한 시장가격으로 주문을 체결시켜달라는 단순한 주문방법이다. 시장가주문은 시가에 관계없이 거래가 체결될 가능성이 높은 주문방법이다.

조건부지정가주문

지정가 주문을 낸 후 종가결정을 위한 동시호가 시간 개시(14시 50분)까지 매매거래가 결제되지 않는 경우에는 시장가주문으로 전환되는 주문방법을 말한다.

투자자가 매매주문을 낼 때에는 매매대금의 일정 비율로 위탁증거금으로 미리 자기계좌에 입금시켜야 한다. 위탁증거금이란 증권회사가 고객으로부터 매매거래의 위탁을 받았을 경우 고객에게 징수하는 증거금을 말한다. 유가증권시장과 코스닥시장에서는 매수주문시에는 매수예정대금의 일정비율을 현금으로 예치하고, 매도시에는 매도증권의 일부가 위탁증거금으로 사용된다. 매매대금 중 증거금을 차감한 나머지 잔액은 계약이 체결된 날로부터 3일째 되는 날까지 입금하면 된다. 위탁증거금은 위탁가액(매매총액)의 일정비율 범위 내에서 종목, 매도 또는 매수별로 그 비율을 달리할 수 있으며, 증권정책에 따라 수시로 변하고 있다. 한국거래소는 주식거래를 활성화시키려는 증시부양정책의 하나로 위탁증거금을 낮추거나 과열장세를 진정시키려는 목적으로 증거금을 높이기도 한다.

2. 매매계약의 체결과 매매체결방법

모든 주문은 전산시스템(SMATS: Stock Market Automated Trading System)을 통해 거래소에 전달되어 매매체결원칙에 따라 처리되며 체결내역은 전산시스템을 통해 즉시 통보된다. 매매계약의 체결방법에는 단일의 매도자와 매입자 사이의 매매거래인 상대매매, 복수의 매도자와 매입자 사이의 매매거래인 경쟁매매, 단일의 매도자(또는 매입자)와 복수의 매입자(또는 매도자) 사이의 매매거래인 경매매가 있는데, 우리나라는 경쟁매매에 의하고 있다.

매매체결은 가격결정방법에 따라 동시호가매매(단일가매매)와 접속매매(복수가매매)로 나누어진다.

동시호가매매

일정시간 동안 접수된 주문을 모두 동시에 접수된 것으로 간주하여 사자와 팔자주문으로 나누어 집계한 다음, 양쪽 주문을 최대한 수용할 수 있는 하나의 가격으로 매매를 체결시키는 방법이다. 동시호가는 매매거래개시전 일정시간(08:00 ~ 09:00), 장종료전 일정시간(14:50 ~ 15:00), 신규상장 및 등록종목의 최초 가격결정시, 일시적 매매거래정지 후 등에 적용된다.

접속매매

동시호가매매에 의해 시가가 결정된 직후부터 매매거래가 종료될 때까지 매매주문이 접수되는 대로 매매체결원칙에 따라 매매를 계속적으로 성사시키는 방법이다. 거래시간 중에 새로운 가격이 형성되면서 계속적으로 거래가 이루어지기 때문에 접속매매라고 한다.

3. 결제와 세금

매매거래가 성사되면 결제가 이루어지는데 거래소시장의 거래는 결제기간에 따라 보통거래, 당일결제거래 및 익일결제거래로 구분된다.

보통거래

매매계약을 체결한 날(T)로부터 3일째(T+2) 되는 날에 결제가 이루어지는 거래로 모든 주식의 일반적인 거래에 적용된다. 공휴일은 날짜 계간에서 제외되며 토요일에는 결제가 되지 않는다. 따라서 목요일에 체결된 거래는 다음 주 월요일에 결제된다. 주식관련채권(전환사채, 신주인수권부사채)의 거래에도 보통거래가 적용되고 있다.

당일결제거래

매매당일(T)에 결제가 이루어지는 거래이다. 즉 매매계약이 체결된 당일(오후 4시)에 증권과 거래대금이 결제된다. 주식 중 관리대상종목과 채권의 거래에 적용되고 있다. 매매를 위탁할 때 매수대금 전액을 위탁증거금으로 납입하여야 한다.

익일결제거래

매매익일(T+1)에 결제가 이루어지는 거래이다. 국채의 딜러간 매매는 익일결제거래로 이루어진다.

우리나라 한국거래소에서의 매매거래 결제는 거래소의 결제기구를 통하여 하도록 되어 있다. 그러므로 증권의 매매와 거래를 함에 있어서 계좌이용자(투자자, 증권회사, 금융기관)들은 그들이 소유하고 있는 유가증권을 미리 증권예탁원에 예탁하여 매매거래에 수반되는 유가증권의 수수를 실물에 의하지 않고 이용자의 계좌간에 대체함으로써 결제를 종료하게 된다.

투자자가 증권거래와 관련하여 부담하는 세금은 거래행위 그 자체에 대하여 부과되는 증권거래세와 투자소득에 대하여 부과되는 소득세가 있다. 증권거래세는 증권거래세법에 의하여 주권 또는 지분을 매도할 때 부과하는 세금으로서, 투자손익에 관계없이 부과된다. 이자 소득세는 이자 및 할인료의 형태로 얻어지는 모든 이자소득에 대하여 부과되는 소득세이다. 배당소득세는 주식으로부터 얻어진 현금배당, 주식배당 및 이익잉여금의 자본금 전환에 따른 무상증자에 대하여 부과되는 소득세이다. 양도소득세는 증권을 양도할 때 실현되는 매매차익인 자본이득(capital gain)에 대하여 부과되는 세금으로서 자본이득세라고도 한다. 우리나라에서는 증권투자로 얻은 자본이득에 대하여는 과세하지 않고 있다.

4. 신용거래

신용거래란 투자자가 주식매입자금이나 매도주식을 보유하고 있지 않는 경우, 자금을 차입하여 주식을 매입하거나 주식을 차입하여 매각하는 거래를 의미한다. 즉 신용거래는 투자자가 자금을 차입하여 주식을 매입하는 융자거래와 주식을 차입하여 매도하는 대주거래로 나누어진다.

융자거래는 자기자본과 차입한 자본을 합쳐 많은 주식을 매수할 수 있기 때문에 주가가 상승하면 현금거래보다 높은 투자수익률을 얻을 수 있지만 주가가 하락하면 투자수익률도 크게 하락하는 레버리지효과(leverage effect)가 있다. 대주거래는 주식공매도 또는 공매(short sale)의 한 종류이다. 주식공매도는 주가하락이 예상될 때 주식을 빌려서 미리 매도하고 주가가 하락하면 주식을 재매수하여 상환함으로써 차익을 얻기 위한 거래이다. 주식공매도는 증권사의 상품보유주식을 빌려서 매도하는 대주거래와 증권사의 중개로 해당주식을 보유하고 있는 개인, 기관, 혹은 대주주들로부터 주식을 빌려 매도하는 대차거래가 있다. 대주거래는 주가가 상승하는 만큼 손실이 발생하기 때문에 융자거래보다 훨씬 위험하다. 따라서 대주거래는 규제가 엄격해서 실제 거래는 활발하지 않기 때문에 일반적으로 신용거래라고 할 때에는 흔히 융자거래를 의미한다.

신용거래를 원하는 고객은 일정금액의 보증금과 함께 별도의 신용거래계좌를 개설해야 한다. 신용거래시 자금이나 주식을 증권회사로부터 차입할 수도 있지만 증권금융회사를 통하여 차입하기도 한다. 이때 증권회사가 자금이나 주식을 직접 고객에게 빌려 주는 것을 자기신용이라고 하고, 증권금융의 대출을 받아 고객에게 빌려 주는 것을 유통금융이라고 한다.

신용거래는 투기적 성격을 내포하고 있으므로 거래에 여러 가지 제약이 가해지고 있다. 우선 종목별, 증권회사별로 신용거래한도가 설정되어 있고, 증권회사는 고객으로부터 신용거래보증금을 징수하고 해당 고객이 의무를 불이행하는 사태에 대비하여 채권을 확보하는 제도적 장치도 마련되어 있다. 또한 증권회사는 과도한 투기거래를 억제하기 위해 고객으로부터 매매 거래대금의 일정률만큼을 신용거래보증금으로 징수하여야 한다.

04 감독 및 규제, 관계기관

1. 매매거래의 관리

한국거래소에서 적용하는 매매거래의 관리제도는 다음과 같다.

❖ 가격변동폭 제한

한국거래소는 급격한 가격변동에 따른 투자자의 피해를 방지하기 위해 하루에 변동할 수 있는 가격의 범위를 제한하고 있다. 그러나 가격변동 제한폭이 점차 확대되고 있으며 궁극적으로 없어지는 추세에 있다. 가격등락폭 제한은 투자자 보호를 목적으로 시작되었으나 오히려 가격의 자율조절기능을 마비시켜 주가의 왜곡현상을 조장하는 단점이 있다. 가격등락폭 제한이 현재 한국과 일본에서는 시행되고 있지만, 미국이나 영국에서는 제한 없이 자유롭게 가격이 등락할 수 있다.

❖ 매매거래중단제도

한국거래소는 하루 중 지수가 급락하는 경우 시장참여자들에게 냉정한 투자판단 시간을 제공하기 위하여 일시적으로 매매거래를 중단하는 매매거래중단(circuit breaker)제도를 활용하고 있다. 이 제도는 1987년 10월 미국의 뉴욕증권시장에서 주가가 대폭락하는 사건(Black Monday)이후 투자자들의 심리적 공황을 막기 위해 생겨난 제도이다. 한국에서는 1988년 12월에 제도가 도입되어 2000년 4월 17일(월요일)최초로 발동되었다.

이 제도는 코스피지수 또는 코스닥지수가 직전 거래일의 종가보다 큰 폭으로 하락하여 그 상태가 일정 시간 동안 지속되는 경우 주식시장의 모든 종목의 매매거래를 일시 중단하여 투자자들이 흥분하지 않고 냉정한 판단을 할 시간을 제공한 후 동시호가 접수를 거쳐 매매거래를 재개한다. 매매거래중단제도는 주가 상승시에는 발동하지 않고, 주가 급락시에만 발동된다.

❖ 개별종목의 매매거래정지

한국거래소는 부도, 파산, 회사정리절차개시 등과 같이 기업경영에 중대한 영향을 미치는 풍문 등과 관련하여 주가 및 거래량이 급변하거나 급변이 예상되는 종목에 대해서는 투자자보호를 위하여 당해종목의 매매거래를 중단할 수 있다.

시장에서의 전면적인 매매중지와는 별도로 투자자보호와 시장관리에 필요하다고 인정되는 경우에는 해당 증권종목의 매매거래를 일시 중단시킬 수 있다. 예를 들어, 확인되지 않은 소문에 의해 매매거래가 폭주하여 신속한 매매거래가 성립되지 못하는 경우에는 매매거래를 중단하고 이후 공시를 통해 중단사유가 해결되면 매매거래를 재개한다.

❖ 공매도의 제한

공매도는 일반적으로 유가증권을 소유하지 않고 매도하거나, 소유한 경우라도 매도에 따른 결제를 자기소유의 증권으로 하지 않고 증권을 차입하여 결제하는 것을 말한다. 거래소는 공매에 의해 주가 하락이 가속화되지 않도록 위탁매매와 자기매매 모두에 대하여 직전가격보다 낮은 가격으로 공매를 할 수 없도록 하고 있다.

❖ 관리종목

한국거래소는 부도발생, 회사정리절차개시 등 상장폐지 기준에 해당되는 사유가 발생한 종목은 유가증권상장규정에 의하여 당해법인의 발행종목을 관리종목으로 지정하며, 투자자의 주의환기를 위하여 1일간 매매거래를 정지한다.

관리종목으로 지정되면 당일결제거래만 허용되며, 위탁증거금도 인상되는 등 매매체결방법을 달리 정하는 것 이외에도 대용증권으로서의 효력이 정지되어 증권시장에서 현금처럼 이용되는 역할이 대폭 제한을 받게 된다. 또한 신용거래종목에서도 제외됨으로써 당해 종목에 대한 신용거래융자 및 신용거래대주를 할 수 없고, 증권금융의 담보대출유가증권에서도 제외된다. 또한 증권저축가입자의 매수대상에서 제외되고, 해당기업의 해외증권발행이 금지된다.

❖ 이상급등종목

한국거래소는 주가와 거래량이 일정기간 내에 급변하는 종목을 이상급등종목으로 지정하여 주가 급등락에 대한 투자자의 주의를 환기시킨다. 즉 이상급등종목은 비정상적인 가격과 거래량의 변동을 투자자에게 환기시키기 위해 한국거래소가 요주의종목으로 지정한 종목을 말한다. 이상급등종목으로 지정되면 신용거래 종목에서 제외되고, 위탁증거금이 증가하는 등 제약이 주어지게 된다.

❖ 상장폐지

한국거래소는 발행회사의 기업 내용에 중대한 변화가 발생하여 당해 증권을 계속 상장시킬 경우 투자자에게 손실이 발생하거나, 증권시장의 신뢰에 해가 된다고 판단되면 당해 증권에 대해 상장폐지 조치를 취할 수 있다. 상장폐지기준에 해당되면 일단 관리종목으로 지정한 후, 일정 기간의 유예기간을 거쳐 심사에 의해 상장폐지를 결정하게 된다. 상장폐지의 구체적인 예로는. 회사의 정리절차 개시, 부도수표의 발생, 반기보고서 미제출, 회사의 영업활동 정지, 감사보고서에 부적정의견 발생 등이 있다.

❖ 예납조치

예납조치란 어떤 종목이 투기의 대상이 되어 시장의 질서가 어지럽혀질 우려가 있는 경우 이 종목의 매매를 위해서는 일정금액이나 증권을 미리 납부시키는 제도이다. 예납조치를 당한 종목은 신규신용거래가 중단된다.

2. 공정거래제도

한국거래소에서는 다음과 같은 공정거래제도를 시행하고 있다.

❖ 기업내용공시제도(corporate disclosure system)

투자자 보호제도의 일종으로써 일반투자자가 주가판단을 할 수 있도록 기업의 재무상태, 영업실적 등 주가에 중대한 영향을 미칠 수 있는 중요한 기업 내용의 정보를 기업이 자발적으로 공개토록 하는 제도이다. 가장 기본적인 공시내용은 기업의 재무제표인데 「반기보고서」와 「사업보고서」를 2년간 비치하여 투자자들에게 공람시켜야 한다.

기업의 가치는 기업관련 정보의 객관적 평가에 의하여 좌우되므로 상장법인으로서 기업 내용을 성실하게 공시하는 것은 주주에 대한 의무이기도 하며, 증권시장에 있어서는 완전경쟁 상태인 효율적 시장을 이루기 위한 기본조건이 된다. 공시는 정보의 적정성과 완전성, 공시의 신속성, 정보이용의 용이성, 정보전달의 공평성 등의 원칙에 따라 이루어져야 한다.

한편 수시로 공시하는 기업 내용은 그 중요성에 따라 직접공시와 간접공시로 구분된다. 직접공시는 파산, 합병, 정리 및 해산사유 발생 등 회사의 존속과 발전에 심대한 영향을 미치는 상황이 발생하는 경우 기업이 직접 거래소의 방송망을 통해 그 내용을 공시(예: 수표나 발행어음의 부도, 은행 거래정지)하는 것을 말한다. 한편 간접공시는 상장법인이 증권거래소에 보고한 내용을 증권거래소가 대신하여 공시(예: 시장에 떠도는 소문의 진위를 해당 기업이 공식적으로 확인)하는 것을 말한다.

정보공시의 신속성과 정확성에 문제가 있는 공시를 불성실공시라고 하며, 불성실공시에 해당되는 경우 금융감독위원회는 매매거래정지, 불공정거래 조사를 위한 매매심리 착수, 유가증권발행 제한, 임원해임 권고 등 제재 또는 과징금 부과 등의 조치를 취한다.

❖ 불공정 거래행위의 제한

증권거래법상 불공정거래예방제도로는 주식매매업무의 전산화, 시장감시제도(stock watch system), 증권회사 업무운용의 건전성 준칙, 공시제도, 대주주와 임원의 주식소유 상황 보고, 주식의 대량 소유 상황 보고(5% rule), 상호주 소유제한 등이 있다. 불공정거래 규제제도로는 내부자거래의 금지, 시세조종 행위의 금지, 증권회사와 증권관계기관 임직원의 주식매매 제한, 일임매매 제한 및 임의매매 금지 등이 있다.

시장감시(stock watch)

이상매매종목에 대해 그 원인을 규명하고 실제로 매매과정에서 불공정행위가 있었는지를 밝히는 일이다. 시장감시의 목적은 불공정매매를 취소화하고 공정성과 투명성을 확보하여 선의의 투자자를 보호함으로써 증권시장에 대한 신뢰도를 높이려는데 있다. 시장감시는 주가 및 거래량이 정상적인 범위를 벗어나 불공정거래의 개연성이 높은 종목을 골라내어 풍문이나 보도가 있는 종목에 대하여는 조회공시를 의뢰하고 경우에 따라서는 매매심리를 담당하는 부서에 정밀조사를 의뢰하게 된다.

내부자거래(insider trading)

회사의 임직원, 주요 주주 또는 회사와 밀접한 관계가 있는 자가 일반인에게 공개되지 않은 중요한 정보를 이용하여 당해 유가증권을 거래하는 행위, 즉 누구든지 투자판단에 중요한 영향을 미칠 수 있는 미공개정보를 공시하지 않고 혼자 이용하거나 다른 사람으로 하여금 이를 이용하게 하여 부당한 이득을 취하는 행위 또는 손실을 회피하는 행위를 말한다. 내부자는 회사내부자, 준내부자, 정보수령자로 나눌 수 있다. 회사내부자란 임원, 직원, 대리인 및 주요 주주(10%이상 소유한 주주 및 사실상의 지배주주)를, 준내부자란 합법적 내지 정당한 권한으로서 내부정보에 접근할 수 있는 자를, 정보수령자란 회사내부자나 준내부자로부터 정보를 받은 자를 의미한다.

내부자거래에 대한 감시장치

임원 및 대주주의 주식소유상황 보고 의무, 주식의 대량 보유상황 공시제도(5% rule), 증권회사의 내부자거래 수탁금지, 증권거래소의 이상매매심리, 금감위의 조사권 등이 있다. 우리나라의 내부자거래 규제 제도로는 미공개정보 이용 금지, 회사 내부자에 대한 특별 규제로서 공매도 금지와 단기차익 반환 의무, 대주주와 임원의 주식 소유상황 보고 의무, 금감위의 조사권, 위반에 대한 형사 처벌, 손해배상 책임제도 등이 있다.

시세조종행위의 금지

증권시장에서 특정 유가증권에 관한 시세나 거래량을 인위적으로 변동시킴으로써 시세차익을 얻고자 하는 조작행위는 증권시장의 공정경쟁의 원칙을 해치는 행위로 금지하고 있다. 이를 시세조종행위의 금지라 한다. 복수인이 미리 통정한 후 동일 유가증권에 대하여 같은 시기에 같은 가격으로 매수·매도하는 통정매매, 권리의 이전을 목적으로 하지 않는 위장매매, 단독 또는 타인과 공모하여 매매가 성황을 이루는 것처럼 오인하게 하거나 그 시세를 변동시키는 공모조작행위, 부당한 이득을 취득하기 위하여 고의로 허위의 시세나 풍설을 유포시키는 행위 등은 모두 시세조종행위에 속한다.

우리나라는 시세조작행위에 대한 예외로서 발행시장의 원활한 운용을 위한 안정조작과 시장조성을 인정하고 있다. 안정조작이란 유가증권의 모집·매출을 원활하게 하기 위하여 청약일 전에 주가를 인위적으로 끌어올리거나 내려서 안정시키는 일을 말한다. 즉, 주가는 시장의 자연스런 수급에 의해 결정되어야 하지만 주식을 새로 발행하여 한꺼번에 팔 때와 같은 특별한 경우, 발행회사나 인수를 맡은 증권회사가 당국에 신고를 한 뒤 일정 범위 안에서 주가하락을 방지할 수 있도록 한 제도가 안정조작이다. 시장조성은 기업공개를 통해 유가증권시장이나 코스닥시장에서 신규로 거래되는 주식의 가격이 공모가의 80% 이하로 하락하거나 하락할 염려가 있는 경우 주간증권사가 투자자 보호를 위해 공모가의 80%에 매수주문을 내 주가하락을 막는 제도이다. 주간증권사의 시장조성 의무기간은 매매개시 당일부터 한 달간이다.

3. 신용거래의 관리

신용거래에 있어 융자나 대주는 거래일로부터 150일 이내에 상환되어야 하며 이 기간은 연장할 수 없다. 150일 이내에라도 증권회사는 고객에게 상환을 요구할 수 있다. 융자거래에서는 융자액을 현금으로 상환하고, 대주거래에서는 차입한 주식과 동일한 주식으로 상환해야 한다.

신용거래는 주로 반대매매를 통해서 상환된다. 융자거래에서는 융자로 매수한 주식을 매도하여 융자액을 상환하고 나머지 차익을 취한다. 대주거래에서는 대주로 매도한 주식을 매입해서 상환하고 나머지 차익을 취한다. 융자거래는 주식시장에서 수요(사자 세력)를 증가시키는 역할을 한다. 주식시장 침체기에는 신용거래에 대한 규제를 완화하고 신용거래 보증금률을 낮춤으로써 융자거래를 활성화하여 주식시장을 부양하는 정책수단으로 사용할 수 있다. 반대로 주식시장이 과열되었을 때는 융자거래가 주가상승을 부추겨 시장을 더욱 과열시키는 부작용이 있을 수 있다. 이러한 상황에서는 융자거래에 대한 규제를 강화하고 보증금률을 상향조정함으로써 주식시장을 진정시키는 정책수단으로 사용할 수 있다.

대주거래는 단기적으로 주식시장에서 공급(팔자 세력)을 증가시키는 역할을 한다. 주식시장이 과열되었을 때 대주거래는 주가를 진정시키는 역할을 하지만, 침체기에는 주가하락을 더욱 부채질하는 부작용을 일으킬 수 있다. 그러나 대주거래가 신용거래 만기일에 주식을 상환하기 위해 주식을 매수하는 과정에서 주가를 상승시키는 역할을 할 수도 있다.

신용거래는 투기적인 성격을 내포하고 있으므로 신용거래가 제한 없이 허용된다면 투자자는 물론 관련 증권회사도 동반하여 과도한 위험에 노출되고 주식시장이 투기장화할 위험이 있다. 신용거래 보증금률의 조정이 그 중 하나이고, 다른 하나는 신용거래한도를 정하는 것이다. 일반적으로 대주거래가 융자거래보다 더 위험한 것으로 인식되어 규제가 한층 더 심한 편이다.

4. 증권시장 관련기관

우리나라의 증권시장에는 증권시장 전반에 걸친 정책을 수립·추진하는 최고기관으로 금융위원회가 있으며 그 아래에 여러 증권관계기관이 있다. 현행 자본시장과 금융투자업에 관한 법상의 증권관계기관은 증권회사, 금융위원회, 한국거래소, 한국금융투자협회, 증권금융회사, 한국예탁결제원이 모두 해당되며 그 외의 증권시장관련기관으로 Koscom(증권전산회사) 등이 있다.

증권회사

금융투자업에 해당되는 고유 업무를 영위하는 투자매매업자 또는 투자중개업자를 일반적으로 증권회사라고 한다. 증권회사의 설립은 금융위원회의 허가를 받은 주식회사로 제한하고 있는데 그 이유는 증권의 특수성과 증권의 거래에는 고도의 기술과 전문지식이 요구되기 때문이다. 증권회사의 고유 업무는 위탁매매업무, 인수주선업무, 자기매매업무로 구분할 수 있다.

위탁매매업무(brokering)란 증권회사가 고객으로부터 매도, 매수의 주문을 받아 증권회사의 명의와 고객의 계산으로 증권의 매매거래를 체결하여 주고 일정한 수수료를 받는 행위를 말한다. 인수주선업무(underwriting)란 증권을 발행함에 있어서 이를 매출할 목적으로 증권의 발행인으로부터 그의 전부 또는 일부를 취득하거나 증권의 발행 시에 잔액을 인수하는 것을 말한다. 자기매매업무(dealing)란 증권회사가 증권을 자기명의와 자기계산으로 매매하는 것을 말한다.

또한 증권회사의 업무에는 고유 업무와 관련하여 부수적으로 영위하는 부수 업무와 재정경제부장관의 별도 인가를 얻어 영위하는 겸업 업무가 있다. 부수 업무에는 신용공여업무, 증권저축, RP매매업무, 수익증권판매업무, 국제업무 등이 있으며, 겸업업무는 금융산업의 효율화를 위하여 다른 금융산업이 수행하고 있는 업무의 일부를 증권회사에서도 수행할 수 있도록 인가받은 업무를 말한다. 한국거래소에서 실제의 증권거래는 증권회사가 파견한 시장대리인(floor agent)만 할 수 있으므로, 증권회사는 매매거래의 주체인 거래원이 된다.

금융위원회(Financial Services Commission)

증권시장의 관계기관을 통제하는 최고기관으로서 금융산업의 선진화와 금융시장의 안정을 꾀하고, 건전한 신용질서와 공정한 금융거래관행을 확립하며 예금자 및 투자자 등을 보호하는 사무를 관장한다. 금융위원회의 산하에 있는 증권선물위원회는 자본시장의 불공정거래 조사, 자본시장의 관리, 감독 및 감시 등의 업무를 수행한다. 금융위원회는 금융전반에 대한 심의 · 의결 기능을 수행하고, 실제 감독과 검사 등의 업무는 금융감독원(Financial Supervisory Service)이 집행한다.

한국거래소(Korea Exchange)

불특정 다수인이 경쟁적으로 자유로이 유가증권의 매매에 참여하게 함으로써 상시적으로 증권가격을 공정하게 형성하고 증권의 유통을 원활하게 할 수 있도록 일정한 장소에 유가증권시장을 개설하는 것을 목적으로 설립된 회원조직 형태의 법인이다. 즉, 국내 · 외 증권회사 중에서 거래소 회원으로 가입된 자만이 한국거래소에서 유가증권을 매매할 수 있다.

한국거래소의 기본업무는 유가증권시장, 코스닥시장, 파생상품시장 등의 개설업무이며 이에 수반되는 상장, 매매체결, 공시, 매매심리, 회원관리 등 증권시장 개설 관련 부수업무를 수행하고 있다.

한국금융투자협회(Korea Financial Investment Association)

증권시장의 자율기관으로 비영리사단법인이 아닌 특수법인이다. 한국금융투자협회는 금융기관 상호간의 업무질서 유지 및 공정한 거래를 확립하고 투자자를 보호하며 금융투자업의 건전한 발전을 위해 설립된 법인 단체이며, 과거 금융 시장에 존재하고 있던 한국증권업협회, 자산운용협회, 선물협회를 합병하는 방법으로 설립되었다. 이 협회는 회원회사 상호간의 건전한 영업 질서유지 및 투자자 보호업무, 협회중개시장의 운영업무, 증권투자상담사의 등록 및 관리업무, 증권관련제도의 조사·연구, 증권연수, 증권홍보 등을 주된 업무로 하고 있으며, 증권회사 상호간의 업무질서를 유지하기 위한 자율규제 기능을 갖고 있다.

증권금융회사

증권의 인수나 증권의 매매에 필요한 자금을 공급하여 유가증권의 발행 및 유통을 원활하게 하고 공정한 가격형성을 도모하여 증권시장의 건전한 발전에 기여하는 증권금융을 전문으로 하는 회사를 말한다. 우리나라에는 증권금융회사로 한국증권금융(Korea Securities Finance Corporation)이 설립되어 있다.

한국예탁결제원(Korea Securities Depository)

증권 매매에 따라 증권을 일일이 인수, 인계하는 번거로움을 피하기 위하여, 투자자, 증권회사, 금융기관 등이 소유하고 있는 유가증권을 일정한 수탁기관에 집중적으로 예탁하여 놓고 매매거래 등에 따른 유가증권의 수수를 현물에 의하지 아니하고 계좌간의 대체로 결제하는 제도를 대체결제제도라고 한다. 우리나라의 대체결제제도에서 수탁기관의 역할을 하는 기관이 한국예탁결제원이다. 또한 한국예탁결제원은 주식명의 개서 대행 및 유가증권 발행대행, 주식배당과 사채원리금 지급대행 등 증권대행 업무도 수행한다. 명의개서 대행이란 유가증권 발행회사와 계약에 의하여 발행회사를 대신하여 주주명부 관리와 유가증권 관리업무의 대행, 배당, 이자 및 상환원금의 지급을 대행하는 업무 및 유가증권의 발행을 대행하는 업무를 말한다.

Koscom(Korea Securities Computing Corporation Korean)

증권·파생상품시장과 증권회사를 비롯한 금융업계의 각종 전산 인프라를 효율적으로 구축하고 운용하는 전산전문회사이다. 이전에는 한국증권전산이라 불리웠으며 한국거래소와 한국예탁결제원의 전산처리, 증권관계기관 및 증권회사의 전산개발과 그에 대한 용역 업무 등을 수행하고 있다. 또한 인터넷을 통하여 증권거래를 실시간으로 중계하고 투자에 관한 정보를 제공한다.

이상에서 설명한 증권시장관련기관 외의 증권시장관련기관으로 투자자문회사, 투자신탁회사, 투자회사 등이 있다.

투자자문회사

개인투자자나 기관투자자에 대하여 유가증권의 가치 또는 유가증권의 투자판단에 관하여 조언을 행하는 영업을 주요 업무로 하는 자를 말한다. 투자자문업무는 투자조언업무와 투자일임업무의 두 가지 형태로 이루어진다. 투자조언업무란 투자자문회사가 고객과 일정한 계약을 맺고 증권의 투자운영에 관한 조언 및 투자판단에 필요한 각종 투자정보를 제공하는 업무이다. 투자일임업무는 고객으로부터 자산운영에 관한 권한을 일임 받아 증권투자를 대행하는 업무이다.

투자신탁회사

불특정 다수의 일반투자자로부터 자금을 모아 여러 증권에 분산투자하고 여기서 생긴 수익을 다시 투자자에게 배분해 주는 행위를 전문으로 하는 기업이다. 투자신탁회사는 자금 규모가 영세하거나 증권에 대한 지식과 경험이 부족한 일반투자자로부터 자금을 모아 투자를 대행해 줌으로써 일반투자자들의 수익성을 향상시키고, 증권의 대중화와 함께 증권의 분산을 통하여 기업의 자금조달도 원활하게 하는 기능을 수행한다.

투자회사

자산을 유가증권 등에 투자하여 그 수익을 회사의 주인인 주주에게 분배하는 것을 목적으로 설립된 명목상의 주식회사(paper company)로 금융감독위원회에 등록하여야 한다. 투자회사는 유가증권은 물론이며 선물투자기금업을 겸업할 수 있다.

05 주식시장지표

우리는 주식시장이 '호황이다' 또는 '불황이다'라는 말을 자주 듣는다. 이러한 용어들은 주식시장에 상장된 주식들의 전반적인 동향을 표현하는 말이다. 주식시장에서 거래되는 주식들의 가격이 상승하는 상황이 계속적일 때 이를 호황이라고 하고, 반대로 주식들의 가격동향이 하락추세가 어느 정도 지속될 때 이를 불황이라고 한다. 이와 같이 투자자들은 주식시장에서 어떤 특별한 개별 주식의 동향보다도 주식시장 전채적인 동태에 더욱 관심을 가질 수도 있다. 따라서 주식시장의 전체적인 움직임을 나타내는 주식시장지표(stock market index)가 필요하게 된다. 주식시장지표는 주식시장의 전반적인 가격수준을 단순하게 나타내는 지표이다. 주식시장지표에는 여러 가지가 있으나 가장 대표적인 것이 주가지수이다.

1. 주가지수

1.1 주가지수의 의의

주가지수는 주식시장의 상황을 나타내는 가장 기본적인 지표로서 투자자들이 이용할 수 있는 중요한 정보를 담고 있다. 주가지수의 등락은 주식시장의 전반적인 가격변동흐름을 나타내며, 개별 주식과 주가지수의 등락을 비교·분석함으로써 개별주식에 대한 투자성과를 측정할 수도 있다.

어떤 상품군의 가격을 기준시점과 대비하여 나타내는 가격지표를 지수(index)라 한다. 그러므로 주가지수(stock price index)는 특정 기준시점에 있어서 주식시장 전체의 주가수준을 100포인트로 하고 비교시점의 주가수준을 기준시점에 대한 상대치로 환산하여 지수화한 것이다. 주가지수는 지수 계산에 포함된 채용주식종목의 범위와 가중평균방법에 따라 여러 가지로 구분된다.

채용종목에 관해서는 이론적으로 시장에서 거래되는 모든 종목을 포함하는 주가지수를 작성하는 것이 이상적이라고 알려져 있다. 그러나 학자에 따라서는 무작위로 16개 내지 32개 종목을 추출하여 시장의 동향을 추정할 수 있다는 주장도 있다. 실제로 미국의 다우존스산업평균(Dow Jones Industrial Average: DJIA) 지수는 뉴욕증권거래소(New York Stock Exchange: NYSE)에서 거래되는 주식 중 각 산업별 대표 우량주 30개를 표본으로 사용하고 있다. 그러나 이 경우 소수 표본으로 인한 지수의 시장대표성에 대한 문제가 제기될 수도 있다.

과거에는 표본 수를 증가시키면 계산의 신속성과 경제성이 저하된다는 문제 때문에 적은 수의 표본을 사용하여 지수를 작성하였다. 그러나 최근에는 컴퓨터의 발달로 이러한 문제는 논리적으로 설명이 되지 않는다. 현재 각 국에서는 시장의 모든 종목을 포함시켜 지수를 작성하고 있으며, 우리나라의 한국종합주가지수도 상장종목 전체를 대상으로 산출한 지수이다.

주가지수 작성에 있어 각 주식의 상대적 중요도를 반영하기 위하여 가중치를 사용하게 된다. 여기에는 주당가격에 따라 가중하는 방법, 총 시장가치에 따라 가중하는 방법, 그리고 동일한 가중치로 평균하는 방법이 있다. 이 중에서 어느 방법이 시장 전체를 잘 반영한다고 말하기는 어렵다. 하지만 주당가격으로 가중하는 방법은 단순하다는 점 이외에는 이론적인 정당성이 없으며, 일반적으로 총 시장가치에 따라 가중하는 방법이 가장 합리적인 방법으로 인정되고 있다.

주당가격 가중방법(price weighted average)

먼저 채용종목 1주당 가격을 모두 합한 크기를 채용종목 수로 나누어 단순주가평균을 구한 다음 이를 주가지수로 나타내는 방법이다. 주당가격 가중방법으로 계산된 주가지수는 계산상의 특성 때문에 연속성에 한계를 가지고 있다. 즉, 지수계산에 포함된 주식의 해당 기업이 주식분할을 하거나, 무상증자로 새로운 주식을 발행하거나, 주식배당을 하는 경우에는 이 방법으로 계산된 주가지수는 일관성을 유지하지 못하기 때문에 기술적인 조정을 하여야 한다. 조정방법의 하나는 주식의 가격을 수정하는 방법이고, 다른 하나는 제수(devisor)를 수정하는 방법이다.

주당가격을 가중치로 이용하여 주가지수를 계산하는 방법의 가장 큰 문제점은 고가주식에 큰 비중이 주어진다는 점이다. 그러므로 이 방법은 어떤 일정시점에 있어서 주식시장 전체의 가격수준을 나타내는데 있어서는 적합하지 않으나, 서로 다른 여러 시점에 대하여 투자자 전체의 부의 변동을 나타내기에는 적절한 시장지표라고 할 수 있다.

이 방법에 의한 주가지수 중에서 대표적인 것은 DJIA지수이다. 1896년부터 시작된 DJIA지수는 세계적으로 가장 많이 알려졌기 때문에 이러한 방식의 주가지수를 다우존스식 주가지수라고 부른다. 다우존스식 주가지수에는 일본경제신문이 산출하여 발표하는 니케이지수(Nikkei Index 225), 우리나라의 한국경제신문이 발표하는 한경지수(70개 종목), 매일경제신문이 산정 발표하는 매경지수(100개 종목)가 있다.

다우존스식 주가지수는 거래가 활발하여 시황을 선도할 수 있는 대표적인 소수의 우량주를 그 대상으로 하므로 시황을 민감하게 반영한다는 장점을 지니고 있으나 일부 우량주만을 채용종목으로 하여 산출되므로 시장전체의 균형적 시황파악이 어려울 뿐 아니라, 산출대상종목으로 채용되지 않은 종목들의 주가가 시장을 선도하여 채용종목과 반대방향으로 움직일 때에는 이 지수가 실제 시황과 무관하게 나타나게 된다는 불합리점이 있다.

미국에서 1960년대 중반에 DJIA지수가 실제 이상으로 심한 등락폭을 보여 투자판단을 그르치게 할 위험이 있다는 비판이 제기되었다. 이에 당시의 Johnson 대통령이 뉴욕증권거래소에 새로운 주가지수의 산출을 요청하였다. 이 요청에 따라 1966년 7월부터 뉴욕증권거래소에 상장된 전 종목을 대상으로 하여 시가총액 가중방법에 의한 주가지수를 발표하기 시작하였다. 이 지수가 뉴욕증권시장종합지수(NYSE composite index)이다. NYSE가 새로운 지수를 산출한 이유는 NYSE에서 당시 발표되고 있던 주가지수 중 DJIA지수는 경우에는 앞에서 설명한 바와 같은 문제점이 있고, S&P 500(Standard & Poor's 500 Index)지수는 비록 시가총액식으로 산출은 하고 있으나 채용종목수를 500종목으로 한정하고 있으므로 시장전체의 주가동향이 균형적으로 반영되지 않는다는 점 등을 감안하였기 때문이다.

시가총액가중방법(market value weighted index) 또는 시가총액법

상장된 주식의 총 시장가치에 따라 가중하는 방법으로 가장 타당성 있는 주가지수 산출 방법으로 인정받고 있다. 각 기업의 시장가치(기업규모)는 기업의 발행주식수에 주식의 시장가격을 곱하여 산출하고 이를 모두 합한 것이 총 시장가치이다. 시가총액에 가중하여 지수를 산출하는 방법은 지수채용 기업이 주식분할이나 무상증자 등 자본이 변화하여도 지수 계산에 문제가 되지 않는다. 또한 다우존스식 주가지수와 같이 수정주가를 계산할 필요도 없고 제수를 조정하지 않아도 된다. 단순히 고가주식이라고 해서 시가총액 가중방법에 의한 지수에 큰 영향을 미치는 것이 아니라, 주가와 발행주식수가 동시에 고려된 시장가치로 측정된 기업규모의 크기에 따라 지수에 미치는 영향이 달라진다. 기업규모가 크다는 것은 증권시장에서 차지하는 중요성이 크다는 것을 의미하므로, 기업규모에 따라 주가지수의 비중이 결정되는 것은 타당성이 있다고 할 수 있다. 다만 주가지수 작성에 전체 상장기업이 포함되지 않거나, 지수 작성에 포함된 기업들의 규모에 차이가 큰 경우에는 이 지수가 시장전체의 주가동향을 완벽하게 나타낸다고 할 수 없다.

시가총액가중방법에 의한 주가지수 중에서 대표적인 것은 NYSE종합지수, S&P 500, S&P 100 그리고 우리나라의 코스피지수와 코스닥지수가 있다. 또한 일본의 TOPIX, 영국의 FTSE 100, 프랑스의 CAC40, 독일의 DAX, 홍콩의 Hang Seng지수도 시가총액가중방법에 의한 지수이다.

동일 가중방법(equally weighted index)

표본에 포함된 모든 주식에 동일한 가중치를 부여하는 방법이다. 이 방법은 실제로는 거의 이용되지 않고 있지만, 투자자가 모든 주식에 동일한 비율로 투자한다는 가정 하에서는 유용한 지수로 이용된다. 이와 같이 동일 가중방법으로 주식시장의 투자효과를 측정하기 위해 작성된 것이 피셔지수(Fisher Index)이다.

1.2 우리나라의 주가지수

우리나라의 주가지수는 1964년 1월부터 1982년 말까지 다우존스식 계산방법에 의해 산출되었으나, 이 방법의 문제점이 제기되고 세계 각국의 추세와 학문의 발달로 인하여 1983년 초부터 시가총액식 주가지수방식으로 변경되었다. 우리나라의 대표적인 지수를 설명하면 다음과 같다.

코스피지수(Korea Composite Stock Price Index: KOSPI)

한국 주식시장을 대표하는 주가지수로서 1983년 1월 4일부터 채용되었다. KOSPI는 주가에 주식수를 가중한 시가총액식 주가지수로서 한국거래소의 유가증권시장에 상장된 모든 주식을 대상으로 산출된다. 그러나 원칙적으로 시가총액 계산에 있어 우선주를 포함하지는 않는다. KOSPI의 기준시점은 1980년 1월 4일로서 기준지수는 100포인트이며 산식은 다음과 같다.

$$KOSPI = \frac{\text{비교시점의 시각총액}}{\text{기준시점의 시각총액}} \times 100$$

만일 유상증자, 신규상장, 상장폐지, 합병, 전환사채의 주식전환 등이 발생하면 주가지수의 연속성을 유지하기 위하여 기준시점의 시가총액을 다음과 같이 수정한다.

$$\text{신기준시가총액} = \frac{\text{변동전일의 비교시가총액} \pm \text{비교시 총변동액}}{\text{변동전일의 비교시가총액}} \times \text{구기준시가총액}$$

앞에서 설명한 바와 같이 주가지수는 계산방식에 따라 그 성격과 특징이 달라진다. 시가총액식 가중방법에 의한 KOSPI는 시장가치가 큰 대형주의 가격변동이 주가지수에 상대적으로 많은 영향을 미치지만, 발행물량이 적은 소형주는 주가지수에 많은 영향을 미치지 못하게 된다. 따라서 KOSPI는 체감적인 주가동향을 반영하지 못한다는 결점을 갖고 있다. 실제로 많은 소형주의 하락에도 불구하고 대형주 몇 종목만 상승하여도 KOSPI가 상승하는 현상이 흔히 발생한다. 그러나 KOSPI의 장점은 상장주식 모든 종목을 대상으로 하고 있기 때문에 주식시장을 대표할 수 있으며, 주가는 높지만 발행주식수가 적은 주식의 영향을 적게 받는다는 점에 있다.

코스피 200지수

주가지수선물시장과 주가지수옵션시장이 개설됨에 따라 이들 파생상품의 거래대상으로 개발된 주가지수이다. KOSPI 200은 전체 상장종목 중 제조업, 전기가스업, 건설업, 유통서비스업, 통신업, 금융서비스업 등 6개 업종에서 시가총액이 일정규모 이상인

200종목을 채용하여 산출하는 주가지수로서 시장대표성, 업종대표성 및 유동성 등을 감안하여 선물 및 옵션거래에 적합하도록 작성되었다. KOSPI 200의 기준일은 1990년 1월 3일이며 기준지수는 100포인트이다. KOSPI 200은 KOSPI와 동일하게 상장주식수를 가중치로 사용한 시가총액식 주가지수이며 기타 지수산출 및 연속성유지 방법은 KOSPI와 동일하다.

코스닥지수

한국거래소의 코스닥시장에 등록된 모든 주식을 대상으로 산출된 시가총액식 주가지수이다. 이 지수의 기준일은 1996년 7월 1일이며 기준지수는 1000포인트이다. 코스닥시장은 종합지수 이외에도 보조지수로서 자본금 규모로 구분한 자본금규모별 지수와 IT업종과 일반 업종으로 구분한 업종별 지수를 발표하고 있다.

스타지수

전체 상장기업과 비교하여 성장성, 수익성, 안정성 등이 탁월한 30개 종목의 주가로 산출되는 지수를 말한다. 스타지수는 파생금융상품의 기초자산으로 활용이 용이할 뿐만 아니라 기관투자자의 새로운 벤치마크 지수로 활용될 수 있도록 개발된 지수이다. 스타지수의 기준일은 2003년 1월 2일이며 기준지수는 1,000포인트이다. 스타지수의 특징은 특정종목이 지수를 좌우하는 경향을 줄이기 위하여 한 종목의 비중을 10% 이내로 제한한다는 점이다. 이를 시가총액비중상한(cap limit)이라 한다. 예를 들면 어떤 종목의 시가 총액이 스타지수 전체의 15%를 초과하더라도 10% 까지만 반영한다.

스타지수는 2005년 11월 7일 한국거래소에 상장된 코스닥 선물거래의 기준가격으로 사용된다. 이러한 의미에서 스타지수를 코스닥 선물지수라 부르기도 한다.

스타지수 구성종목은 코스닥시장에 상장된 종목 중 시장대표성, 유동성 및 재무요건을 감안하여 선정된 우량종목 30종목을 기준으로 하여 선정함을 원칙으로 한다. 종목의 변경은 매년 6월에 지수운영위원회의 심사를 거쳐 정기적으로 1회 이루어지지만, 편입종목 중 상장폐지나 관리 또는 유의종목 지정 등의 사유발생시 수시로 변경 할 수 있다. 스타지수에 포함되는 종목에 대해서는 선물과 현물시장을 이용한 거래가 가능하고 이것은 코스닥거래에 대한 안전판 역할을 한다. 따라서 지수에 편입되는 종목에 대해서는 기관투자자와 외국인 투자자가 선호하여 신규 매수세가 증가하는 긍정적인 효과가 있다.

KRX 100지수(Korea exchange 100 index)

한국거래소 설립 이후 처음 개발된 주가지수로서 증권시장 통합의 취지를 반영하여 유가증권시장과 코스닥시장의 대표종목 100종목으로 구성된 통합주가지수를 말한다. KRX 100 지수의 기준시점은 2001년 1월 2일이며, 기준지수는 1000포인트이고, 2005년 6월 1일부터 발표되기 시작하였다.

KRX 100지수의 구성종목은 유가증권시장과 코스닥시장을 대표하는 종목으로서 기업규모, 유동성, 재무기준, 시장유통성기준 등 4가지 기준에 따라 우량종목이 선정된다. 이 통합주가지수의 특징은 스타지수와 같이 시가총액비중상한(cap limit)이 적용되어 한 종목의 비중이 15%로 제한된다는 것이다. 또한 전체 상장주식을 토대로 산출되는 기존의 종합주가지수와는 다르게 비유동 주식을 제외한 유동주식으로만 지수가 발표된다. 이를 유동주식 가중방식(free float weighted)이라 하는데 이 방식은 시장의 흐름을 더욱 효과적으로 반영한다는 장점을 가지고 있다. 여기서 비유동주식이란 최대주주(특수관계인 포함)지분, 자기주식(신탁포함)보유분, 우리사주조합지분, 정부(중앙 및 지방정부로 한정) 지분 및 기타 유통제한 사실이 객관적으로 인정되고 공식적으로 확인 가능한 주식을 의미한다.

한경지수 및 매경지수

한국경제신문은 증권거래소가 1983년 초부터 종전에 산출 발표하던 다우식지수를 시가총액식지수로 전환함에 따라 다우식지수를 이어받아 한경다우지수라는 이름으로 지수를 발표하였다. 그러나 기존의 한경다우지수에는 1980년도 초에 주요 업종이었던 건설업종목이 많이 포함되어 있어, 건설경기 여하에 따라 한경다우지수의 등락폭이 심하게 나타나 시장 전반의 주가동향을 반영해 주는 시장대표성이 결여되었다. 또한 건설경기의 불황으로 한경다우지수에 포함된 건설업 종목들이 관리대상 종목으로 편입되어 지수에서 빠지는 문제점 등이 발생하게 되었다. 이런 문제점을 보완하기 위하여 한국경제신문은 1994년 1월 4일부터 한경다우지수 채용종목에 대폭적인 종목 교체를 단행하고 70개의 채용종목을 선택하여 한경다우지수에서 한경지수로 이름을 바꾸어 발표하고 있다.

시가총액에 근거하여 산업별 채용종목수를 결정하고 있는 한경지수의 새로운 종목채용 기준은 한경지수가 다우식임에도 불구하고 시가총액식 지수의 특징을 동시에 고려한 것이라고 볼 수 있다. 이런 기준으로 인해 한경지수는 대형주의 주가변동에 대하여 종합주가지수보다 더 민감하게 반응하고 있다.

매일경제신문사는 1988년 11월부터 매경지수를 산출 발표하고 있다. 매경지수도 한경지수와 마찬가지로 다우식지수이며 주식시장을 대표하는 100종목으로 구성되어 있다. 매경지수는 과거의 한경다우지수가 가지는 문제점을 보완하기 위하여 산업별로 시가총액이 가장 높은 순서대로 종목을 편입하여 지수를 산출함으로써 대형우량주의 움직임을 민감하게 반영하고 있다. 그러나 한경다우지수가 한경지수로 개편됨에 따라 매경지수와 한경지수는 유사한 성격의 지수가 되었다.

2. 기타 시장지표

주가와 주가지수 이외에도 주식시장의 장세를 파악하는 데 도움이 되는 시장지표들은 다음과 같다.

주가평균(price average)

어떤 특정시점에 있어서 각 주식의 가격에 대한 평균치가 주가평균(price average)이다. 주가평균은 기준시점과 비교시점의 주가를 비교하는 것이 아니며,

오직 특정시점에서의 주식가격의 평균을 나타낼 뿐이다. 주가평균은 그 산출방법에 따라 단순주가평균, 가중주가평균, 수정주가평균으로 구분할 수 있다.

시가총액

모든 상장주식을 시가로 평가한 금액을 시각총액이라 하며, 각 종목의 주가에 상장주식수를 곱한 합계로 측정된다. 즉 시가총액은 상장기업 주식의 총 가치이다. 시가총액은 자본시장의 규모를 나타내는 지표로 사용된다. 시가총액의 증감은 상장주식수의 증감과 주가의 등락에 의해 결정된다. 발행주식수가 안정된 상황에서 주가의 상승은 곧 시가총액의 증가로 나타난다. 하지만 주식 공급물량의 증가보다 주가의 하락속도가 더 빠른 경우에는 시가총액이 감소하게 된다. 따라서 시가총액의 증감은 원인에 따라 그 의미가 달리 해석되어야 한다. 증권거래소는 상장종목 개요에서 그리고 증권업협회는 등록종목 개요에서 시가총액을 발표하고 있다.

거래량과 거래대금

거래당일 매수·매도된 개별종목의 총 주식수량 또는 시장전체의 합계수량을 거래량이라 한다. 그리고 거래대금은 개별종목의 매매가격에 매매주수를 곱하여 합계한 것으로 개별종목 또는 전체의 거래량을 금액으로 표시한 것이다. 거래량과 거래대금은 주식시세표에서 주가와 더불어 가장 중요한 정보 중의 하나이다.

거래량과 관련하여 증권시장지에 발표되는 거래급변종목 및 거래 현황표와 경제신문에 발표되는 당일의 거래량 상위 20종목은 그날의 거래된 종목들 중 어떤 종목이 가장 활발하게 거래되었는지를 알 수 있는 좋은 지표일 뿐만 아니라 주식시장을 주도하는 업종이 무엇인가를 알 수 있는 가장 좋은 정보이다.

거래량회전율과 거래대금회전율

일정기간 동안 평균발행주식수에 대한 주식거래량을 %로 표시한 수치가 거래량회전율이다. 예를 들어, 한 달 동안 거래량이 10만주이고 발행주식수의 평균이 100만주라면 거래량회전율은 10%가 된다. 거래량회전율은 해당 증권의 시장성을 나타낸다. 거래량회전율이 큰 종목은 거래가 활발하기 때문에 투자자가 원할 때 쉽게 매매할 수 있다. 그러나 발행주식수가 많은 대형주는 거래량회전율에서 분모가 크기 때문에 대체로 회전율이 낮게 계산되고, 소형주는 반대로 회전율이 높게 계산되는 경향이 있다. 이러한 경우에는 거래량회전율과 거래대금회전율을 함께 보완적으로 사용하여 거래량회전율을 해석하여야 한다.

거래대금회전율은 일정기간 동안의 총 거래대금을 이 기간 동안의 평균 시가총액으로 나눈 수치이다. 동일한 거래량에 대해 거래대금회전율이 높다는 것은 가격대가 높은 주식의 거래가 빈번했다는 것을 의미하고, 반대로 낮은 거래대금회전율은 가격대가 낮은 주식의 거래가 상대적으로 빈번했음을 의미한다.

고객예탁금

투자자가 증권의 매매와 관련하여 증권회사에 일시적으로 예탁해 놓은 돈이나 주식을 매도한 후 인출하지 않은 돈을 말한다. 증권매입을 원하는 투자자가 맡긴 위탁예수금, 증권저축계좌의 저축예수금, 신주 청약을 위해 맡긴 청약예수금 등이 이에 속한다. 증권회사는 고객예탁금에 대해 매 3개월마다 사용료를 지불하지만 기본적으로 고객예탁금은 증권의 매입자금력으로서 대기매수세를 의미한다. 따라서 고객예탁금과 주가와는 아주 밀접한 상관관계가 있다. 대체로 주가상승기에는 주가상승에 앞서 주식시장으로 유입되는 고객예탁금이 미리 증가하고, 주가하락기에는 주가하락이 진행된 후에야 고객예탁금이 유출되는 것으로 파악되고 있다. 한국거래소는 고객예탁금을 증시자금동향 지표로 발표하고 있다.

위탁자미수금

주식매수대금의 미납분, 신용거래의 결제부족금, 유상증자 청약대금의 미납분 등을 말한다. 미수금이 발생하면 증권회사는 고객에게 미수금 상환을 요구하고 기간 내에 납부하지 않을 경우에는 고객의 의사와 관계없이 반대매매를 통해 청산하게 된다. 미수금이 증가할 경우에는 대기매도물량이 증가하여 시장의 하락세를 가져올 수 있으므로 미수대금은 시장의 장세를 판단하는 중요한 지표가 될 수 있다. 증권거래소는 위탁자미수금을 증시자금동향 지표로 발표하고 있다.

신용융자잔고

증권회사와 증권금융이 신용거래자에게 융자해 준 대출금총액을 말한다. 융자를 받은 신용거래자는 차입금에 대해서 일정이자를 지급해야 한다.

신용융자잔고가 증가한다는 것은 이자를 부담하는 차입금으로라도 주식을 매수하겠다는 시장의 표시이므로 주가상승을 기대하는 투자자가 많다는 것을 의미한다. 그러나 한편으로 신용융자잔고가 한도에 도달해서 해소되지 않고 있다면 주가가 곧 하락 국면으로 진입할 것으로 예상할 수 있다. 신용융자의 상환만기를 지키기 위해서 신용융자로 매수한 주식을 매도할 경우 이것이 매도압박 물량이 되어 주가 하락의 요인이 될 수도 있다. 이렇게 대다수 투자자들과는 반대되는 논리로 신용융자잔고의 증가를 주가하락의 신호로 해석하는 투자자도 있다. 한국거래소는 신용융자잔고액을 증시자금동향 지표로 발표하고 있다.

대주잔고

투자자가 대주거래를 위해 증권회사로부터 빌린 주식 중 아직 상환되지 않고 있는 주식수를 말한다. 대주매도대금은 담보로 증권회사에 예탁되며 증권회사는 대주거래자에게 일정의 이용료를 지급한다.

대주잔고와 주가와의 관계는 신용융자잔고와 정반대로 해석할 수 있다. 대주잔고가 증가한다는 것은 주가하락을 예상하는 투자자들이 늘고 있다는 증거지만, 차후에는 대주잔고가 잠재적인 매수세력으로 작용할 수도 있다. 모든 대주거래는 상환기간 내에 반드시 재매수되어야 하기 때문이다. 대주잔고에 대한 자료는 일간지의 증시주변자금동향에서 발표되고 있다.

미상환융자금

신용거래융자금을 융자받은 후 상환기한 내에 상환하지 못한 잔고를 말한다. 상환만기일이 지나도록 융자금이 상환되지 않으면 투자자의 의사와 상관없이 증권회사가 신용융자로 매수한 주식을 매도(반대매매)하여 청산하게 된다. 이러한 경우는 주로 신용융자로 주식을 매수한 후 주가가 하락하여 매수한 주식을 처분하지 못하는 상황에서 발생한다. 따라서 미상환융자금의 증가는 단기적인 대기매물로서 주가하락을 부채질하는 효과가 있다. 미상환융자금에 대한 자료는 일간지의 증시주변자금동향에서 발표되고 있다.

3. 증권시장과 관련된 용어

한국거래소는 매일 매일의 주식거래와 관련된 정보를 발표한다. 경제신문과 일간지에도 이 정보가 매일매일 게재되고 있다. 주식시장정보를 가장 대표적으로 보여 주고 있는 것이 주식시세표이다. 투자자에게 가장 도움이 되는 투자정보는 증권관계기관에서 자료를 제공하여 한국거래소가 편집하여 발간하는 '증권시장'지이다. 이 신문은 증권의 가격과 거래량뿐만 아니라 그 외의 많은 정보를 제공하고 있다.

종목명과 액면가

보통주와 우선주를 발행한 기업명을 종목명이라 한다. 보통주만을 발행한 기업은 종목명이 기업명이 된다. 우선주는 기업명 아래에 '동 1 우', '동 2 우', '동 3 우' 등으로 표시한다. 여기서 1, 2, 3의 숫자는 우선주라도 각기 다른 조건에 따라 발행되었다는 것을 나타낸다. 그리고 '동 1 우(신형)'으로 표시된 우선주는 최저배당률을 명시한 신형우선주를 나타내고, 그냥 '동 1 우'로 표시된 우선주는 보통주보다 1% 포인트만큼의 배당을 더 받는 구형 우선주를 나타낸다. 신형우선주는 '우'자 다음에 'U'자를 붙여 사용하기도 한다. 예를 들면 '1 우U' 등이다.

액면가는 원래 5,000원이었고 아직도 대부분의 주식이 액면가 5,000원을 유지하고 있지만 1997년 12월부터 다양하게 구분되었다. 한편 일반적으로 액면가는 종목명 뒤에 알파벳 A, B, C, D, E, F를 붙여 사용하기도 한다. A는 100원, B는 200원, C는 500원, D는 1,000원, E는 2,500원, F는 무액면 그리고 기호가 붙지 않은 것은 5,000원이다.

상장주식수와 결산기

기업이 발행하여 상장된 총주식수를 상장주식수라 한다. 한편 결산기는 기업이 영업상 계산을 마감하는 시기를 말하며 결산기가 12월인 기업들이 많다.

배당성향과 배당수익률

전기 1년 동안의 주당배당을 주당이익으로 나눈 것으로서 당기순이익의 몇 퍼센트를 배당으로 지급하는 가를 나타내는 비율이 배당성향이다. 한편 배당수익률은 전기 1년 동안의 주당 배당을 현재의 주가로 나눈 것이다. 배당성향과 배당수익률 모두 기업의 배당수준을 나타내는 척도이다.

종가(또는 기준가), 시가, 고가 및 저가

거래당일의 마지막 10분간(오후 2시 50분부터 3시까지) 동시호가에서 결정된 그 날의 최종가격을 종가라 한다. 종가는 그 종목의 당일 가격수준을 대표하며 당일의 가격등락폭 및 상한가와 하한가를 결정하는 기준가격이 된다. 장 마감 직전 동시호가를 실시하는 이유는 인위적으로 종가를 조작하는 것을 방지하기 위해서이다. 조간신문에는 발행일 하루 전의 종가가 보도되지만, 석간신문에는 기사마감시점의 가격이 보도되는 경우가 있으며, 이때는 반드시 몇 시 몇 분 현재의 주가임을 시세표 상단에 명시하게 된다.

시가는 오전 8시부터 9시 개장 직전까지 접수된 주문에 대한 동시호가로서 거래당일의 개장가격을 말한다. 즉 시가는 최초에 체결된 가격을 말한다. 고가와 저가는 거래당일의 체결가격 중에서 최고의 가격과 최저의 가격을 표시한다. 고가와 저가의 차이는 주가의 일일변동성을 나타낸다.

기관투자자 및 외국인 동향

일반투자자는 기관투자가나 외국인투자자에 비하여 정보를 접할 수 있는 기회와 보유한 정보를 분석하는 능력이 상대적으로 떨어진다고 할 수 있다. 따라서 기관투자자나 외국인 투자자의 거래현황을 주의 깊게 관찰하여 그들의 투자행태를 참고하는 것은 수익률의 상승을 가져오는 중요한 방법 중의 하나이다. 특히 합리적이고 기본적인 투자분석에 익숙한 기관과 외국인투자자의 거래현황은 많은 정보를 담고 있다. 경제신문과 증권시장지에는 기관투자가의 순매도 및 순매수 상위종목을 발표하고 있는데 주요 관심종목에 대하여 이들의 거래가 매도우위인지 혹은 매수우위인지를 파악하여 매도우위 시에는 향후 하락세를 예상하고 매수우위 시에는 상승세를 예상하게 된다. 또한 순매수. 매도 상위종목 중에서 어떤 업종이 많이 포함되어 있는가를 분석하는 것은 각 산업에 대한 기관과 외국인투자자의 경기예측을 알 수 있는 중요한 지표가 될 수 있다.

기세

주식을 매수 또는 매도하기 위해서 주문을 냈지만 주문한 가격(호가)으로 매매계약이 시장이 종료될 때까지 이루어지지 않은 경우의 호가를 기세(quot, quotation)라 한다. 매도주문일 경우에는 가장 낮은 호가를 매수주문일 경우에는 가장 높은 호가를 기세로 삼는다. 즉 기세는 증권의 거래가 성립되지 않았을 때의 매도, 매수호가로서 전일종가에 비해 낮은 매도호가 또는 높은 매수호가를 말한다. 예를 들어 어느 주식에 대한 좋은 소식이 있어 많은 투자자가 이 주식을 구입하기 위하여 매수주문을 하였으나, 이 주식을 보유하고 있는 투자자 중 그 누구도 매도하려고 하지 않기 때문에 가격이 형성되지 않는 경우, 이때의 매수주문가격을 기세라고 한다. 따라서 기세가격일 경우는 거래체결 없이 매수 또는 매도 가격만 존재하는 경우이다.

등락, 상한가와 하한가 보합

주가의 등락은 종가(또는 현재가)가 전일종가와 비교하여 얼마나 등·하락했는가를 수치로 나타낸다. 주가가 상승한 경우에는 흑색의 삼각형(▲)과 상승금액을 표시하고 하락한 경우에는 백색의 역삼각형(▽)과 하락금액을 표시한다. 주가가 일일가격제한폭까지 상승한 경우를 상한가라고 하며 흑색의 상향 화살표(↑)로, 일일가격제한폭까지 하락한 경우를 하한가라고 하며 백색의 하향 화살표(↓)로 표시한다.

보합(stationary)이란 증권시장에서 시세가 변동하지 않거나 시세변동의 폭이 극히 소폭인 상태를 말한다. 시세가 상승한 채로 하락하지 않고 보합인 상태를 강보합이라고 하며, 시세가 하락한 채 상승하지 않고 보합인 상태를 약보합이라고 한다.

권리락과 배당락

주식회사가 증자를 하는 경우에 새로 발행하는 주식을 인수받을 권리를 확정하기 위하여 신주배정일을 정한다. 이때 그 기준일의 익일 이후에 결제되는 주권에는 신주인수권이 없어지는 것을 권리락이라고 한다. 주식이 권리락 되면 신주인수권이 없어진 상태의 주식에 새로운 가격이 형성된다. 배당락은 배당기준일이 경과하여 배당금을 받을 권리가 없어지는 것을 말하며 배당락이 되면 배당금만큼 주가를 하락시켜 주가가 합리적으로 형성되도록 관리한다.

신규상장과 신주상장

발행한 주식이 최초로 증권거래소에서 거래되는 것을 신규상장이라 하며, 신규상장에는 일정한 자격요건이 요구된다. 신주상장은 유·무상증자로 새로 발행한 주식을 상장하는 것을 의미하며, 신주발행 시기에 따라 배당 및 신주인수 등의 주주권리 내용에 차이가 발생하므로 이를 가격에 반영하기 위하여 표시하는 것이다. 신주는 증자나 합병 등으로 신규로 발행되어 최초의 결산기가 지나지 않은 주식을 말한다. 신주와 구주를 구분하는 이유는 발행시점에 따라 배당이나 신주인수 등 주주의 권리내용에 차이가 있을 수 있기 때문이다. 하지만 개정된 상법에서는 회사의 정관으로 신주의 배당기산일을 직전 영업연도 말로 소급할 수 있도록 하여 신주에 대해서도 배당금 전액을 지급할 수 있도록 하였다. 당해 결산기가 종료되면 신주와 구주의 구별은 사라진다.

연습문제

객관식

1. 기업공개와 상장에 대한 설명 중 잘못된 것을 고르시오.
   ① 증권시장에서 거래대상이 되도록 등록하는 것을 상장이라 한다.
   ② 기업은 공개되기 전에 상장이 이루어져야 한다.
   ③ 공개는 주식이 여러 사람에게 분산소유되는 것을 말한다.
   ④ 상장기업이 되기 위해서는 공인회계사에 의하여 기업회계처리의 타당성이 인정되어야 한다.

2. 다음 장외시장(OTC)에 관한 설명 중 틀린 것은 어느 것인가?
   ① 상장주식은 물론 비상장주식들도 매매거래대상이 된다.
   ② 매입자와 매도자의 개별협상에 의하여 가격이 결정된다.
   ③ 증권거래소에서 거래단위에 미달되는 수량, 즉 단주거래가 가능하다.
   ④ 거래시간은 증권거래소의 거래시간과 동일하다.

3. 다음 중 우리나라의 종합주가지수 산출방법은 무엇인가?
   ① 자본금 50억 원 이상 상장주식의 단순평균주가를 기준시점과 비교하여 계산한다.
   ② 전체상장주식의 단순평균주가를 기준시점과 비교하여 계산한다.
   ③ 전체상장주식의 시가총액을 기준시점과 비교하여 계산한다.
   ④ 자본금 50억 원 이상 상장주식의 시가총액을 기준시점과 비교하여 계산한다.

4. 주가가 계속 하락할 것으로 예상되는 경우 수익을 올릴 수 있는 투자 방법은 어느 것인가?
   ① 융자　　② 보유 주식 매도
   ③ 주식 추가 매입　　④ 대주

5. 다음 중 증권의 발행시장을 구성하는 주체가 아닌 것을 고르시오.

① 발행기업 ② 증권거래소

③ 투자자 ④ 증권인수단

6. 다음 중 증권 발행시장의 기능으로 볼 수 없는 것은 어느 것인가?

① 기업이 필요한 자본을 조달할 수 있다.

② 투자자들에게 저축 및 투자수단을 제공한다.

③ 장기자본조달을 가능하게 함으로써 기업의 자본구조를 안정시킨다.

④ 유가증권의 공정한 가격형성을 가능하게 한다.

7. 상장주식이란 무엇인가?

① 정규 증권거래소 이외에서 매매되는 거래

② 장외 시장에서 거래되는 주식

③ 증권거래소의 입회장에서 행하여지는 매매거래의 대상물로 승인받은 주식

④ 일정시기의 주식가격을 재평가 산출한 주가지수

8. 이미 발행된 유가증권이 투자자 상호간에 매매거래되는 시장은 어느 것인가?

① 발행시장 ② 유통시장

③ 직접시장 ④ 간접시장

9. 주가지수의 유용성과 관련이 없는 것을 고르시오.

① 국내외경제, 산업, 기업적인 요인 등을 종합적으로 반영하는 종합지표

② 미래의 경제를 예측하는 선행지표

③ 개별 투자성과의 평가기준

④ 기업의 가치를 측정하는 수단

10. 현재 우리나라에서 사용하고 있는 KOSPI가 200이라고 할 때 이 의미는 무엇인가?

① 평균주가수익율이 액면가의 20.0%임을 의미한다.

② 현재의 액면가에 비해 현재의 시가가 20.0배임을 의미한다.

③ 기준년도의 시가에 대한 현재시가의 비율을 의미한다.

④ 평균주가지수 1000에 대한 현재의 주가지수를 의미한다.

11. 다음 중 자신을 위해 증권거래를 할 수 있는 사람은 누구인가?

① 미성년자 ② 증권회사 직원

③ 재경부장관 ④ 금융감독원장

12. 주식의 공정거래를 위한 제도가 아닌 것을 고르시오.

① 공시제도 ② 내부자거래 금지

③ 사이버거래의 규제 ④ 시세조종 금지

13. 기업이 공개될 경우 얻을 수 있는 이점이 아닌 것을 고르시오.

① 자본시장을 통하여 거액의 자금을 안정적으로 조달할 수 있다.

② 기업의 대외신용력이 제고되고 이미지가 향상된다.

③ 세제상의 혜택을 누릴 수 있다.

④ 대주주의 기업지배권에 안정을 기할 수 있다.

주관식

1. 증권시장의 의의와 기능에 대하여 설명하시오.

2. 기업공개와 상장을 비교 설명하시오.

3. 가격제한폭의 장점과 단점에 대하여 설명하시오.

4. 거래소시장과 장외시장의 차이점에 대하여 설명하시오.

5. 한국종합주가지수인 코스피지수의 작성방법에 대하여 설명하시오.

제4장
포트폴리오 이론

01
수익률

주식, 채권 등 유가증권에 투자하는 사람들은 투자성과를 기대한다. 배당, 이자, 매매차익인 자본이득(capital gain) 등이 그것인데 이러한 투자성과를 수익(return)이라고 하며 수익은 절대 금액으로 표시된다. 이에 반해 투자한 액수에 대비해 어느 정도 성과를 얻었는지를 나타내는 개념이 수익률(rate of return)이다. 수익률은 투자성과를 어떻게 측정하는가에 따라 구분할 수 있다. 즉 투자에서 얻은 모든 수익을 투자성과로 측정하는 방법과 투자에서 얻은 수익에서 투자금액을 차감한 금액을 투자성과로 측정하는 방법이 있다. 전자의 값을 투자금액으로 나눈 것을 총수익률(gross rate of return)이라고 하고 후자의 값을 투자금액으로 나눈 것을 순수익률(net rate of return)이라고 한다.

$$\text{총 수익률} = \frac{\text{총수익}}{\text{투자금액}} \tag{4.1}$$

$$\text{순수익률} = \frac{\text{총수익} - \text{투자금액}}{\text{투자금액}} = \frac{\text{총수익}}{\text{투자금액}} - 1$$

그런데 수익률을 지칭할 때 재무 분야에서는 일반적으로 순수익률을 의미하는 것이므로 특별한 경우를 제외하고는 순수익률을 수익률이라고 한다.

1. 기간 수익률

투자기간이 단일 기간인 경우 투자수익률은 간단히 계산된다. 예를 들어 100만원을 투자하여 1년 후 110만원이 되었다면 단일기간 수익률은 10%이다. 그러나 투자기간이 2기간 이상일 경우 해당 기간 동안의 보유수익률은 이처럼 간단하지 않다. 예를 들어 1원을 투자하여 첫 기간 동안 얻은 수익률이 r_1, 그 다음 기간의 수익률이 r_2, n번째 기간의 수익률이 r_n이라고 하자. 그러면 n기간 동안 얻을 수 있는 투자수익률은 다음과 같이 계산할 수 있다.

$$R = \frac{(1+r_1)(1+r_2)\cdots(1+r_n)}{1} - 1 \qquad (4.2)$$
$$= (1+r_1)(1+r_2)\cdots(1+r_n) - 1$$

예제 4.1 기간투자수익률

100만원을 금에 투자하였더니 1년 후 금 가격이 110만 원, 2년 후 금 가격이 120만원이 되었을 때 2년 동안의 투자수익률은 얼마일까요?

풀이

첫 1년 수익률 $= \frac{110-100}{100} = 0.1(10\%)$

두 번째 기간 수익률 $= \frac{120-110}{110} = 0.1(10\%)$

2년간 투자수익률 $= (1+0.1)(1+0.1) - 1 = 0.21(21\%)$

2. 연평균수익률

투자기간이 여러 기간일 때 앞에서와 같이 총 기간 동안의 수익률이 아닌 연평균 수익률을 알고 싶을 때가 있다. 일반적으로 연평균 수익률을 계산하는 방법으로는 산술평균수익률, 기하평균수익률, 내부수익률 등이 있다.

산술평균수익률(arithmetic mean rate of return)은 각 기간 동안의 수익률을 단순히 산술평균하여 구한 것이다. 이를 수식으로 표현하면 다음과 같다.

$$\text{산술평균수익률} = \frac{r_1 + r_2 + \cdots + r_n}{n} \qquad (4.3)$$

기하평균수익률(geometric mean rate of return)은 각 기간 동안의 수익률을 기하평균한 것으로 다음과 같은 수식으로 표현할 수 있다.

$$\text{기하평균수익률} = [(1+r_1)(1+r_2)\cdots(1+r_n)]^{\frac{1}{n}} - 1 \tag{4.4}$$

기하평균수익률은 첫 기간에 투자수익이 발생하면 다른 곳에 쓰지 않고 다음 기간의 해당 수익률에 재투자한다는 가정 하에서 얻어진 수익률이다. 즉 100만원을 투자하여 첫해에 10만원의 수익이 발생하였다면 이 수익과 원금을 합친 110만원을 다음 기간에 해당 수익률로 투자를 한다는 것이다. 이에 반해 산술평균수익률은 투자기간내의 수익을 투자기간 말까지 재투자하지 않는다는 것을 가정한 수익률이다.

예제 4.2 기하연평균수익률

첫 기간 수익률이 10%, 두 번째 기간 수익률이 15%, 세 번째 기간 수익률이 -5%일 때 기하연평균수익률은 얼마일까요?

풀이

$$\text{기하연평균수익률} = [(1+0.1)(1+0.15)(1-0.05)]^{\frac{1}{3}} - 1 = 0.0632(6.32\%)$$

내부수익률(internal rate of return)은 각 기간 동안 발생하는 투자수익의 현재가치를 더한 값과 투자금액을 같게 만들어 주는 할인율을 말한다. 즉 다음과 같은 수식으로 나타낼 수 있다.

$$\text{투자금액} = \frac{R_1}{(1+IRR)} + \frac{R_2}{(1+IRR)} + \cdots + \frac{R_n}{(1+IRR)} \tag{4.5}$$

R_n: n기간의 투자수익

IRR: 내부수익률

내부수익률은 화폐의 시간적 가치를 고려한 개념으로 각 기간 동안 발생하는 현금흐름을 내부수익률로 계속 재투자한다는 가정 하에서 계산된 수익률이다.

예제 4.3 내부수익률

17만원을 투자하면 2년 동안 매년 말 10만원씩을 얻을 수 있는 투자안의 내부수익률은 얼마일까요?

풀이

$$\frac{10}{(1+IRR)}+\frac{10}{(1+IRR)^2}=17$$

$$IRR \fallingdotseq 0.115(11.5\%)$$

02 위험

투자는 현재 시점에서의 소비를 희생하고 이에 대한 보상으로 불확실한 미래의 이득을 얻으려는 행위이다. 따라서 투자에는 필연적으로 불확실성이 따르게 된다. 주식에 투자하면 미래의 배당이 얼마나 될지 또 주가가 상승할지 하락할지 확신할 수 없다. 채권에 투자하여도 원금이 제때 상환될지 이자는 제때 지급될지 확신할 수 없다. 이처럼 투자로부터 미래에 얻을 수 있는 결과를 확신할 수 없는 상황을 위험(risk)이라고 한다.

투자를 하였을 때 얻게 되는 수익률은 미래에 어떤 상황이 발생하느냐에 따라 여러 가지 다른 값을 갖게 된다. 이처럼 미래에 발생할 수 있는 상황에 따라 다른 값을 갖는 변수를 확률변수(random variable)라고 한다. 예를 들어 주식에 투자하였을 때 경기가 아주 좋아질 때, 경기가 약간 좋아질 때, 현재 상황과 비슷할 때, 약간 나빠질 때, 많이 나빠질 때 등 각 상황에 따라 주식투자 수익률이 영향을 받

표 4-1 주식 A와 주식 B의 예상 수익률

(%)

확률	주식 A	주식 B
0.3	35	20
0.4	15	15
0.3	−5	10

게 된다. 이때 각 상황이 발생할 확률, 그리고 각 상황이 발생했을 때 주식투자 수익률을 정리한 것을 확률분포(probability distribution)라고 한다. 확률분포는 함수, 표, 그림 등으로 나타낼 수 있다.

일반적으로 위험이 클수록 투자자들은 상대적으로 높은 수익을 기대하게 된다. 따라서 투자여부를 결정하는 중요한 변수는 수익률과 위험이 된다. 주식 투자를 하려고 하는 투자자가 [표 4-1]의 주식 A와 주식 B, 2개의 주식을 투자대상으로 고려하고 있다고 하자. 어떤 주식에 투자할 것인가를 결정하기 위해서는 먼저 해당 주식에 투자하였을 때 얻을 것으로 기대되는 평균수익률을 알아야 한다. 확률변수가 평균적으로 어떤 값을 가질 것인지를 하나의 값으로 나타낸 것을 기대값이라고 한다.

해당 주식에 투자하였을 때 어느 정도의 수익을 기대할 수 있는지는 다음 식과 같이 기대수익률을 계산해 보면 알 수 있다.

$$E(r_i) = \sum_{i=1}^{n} p_i r_i \tag{4.6}$$

r_i: i상황의 수익률

p_i: i가 발생할 확률

따라서 주식 A와 주식 B의 기대수익률은 다음과 같다.

주식 $A = 0.3 \times 0.35 + 0.4 \times 0.15 + 0.3 \times (-0.05) = 0.15(15\%)$

주식 $B = 0.3 \times 0.20 + 0.4 \times 0.15 + 0.3 \times 0.10 = 0.15(15\%)$

투자여부를 결정하기 위해 알아야 하는 또 다른 중요한 변수는 위험이다. 그럼

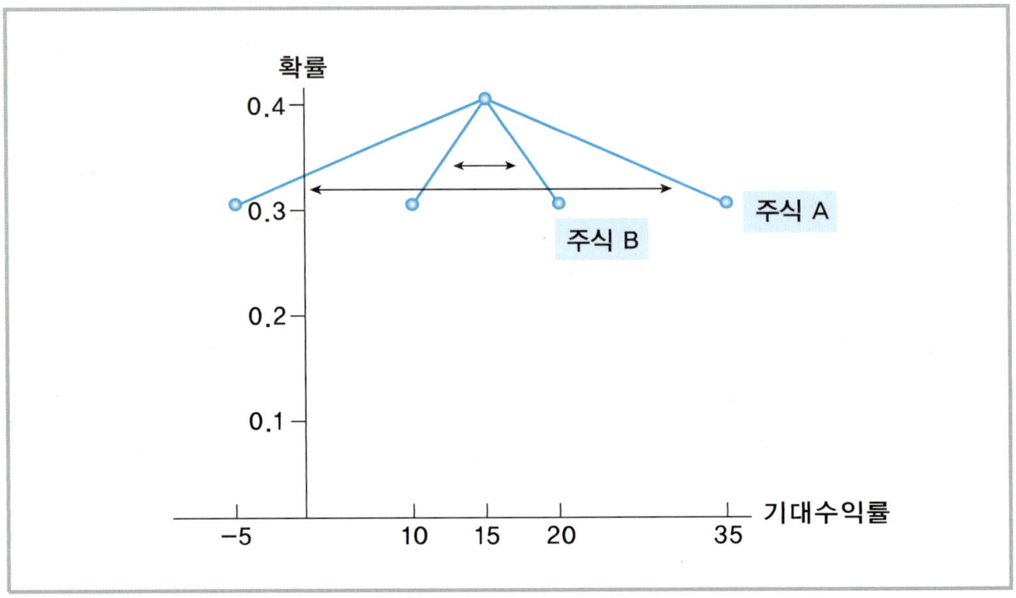

그림 4-1 주식 A와 주식 B의 수익률분포

위험은 어떻게 측정할 수 있을까? 위의 두 주식의 상황별 수익률을 그래프에 그려 보면 [그림 4-1]과 같다.

위의 그림으로부터 주식 A의 수익률 변동폭이 주식 B의 수익률 변동폭보다 크다는 것을 알 수 있다. 변동폭이 크다는 것은 곧 위험이 크다는 것을 뜻한다. 따라서 변동폭을 측정하면 금융자산의 위험을 측정할 수 있다. 변동폭을 측정할 때 사용되는 지표중의 하나가 분산 혹은 표준편차이다.

$$Var(r_i) = \sigma_i^2 = \sum_{i=1}^{n} [r_i - E(r_i)]^2 p_i = E[r_i - E(r_i)]^2 \tag{4.7}$$

$Var(r_i)$: 분산

$$\sigma_i = \sqrt{Var(r_i)} = \sqrt{\sum_{i=1}^{n} [r_i - E(r_i)]^2 p_i} \tag{4.8}$$

σ_i: 표준편차

위의 식을 이용하여 주식 A와 주식 B 수익률의 분산과 표준편차를 구해 보면 다음과 같다.

$$\sigma_A^2 = 0.3(0.35 - 0.15)^2 + 0.4(0.15 - 0.15)^2 + 0.3(-0.05 - 0.15)^2 = 0.024$$

$$\sigma_A = \sqrt{0.024} = 0.155(15.5\%)$$

$$\sigma_B^2 = 0.3(0.2 - 0.15)^2 + 0.4(0.15 - 0.15)^2 + 0.3(0.1 - 0.15)^2 = 0.0015$$

$$\sigma_B = \sqrt{0.0015} = 0.039(3.9\%)$$

투자위험을 표준편차 혹은 분산으로 측정하고 투자결정기준으로 기대수익률과 표준편차 혹은 분산만을 고려한다는 것은 수익률의 확률분포가 정규분포를 따른다는 것을 가정한 것이다.

주식의 수익률이 정규분포를 따른다는 것은 주식투자로부터 양(+)의 수익률을 얻을 확률과 음(−)의 수익률을 얻을 확률이 같다는 것을 뜻하며 특정 수익률을 얻을 확률이 정규분포의 확률을 따른다는 것을 말한다. 즉 기대수익률에서 표준편차를 더하고 뺀 구간 안에 수익률이 있을 확률이 68.3%이고 기대수익률에서 표준편차의 두 배를 빼고 더한 구간 안에 수익률이 있을 확률이 95.5%, 기대수익률

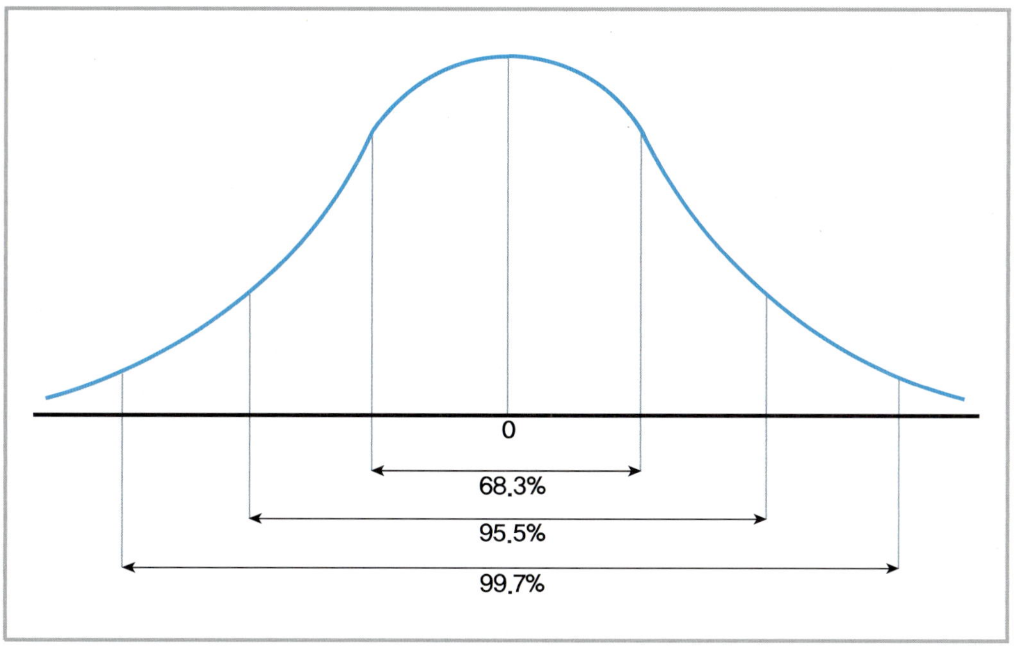

그림 4-2 정규분포

에서 표준편차의 3배를 빼고 더한 구간 안에 수익률이 있을 확률이 99.7%라는 것을 의미한다. 예를 들어 위의 주식 A의 경우 기대수익률이 15%, 표준편차가 15.5%이므로 투자수익률이 -0.5%(15-15.5)에서 30.5%(15+15.5) 사이에 있을 확률이 68.3%이다. 따라서 이 구간 밖에 투자수익률이 있을 확률은 31.7%(100-68.3)이다. 정규분포는 좌우대칭이므로 투자수익률이 -0.5% 이하일 확률이 31.7%의 절반인 15.85%이고 30.5% 이상일 확률 역시 15.85%임을 뜻한다. 한편 투자수익률이 -16%(15-15.5×2)에서 46%(15+15.5×2) 사이에 있을 확률이 95.5%, 투자수익률이 -31.5%(15-15.5×3)에서 61.5%(15+15.5×3) 사이에 있을 확률이 99.7%이다.

우리가 투자를 생각하고 평가할 때 정규분포를 가정하는 이유는 정규분포가 기대값과 표준편차라는 두 개의 통계치만으로 확률분포의 모양과 위치가 결정되기 때문이다. 따라서 주식에 투자할 때 투자수익률이 정규분포를 따른다면 기대값과 표준편차만을 이용해 투자가치를 분석할 수 있다는 것을 의미한다.

다시 주식 A와 주식 B의 위험측정 결과로 돌아가 두 주식의 위험을 비교하여 보면 주식 A의 분산, 즉 위험이 주식 B의 분산, 즉 위험보다 크다는 것을 알 수 있다. 종합해 보면 주식 A와 주식 B의 기대수익률은 동일하나 위험은 주식 A가 더 크다. 그러면 어떤 주식에 투자할 것인가? 이 질문의 답에 앞서 투자의 효용에 대해 살펴볼 필요가 있다.

03 효용

효용(utility)이란 어떤 행동이나 목적물로부터 얻는 심리적 만족감 또는 정신적 행복감을 말한다. 따라서 투자의 효용이란 투자로부터 얻는 만족감이라고 할 수 있다. 그런데 평균-분산모형(mean-variance model)[1]에 의하면 투자로부터의 기대효용은 기대수익률과 분산(혹은 표준편차)에 의해 결정된다.

---

1) 수익률확률분포와 구체적인 효용함수의 형태를 이용하지 않고 미래 수익의 평균과 분산만으로 투자자의 기대효용을 나타내는 모형

$$U_i = f[E(r_i), \sigma_i^2] \tag{4.9}$$

U_i: i에 대한 투자로 얻을 수 있는 효용

효용함수의 형태는 투자자의 위험에 대한 성향에 따라 달라진다. 투자자의 위험에 대한 성향은 위험회피형, 위험추구형, 위험중립형으로 구분해 볼 수 있다. 위험회피형(risk averse)은 위험을 기피하는 이성적인 인간의 행동으로, 위험을 부담하는 경우 반드시 이에 상응하는 보상을 바라는 형이다. 즉 위험이 크면 기대수익률도 높아야 투자를 고려하는 형이다. 위험회피형은 수익률이 증가함에 따라 효용이 증가하나 한계효용은 체감한다. 이와 같이 한계효용이 체감하는 이유는 일반적으로 수익률이 높을수록 위험이 증가하는데 위험이 효용을 감소시키기 때문이다. 이 형태의 효용함수를 그림으로 나타내면 [그림 4-3(a)]와 같다.

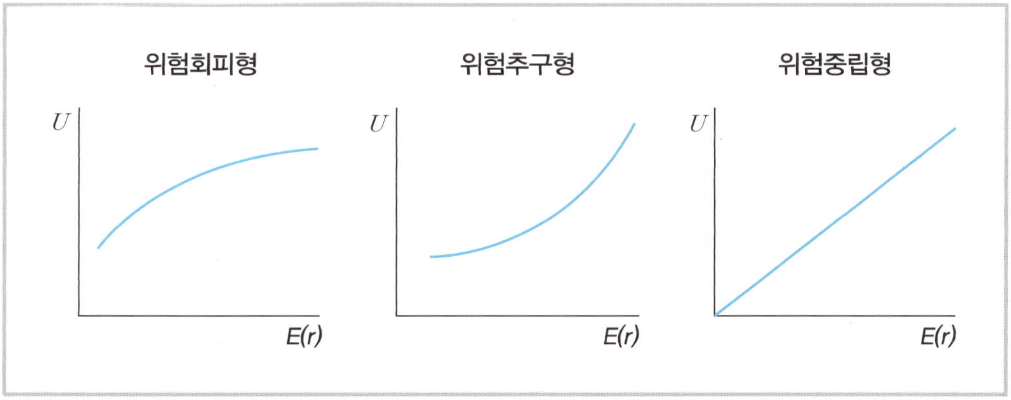

그림 4-3(a) 유형별 효용함수

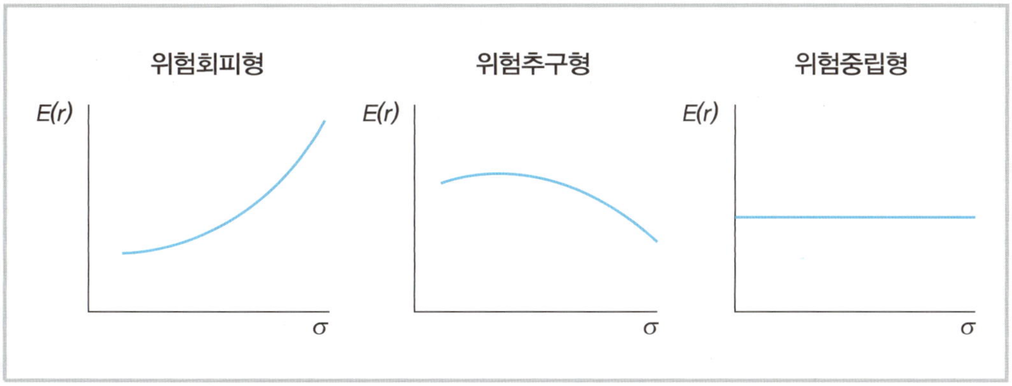

그림 4-3(b) 유형별 무차별곡선

한편 위험추구형의 경우 수익률이 증가함에 따라 효용이 증가하며 한계효용도 체증한다. 수익률이 증가함에 따라 효용이 증가하는 동시에, 수익률이 증가함에 따라 일반적으로 위험이 증가하는데 위험이 효용을 한층 더 증가시키기 때문이다. 위험중립형은 위험이 효용에 영향을 미치지 않으므로 수익률이 증가하면 비례적으로 효용이 증가한다.

위험과 수익률에 대한 태도, 즉 위험선호함수를 위험-수익 평면에 그림으로 나타내면 [그림 4-3(b)]와 같다. [그림 4-3(b)]는 같은 기대효용을 제공하는 투자기회들의 기대수익률과 위험의 조합들을 나타내며 이를 무차별곡선(indifference curve)이라고 한다. 위험회피형 투자자의 무차별곡선은 양(+)의 기울기를 가지며 원점에 대해 볼록하다. 따라서 같은 효용을 얻기 위해서 위험이 한 단위 증가할 때마다 추가로 요구하는 수익률의 크기가 점점 증가한다. 또한 [그림 4-4]에서 볼 수 있는 바와 같이 북서쪽으로 올라갈수록 더 큰 효용을 나타낸다. [그림 4-4]의 A와 B를 비교해 보면 쉽게 알 수 있다. 투자안 A는 투자안 B에 비해 위험은 같은데 수익률이 높다. 수익률이 높으면 효용도 커지므로 투자안 A가 속해있는 북서쪽의 무차별곡선이 투자안 B가 속해 있는 아래 쪽 무차별곡선보다 더 큰 효용을 나타낸다.

위험회피형 투자자라 하더라도 위험을 싫어하는 정도에 차이가 있을 수 있다.

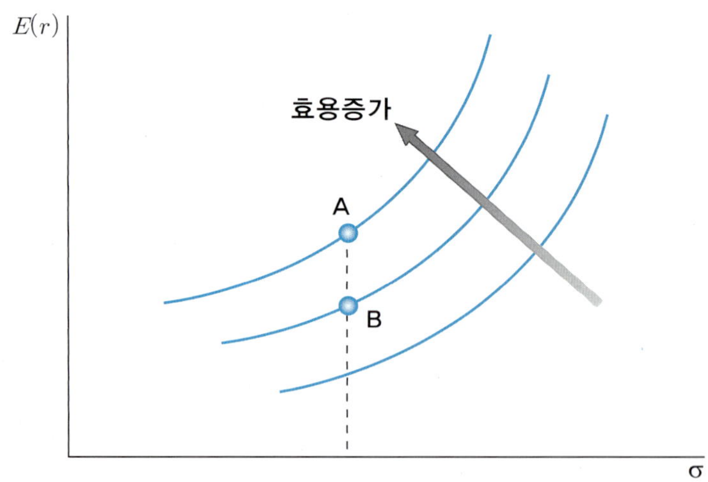

그림 4-4 위험회피형 투자자의 무차별곡선

투자자의 위험회피성향이 크면 클수록 무차별곡선의 기울기는 더 커진다. 위험을 싫어하는 투자자일수록 동일한 효용을 얻기 위해서 위험이 증가할 때 더 높은 수익률을 요구하기 때문이다. [그림 4-5]는 위험성향이 더 큰 투자자의 무차별곡선을 보여주고 있다.

다시 [그림 4-3]으로 돌아가 위험추구형과 위험중립형에 대해 살펴보자. 위험추구형은 위험으로부터 양(+)의 효용을 얻는 형이다. 따라서 위험이 커지면 효용이 증가하며, 위험증가에 따른 수익률 증가로 효용이 더 더욱 커지기 때문에 무차별곡선은 [그림 4-3(b)]와 같이 음(−)의 기울기를 가지며 북서쪽에 대해 볼록한 형태를 지니게 된다. 한편 위험중립형은 위험이 효용에 영향을 미치지 않기 때문에 오직 수익률이 높은 투자기회를 선호하는 형이다. 따라서 위험중립형 투자자의 무차별곡선은 수평선의 형태를 지닌다.

현실에서는 이처럼 다양한 형태의 투자자들이 있을 수 있으나 대부분의 투자자들은 위험회피형이다. 따라서 재무관리에서는 투자자들이 모두 이성적인 행동을 하는 위험회피형이라고 가정한다.

이제 [표 4-1]의 주식 A와 주식 B의 투자로 돌아가 보자. 우리는 이미 주식 A와 주식 B의 기대수익률은 같은데 주식 A의 위험이 더 크다는 것을 알고 있다. 그

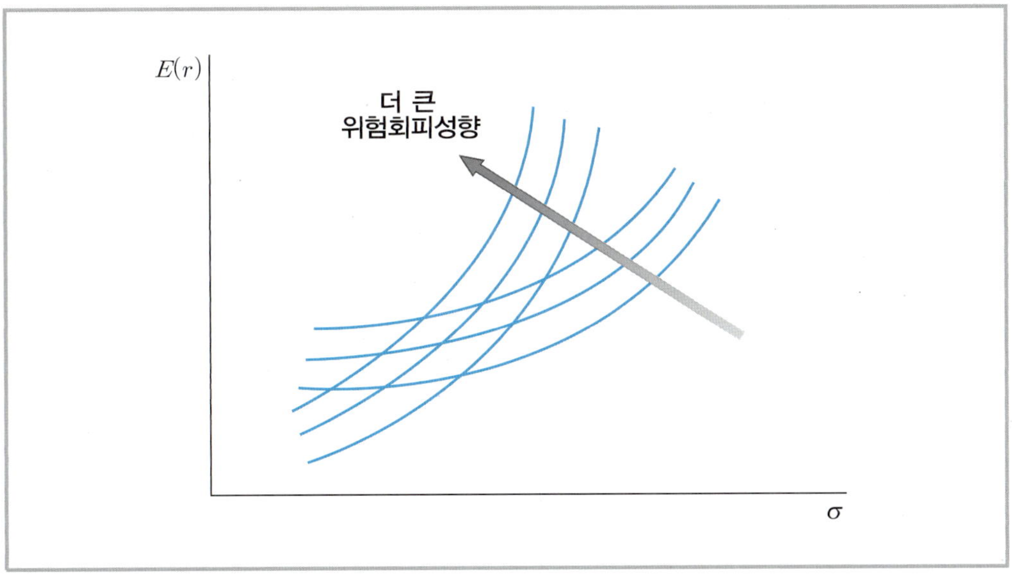

그림 4-5 위험회피성향과 무차별곡선

러면 어떤 주식에 투자할 것인가? 앞서 재무관리에서는 투자자들이 위험회피형이라고 가정한다고 하였다. 따라서 같은 수익률이라면 위험이 작은 투자기회를 선택할 것이므로 주식 B를 선택하여야 한다.

04 개별자산의 선택

1. 지배원리

지금까지 살펴 본 효용이론을 참고하여 개별자산에 대한 투자결정이 어떻게 이루어지는지 살펴보기로 하자. 투자자들의 개별자산에 대한 투자결정은 지배원리(dominance principle)에 기초해 이루어진다. 지배원리란 위험수준이 같은 투자대상 중에서는 기대수익률이 가장 높은 것에 투자하고, 기대수익률이 같은 투자대상 중에서는 위험이 가장 작은 것에 투자를 하는 투자원칙을 의미한다.

어떤 투자자가 [표 4-2]와 같은 개별증권 가운데 하나에 투자하려고 한다. 이 7개의 증권들을 기대수익률과 표준편차 공간상에 그림으로 표시하면 [그림 4-6]과 같다.

이 그림을 살펴보면 7개의 증권들이 모두 투자대상이 되는 것이 아니라는 것을

표 4-2 개별증권의 위험과 기대수익률

증권	표준편차(%)	기대수익률(%)
A	1.2	10
B	1.2	15
C	1.0	10
D	1.8	17
E	1.5	15
F	3.0	25
G	2.0	20

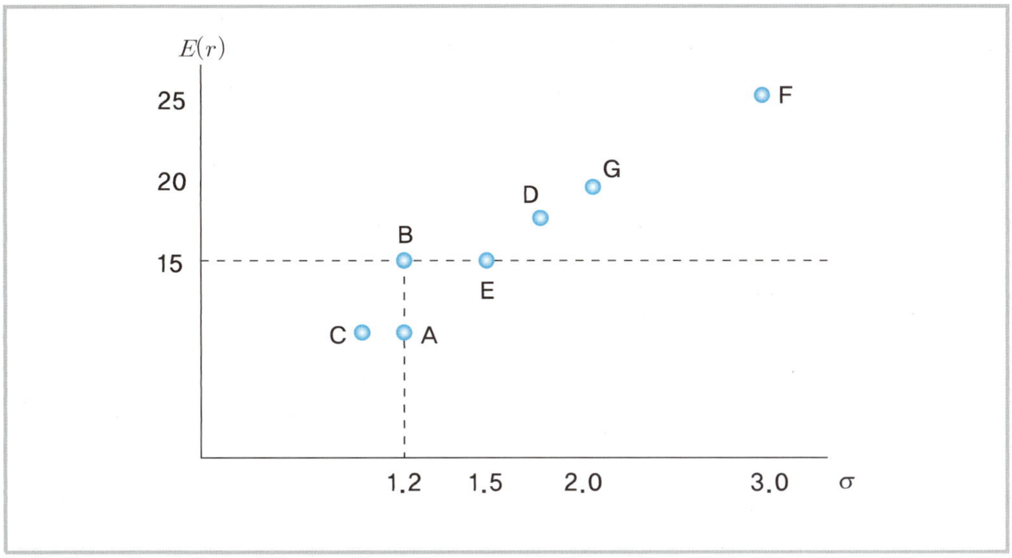

그림 4-6 개별증권의 위험과 기대수익률

알 수 있다. 즉 지배원리에 의하면 기대수익률이 같으면 위험이 낮은 자산을 선택하고 위험이 같으면 기대수익률이 큰 자산을 선택하게 된다. 따라서 주식 A와 주식 B중에서는 주식 B를 선택하게 된다. 같은 위험을 부담하지만 주식 B의 기대수익률이 크기 때문이다. 이 때 주식 B가 주식 A를 지배한다고 표현한다. 마찬가지로 주식 B와 주식 E 중에서는 주식 B를 선택한다. 같은 기대수익률이지만 주식 B의 위험이 작기 때문이다. 역시 이때 주식 B가 주식 E를 지배한다고 표현한다. 결과적으로 이성적인 투자자라면 주식 A와 주식 E를 제외한 나머지 증권 가운데 투자대상을 결정할 것이다. 주식 C와 주식 B는 서로 다른 증권을 지배하지 않는다. 주식 C는 주식 B와 비교할 때 기대수익률은 낮지만 위험도 낮기 때문에 어느 증권이 절대적으로 유리한 위치에 있지 않기 때문이다. 따라서 지배원리를 적용할 때 투자 대상이 되는 증권은 주식 C, 주식 B, 주식 D, 주식 G, 주식 F 등 5개의 증권이다.

2. 효용극대화

그럼 남은 5개의 증권 가운데 어떤 증권에 투자하여야 하는가? 이 질문에 대답

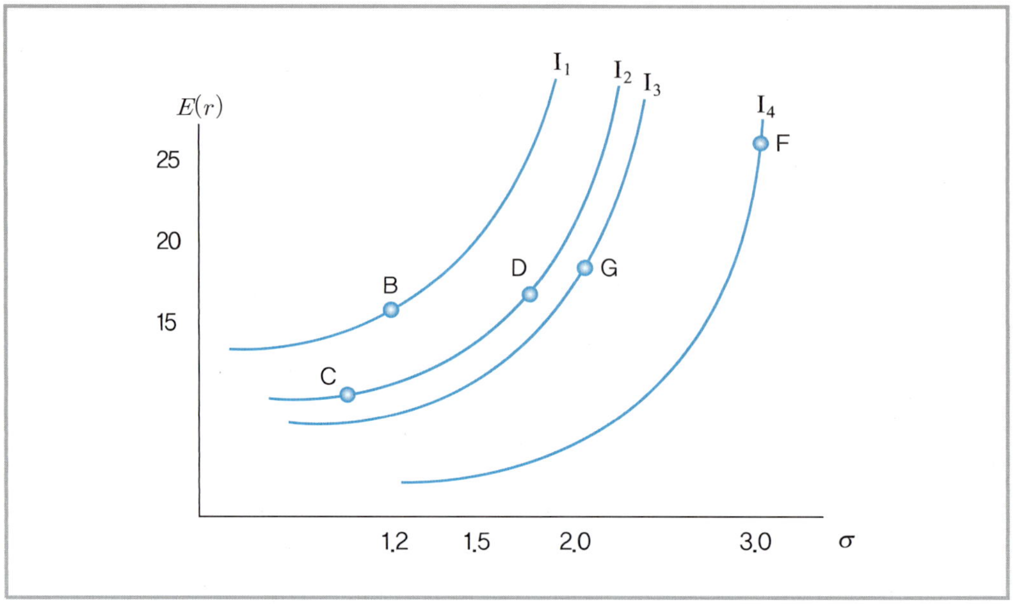

그림 4-7 개별자산의 선택

하기 위해서는 투자자가 위험이 증가할 때 어느 정도 추가적인 수익률을 원하는지에 관한 정보가 필요하다. 이러한 정보를 포함하고 있는 것이 무차별곡선이다. 즉 투자자의 투자목표는 효용을 극대화하는 것이므로 무차별곡선을 활용하여 효용을 가장 크게 만드는 증권을 선택하면 된다.

투자자의 무차별곡선이 [그림 4-7]과 같은 형태를 갖고 있다고 하자. 그러면 G와 F 중 하나를 선택하여야 한다면 G를 선택하여야 한다. G가 F에 비해 더 큰 효용을 나타내는 I_3상에 있기 때문이다. 이렇듯 주어진 개별자산 중에서는 B가 가장 큰 효용을 나타내는 I_1상에 있기 때문에 B를 최종적으로 선택하여야 한다.

결론적으로 여러 개의 개별증권 중에 하나를 선택할 때에는 먼저, 지배원리에 기초하여 투자 가능한 효율적 증권들을 찾아내고, 그 가운데 무차별곡선을 이용하여 투자자의 효용을 극대화하는 최적증권을 선택하여야 한다.

예제 4.4 개별자산의 선택

효용함수가 다음과 같다고 하자.

$$U = E(r) - \frac{1}{2}A\sigma^2 \tag{4.10}$$

U : 효용
A : 위험회피도

위의 효용함수에서 A는 위험을 싫어하는 정도를 측정한 것으로 투자자가 위험을 싫어하면 할수록 큰 값을 갖는다. A값이 각각 2와 5인 투자자 1과 투자자 2를 생각해 보자. 두 투자자가 다음과 같은 개별자산 A와 B 가운데 하나를 선택하여 투자를 하려고 한다. 두 투자자는 어떤 개별자산을 선택하여야 할까요?

개별자산	기대수익률	표준편차
개별자산 A	9%	10%
개별자산 B	13%	20%

풀이

먼저 개별자산 A를 선택하였을 때 각 투자자의 효용을 계산해 보면 다음과 같다.

$$U_1 = 0.09 - \frac{1}{2} \times 2 \times 0.1^2 = 0.08$$

$$U_2 = 0.09 - \frac{1}{2} \times 5 \times 0.1^2 = 0.065$$

개별자산 B를 선택하였을 때 각 투자자의 효용을 계산해 보면 다음과 같다.

$$U_1 = 0.13 - \frac{1}{2} \times 2 \times 0.2^2 = 0.09$$

$$U_2 = 0.13 - \frac{1}{2} \times 5 \times 0.2^2 = 0.03$$

따라서 투자자 1은 개별자산 B를, 투자자 2는 개별자산 A를 선택하여야 한다.

이 예제에서 볼 수 있는 바와 같이 위험회피도가 큰 투자자 2는 상대적으로 안전한 개별자산 A를 선택하고 위험회피도가 낮은 투자자 1은 상대적으로 위험한 개별자산 B를 선택하게 된다.

05 포트폴리오의 선택

1. 포트폴리오의 수익률과 위험

투자자들은 일반적으로 하나의 자산에만 투자를 하지 않고 여러 자산에 나누어 투자를 한다. 이 때 투자대상이 되는 자산을 모아 놓은 것, 즉 투자자산의 집합을 포트폴리오(portfolio)라고 한다.

개별자산에 모두 투자하지 않고 포트폴리오를 구성하려면, 즉 여러 자산에 나누어 투자하려면 투자가능한 각 자산들의 수익률과 위험을 측정하여야 한다. 주식 A와 주식 B로 포트폴리오를 구성하는 경우를 생각해 보자.

주식 A에 투자하는 비중을 w_A, 주식 B에 투자하는 비중을 w_B라고 하면 주식 A와 주식 B로 구성된 포트폴리오의 수익률은 다음과 같다.

$$r_p = w_A r_A + w_B r_B \qquad (4.11)$$

r_p : 포트폴리오의 수익률

r_A: 주식 A의 수익률

r_B: 주식 B의 수익률

마찬가지로 주식 A와 주식 B로 구성된 포트폴리오의 기대수익률은 다음과 같다.

$$E(r_p) = w_A E(r_A) + w_B E(r_B) \tag{4.12}$$

이제 포트폴리오의 위험을 생각해 보자. 두개의 자산으로 구성된 포트폴리오의 위험, 즉 분산은 다음과 같이 계산할 수 있다.

$$\sigma_p^2 = w_A^2 \sigma_A^2 + w_B^2 \sigma_B^2 + 2w_A w_B Cov(r_A, r_B) \tag{4.13}$$

$Cov(r_A, r_B)$: 주식 A와 B 수익률의 공분산

위의 식에서 알 수 있는 바와 같이 포트폴리오의 위험은 각 자산 위험의 가중평균이 아니며 공분산(covariance)에 영향을 받는다. 공분산이란 두 주식의 수익률이 상호 관련되어 있는 정도를 측정하는 지표로 다음과 같이 계산할 수 있다.

$$Cov(r_A, r_B) = \sigma_{AB} = E\left[\{(r_A - E(r_A)\}\{(r_B - E(r_B)\}\right] \tag{4.14}$$

이렇게 측정된 공분산의 값이 크면 클수록 서로 상호관련성이 크다는 것을 의미한다. 그런데 공분산은 그 자체의 값으로 상호관련성의 정도를 구체적으로 파악하기 어렵기 때문에 공분산을 표준화한 상관계수(correlation coefficient)를 이용하는 경우가 많다. 상관계수란 두 주식 수익률간의 공분산을 각각의 표준편차로 나눈 값이다.

$$\rho_{AB} = \frac{Cov(r_A, r_B)}{\sigma_A \sigma_B} = \frac{\sigma_{AB}}{\sigma_A \sigma_B} \tag{4.15}$$

ρ_{AB} : 주식 A와 B의 수익률 간 상관계수

상관계수는 -1에서 1 사이의 값을 갖는다. 두 수익률이 같은 방향으로 움직일 때 상관계수는 양(+)의 값을 갖고, 반대로 두 수익률이 다른 방향으로 움직일 때 상관계수는 음(−)의 값을 갖는다. 또한 상관계수 값이 크면 클수록 상호관련성이 크다는 것을 의미한다.

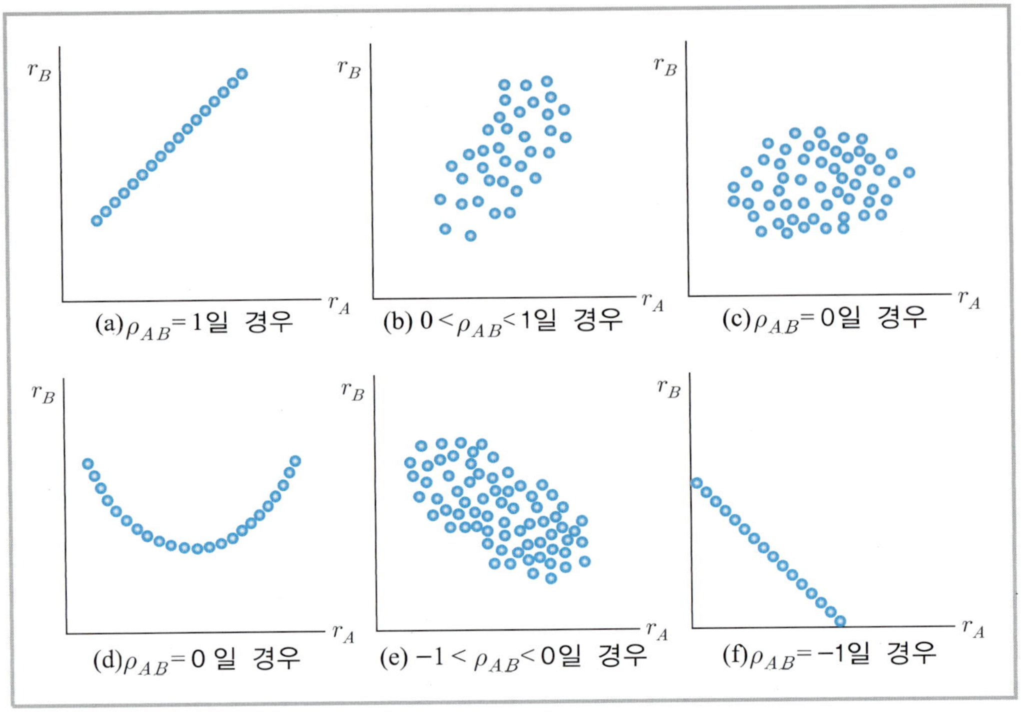

그림 4-8 자산 A와 B의 상관계수

[그림 4-8]은 상관계수의 의미를 설명하고 있다. 자산 A와 B가 정확히 같은 방향으로 움직이면 상관계수는 +1이며 정확히 반대방향으로 움직이면 -1이 된다. 두 자산 수익률의 움직임이 서로 아무런 관련성이 없을 때 상관계수는 0이 된다. 정확히 일치하지는 않지만 일반적으로 같은 방향으로 움직일 때 상관계수는 0에서 +1 사이의 값을 가지며 값이 크면 클수록 움직임이 상대적으로 더 일치한다는 것을 의미한다. 물론 정확히 일치하지는 않지만 일반적으로 반대 방향으로 수익률이 움직일 때에는 상관계수가 -1에서 0 사이의 값을 갖게 된다.

이제 식 (4.15)을 식 (4.13)에 대입하여 보자. 그러면 포트폴리오의 분산은 다음과 같이 표시할 수 있다.

$$\sigma_p^2 = w_A^2\,\sigma_A^2 + w_B^2\sigma_B^2 + 2w_A w_B\,\sigma_A\,\sigma_B\,\rho_{AB} \tag{4.16}$$

이제 [표 4-3]의 주식 A와 주식 B에 50%씩 나누어 투자하는 포트폴리오의 분산을 계산하여 보자. 먼저 이 포트폴리오의 기대수익률을 계산해 보면 다음과 같다.

표 4-3 주식 A와 B의 수익률 확률분포

(%)

상황	확률	주식 A	주식 B
1	0.2	40	30
2	0.2	−10	20
3	0.2	30	35
4	0.2	5	−20
5	0.2	15	5

$$E(r_A) = 0.2\times0.40 + 0.2\times(-0.10) + 0.2\times0.30 + 0.2\times0.05 + 0.2\times0.15$$
$$= 0.16(16\%)$$
$$E(r_B) = 0.2\times0.30 + 0.2\times0.20 + 0.2\times0.35 + 0.2\times(-0.20) + 0.2\times0.05$$
$$= 0.14(14\%)$$
$$E(r_p) = 0.5\times0.16 + 0.5\times0.14 = 0.15(15\%)$$

포트폴리오의 표준편차를 계산하기 위해 먼저 주식 A와 B의 수익률 간의 공분산을 구해보면 다음과 같다.

$$\sigma_{AB} = 0.2(0.40-0.16)(0.30-0.14) + 0.2(-0.10-0.16)(0.20-0.14)$$
$$+ 0.2(0.30-0.16)(0.35-0.14) + 0.2(0.05-0.16)(-0.20-0.14)$$
$$+ 0.2(0.15-0.16)(0.05-0.14)$$
$$= 0.0181(1.81\%)$$

두 주식 수익률의 표준편차를 구해보면 다음과 같다.

$$\sigma_A = \sqrt{0.2(0.40-0.16)^2 + 0.2(-0.10-0.16)^2 + 0.2(0.30-0.16)^2 + 0.2(0.05-0.16)^2 + 0.2(0.15-0.16)^2}$$
$$= 0.1772(17.72\%)$$

$$\sigma_B = \sqrt{0.2(0.30-0.14)^2 + 0.2(0.20-0.14)^2 + 0.2(0.35-0.14)^2 + 0.2(-0.20-0.14)^2 + 0.2(0.05-0.14)^2}$$
$$= 0.1985(19.85\%)$$

그러면 두 주식 수익률 간의 상관계수는 다음과 같다.

$$\rho_{AB} = \frac{0.0181}{(0.1772)(0.1985)} = 0.52$$

따라서 식 (4.16)에 대입하면 포트폴리오의 위험, 즉 분산과 표준편차는 다음과 같이 계산할 수 있다.

$$\sigma_p^2 = (0.5)^2(0.1772)^2 + (0.5)^2(0.1985)^2 + 2(0.5)(0.5)(0.1772)(0.1985)(0.52)$$
$$= 0.0268$$
$$\sigma_p = \sqrt{0.0268} = 0.1638(16.38\%)$$

2. 상관계수와 위험

두 개의 자산으로 구성된 포트폴리오의 위험은 식 (4.16)과 같이 계산할 수 있다는 것을 살펴보았다. 그런데 이 식을 자세히 살펴보면 포트폴리오의 위험에 상관계수가 큰 영향을 미친다는 것을 알 수 있다. [표 4-4]와 같은 두개의 주식을 생각해 보자.

주식 A와 B에 50%씩 투자한 포트폴리오의 기대수익률은 다음과 같다.

$$E(r_p) = w_A E(r_A) + w_B E(r_B) = 0.5 \times 0.16 + 0.5 \times 0.20 = 0.18(18\%)$$

이 포트폴리오의 분산은 다음과 같다.

표 4-4 주식 A와 B의 기대수익률과 표준편차

	주식 A	주식 B
기대수익률	16%	20%
표준편차	15%	25%

$$Var(r_p) = w_A^2\sigma_A^2 + w_B^2\sigma_B^2 + 2w_Aw_B\sigma_A\sigma_B\rho_{AB}$$
$$= (0.5)^2(0.15)^2 + (0.5)^2(0.25)^2 + 2(0.5)(0.5)(0.15)(0.25)\rho_{AB}$$
$$= 0.02125 + 0.01875\rho_{AB}$$

따라서 표준편차는 다음과 같다.

$$\sigma_p = \sqrt{0.02125 + 0.01875\rho_{AB}}$$

두 주식 간의 상관계수가 1.0, 0.5, 0, -0.1일 때 포트폴리오의 위험, 즉 표준편차를 구해보면 다음과 같다.

$\rho_{AB} = 1.0$일 때 $\sigma_p = \sqrt{0.02125 + 0.01875(1.0)} = 0.200$

$\rho_{AB} = 0.5$일 때 $\sigma_p = \sqrt{0.02125 + 0.01875(0.5)} = 0.175$

$\rho_{AB} = 0$일 때 $\sigma_p = \sqrt{0.02125 + 0.01875(0)} = 0.146$

$\rho_{AB} = -1.0$일 때 $\sigma_p = \sqrt{0.02125 + 0.01875(-1.0)} = 0.050$

위의 결과로부터 두 주식 간의 상관계수가 작을수록 포트폴리오의 위험이 작아지는 것을 알 수 있다. 즉 두 주식 간 상관계수가 작으면 한 주식이 손해를 보아도 다른 주식이 똑 같이 손해를 볼 확률이 작아지므로 포트폴리오의 수익률의 편차, 즉 위험이 작아지게 된다. 이제 위의 두 주식에 대한 투자비율을 100%와 0% 범위에서 10%씩 증가하거나 감소할 때 포트폴리오의 기대수익률과 위험을 위와 같은 방법으로 계산해 보자.

[표 4-5]는 그 결과를 표시한 것이다. 이 결과를 수익-위험 평면에 그림으로 나타내면 [그림 4-9]와 같다. [그림 4-9]에서 볼 수 있는 바와 같이 주어진 기대수익률에서 상관계수가 클수록 위험이 커진다는 것을 알 수 있다. 예를 들어 기대수익률이 0.176일 때 상관계수가 -1일 때에는 위험이 0.01인데 상관계수가 0일 때에는 0.135, 상관계수가 0.5일 때에는 0.165, 상관계수가 1일 때에는 0.190으로 점점 커진다. 이는 곧 상관계수가 1보다 작은 자산을 결합하여 포트폴리오를 구성하면 기대수익률을 희생하지 않고 위험을 줄일 수 있다는 것을 의미하며 이러한 효과를 포트폴리오 효과(portfolio effect) 또는 분산투자효과(diversification effect)라고 한다.

표 4-5 투자비율의 변화에 따른 포트폴리오의 기대수익률과 위험의 변화

w_A	w_B	$E(r_p)$	σ_p			
			$\rho_{AB}=1.0$	$\rho_{AB}=0.5$	$\rho_{AB}=0$	$\rho_{AB}=-1.0$
1.0	0	0.160	0.150	0.150	0.150	0.150
0.9	0.1	0.164	0.160	0.149	0.137	0.110
0.8	0.2	0.168	0.170	0.151	0.130	0.070
0.7	0.3	0.172	0.180	0.157	0.129	0.030
0.6	0.4	0.176	0.190	0.165	0.135	0.010
0.5	0.5	0.180	0.200	0.175	0.146	.0050
0.4	0.6	0.184	0.210	0.187	0.162	0.090
0.3	0.7	0.188	0.220	0.201	0.181	0.130
0.2	0.8	0.192	0.230	0.217	0.202	0.170
0.1	0.9	0.196	0.240	0.233	0.225	0.210
0	1.0	0.200	0.250	0.250	0.250	.0250

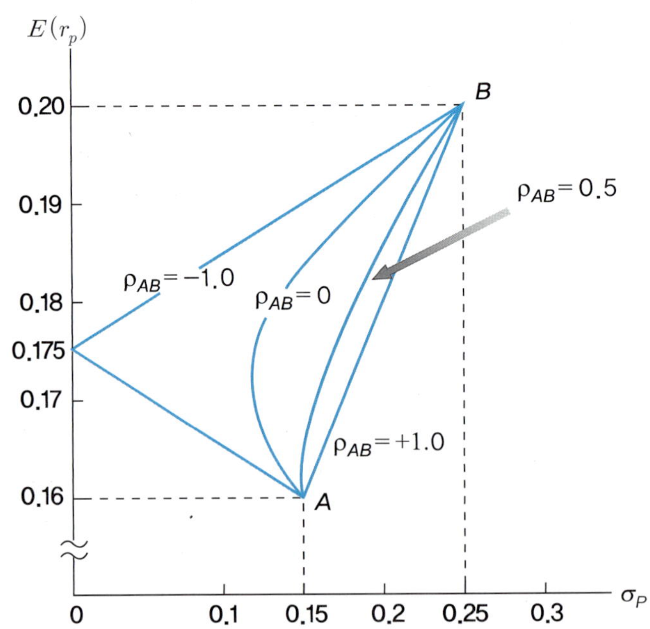

그림 4-9 포트폴리오 효과

3. 체계적 위험과 비체계적 위험

[그림 4-9]에 볼 수 있는 바와 같이 상관계수가 1보다 작은 자산들에 분산투자하면 위험을 줄일 수 있다. 이와 더불어 포트폴리오의 위험을 감소시킬 수 있는 또 다른 방법이 있다. 포트폴리오를 구성하는 자산의 수를 증가시키는 것이 그것이다.

[그림 4-10]에서 볼 수 있는 바와 같이 구성 자산의 수가 증가할수록 포트폴리오의 위험은 감소한다. 그러나 구성 자산의 수가 일정수준에 이르면 자산의 수가 증가하더라도 위험은 더 이상 감소하지 않는다. 이때 증권의 수를 증가시키면 없어지는 위험, 즉 분산투자로 제거할 수 있는 위험을 비체계적 위험(unsystematic risk)이라고 한다. 반면에 증권의 수를 증가시켜도 없어지지 않는 위험, 즉 분산투자로 제거되지 않는 위험을 체계적 위험(systematic risk)이라고 한다. 체계적 위험은 시장위험(market risk)이라고도 한다.

비체계적 위험은 특정 기업이나 산업에 국한된 위험이다. 포트폴리오에 포함된 수많은 자산 가운데 아주 소수에만 영향을 미치는 위험은 설사 위험이 발생하더라도 포트폴리오 전체로 볼 때에는 영향이 거의 없기 때문이다. 이러한 비체계적 위

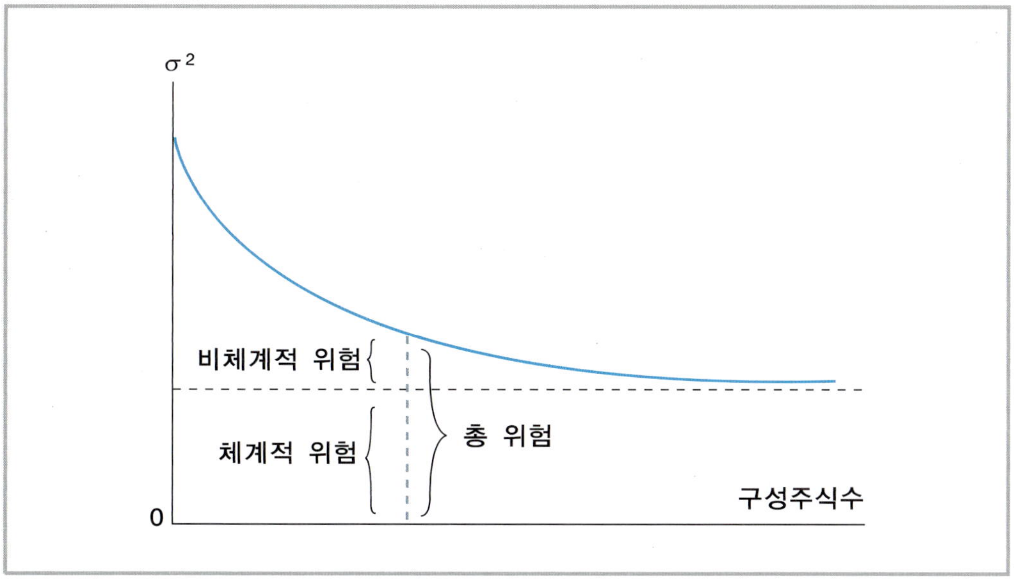

그림 4-10 체계적 위험과 비체계적 위험

험으로는 특정 기업의 경영실적, 소송, 신제품개발 등으로 인하여 발생하는 위험을 들 수 있다.

이와는 달리 체계적 위험은 포트폴리오에 포함된 자산들에 공통적으로 영향을 미치는 위험이다. 따라서 위험이 실제로 발생하면 전체 포트폴리오가 영향을 받을 수밖에 없다. 이러한 위험으로는 인플레이션, 이자율변동, 경기상황 등을 들 수 있다.

투자자들이 수많은 자산들로 구성된 포트폴리오를 구성하면 포트폴리오에 포함된 개별 자산들의 비체계적 위험은 모두 사라지게 된다. 따라서 이러한 포트폴리오에 투자하고 있는 투자자가 특정 자산을 추가로 매입하면 해당자산의 비체계적 위험이 아무리 크더라도 포트폴리오에 추가되는 순간 제거된다. 결국 개별자산의 위험 가운데 포트폴리오의 위험에 공헌하는 위험은 체계적 위험뿐이다.

4. 최적포트폴리오의 선택

4.1 무위험자산이 존재하지 않을 때 포트폴리오의 선택

두개 이상의 개별자산으로 포트폴리오를 구성하는 방법은 어떤 자산을 어떤 비율로 투자하느냐에 따라 수없이 많다. 예를 들어 두개의 자산으로 포트폴리오를 구성할 경우 자산 A에 99.99%, 자산 B에 0.01% 투자하는 포트폴리오, 자산 A에 99.98%, 자산 B에 0.02% 투자하는 포트폴리오, 자산 A에 99.97%, 자산 B에 0.03% 투자하는 포트폴리오 등 수많은 포트폴리오를 구성할 수 있다. 이처럼 수많은 포트폴리오의 기대수익률과 위험을 측정하여 위험-수익 평면에 표시하면 [그림 4-11]과 같이 나타낼 수 있는데 이를 투자기회집합(opportunity set)이라고 한다.

투자기회집합 가운데 모든 포트폴리오가 투자의 대상이 되는 것은 아니다. [그림 4-11]에서 EF 선상에 있지 않는 점을 선택할 경우 주어진 위험수준에서 최대의 수익률을 얻을 수 없기 때문이다. 예를 들어 Z점은 X에 비해 같은 위험을 부담하지만 기대수익률이 낮으므로 선택할 수 있는 투자의 대상이 아니다. 앞에서 설명한

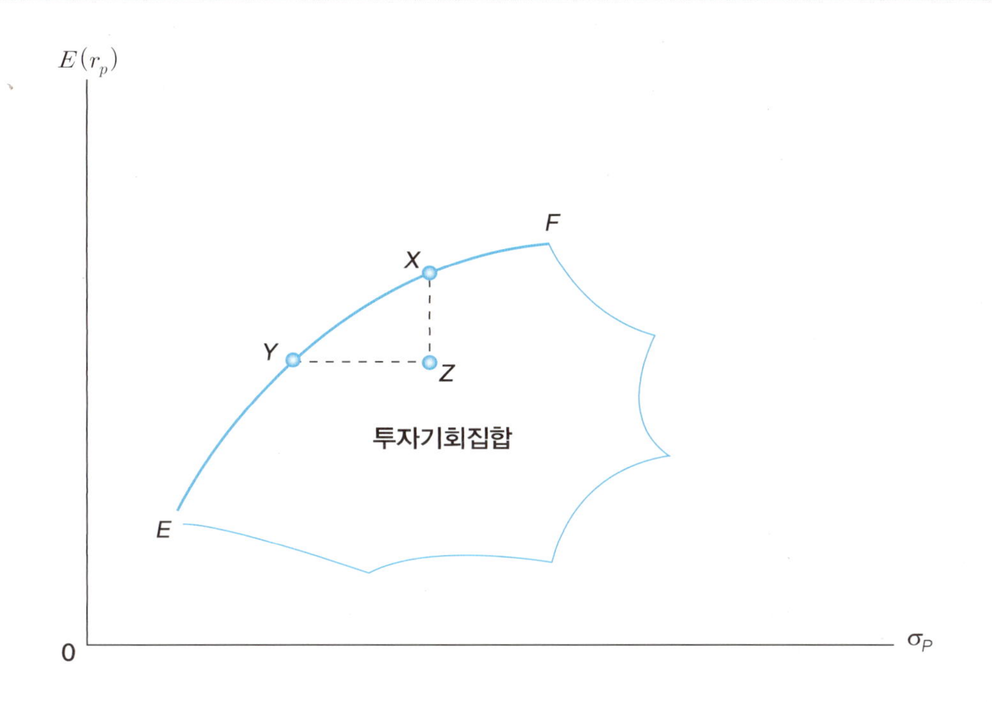

그림 4-11 투자기회집합

대로 X가 Z를 지배하기 때문이다. 이처럼 항상 가장 좌측에 있는 포트폴리오들이 그보다 오른 쪽에 위치한 포트폴리오들을 지배하게 된다. 이와 같은 투자원칙, 즉 수익률이 같은 투자대상 중에서는 위험이 작은 투자대상을 선택하고, 위험이 같은 투자대상 중에서는 수익률이 높은 투자대상을 선택하는 지배원리를 따를 때, 제외되고 남은 투자대상 포트폴리오, 즉 EF 선상의 포트폴리오를 효율적 포트폴리오라고 하며 EF 선상을 효율적 투자선(efficient frontier)이라고 한다.

EF 선상의 포트폴리오인 X와 Y는 지배원리에 의해 어떤 포트폴리오가 유리한지 판단할 수 없다. X는 Y에 비해 수익률이 높지만 위험도 크기 때문에 투자자의 위험에 대한 태도에 따라 어떤 투자자는 X를 어떤 투자자는 Y를 선호할 수 있기 때문이다. 이처럼 효율적 투자선상의 포트폴리오 가운데 특정 투자자에게 가장 유리한 포트폴리오를 선택하기 위해서는 지배원리 이외의 추가 정보, 즉 투자자의 위험에 대한 태도에 관한 정보가 필요한데, 그 정보를 담고 있는 것이 바로 앞에서 살펴본 무차별곡선이다.

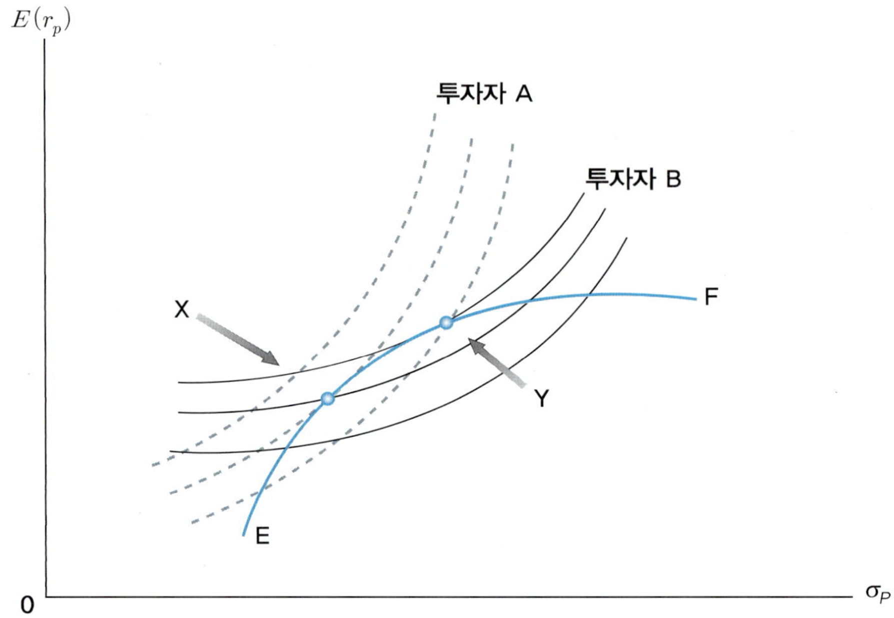

그림 4-12 무위험자산이 존재하지 않을 때 최적 포트폴리오

[그림 4-12]는 효율적 투자선 EF상의 포트폴리오 중에서 최적포트폴리오를 찾아내기 위해서 투자자 A와 투자자 B의 무차별곡선을 표시한 것이다. 투자자 A의 경우 효율적 투자선과 무차별곡선이 만나는 포트폴리오 X가 투자의 효용을 극대화시키는 포트폴리오가 되며, 이 포트폴리오가 투자자 A의 최적포트폴리오(optimal portfolio)이다. 마찬가지로 투자자 B의 경우에도 효율적 투자선과 무차별곡선이 만나는 포트폴리오 Y가 최적 포트폴리오이다. 투자자 B는 투자자 A보다 무차별곡선의 형태로 보아 상대적으로 위험을 선호하는 투자자이다. 그 이유는 무차별곡선이 상대적으로 완만하기 때문이다. 따라서 투자자 B는 투자자 A에 비해 상대적으로 위험이 큰 포트폴리오 Y를 X 대신에 선택하게 된다.

앞에서 살펴본 바와 같이 최적 포트폴리오를 찾아내기 위해서는 첫째, 지배원리에 의해 투자 가능한 효율적 포트폴리오를 찾아내는 단계와 둘째, 무차별곡선과 효율적 투자선이 만나는 포트폴리오, 즉 투자자의 효용을 극대화시키는 포트폴리오를 찾아내는 단계로 구분되어 있으며 각 단계는 서로에게 영향을 미치지 않는다.

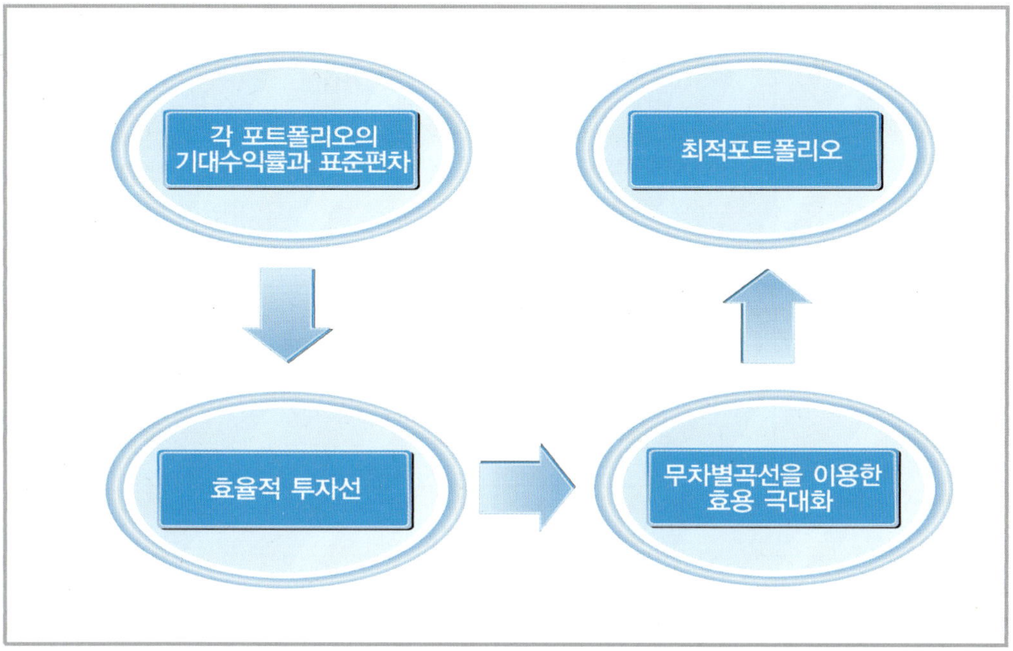

그림 4-13 무위험자산이 존재하지 않을 때 최적포트폴리오를 찾아내는 과정

이와 같이 분리된 단계에 의한 포트폴리오 투자결정과정을 도빈(Tobin)의 분리정리(separation theorem)라고 한다.

4.2 무위험자산이 존재할 때 최적포트폴리오

앞에서는 무위험 자산이 존재하지 않는다고 가정하였으나 현실에서는 국채, 정부가 지급을 보증한 채권 등 일반적으로 위험이 없다고 판단되는 무위험자산이 존재하며 투자자들은 자산의 일부를 무위험 자산에 투자하길 원한다. 무위험자산에 대한 투자를 고려할 경우 위험자산만을 투자대상으로 하는 경우와 최적포트폴리오를 구성하는 과정이 달라진다.

이자율이 r_f인 무위험자산이 존재한다고 하자. 무위험자산과 위험자산을 결합하여 포트폴리오를 구성한다고 할 때 위험자산은 앞에서 설명한 바와 같이 효율적 투자선 상에 있는 포트폴리오이어야 한다. 즉 [그림 4-14]의 EF선상에 있는 포트폴리오이어야 한다.

이제 EF선상에 있는 임의의 위험포트폴리오인 A와 무위험자산을 결합하여 포

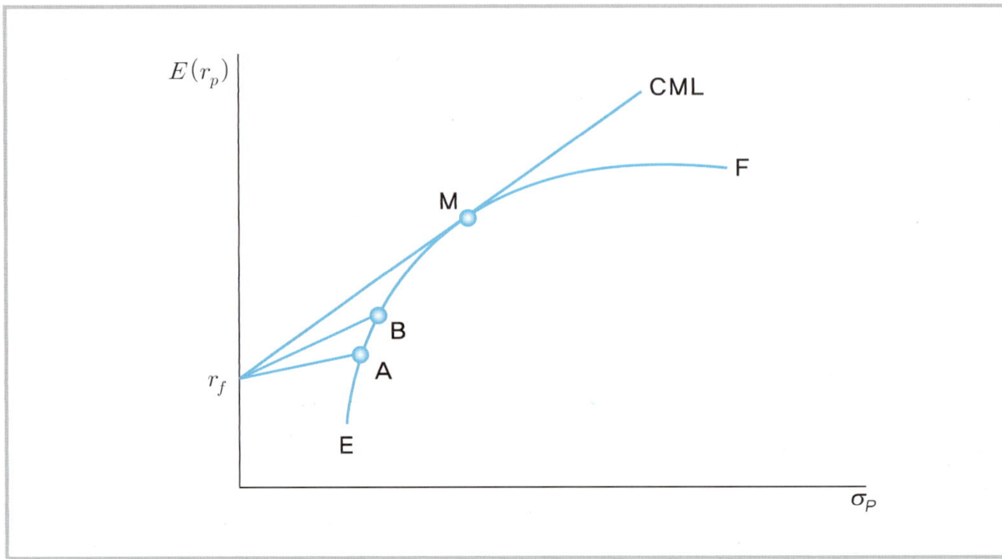

그림 4-14 무위험자산이 존재할 때 효율적 투자선

트폴리오를 구성한다고 하자. 그러면 무위험자산과 위험자산 포트폴리오 A를 결합한 포트폴리오는 r_f와 A를 연결하는 선상에 있게 된다. 구성 비율에 따라 무위험자산에 많이 투자하면 r_f와 가까운 선상에 있고 위험자산에 많이 투자하면 A에 가까운 선상에 있게 된다.

마찬가지로 무위험자산과 위험자산 포트폴리오 B를 결합하여 포트폴리오를 구성하면 r_f와 B를 연결하는 선상에 있게 된다. 그런데 지배원리에 따르면 위험포트폴리오 B를 무위험자산과 결합한 포트폴리오가 위험포트폴리오 A를 무위험자산과 결합한 포트폴리오를 지배한다. 같은 위험에서 수익률이 높기 때문이다.

그럼 EF선상의 위험포트폴리오 가운데 어떤 위험 포트폴리오를 무위험자산과 결합시키는 것이 가장 유리한가? 답은 해당 포트폴리오와 무위험자산을 연결하는 선이 가장 위쪽에 위치하는 포트폴리오이다. 주어진 위험에서 수익률이 가장 크기 때문이다. 그럼 어떤 선이 가장 위쪽에 위치하는가? 효율적 투자선 EF와 r_f에서 시작하는 직선이 접하는 점을 연결한 접선이 가장 위쪽에 위치하게 된다. 이 접점을 M이라고 할 때 위험포트폴리오 M과 무위험자산을 결합한 포트폴리오가 투자자에게 가장 유리한 포트폴리오이다.

위험포트폴리오 M과 무위험자산을 결합한 포트폴리오가 가장 유리한 포트폴리오이므로 투자자들은 항상 위험포트폴리오로 M을 선택할 것이며 따라서 최종적으로 선택하는 포트폴리오는 r_f와 M을 연결하는 선상에 있게 된다. 따라서 r_f와 M을 연결하는 선이 무위험자산이 존재할 때의 효율적 투자선이 된다. 이 선을 수식으로 나타내면 다음과 같은데 이 식을 자본시장선(CML: capital market line)이라고 한다.

$$E(r_p) = r_f + \frac{E(r_M) - r_f}{\sigma_M}\sigma_p \tag{4.17}$$

$E(r_M)$: 포트폴리오 M의 기대수익률

σ_M: 포트폴리오 M의 표준편차

식(4.17)은 무위험자산이 존재할 때 효율적 포트폴리오의 위험과 기대수익률의 선형관계를 나타내는 직선을 의미한다. 이 직선의 기울기는 위험 포트폴리오 M이 얻는 초과수익률(expected excess return), 즉 $[E(r_M) - r_f]$를 위험으로 나눈 값이다. 이는 포트폴리오 M에 투자할 경우 부담하는 위험 한 단위당 보상되는 수익률, 즉 위험보상비율(reward to volatility ratio)이다. 포트폴리오 M은 이 위험보상비율을 가장 크게 하는 포트폴리오이다.

한편 [그림 4-14]에서 M점의 왼쪽에 있는 $\overline{r_f\mathrm{M}}$상의 점들은 자산을 무위험자산과 포트폴리오 M에 나누어 투자하는 포트폴리오들을 나타내며 이들 포트폴리오들을 대출포트폴리오(lending portfolio)라고 한다. 이와는 달리 M점의 오른쪽에 있는 $\overline{r_f\mathrm{M}}$상의 점들은 무위험이자율로 차입하여 본래의 투자자금과 함께 포트폴리오 M에 투자하는 포트폴리오들을 나타낸다. 이들 포트폴리오들을 차입포트폴리오(borrowing portfolio)라고 한다.

이제 우리는 무위험자산이 존재할 때 포트폴리오 M을 무위험자산과 결합하는 것이 가장 유리하다는 것을 알았다. 그럼 r_f와 M을 연결한 선, 즉 자본시장선 상의 수많은 포트폴리오들 가운데 어떤 포트폴리오를 선택할 것인가?

자본시장선상의 포트폴리오들 가운데 어떤 포트폴리오를 선택할 것인가는 투자자의 효용함수에 달려있다. 즉 투자자의 효용을 나타내는 무차별곡선과 자본시장선이 접하는 포트폴리오를 선택하는 것이 최선이다.

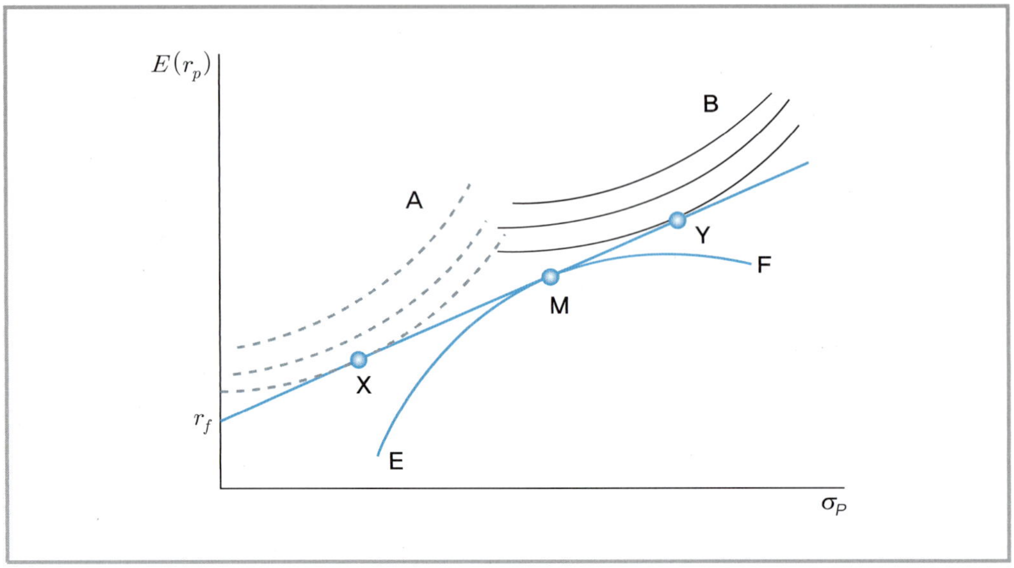

그림 4-15 무위험자산이 존재할 때 최적포트폴리오

[그림 4-15]에서 곡선 A는 위험회피성향이 큰 투자자의 무차별곡선을, 곡선 B는 위험회피성향이 작은 투자자의 무차별곡선을 나타낸다. 위험회피성향이 큰 투자자 A는 무차별곡선과 효율적 투자선이 접하는 X를 최적포트폴리오로 선택하게 된다. 이 포트폴리오는 앞서 설명한 바와 같이 자산을 무위험자산과 위험자산 M에 나누어 투자하는 대출 포트폴리오이다. 이에 반해 위험회피성형이 작은 투자자 B는 자금을 차입하여 본래의 투자자금과 함께 차입포트폴리오인 포트폴리오 Y에 투자한다. 이처럼 개별 투자자의 최적포트폴리오는, 결합하는 위험포트폴리오는 M으로 같지만 위험회피성향에 따라 투자 비율이 달라져 효율적 투자선 상의 다른 점으로 표시된다.

이제 포트폴리오 M에 대해 좀 더 살펴보자. 위에서 우리는 모든 투자자들이 포트폴리오 M을 선택한다는 것을 알았다. 모든 투자자가 동일한 위험포트폴리오인 M에 투자한다면 위험자산 포트폴리오 M에 포함되지 못한 위험자산은 어떤 투자자도 투자하려 하지 않기 때문에 존재할 수 없다. 따라서 균형 상태에서 위험자산 포트폴리오 M은 현재 시장에서 거래되는 모든 위험자산을 포함하여야 한다. 또한 모든 투자자들이 위험 포트폴리오 M에만 투자한다면 포트폴리오 M에 포함된 각 자산의 구성 비율은 다음과 같아야 한다.

$$w_i = \frac{\text{위험자산 } i \text{의 총 시장가치}}{\text{시장 전체 위험자산의 총 시장가치} } \tag{4.18}$$

w_i: 시장포트폴리오에 포함된 자산 i의 구성 비율

이처럼 현재 시장에서 거래되고 있는 모든 자산에 위와 같은 비율로 투자된, 모든 투자자에게 가장 유리한 위험포트폴리오를 시장포트폴리오(market portfolio)라고 한다.

[부록 1] 2개 이상의 자산으로 구성된 포트폴리오의 위험

두 개의 자산으로 구성된 포트폴리오의 기대수익률과 위험은 식 (4.12)와 식(4.16)과 같이 결정된다는 것은 이미 살펴보았다. 그럼 2개 이상, 일반적으로 n개의 자산으로 구성된 포트폴리오의 기대수익률과 위험은 어떻게 계산할 수 있을까?

먼저 포트폴리오의 기대수익률은 각 개별자산의 기대수익률을 포트폴리오에서 차지하는 비중으로 가중 평균한 것이므로 다음과 같다는 것을 쉽게 알 수 있다.

$$E(r_p) = w_1 E(r_1) + w_2 E(r_2) + \cdots + w_n E(r_n)$$

한편 포트폴리오의 위험은 포트폴리오에 포함된 자산들의 분산들과 임의의 두 자산 간의 공분산의 합으로 결정된다. [그림 4-16]에서 볼 수 있는 바와 같이 n개의 자산으로 구성된 포트폴리오의 위험은 n^2개 항목들의 합인데 그 중 n개는 각 자산의 분산이며 나머지는 포트폴리오에 포함된 임의의 두 자산 간의 공분산이다.

	자산 1	자산 2	자산 3	⋯	자산 n
자산 1	**분산**	공분산	공분산	⋯	공분산
자산 2	공분산	**분산**	공분산	⋯	공분산
자산 3	공분산	공분산	**분산**	⋯	공분산
⋮	공분산	공분산	공분산	⋯	공분산
자산 n	공분산	공분산	공분산	공분산	**분산**

그림 4-16 n 개의 자산으로 구성된 포트폴리오의 위험

따라서 포트폴리오의 분산은 다음과 같이 쓸 수 있다.

$$\sigma_p^2 = \sum_{i=1}^{n} w_i^2 \sigma_i^2 + \sum_{i=1}^{n}\sum_{j=1}^{n} w_i w_j \sigma_{ij} \ (\text{단} \ i \neq j)$$

예제 4.5 포트폴리오의 위험

주식 A, B, C, D의 수익률 표준편차가 각 각 0.1, 0.2, 0.3, 0.2이고 각 증권 간 공분산이 다음과 같을 때 4개의 주식이 각각 25%씩으로 구성된 포트폴리오의 위험은 얼마일까요?

	주식 A	주식 B	주식 C	주식 D
주식 A	1	0.01	0.012	0.014
주식 B	0.01	1	0.036	0.012
주식 C	0.012	0.036	1	0.03
주식 D	0.014	0.012	0.03	1

풀이

해당 포트폴리오의 위험은 다음과 같이 계산할 수 있다.

$$\begin{aligned}\sigma_p^2 &= \sigma_A^2 + \sigma_B^2 + \sigma_C^2 + \sigma_D^2 + 2\sigma_{AB} + 2\sigma_{AC} + 2\sigma_{AD} + 2\sigma_{BC} + 2\sigma_{BD} + 2\sigma_{CD} \\ &= 0.1^2 + 0.2^2 + 0.3^2 + 0.2^2 + 2\times 0.01 + 2\times 0.012 + 2\times 0.014 + 2\times 0.036 \\ &\quad + 2\times 0.012 + 2\times 0.03 = 0.408\end{aligned}$$

[부록 2] 최적포트폴리오 구성과정에 대한 예제

앞에서는 그래프를 이용하여 최적포트폴리오를 구성하는 과정을 살펴보았다. 이제 구체적인 자료를 이용하여 포트폴리오를 구성하는 과정을 살펴보기로 한다.

현재 시장에 주식 A와 주식 B, 두개의 위험자산과 무위험자산만이 존재한다고 하자. 최적 포트폴리오를 구성하기 위해 가장 먼저 하여야 할 일은 각 자산의 기대수익률과 위험을 측정하는 것이다. 2개의 위험자산 수익률의 확률분포를 기초로 기대수익률과 위험을 측정한 결과가 다음과 같다고 하자. 또한 두 주식 간의 공분산이 0.0475, 무위험이자율이 8%라고 하자.

표 4-6 주식 A와 B의 기대수익률과 표준편차

(%)

	주식 A	주식 B
기대수익률	0.2	0.15
표준편차	0.45	0.32

최적포트폴리오를 찾기 위한 첫 단계는 최적 위험포트폴리오를 찾는 일이다. 먼저 주식 A와 B에 각각 50%를 투자한 포트폴리오를 X라고 하자. 이 포트폴리오의 기대수익률과 표준편차는 다음과 같다.

$$E(r_X) = 0.5 \times 0.2 + 0.5 \times 0.15 = 0.175$$

$$\sigma_X = \sqrt{(0.5)^2(0.45)^2 + (0.5)^2(0.32)^2 + 2(0.5)(0.5)(0.0475)} = 0.3162$$

이때 포트폴리오 X와 무위험자산을 섞어 최종 포트폴리오를 선택할 경우 투자 가능한 투자선은 [그림 4-14]에서 설명한 바와 같이 포트폴리오 X와 무위험자산을 연결한 직선이 된다. 이 직선의 기울기는 다음과 같이 계산할 수 있다.

$$S_X = \frac{E(r_X) - r_f}{\sigma_X} = \frac{0.175 - 0.08}{0.3162} = 0.3$$

그런데 앞에서 설명한 바와 같이 투자자에게 가장 유리한 위험포트폴리오는 지배원리에 의해 가장 위쪽에 투자선이 위치하게 되는 접점이다. 가장 위쪽에 투자선이 위치한다는 것은 이 직선의 기울기가 가장 크다는 것을 의미한다. 또한 기울기가 크다는 것은 주어진 위험에서 수익률이 가장 크다는 것을 의미한다.

그럼 가장 기울기를 크게 하는 포트폴리오를 어떻게 찾아낼 수 있는가? 이 질문의 답은 기울기를 최대화하는 다음과 같은 방정식을 푸는 것이다.

$$\underset{w_i}{Max}\, S_p = \frac{E(r_p) - r_f}{\sigma_p}$$

제약조건: $E(r_p) = w_A E(r_A) + w_B E(r_B)$

$$\sigma_p = w_A^2 \sigma_A^2 + w_B^2 \sigma_B^2 + 2 w_A w_B \sigma_A \sigma_B \rho_{AB}$$

$$w_A + w_B = 1$$

위의 방정식을 풀면 다음과 같은 일반해를 얻을 수 있다.

$$w_A = \frac{[E(r_A) - r_f]\sigma_B^2 - [E(r_B) - r_f]Cov(r_A r_B)}{[E(r_A) - r_f]\sigma_B^2 + [E(r_B) - r_f]\sigma_A^2 - [E(r_A) - r_f + E(r_B) - r_f]Cov(r_A r_B)}$$

$$w_B = 1 - w_A$$

이제 주식 A와 B, 2개의 위험자산만 존재할 때 최적 위험포트폴리오의 구성 비율을 계산해 보면 다음과 같다.

$$w_A = \frac{[0.20 - 0.08]0.32^2 - [0.15 - 0.08]0.0475}{[0.2 - 0.08]0.32^2 + [0.15 - 0.08]0.45^2 - [0.2 - 0.08 + 0.15 - 0.08]0.0475}$$

$$= 0.5140$$

$$w_B = 1 - 0.5140 = 0.4860$$

따라서 최적위험포트폴리오는 주식 A에 51.4%, 주식 B에 48.6% 투자하는 것이며 이 포트폴리오의 기대수익률과 표준편차는 다음과 같다.

$$E(r_p) = (0.5140)(0.2) + (0.4860)(0.15) = 0.1757$$

$\sigma_p = [(0.5140)^2(0.45)^2+(0.4860)^2(0.32)^2+2(0.5140)(0.4860)(0.0475)]^{1/2}$

$= 0.3185$

무위험자산과 위험포트폴리오를 섞은 최적포트폴리오를 찾기 위해서는 투자자의 효용함수를 알아야 한다. 효용함수가 다음과 같다고 하자.

$$U = E(r_C) - \frac{1}{2}A\sigma_C^2$$

$E(r_C)$: 무위험자산과 위험포트폴리오로 구성된 최적포트폴리오의 기대수익률

A: 위험회피의 정도(위험회피의 정도가 클수록 큰 값을 갖는다.)

한편 최적포트폴리오의 기대수익률과 위험은 다음과 같다.

$$E(r_c) = yE(r_p) + (1-y)r_f = r_f + y[E(r_p) - r_f]$$

y: 위험자산에 투자하는 비율

$$\sigma^2 = y^2\sigma_p^2 + (1-y)^2\sigma_{rf}^2 + 2y(1-y)\sigma_p\sigma_{rf}\rho_{AB} = y^2\sigma_p^2$$

위의 식을 효용함수에 대입하여 최대값을 구하는 식은 다음과 같다.

$$Max\ \ U = E(r_c) - \frac{1}{2}A\sigma^2 = r_f + y[E(r_p) - r_f] - \frac{1}{2}Ay^2\sigma_p^2$$

이 식을 풀면 다음과 같은 일반해를 구할 수 있다.

$$y^* = \frac{E(r_p) - r_f}{A\sigma_p^2}$$

y^*: 최적포트폴리오의 위험자산포트폴리오 투자 비중

따라서 해당 투자자의 위험회피도가 4라고 가정하면(위와 같은 효용함수에서 $A=4$는 일반적인 투자자의 위험회피도를 의미한다) 최적 포트폴리오의 위험자산 투자 비중은 다음과 같이 계산할 수 있다.

$$y^* = \frac{0.1757-0.08}{4(0.3185)^2} = 0.2358$$

이는 위험포트폴리오에 23.58%를 투자하고 무위험자산에 76.42%를 투자하는 것이 최적이라는 것을 의미한다. 그런데 위험포트폴리오 23.58% 가운데 주식 A에 51.4%를 투자하고 주식 B에 나머지 48.6%를 투자하여야 하므로 각 자산별 최종 투자 비중은 아래 그림과 같다.

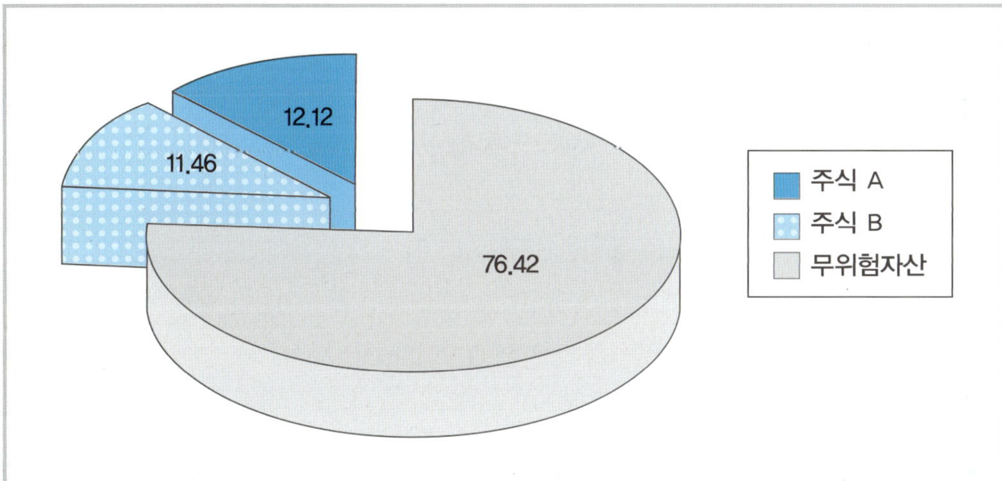

그림 4-17 최적포트포리오의 구성 비율

연습문제

객관식

1. 다음 설명 중 옳지 않은 것을 고르시오.
   ① 자본시장에서 모든 투자자가 동일한 정보를 가지고 있다면 모든 투자자들은 항상 동일한 시장포트폴리오를 선택한다.
   ② 자본시장선은 개별 자산의 기대수익률과 위험의 선형관계를 설명한 것이다.
   ③ 자본시장선 상의 시장포트폴리오보다 오른쪽에 위치한 포트폴리오를 차입포트폴리오라고 한다.
   ④ 자본시장선은 무위험자산과 위험자산에 분산투자할 때 효율적 투자선을 의미한다.

2. 수익률 표준편차가 0.3으로 동일한 증권 A와 B에 각각 50%를 투자하려고 한다. 두 증권 수익률 간 상관계수가 0.5라면 이 포트폴리오의 위험은 어떠한가?
   ① 두 증권 수익률의 표준편차와 동일한 0.3이다.
   ② 0.3보다 크다.
   ③ 0.3보다 작다.
   ④ 위험이 완전히 상쇄되어 표준편차는 0(영)이다.

3. 무차별곡선에 대한 다음 설명 중 틀린 것을 고르시오.
   ① 위험회피형 투자자의 무차별곡선은 원점에 대해 볼록하다.
   ② 위험회피도가 클수록 무차별곡선의 기울기가 작다.
   ③ 위험중립형 투자자의 무차별곡선은 수평한 직선의 형태를 갖는다.
   ④ 동일 투자자의 무차별곡선은 서로 교차하지 않는다.

4. 자본시장선의 기울기에 대한 다음 설명 중 옳지 않은 것을 고르시오.
   ① 수익률 한 단위 당 위험이 얼마나 증가하는가를 나타내는 위험보상비율을 의미한다.
   ② 시장포트폴리오 수익률의 표준편차에 영향을 받는다.
   ③ 무위험 이자율에 의해 영향을 받는다.
   ④ 항상 양(+)의 값을 갖는다.

5. 증권 A와 B의 수익률 표준편차가 각각 20%, 30%일 때 다음 설명 중 틀린 것을 고르시오.
   ① 두 증권 수익률의 상관계수가 0.5라면 각 증권에 50%씩 투자한 포트폴리오 수익률의 표준편차는 20%에서 30% 사이의 값을 갖지 않는다.
   ② 두 증권 수익률의 상관계수가 −1이라면 두 증권에 모두 투자하여 포트폴리오의 위험을 완전히 없앨 수 있다.
   ③ 두 증권 수익률의 상관계수가 1이라면 두 증권에 50%씩 투자한 포트폴리오 수익률의 표준편차는 25%이다.
   ④ 증권 A에 100% 투자하는 대신에 무위험자산에 50%, 증권 A에 50% 투자하면 위험을 반으로 낮출 수 있다.

6. 증권 A, B, C의 수익률 확률분포가 다음과 같다. 증권 B와 C에 50%씩 투자한 포트폴리오의 표준편차는 얼마일까요?

상황	확률	증권 A	증권 B	증권 C
1	0.5	10 %	15 %	0 %
2	0.5	5 %	0 %	15 %

① 1.0　　② 0.1
③ 0　　④ −0.1

7. 시장 포트폴리오와 무위험자산에 자금을 나누어 투자한 포트폴리오 A의 수익률 표준편차가 20%이다. 시장포트폴리오의 기대수익률이 15%, 수익률 표준편차가 30%, 무위험 이자율이 8%라면 포트폴리오 A의 기대수익률은 얼마일까요?

① 11.2% ② 11.7%

③ 12.2% ④ 12.7%

8. 포트폴리오에 대한 다음 설명 중 맞지 않는 것을 고르시오.

① 지배원리에 의해 선정된 포트폴리오를 효율적 포트폴리오라고 한다.

② 포트폴리오의 기대수익률은 개별자산 기대수익률을 투자비중으로 가중평균한 것이다.

③ 효율적 포트폴리오 가운데 분산이 가장 작은 포트폴리오를 최소분산 포트폴리오라고 한다.

④ 포트폴리오에 포함된 자산들 간의 공분산이 작을수록 포트폴리오의 위험은 커진다.

9. 시장포트폴리오에 대한 다음 설명 중 맞지 않는 것은 어느 것인가?

① 무위험자산이 존재하지 않을 경우 모든 투자자들이 선택하는 위험포트폴리오이다.

② 현재 시장에서 거래되는 모든 자산을 포함하는 포트폴리오이다.

③ 포트폴리오에 포함된 해당 개별자산의 시가총액이 전체 시장의 시가총액에서 차지하는 비율만큼 각각의 개별자산에 투자한 포트폴리오이다.

④ 시장포트폴리오는 자본시장선 상에 위치한다.

10. 다음 포트폴리오 가운데 가장 위험이 낮은 포트폴리오는 어느 것인가?

① 자산 간 상관계수가 높고 포트폴리오에 포함된 자산의 수가 많은 포트폴리오

② 자산 간 상관계수가 낮고 포트폴리오에 포함된 자산의 수가 많은 포트폴리오

③ 자산 간 상관계수가 높고 포트폴리오에 포함된 자산의 수가 적은 포트폴리오

④ 자산 간 상관계수가 낮고 포트폴리오에 포함된 자산의 수가 적은 포트폴리오

주관식

1. 포트폴리오 효과에 대해 설명하시오.

2. 지배원리에 대해 설명하시오.

3. 분리정리에 대해 설명하시오.

4. 첫 번째 기간 수익률이 10%, 두 번째 기간 수익률이 15%, 세 번째 기간 수익률이 20%, 네 번째 기간수익률이 25%일 때 기하연평균수익률은 얼마일까요?

5. 주식 A와 주식 B의 수익률이 다음과 같다.

확률	주식 A	주식 B
0.3	30%	15%
0.4	10%	10%
0.3	0%	5%

(1) 두 주식의 기대수익률을 계산하시오.
(2) 두 주식 수익률의 표준편차를 계산하시오.
(3) 두 주식 수익률 간 공분산을 계산하시오.

6. 효용함수가 다음과 같을 때 투자자 홍길동의 위험회피도는 4이고 김철수의 위험회피도가 6이라면 문제 5의 주식 A와 B 가운데 어떤 주식을 각각 선택하여야 하는지 설명하시오.

7. 다음 2개의 위험자산과 무위험자산만 존재하고 위험자산의 기대수익률, 표준편차, 시장가치가 다음과 같다.

자산	기대수익률 (%)	표준편차 (%)	시장가치
A	20	30	700억 원
B	10	15	300억 원

(1) 시장포트폴리오의 구성 비율을 계산하시오.

(2) 두 자산 간의 상관계수가 0.6일 때 시장포트폴리오의 기대수익률과 표준편차를 구하시오.

8. 현재 시장에서 10개의 위험자산이 거래되고 있으며 이 주식들의 기대수익률과 표준편차는 각각 10%와 20%로 모두 같다. 또한 모든 주식들 간의 상관계수는 0.5로 동일하다. 이 10개의 주식들로 균등비율의 포트폴리오를 구성할 때 이 포트폴리오의 기대수익률과 표준편차를 계산하시오.

9. 주식 A와 B의 기대수익률이 각각 10%와 15%이고 수익률의 표준편차가 15%, 20%이다. 두 주식에 각각 50%씩 투자한 포트폴리오의 표준편차가 13%라면 두 주식 간의 상관계수는 얼마일까요?

10. 시장 포트폴리오의 기대수익률이 15%, 수익률의 표준편차가 25%, 무위험이자율이 8%이다.

(1) 자본시장선을 구하시오.

(2) 무위험자산에 70%, 위험자산에 30%를 투자한 포트폴리오의 기대수익률과 표준편차를 구하시오.

(3) 무위험자산과 시장포트폴리오를 섞은 포트폴리오로부터 12%의 수익을 기대할 때 부담하여야 하는 위험, 즉 표준편차는 얼마일까요?

제5장 자본자산가격결정모형과 차익거래가격결정모형

자본자산가격결정모형(capital asset pricing model: CAPM)은 1962년 마코위츠(Markowitz)의 연구를 기초로 하여 1964년 샤프(Sharpe)의 연구와 1965년 린트너(Lintner)의 연구, 1966년 모신(Mossin)의 연구에 의해 점진적으로 정형화된 이론으로 자산위험에 따라 기대수익률이 어떻게 결정되는지 설명하고 있는 균형이론이다. CAPM은 균형가격결정모형들 가운데 가장 널리 알려진 모형으로 투자분야에 광범위하게 사용되는 중요한 모형이다. 이모형이 개별자산 및 포트폴리오의 수익률과 위험의 균형관계를 잘 설명하고 있다는 공헌 이외에도 증권의 가치평가, 자본비용의 추정, 투자성과의 평가 등 재무론의 거의 전 분야에 걸쳐 공헌을 하고 있기 때문에 매우 중요한 모형이라고 할 수 있다.

CAPM이 자본자산의 가격을 결정하는 모형들 가운데 매우 중요하고 의미 있는 이론임에는 분명하지만 모형을 유도하기 위해 사용하고 있는 가정들 및 모형 자체의 현실성에 대한 의문이 항상 제기되고 있다. 차익거래가격결정모형(arbitrage pricing model: APT)은 CAPM의 많은 가정들을 배제하고 비교적 한정된 수의 가정만을 사용하여 증권의 기대수익률을 설명하고 있는 모형이다. 본 장에서는 이 두 모형을 차례로 살펴보고 서로 비교하여 보기로 한다.

01 자본자산가격결정모형

1. CAPM의 도출을 위한 가정

CAPM의 기본모형을 도출하기 위해서는 복잡한 현실상황을 단순화하는 다음과 같은 가정들이 사용된다.

(1) 시장에 많은 투자자들이 존재하여 특정 투자자의 거래행위가 증권가격에 영향을 주지 않는다. 즉 모든 투자자는 가격순응자(price-taker)이다.

(2) 모든 투자자는 마코위츠의 평균-분산모형에 따라 포트폴리오를 선택한다. 즉 위험이 같은 자산들 중에는 기대수익률이 가장 큰 자산을 선택하고, 기대수익률이 같은 자산들 중에는 위험이 가장 작은 자산을 선택한다. 따라서 투자자들은 위험자산에 투자할 경우 마코위츠의 효율적 투자선 상에 있는 포트폴리오를 선택한다.

(3) 자본자산에는 시장에서 거래가 되고 있는 자산들만 포함되며, 따라서 미공개 기업의 투자나 교육투자 등 시장에서 거래되고 있지 않는 투자대상은 포함되지 않는다.

(4) 무위험자산이 존재하며 모든 투자자는 무위험이자율에 얼마든지 자금을 차입할 수 있다.

(5) 모든 투자자는 자본자산의 수익률과 분산(표준편차)에 대해 동질적인 예측(homogeneous expectation)을 한다. 즉 증권가격과 무위험이자율이 주어지면 효율적 투자선과 최적 위험자산 포트폴리오를 얻기 위해 필요한 각 자본자산 수익률 간 공분산에 대한 예측이 동일하다.

(6) 거래비용, 세금이 없으며 인플레이션도 없다. 또 주어진 특정기간 동안 이자율의 변동도 없다.

(7) 모든 투자자들은 위험회피자이다.

2. CAPM의 도출

무위험자산이 존재할 경우 자본시장선(CML)은 효율적 투자선을 의미한다. 자본시장선은 이들 효율적 포트폴리오의 위험과 기대수익률 사이의 선형관계를 보여주는 선이다. 그러나 자본시장선은 잘 분산된 포트폴리오의 기대수익률과 위험의 관계를 설명하고 있으나 시장에서 거래되는 모든 자산의 균형관계를 설명하고 있지 못하다.

[그림 5-1]에서 볼 수 있는 바와 같이 자본시장선은 M이나 A와 같이 자본시장선 상에 있는 포트폴리오들의 기대수익률과 위험의 관계를 잘 설명하고 있다. 그러나 B와 C처럼 비효율적인 포트폴리오들에 대해서는 자본시장선으로 기대수익률과 분산의 관계를 설명할 수 없다.

A와 B는 기대수익률은 같지만 위험이 다르다. 이런 현상이 일어나는 이유는 위험의 척도로 총 위험(σ_p)을 사용하였기 때문이다. 따라서 효율적인 포트폴리오뿐만 아니라 비효율적인 포트폴리오의 기대수익률과 위험의 관계를 설명하기 위해서는 총 위험 대신에 다른 위험의 척도가 필요하며, 이러한 척도를 이용한 모형이 바로 CAPM이다.

이제 CAPM의 도출을 위해 다음과 같은 상황을 생각해 보자. 현재 특정 투자자가 시장포트폴리오에 투자하고 있다고 하자. 그런데 이 투자자가 무위험이자율에 자금을 차입하여 추가로 시장포트폴리오에 투자하려고 한다. 또한 이 투자자의 추가투자가 시장 포트폴리오에서 차지하는 비중을 δ라고 하자. 그러면 이 투자자가 추가로 시장포트폴리오에 투자하여 얻을 것으로 기대되는 수익 $\Delta E(r_p)$는 다음과 같다.

$$\Delta E(r_p) = \delta[E(r_M) - r_f] \tag{5.1}$$

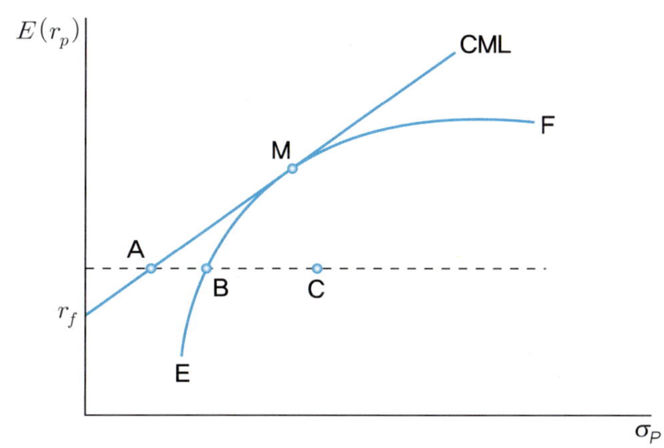

그림 5-1 비효율적 포트폴리오와 자본시장선

추가투자 후, 이 투자자가 부담하여야 하는 위험은 얼마인가? 원래 시장포트폴리오에 투자하고 있었으므로 이 투자자가 부담하여야 하는 위험(σ_p^2)은 시장포트폴리오의 분산, 추가로 투자된 시장포트폴리오의 분산, 그리고 원래 시장포트폴리오와 추가로 투자된 시장포트폴리오 간의 공분산 등의 합이 될 것이다.

$$\sigma_p^2 = \sigma_M^2 + \delta^2\sigma_M^2 + 2\delta Cov(r_M, r_M) \tag{5.2}$$

그런데 동일한 확률변수 간의 공분산은 다음과 같이 분산과 같다.

$$Cov(r_M, r_M) = \sigma_M^2 \tag{5.3}$$

원래 보유하고 있던 시장포트폴리오의 위험이 σ_M^2이므로 추가 투자로 인해 추가로 부담하여야 하는 위험 $\Delta\sigma_p^2$는 식 (5.2)의 σ_p^2에서 σ_M^2을 차감한 식 (5.4)와 같다.

$$\Delta\sigma_p^2 = \sigma_M^2 + \delta\sigma_M^2 + 2\delta\sigma_M^2 - \sigma_M^2 = \delta^2\sigma_M^2 + 2\delta\sigma_M^2 \tag{5.4}$$

$\Delta\sigma_p^2$: 추가로 부담하여야 하는 위험

결국 이 투자자가 추가 투자로 인해 부담하여야 하는 위험 한 단위당 얻는 기대수익률, 즉 위험보상비율은 다음과 같다.

$$\frac{\Delta E(r_p)}{\Delta\sigma_p^2} = \frac{\delta[E(r_M) - r_f]}{\delta^2\sigma_M^2 + 2\delta\sigma_M^2} \tag{5.5}$$

만약 추가 투자가 시장포트폴리오에서 차지하는 비중이 아주 작다면 δ^2은 0에 가까울 것이므로 식 (5.5)는 다음과 같이 고쳐 쓸 수 있다.

$$\frac{\Delta E(r_p)}{\Delta\sigma_p^2} = \frac{\delta[E(r_M) - r_f]}{2\delta\sigma_M^2} = \frac{E(r_M) - r_f}{2\sigma_M^2} \tag{5.6}$$

이제 이 투자자가 시장포트폴리오 대신에 자산 i에 추가 투자를 한다고 하자. 즉 현재 시장포트폴리오에 투자하고 있는 투자자가 무위험이자율에 자금을 차입하여 자산 i에 추가로 투자를 하려고 한다고 하자. 그러면 추가 투자로 인해 기대되

는 수익률은 다음과 같다.

$$\Delta E(r_p) = \delta[E(r_i) - r_f] \tag{5.7}$$

그럼 이 투자자가 부담하여야 하는 위험은 얼마인가? 앞에서 설명한 바와 같이 기존 시장포트폴리오의 위험, 추가된 자산 i로 인한 위험과 추가된 자산 i와 시장포트폴리오 간의 공분산의 합일 것이다.

$$\sigma_p^2 = \sigma_M^2 + \delta^2\sigma_i^2 + 2\delta Cov(r_M, r_i) \tag{5.8}$$

원래 보유하고 있던 시장포트폴리오의 위험이 σ_M^2이므로 추가 투자로 인해 추가로 부담하여야 하는 위험은 식 (5.8)의 σ_p^2에서 σ_M^2을 차감한 $\Delta\sigma_p^2$와 같다.

$$\Delta\sigma_p^2 = \delta^2\sigma_i^2 + 2\delta Cov(r_M, r_i) \tag{5.9}$$

이때 추가투자의 비중, 즉 δ가 아주 작은 수라고 가정하면 이수의 제곱인 δ^2은 0(영)에 가까울 것이므로 위의 식은 다음과 같이 고쳐 쓸 수 있다.

$$\Delta\sigma_p^2 = 2\delta Cov(r_M, r_i) \tag{5.10}$$

따라서 이 투자자가 추가 투자로 인해 부담하여야 하는 위험 한 단위당 얻는 기대수익률, 즉 위험보상비율은 다음과 같다.

$$\frac{\Delta E(r_p)}{\Delta\sigma_p^2} = \frac{\delta[E(r_i) - r_f]}{2\delta Cov(r_M, r_i)} = \frac{E(r_i) - r_f}{2Cov(r_M, r_i)} \tag{5.11}$$

그런데 식 (5.6)의 시장포트폴리오에 추가로 투자할 때의 위험보상비율과 식 (5.11)의 자산 i에 추가로 투자할 때의 위험보상비율은 같아야 한다. 만약 한쪽이 더 크다면 투자자들은 당연히 위험 한 단위 당 보상을 많이 받는 쪽에 투자를 하려할 것이다. 이로 인해 초과수요가 발생하면 가격이 상승하여 기대수익률이 낮아지게 될 것이며 결국 위험보상비율이 같아질 것이다. 따라서 다음과 같은 식이 성립한다.

$$\frac{E(r_M)-r_f}{2\sigma_M^2}=\frac{E(r_i)-r_f}{2Cov(r_M,r_i)} \tag{5.12}$$

이 식을 정리하면 다음과 같은 식을 얻을 수 있다.

$$E(r_i)=r_f+\frac{Cov(r_M,r_i)}{\sigma_M^2}[E(r_M)-r_f] \tag{5.13}$$

그런데 다음과 같이 β를 정의하면,

$$\frac{Cov(r_M,r_i)}{\sigma_M^2}\equiv\beta_i \tag{5.14}$$

위의 식은 다음과 같이 정리할 수 있다.

$$E(r_i)=r_f+\beta_i[E(r_M)-r_f] \tag{5.15}$$

식 (5.15)를 그림으로 나타내면 [그림 5-2]와 같으며 이를 증권시장선(security market line: SML)이라고 한다. 증권시장선은 시장이 균형 상태에 있을 때 자산의 기대수익률은 무위험이자율(r_f)에 위험프리미엄($\beta_i[E(r_M)-r_f]$)을 더한 값이며 위

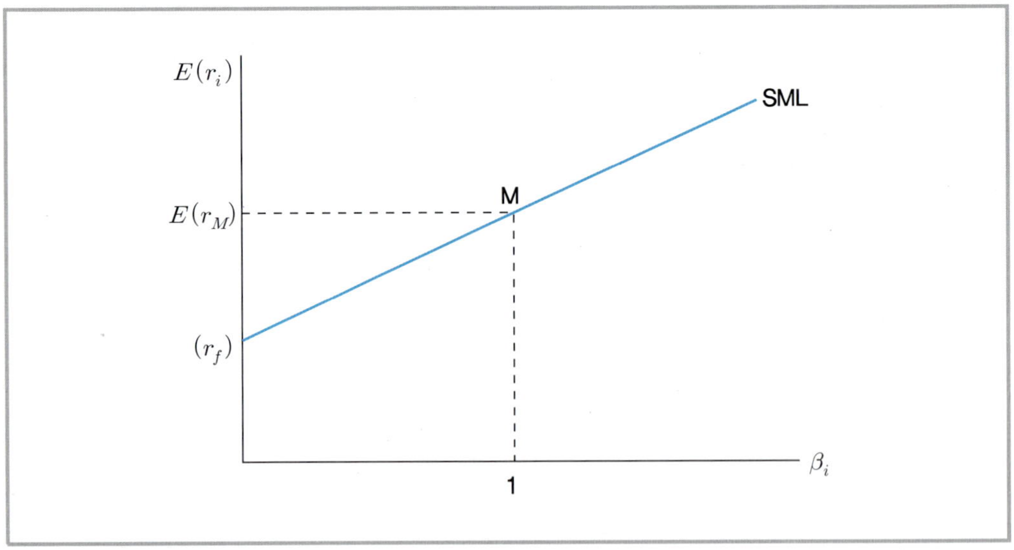

그림 5-2 증권시장선

험프리미엄은 시장프리미엄$[E(r_M)-r_f]$에 체계적 위험의 측정치인 베타(β_i)를 곱한 값이라는 것을 설명하고 있다.

이제 β의 의미를 좀 더 살펴보자. 베타의 정의 식 (5.14)으로부터 시장포트폴리오의 베타는 다음과 같이 쓸 수 있다.

$$\beta_M = \frac{Cov(r_M, r_M)}{\sigma_M^2} \tag{5.16}$$

그런데 시장포트폴리오 간 공분산은 정의상 시장포트폴리오의 분산과 같으므로, 결국 시장포트폴리오의 베타는 1의 값을 갖는다는 것을 알 수 있다.

$$\beta_M = \frac{Cov(r_M, r_M)}{\sigma_M^2} = \frac{\sigma_M^2}{\sigma_M^2} = 1 \tag{5.17}$$

즉 베타는 시장포트폴리오의 변동을 기준으로 다른 포트폴리오의 변동의 크기를 설명하는 지표라는 것을 알 수 있다. 따라서 특정 자산의 베타가 1.5라면, 어떤 정보에 의해 수익률이 변동할 때 시장포트폴리오에 비해 일반적으로 1.5배 더 변동한다는 것을 의미한다.

증권시장선은 다음과 같은 의미를 지닌다.

첫째, 자산의 기대수익률은 오직 베타에 의해서만 영향을 받는다. 베타는 시장

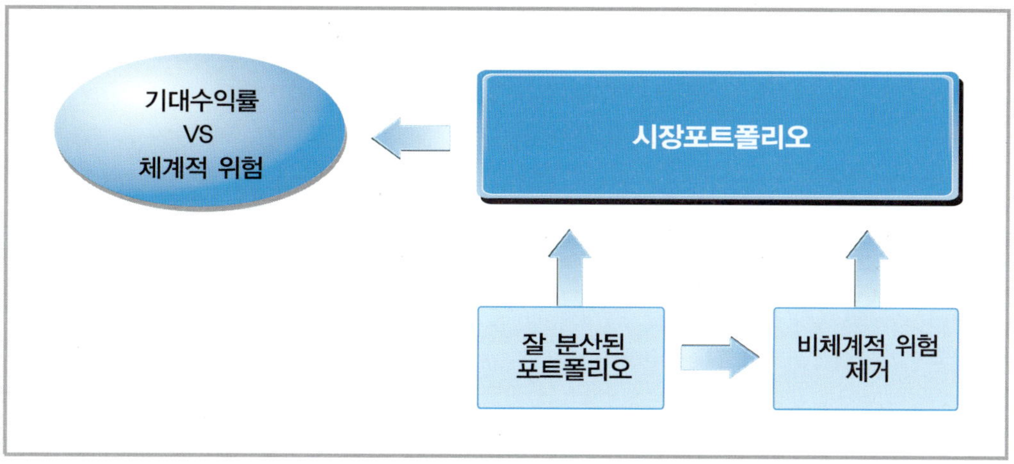

그림 5-3 증권시장선의 의미

포트폴리오를 기준으로 한 특정 자산의 위험을 나타내는 지표이다. 그런데 시장포트폴리오는 잘 분산된 포트폴리오이므로 비체계적 위험은 모두 제거된 포트폴리오이다. 따라서 베타는 체계적 위험을 반영하는 지표이다. 결국 증권시장선은 자산의 기대수익률에 비체계적 위험이 반영되지 않는다는 것을 보여주고 있다.

둘째, 증권시장선의 기울기는 $[E(r_M)-r_f]$, 즉 시장프리미엄이다. 따라서 시장위험이 클수록 시장프리미엄이 커져 SML의 기울기가 커지게 된다. 즉 체계적 위험의 척도인 베타 값이 증가할 때 기대수익률이 증가하는 폭이 커지게 된다.

3. 증권시장선의 이해

3.1 증권시장선과 자본시장선

자본시장선은 수많은 포트폴리오 가운데 선택이 가능한 효율적 포트폴리오의 수익률과 표준편차의 함수관계를 표시한 것이다. 여기서 효율적 포트폴리오란 무위험자산과 최적 위험자산 포트폴리오인 시장포트폴리오로 구성된 포트폴리오를 말

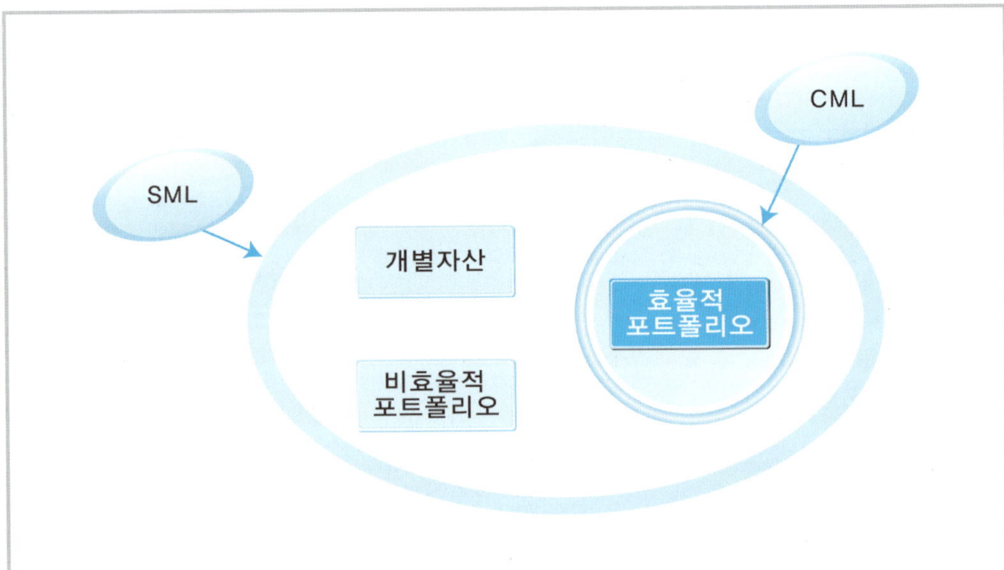

그림 5-4 SML과 CML

한다. 효율적 포트폴리오는 잘 분산된 포트폴리오로 비체계적 위험이 모두 제거된 포트폴리오이다. 따라서 효율적 포트폴리오의 경우 위험을 자본시장선에서와 같이 표준편차로 측정하여도 문제가 없다. 그러나 비효율적 포트폴리오나 개별자산의 경우 비체계적 위험이 남아있기 때문에 표준편차로 위험을 측정하여서는 안 된다.

증권시장선은 개별자산 및 효율적 포트폴리오뿐만 아니라 비효율적 포트폴리오에도 적용될 수 있는 균형가격결정모형이다. 위험의 측정치로 총 위험이 아닌, 체계적 위험인 베타를 사용하고 있기 때문이다. 따라서 개념적으로 볼 때 자본시장선은 증권시장선을 효율적 포트폴리오에 적용한 특수한 경우이다. 즉 증권시장선은 균형 상태에서 자본시장선을 포괄하는 모형이라고 할 수 있다. (부록1 참조)

3.2 증권시장선의 공헌

앞에서도 지적한 바와 같이 증권시장선은 특정 자산에 투자할 때 얻을 것으로 예상되는 수익률을 구하는데 이용될 수 있으며, 자산의 가치를 평가하기 위한 할인율을 계산하는데에도 이용된다.

자산의 가치는 자산을 보유함으로써 얻게 되는 현금흐름의 합과 같다. 그런데 현금흐름은 여러 시점에 걸쳐 발생하기 때문에 현금흐름의 합을 계산하기 위해서는 적절한 할인율로 할인을 하여야 한다. 할인율은 보통 자본조달비용이 이용된다. 만약 자기자본만으로 자본을 조달하였다면 자본조달비용은 SML을 이용하여 다음과 같이 계산할 수 있다.

$$k_e = E(r_i) = r_f + \beta_i [E(r_M) - r_f] \tag{5.18}$$

k_e: 자기자본비용

즉 투자자는 특정 증권의 위험을 고려할 때 위와 같은 수준의 기대수익률을 얻으면 합리적이라고 생각한다. 따라서 자본을 조달하는 회사의 입장에서 보면 위와 같은 수준의 수익률을 제공하지 않는다면 자금을 조달할 수 없을 것이므로 위의 수익률을 최소한 제공하여야 한다. 따라서 이 수익률은 회사의 입장에서 보면 지불하여야 하는 적절한 자본비용이라고 할 수 있으며, 그 결과 미래 현금흐름을 할인하는데 이용되는 적절한 할인율이 된다.

예제 5.1 현금흐름의 할인율

시장포트폴리오의 기대수익률이 10%, 무위험이자율이 5%라고 할 때

(1) 베타가 1.5인 주식의 기대수익률은 얼마일까요?

(2) 이 주식의 1년 후 가격이 10,000원으로 예상된다면 이 주식의 현재가치는 얼마일까요? (배당은 없다고 가정)

풀이

(1) $k_e = E(r_i) = r_f + \beta_i[E(r_M) - r_f] = 5 + 1.5[10 - 5] = 12.5\%$

(2) 따라서 이 주식의 적절한 할인율은 12.5%이며 현재시점에서 적정한 가격은 다음과 같이 계산할 수 있다.

$$P = \frac{10{,}000}{(1+0.125)} = 8{,}889\text{원}$$

SML은 어떤 자산이 시장에서 저평가 혹은 고평가되어 있는지 판단하는 데에도 좋은 기준이 된다. 특정 자산에 투자하였을 때 부담하여야 하는 위험을 보상하는 공정한 수익률을 제공하기 때문이다.

베타가 1.5인 주식에 투자하였을 때 이 투자로 부담하여야 하는 위험을 고려할 때 어느 정도의 수익을 기대할 수 있어야 공정하다고 생각할 수 있는가? 바로 증권시장선 상의 베타 값이 1.5일 때의 기대수익률이다. 증권시장선이 예측하는 수익률은 현재의 모든 정보를 이용하여 합리적으로 추정한 수익률이므로 공정수익률이라고 할 수 있기 때문이다.

[그림 5-5]에서 SML의 위쪽에 위치한 주식 A는 공정수익률보다 기대수익률이 높다. 기대수익률이 공정수익률보다 높으려면 공정가격보다 싼 가격에 매입하여야 한다. 따라서 이 주식 A는 공정가격보다 낮은 가격수준에 있을 것이므로 과소평가되어 있다고 할 수 있다. 과소평가로 인해 발생하는 공정수익률 이상의 수익률, 즉 기대수익률과 공정수익률의 차이를 초과수익률 또는 비정상수익률(abnormal rate

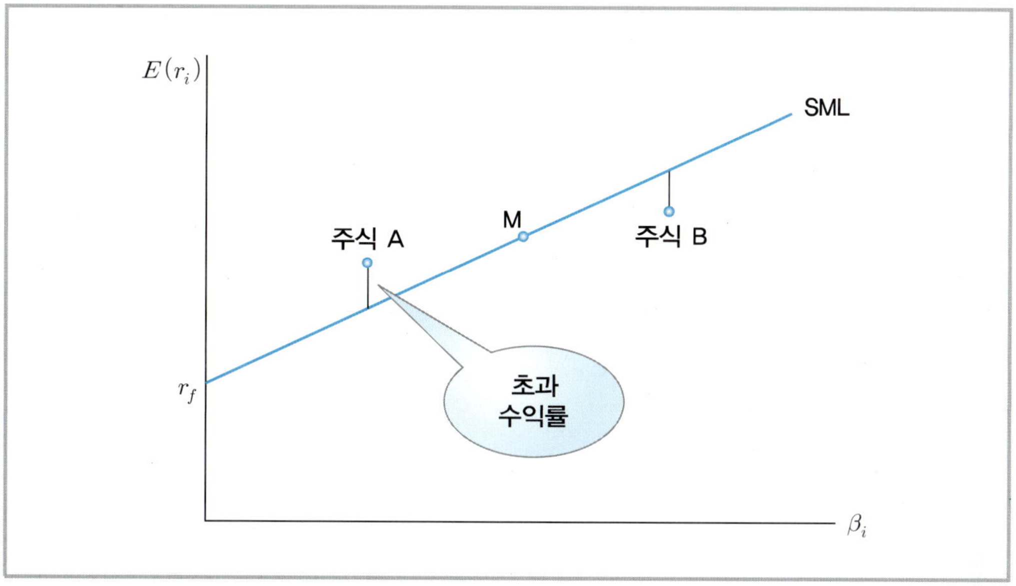

그림 5-5 과대평가와 과소평가

of return or excess rate of return: α)이라고 한다. 반대로 SML 선상 아래쪽에 위치한 주식 B는 과대평가되어 있으며 따라서 음(−)의 초과수익률이 발생한다는 것을 알 수 있다.

예제 5.2 주식의 평가

(1) 시장포트폴리오의 기대수익률이 10%, 무위험이자율이 5%일 때 SML을 구하시오.

(2) 주식 A와 B의 베타는 각각 1.5와 0.5이다. 또 기대수익률은 각각 12%와 8%이다. 어떤 주식이 과소평가되어 있을까요?

풀이

(1) SML을 좌표평면에 그려보면 다음과 같다.

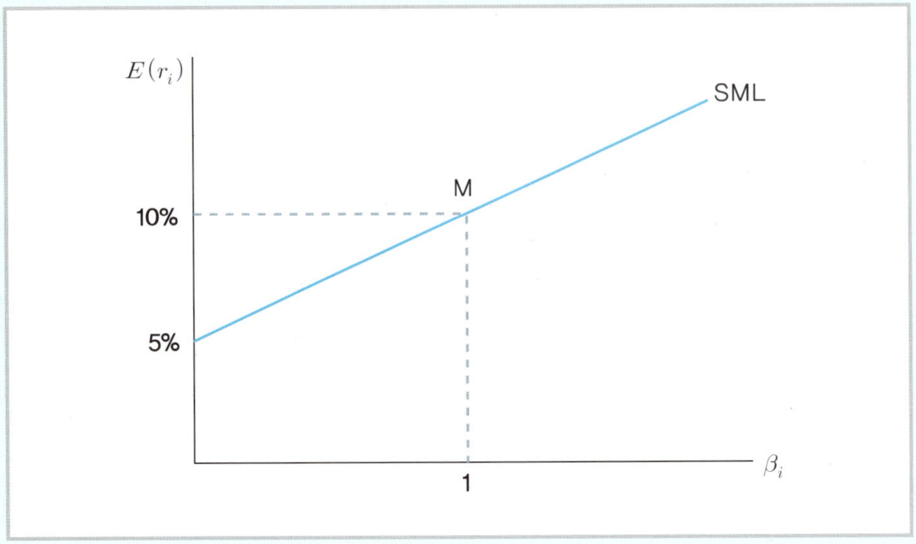

따라서 위의 SML을 수식으로 표시하면 다음과 같다.

$$E(r_i) = 5 + (10 - 5)\beta_i = 5 + 5\beta_i$$

(2) 주식 A와 B의 공정수익률을 계산하면 다음과 같다.

$$E(r_A) = 5 + 5 \times 1.5 = 12.5\%$$

$$E(r_B) = 5 + 5 \times 0.5 = 7.5\%$$

그런데 주식 A와 B의 기대수익률이 각각 12%와 8%이므로 주식 A는 SML의 아래쪽에 위치하며 과대평가되어 있다. 반면에 주식 B는 SML의 위쪽에 위치하며 과소평가되어 있다. 따라서 주식 B에 투자하는 것이 유리하다.

4. 베타의 추정

4.1 회귀식을 이용한 과거 베타 추정

증권시장선을 이용하여 특정 자산에 투자할 때 얻을 것으로 예상되는 수익률을 구하거나 혹은, 자산의 가치를 평가하기 위한 할인율을 계산하거나, 특정 자산의 저평가 혹은 고평가 여부를 판단하기 위해서는 시장포트폴리오의 기대수익률과 개별자산의 베타를 추정하여야 한다.

시장포트폴리오는 시장에서 거래되는 모든 자산이 시장가치비율대로 구성되어 있는 포트폴리오이다. 그런데 실제로 시장포트폴리오를 구성하는 것은 불가능하다. 시장에서 거래되는 모든 자산이 너무 많아 어떤 자산들이 대상인지 조차 파악하기 힘들기 때문이다. 따라서 실제로 관찰할 수 있는 포트폴리오를 시장포트폴리오의 대용포트폴리오로 사용하게 된다. 가장 보편적으로 이용되는 것이 KOSPI (Korea composite stock price index)와 같은 주식시장의 지수이다.

투자를 평가하거나 투자가치를 추정하기 위해서는 원칙적으로 미래수익률의 확률분포를 예상하여 이를 근거로 사전적(ex-ante) 또는 미래 베타를 추정하여 사용하는 것이 바람직하다. 하지만 미래의 확률분포를 추정하는 것은 매우 어려운 일이다. 따라서 보통 과거의 자료를 이용하여 사후적(ex-post) 또는 과거 베타를 추정하여 사용하는 것이 일반적이다. 식 (5.19)는 대용포트폴리오로 사용할 주가지수가 결정되었을 때 과거의 자료를 이용하여 과거 베타를 추정하기 위한 방정식이다.

$$R_{it} = \alpha + \beta_i R_{Mt} + \varepsilon_{it} \tag{5.19}$$

R_{it}: t기에 실현된 주식 i의 수익률

R_{Mt}: t기에 실현된 시장포트폴리오의 수익률

ε_{it}: t기의 잔차항[2)]

[그림 5-6]은 회귀식을 통한 베타의 추정을 설명하고 있는 그림이다. 위의 그림에서 점으로 표시된 과거의 자료를 단일 직선으로 설명하고자 할 때 직선으로 부터의 거리를 가장 작게 하는 선(단순선형회귀선)을 추정하게 된다. 이렇게 추정된 직선의 기울기가 바로 과거 베타이다. 여기에서 과거 베타를 계산하는 방법은 일반통계학의 회귀직선을 구하는 방법과 동일하다.

---

2) R_{it}를 시장포트폴리오에 대한 베타만으로 설명하였을 때 발생하는 오차

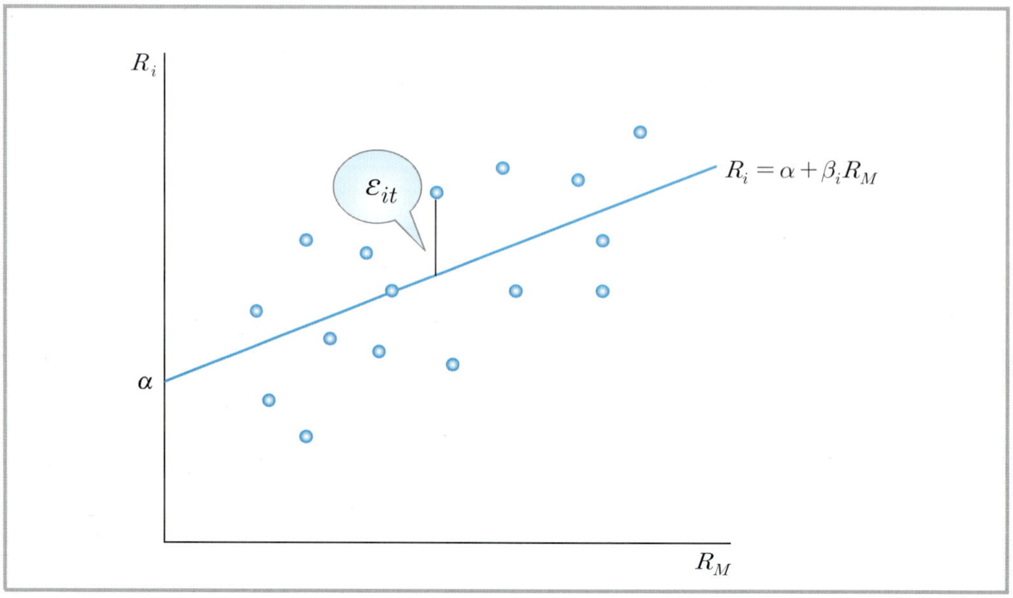

그림 5-6 회귀식

4.2 과거 베타의 수정

투자의 성과는 미래에 나타나기 때문에 투자자들이 관심을 갖는 것은 과거의 베타가 아닌 미래의 베타이다. 그러나 앞에서도 살펴본 바와 같이 미래의 베타를 구하는 것은 불가능하다. 미래 수익률의 확률분포를 예측할 수 없기 때문이다. 따라서 어쩔 수 없이 과거의 베타를 추정하여 사용하지만 추정된 과거의 베타를 그대로 사용하는 것보다 우리가 아는 과거 베타의 특성을 활용하여 약간 조정하여 사용하는 것이 합리적일 것이다.

여러 연구들 가운데 브룸(Blume)은 개별 주식들의 베타가 시장평균값에 수렴하려는 경향이 있다는 것을 알아냈다. 즉 시장평균보다 큰 값의 베타는 그 다음 기간에는 낮아져 시장평균에 가깝게 되는 경향이 있으며 반대로 시장평균보다 작은 값의 베타는 그 다음 기간에는 높아져 시장평균에 가깝게 되는 경향이 있다는 것이다.

그럼 어는 정도 평균에 가까워질까? 미국의 메릴린치사는 다음과 같은 수식을 이용해 베타의 값을 수정하고 있다.

$$\beta_{jt^A} = 0.34 + 0.66\beta_{jt-1} \tag{5.20}$$

β_{jt^A}: 수정된 t기의 미래 베타

β_{jt-1}: $t-1$기의 과거 베타

즉 과거의 자료를 이용하여 추정한 베타의 값이 1.5라면 여기에 0.66을 곱하고 0.34를 더한 값, 1.33이 수정된 베타의 값이 된다. 앞에서 설명한 것처럼 과거의 자료를 이용하여 추정한 베타가 시장평균 1.0보다 크기 때문에 약간 낮은 값으로 수정되었다.

5. 다요인 CAPM

앞에서 살펴 본 기본형 CAPM은 한 가지 종류의 위험, 즉 증권수익률에 대한 위험과 기대수익률의 관계를 설명하고 있다. 따라서 이모형에 따라 투자자들이 행동한다는 것은 투자자들이 투자를 할 때 오직 투자수익률에 대한 위험만을 고려한다는 것을 의미한다. 그러나 많은 투자자들은 소비재나 서비스 상품의 가격변동 위험, 미래 투자기회에 대한 위험 등도 함께 고려한다. 투자는 결국 미래의 소비를 위한 것이므로 투자수익률의 위험도 중요하지만 미래의 소비에 영향을 미치는 위험도 함께 고려하여야 하기 때문이다. 다요인 CAPM(muti-factor CAPM)은 투자자들이 여러 종류의 위험을 동시에 고려할 때 이 위험들과 투자수익률의 관계를 설명한 모형이다.

투자자들이 투자를 할 때 투자수익률에 대한 위험 이외에 어떤 위험을 고려할까?

첫째, 미래의 투자기회에 대한 위험을 생각할 수 있다. 투자자들은 일정기간마다 포트폴리오를 재구성하게 된다. 1년 만기 예금을 하였다면 1년 후에 다시 투자대상을 검토하여 투자결정을 하여야 하기 때문이다. 따라서 미래의 이자율이 변동할 위험이 크다면 장기간에 걸친 투자계획에 영향을 미치게 된다.

둘째, 미래 근로소득에 대한 불확실성을 고려할 수 있다. 미래 근로소득의 위험

은 근로자마다 정도의 차이가 있으며 위험의 정도가 다른 투자자들은 미래를 위한 투자의 선택을 달리 할 수 있다.

셋째, 석유와 같은 소비재의 가격변화도 고려의 대상이 될 수 있다. 투자가 결국 미래의 소비를 위한 것이므로 투자를 통해 얻는 성과가 크더라도 소비하고자 하는 상품의 가격변동이 더 크다면 좋은 투자라고 할 수 없다. 그런데 사람마다 소비하는 상품의 종류가 다르기 때문에 특정 상품의 가격변동위험을 고려하는 정도도 다를 수 있다.

이제 어떤 투자자가 근로소득과 투자로 인한 소득을 모두 소비한다고 하자. 또 이 투자자는 특정 상품에 대한 소비, 예를 들어 석유의 소비가 상당한 비중을 차지하며 가격에 관계없이 일정량을 소비한다고 하자. 이 투자자의 근로소득이 일정하다면 석유 이외의 상품에 대한 소비는 투자의 성과가 크면 늘어나고 성과가 작으면 감소할 것이다. 즉 석유 이외의 상품에 대한 소비는 투자위험에 영향을 받는다. 뿐만 아니라 석유의 가격이 올라가 석유소비액수가 늘어나면 석유 이외의 상품을 소비할 여력이 줄어들 것이므로 석유가격위험에 의해서도 영향을 받는다. 따라서 이 투자자가 석유 이외의 상품 소비에 대한 위험을 줄이기 위해서는 두 가지 위험, 즉 투자위험과 석유가격 위험을 줄여야 한다.

그럼 이 투자자가 미래 소비에 대한 위험을 줄이기 위해서는 어떤 포트폴리오를 구성하여야 하는가? 석유와 상관관계가 높은 상품에 투자하는 것이다. 그 이유는 석유가격이 상승하면 석유 소비액수가 증가하나 투자한 석유관련 상품의 수익도 증가하므로 석유 이외의 상품에 대한 소비를 줄이지 않아도 되기 때문이다.

이처럼 투자자들이 각자 소비하려는 상품의 가격위험을 줄이고자 할 경우 CAPM 기본모형에서의 시장포트폴리오는 더 이상 최적 위험포트폴리오가 아니다. 최적 위험포트폴리오는 시장포트폴리오와 자신이 줄이고자 하는 위험을 줄이는데 필요한 포트폴리오를 섞은 포트폴리오이다.

이처럼 투자자들이 고려하고 있는 위험들을 줄이거나 없애려고 할 때 CAPM은 다음과 같이 일반화될 수 있다.

$$E(r_i)-r_f=\beta_{iM}[E(r_M)-r_f]+\beta_{i1}[E(r_{i1})-r_f]+\ldots\ldots+\beta_{ik}[E(r_{ik})-r_f] \quad (5.21)$$

β_{iM}: 증권 i의 시장위험에 대한 베타계수

β_{ik} : 증권 i의 k번째 위험에 대한 베타계수

위의 다요인 모형을 자세히 살펴보면 기본형 모형을 약간 변형한 것이라는 것을 알 수 있다. 투자자들이 고려하고 있는 위험을 줄이는 것과 상관이 없는 증권의 경우 β_{i1}부터 β_{ik}가 모두 0일 것이므로 기본형 CAPM과 동일하다. 만약 증권 i가 투자자들이 고려하고 있는 위험을 줄이는 것과 상관이 있는 증권이라면 이 증권의 수요는 기본형에서보다 증가할 것이다. 이 증권의 수익률은 투자자들이 줄이고자 하는 위험과 어느 정도 상관이 있는지에 따라, 즉 해당 위험에 대한 민감도에 따라 영향을 받는다.

투자자들이 증권수익률에 대한 위험 이외의 다른 종류의 위험을 고려할 때 이 위험을 줄이는 것과 상관이 있는 증권의 수요는 단순히 증권수익률 위험만을 고려한 기본형 CAPM이 예측한 것보다는 클 것이다. 그러나 투자자들이 고려하는 위험이 구체적으로 어떤 것인지, 또한 위험을 줄이기 위해 해당 증권에 투자하려는 수요가 어느 정도 인지는 알 수 없다. 따라서 다요인 CAPM은 조건 없이 모든 투자자들에게 공통적으로 적용할 수 있는 실용적인 모형이라 할 수 없다. 그러나 증권의 기대수익률에 영향을 미치는 요인이 하나 뿐이 아니라면 증권 수익률을 어떤 식으로 설명할 수 있을까 하는 질문에 대해 기본적인 아이디어를 제공하고 있다는 점에서 의의가 있다고 하겠다.

02 차익거래가격결정모형

1. 요인모형과 잘 분산된 포트폴리오

1976년 로스(Ross)에 의해 발전된 차익거래가격결정모형(arbitrage pricing model: APT) APT는 증권의 수익률이 하나의 체계적 위험에 의해 영향을 받는다

는 단일요인모형(single factor model)에서 출발한다.

투자자가 주식에 투자하여 실제로 얻는 실현수익률은 투자시점에서 보유하고 있는 정보를 바탕으로 기대하는 수익률과 투자기간에 예상치 못한 정보가 발생하여 얻게 되는 예상치 못한 수익률의 합이다.

$$r_i = E(r_i) + u_i \tag{5.22}$$

r_i: 주식 i의 실제 실현수익률
$E(r_i)$: 주식 i의 투자전 기대수익률
u_i: 예상치 못한 수익률

단일요인모형에 의하면 예상치 못한 수익률 u_i는 예상치 못하게 발생하여 모든 증권에 공통적으로 영향을 미치는 거시적 공통요인과 특정 증권에만 영향을 미치는 기업특성요인에 의해 발생된다. 이때 거시적 공통요인을 체계적 위험(systematic risk)이라고 부른다. 모든 증권에 영향을 미치기는 하지만 영향을 받는 정도, 즉 민감도는 증권에 따라 물론 다르다. 또한 기업특성요인으로 인한 위험을 비체계적 위험(unsystematic risk)이라고 한다. 따라서 위의 식은 다음과 같이 고쳐 쓸 수 있다.

$$r_i = E(r_i) + \beta_i F + \epsilon_i \tag{5.23}$$

β_i: 주식 i의 체계적 위험에 대한 민감도
F: 체계적 위험
ϵ_i: 비체계적 위험

주식의 수익률이 위와 같이 결정된다고 할 때 포트폴리오를 구성하면 포트폴리오의 기대수익률과 위험은 어떤 값을 갖을까? 특히 구성한 포트폴리오가 잘 분산된 포트폴리오라면 어떻게 될까? 잘 분산된 포트폴리오란 첫째, 포트폴리오에 포함된 증권의 수가 상당히 많고, 둘째, 포트폴리오에 포함된 특정 단일 증권의 비중이 크지 않은 포트폴리오를 말한다.

현실에서 일정 규모 이상의 펀드들이 투자하고 있는 포트폴리오를 보면 보통 수십 개 이상의 증권으로 구성되어 있으며 단일 증권의 비중이 그리 크지 않다. 얼

핏 생각하기에 구성 종목 수가 많은 것은 사실이나 포트폴리오에서 차지하는 비중이 큰 증권이 있을 것 같이 생각하기 쉬우나 그렇지 않다. 다음의 경우를 생각해 보면 쉽게 이해할 수 있다.

100개의 증권으로 구성된 포트폴리오에서 각 증권의 비중이 $(w, 2w, 3w, \cdots, 100w)$라고 하자. 즉 가장 비중이 큰 증권이 가장 비중이 작은 증권의 100배의 비중을 가졌다. 이 포트폴리오는 얼핏 보기에 잘 분산되었다고 말하기 힘든 포트폴리오이다. 그러나 실제로 가장 비중이 큰 증권도 전체 포트폴리오에서 차지하는 비중은 크지 않다. 이 포트폴리오에 속한 각 증권의 비중을 합하면 1.0, 즉 100%가 되어야 한다.

$$w + 2w + 3w + \cdots + 100w = 1 \tag{5.24}$$

이 식을 풀면 w는 0.00002, 즉 0.002%이다. 즉 가장 비중이 큰 증권도 포트폴리오에서 차지하는 비중은 0.2%(= 0.002%×100)에 불과하다.

이제 앞으로 돌아가 요인모형에 의할 때 잘 분산된 포트폴리오의 기대수익률과 위험은 어떤 관계를 갖을지 생각해 보자. 개별증권의 실현수익률은 식 (5.23)과 같다. 잘 분산된 포트폴리오를 구성할 경우에 실현수익률을 나타내는 식 (5.23)의 맨 앞의 항은 포트폴리오에 포함된 개별증권의 기대수익률의 가중치일 것이다. 두 번째 항 역시 가중평균 β에 F를 곱한 값일 것이다.

그러나 세 번째 항은 가중평균이 아니다. 개별증권에만 영향을 미치는 비체계적 위험은 서로 상관관계가 없다. 즉 증권 i에만 영향을 미치는 요인이 발생하여도 증권 j에는 영향이 없을 것이며 반대로 증권 j에만 영향을 미치는 요인이 발생하여도 증권 i는 영향을 받지 않을 것이기 때문에 상관관계, 즉 공분산이 0이다. 따라서 잘 분산된 포트폴리오를 구성하는 경우 특정 개별증권의 돌발상황이 전체 포트폴리오에 미치는 영향은 미미하며 구성 종목 수가 많아질수록 영향을 미치는 정도는 0(영)에 가깝게 된다. 따라서 잘 분산된 포트폴리오의 수익률은 다음과 같이 나타낼 수 있다.

$$r_p = E(r_p) + \beta_p F \tag{5.25}$$

$E(r_p)$: 잘 분산된 포트폴리오에 포함된 개별증권의 가중평균 기대수익률

β_p: 잘 분산된 포트폴리오에 포함된 개별증권의 가중평균 베타

한편 잘 분산된 포트폴리오의 위험은 앞에서 살펴본 바와 같이 비체계적 위험으로 인한 것은 모두 없어지게 되어[3] 체계적 위험으로 인한 것뿐일 것이므로 다음과 같이 나타낼 수 있다.

$$\sigma_p^2 = \beta_p^2 \sigma_F^2 \tag{5.26}$$

σ_F^2: 체계적 요인으로 인해 발생하는 위험

잘 분산된 포트폴리오의 위험을 그림으로 표시하면 [그림 5-7]과 같다. 구성 종목 수가 늘어나면 비체계적 위험이 모두 제거되고 체계적 위험, $\beta_p^2\sigma_F^2$만 남는 것을 볼 수 있다.

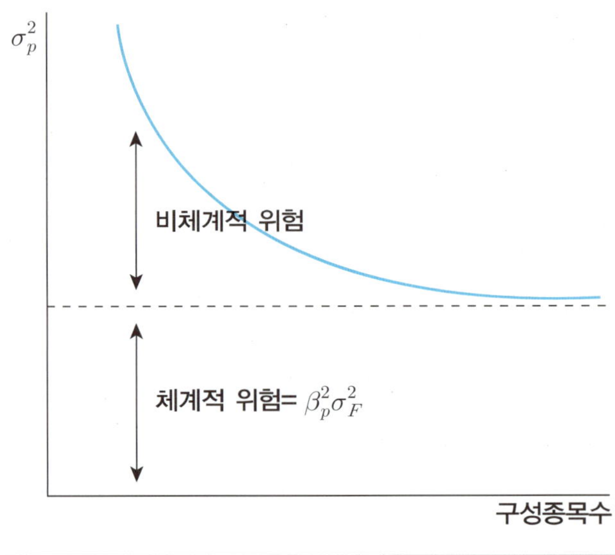

그림 5-7 잘 분산된 포트폴리오의 위험

---

3) N개의 주식에 $\frac{1}{N}$씩 투자한 포트폴리오의 위험은 다음과 같이 나타낼 수 있다.
$\frac{1}{N}(\sigma_{\epsilon 1}^2 + \sigma_{\epsilon 2}^2 + \cdots + \sigma_{\epsilon N}^2)$ 따라서 N이 커지면 위험은 0(영)에 수렴하게 된다.

2. 차익거래

투자자가 더 큰 수익을 얻으려면 더 큰 위험을 부담하여야 한다. 더 큰 위험을 부담하지 않고 더 큰 수익을 얻을 수 있다면 너무나 행복할 것이다. 시장은 수많은 수요자와 공급자가 만나는 곳이기 때문에 대부분 균형 상태를 유지한다. 즉 동일한 상품의 가격은 어디에서나 같아야 한다는 기본법칙이 성립한다는 것이다. 그러나 시장이 항상 균형 상태에 있는 것은 아니다. 장기적으로는 아니더라도 일시적으로 균형에서 이탈할 수 있는 것이다. 이러한 기회를 잘 포착하면 시장이 불균형에서 균형 상태로 돌아갈 때 위험을 하나도 부담하지 않고 이익을 얻을 수 있는데 이러한 거래를 차익거래(arbitrage)라고 한다.

이제 주식의 수익률이 하나의 공통요인에 의해 설명되고 잘 분산된 포트폴리오 A의 기대수익률이 15%, 공통요인에 대한 베타가 1이라고 하자. 그러면 이 포트폴리오의 수익률은 식 (5.25)를 이용하여 다음과 같이 나타낼 수 있다.

$$r_p = 0.15 + F \tag{5.27}$$

위의 식을 그림으로 나타내면 [그림 5-8]의 굵은 선과 같다.

이 그림에서 알 수 있는 것처럼 잘 분산된 포트폴리오는 기업특성요인, 즉 비체계적 위험이 모두 제거되기 때문에 수익률이 굵은 선처럼 체계적 위험 F에 비례하게 된다. 한편 점 C와 D는 개별증권을 나타낸다. 개별증권의 경우 기업특성요인에 의해 영향을 받기 때문에 수익률이 체계적 위험 F에 정확히 비례하지 않으며 그 결과 굵은 선상에 있지 않을 수도 있다.

이제 또 다른 잘 분산된 포트폴리오 B를 생각해 보자. 이 포트폴리오는 포트폴리오 A와 같이 베타가 1이지만 수익률은 조금 낮은 10%라고 하자. 이 포트폴리오를 좌표평면에 그리면 [그림 5-8]의 점선과 같다. 그럼 포트폴리오 A와 B가 함께 존재할 수 있을까?

만약 동시에 포트폴리오 A와 B가 존재한다면 차익거래를 통해 이득을 얻을 수 있다. 즉 체계적 위험 F가 어떤 값을 갖던 상관없이 포트폴리오 A의 수익률이 포트폴리오 B의 수익률보다 높기 때문에 포트폴리오 A를 매입하고 그와 동시에 포

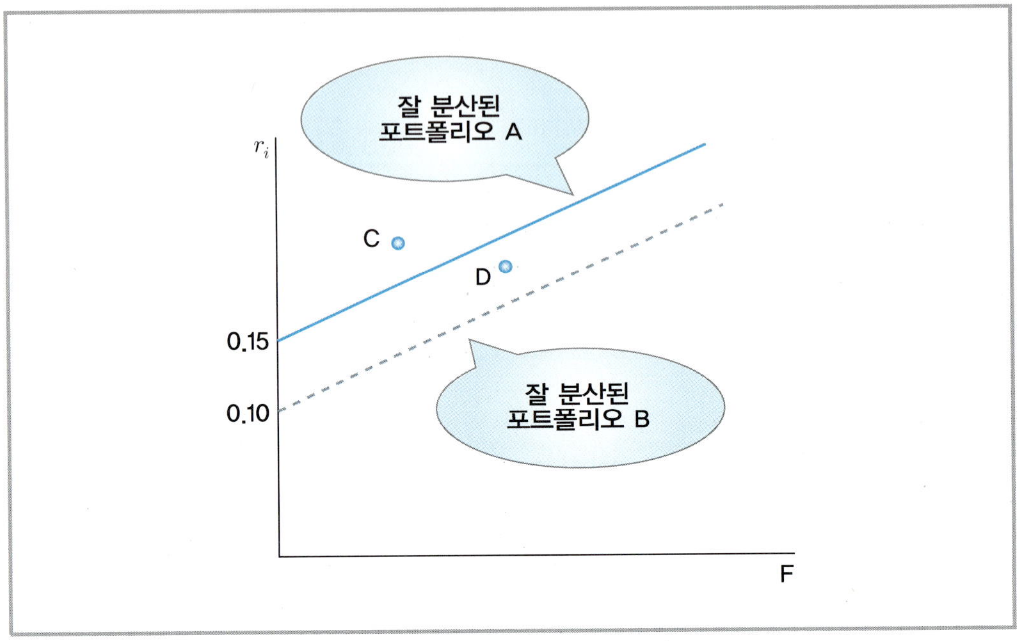

그림 5-8 잘 분산된 포트폴리오의 수익률

트폴리오 B를 매도하면 이득을 얻을 수 있다. 포트폴리오 A와 B를 각각 1억 원어치 동시에 매입하고 매도하였다고 하자. 그러면 매도액과 매수액이 같기 때문에 이 전략을 수행하는데 순투자액이 필요하지 않다. 그런데 이 전략으로 [표 5-1]에서 볼 수 있는 바와 같이 500만원의 차익거래이익을 얻을 수 있다.

이 이익은 순투자액 없이 얻은 이익이므로 위험을 부담하지 않고 얻은 이익이다. 이와 같은 차익거래 기회가 존재한다면 많은 투자자들이 이와 같은 거래를 통해 이익을 얻으려 할 것이므로 포트폴리오 A의 가격은 상승하고 포트폴리오 B의 가격은 하락하여 결국 차익거래이익이 없어지게 될 것이다. 차익거래이익이 없다

표 5-1 차익거래

차익거래	이익
포트폴리오 A 매입	(0.15 + F) x 1억 원
포트폴리오 B 매도	−(0.10 + F) x 1억 원
차익거래이익	0.05 x 1억 원 = 500만원

는 것은 두 포트폴리오의 수익률이 같다는 것을 의미하는 것이며 [그림 5-8]에서 두 포트폴리오가 하나의 직선상에 있어야 한다는 것을 의미하는 것이다. 따라서 포트폴리오의 수익률과 체계적 위험의 관계를 나타내는 직선은 단 하나만 존재하게 된다.

3. APT의 자본시장선

이제 베타가 서로 다른 잘 분산된 포트폴리오들을 생각해 보자. 먼저 무위험이자율이 5%일 때 거시적 공통요인에 대한 베타가 1이고 기대수익률이 15%인 포트폴리오 A를 기대수익률 - 베타 평면에 함수로 표시하면 [그림 5-9]와 같다.

이 때 베타가 0.5이고 기대수익률이 8%인 잘 분산된 포트폴리오 D가 있다고 하자. 이 포트폴리오 D는 $\overline{r_f A}$ 직선상에 있는 포트폴리오 C보다 못하다. 같은 베타, 즉 같은 위험에서 기대수익률이 낮기 때문이다. 따라서 포트폴리오 C가 존재한

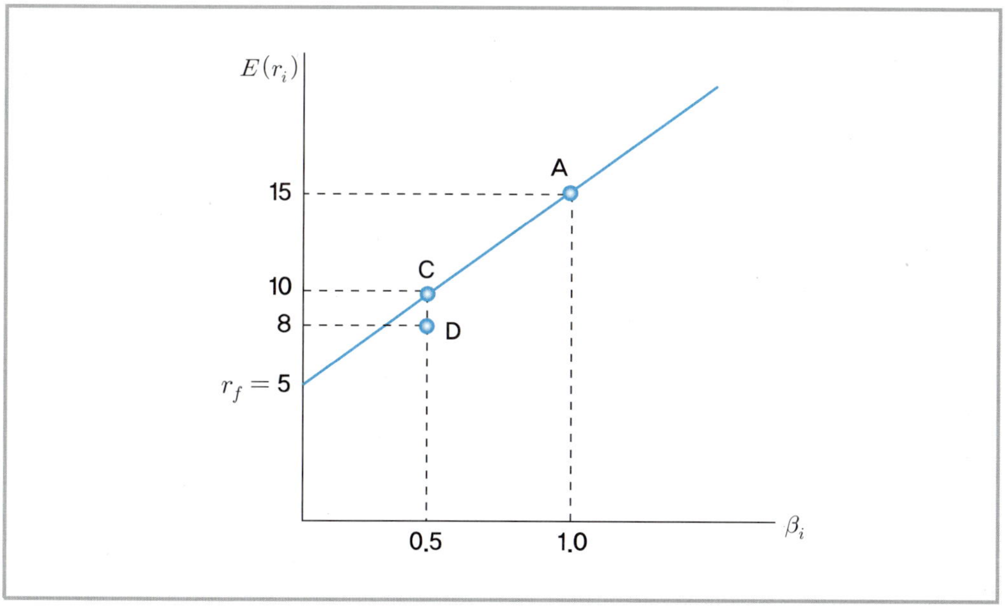

그림 5-9 기대수익률과 공통요인 F에 대한 베타

다면 포트폴리오 D는 존재할 수 없다. 수익률이 낮은 포트폴리오 D를 팔고 수익률이 높은 포트폴리오 C를 매입하여 차익거래이익을 얻을 수 있기 때문이다.

그러면 포트폴리오 A와 D 밖에 없는 경우에도 포트폴리오 C는 존재할 것인가? 결론적으로 포트폴리오 C는 존재한다. 포트폴리오 A에 50%, 무위험이자율에 50%를 투자하면 포트폴리오 C를 구성할 수 있기 때문이다. 50%씩 투자하면 기대수익률이 10%$(0.15\times0.5+0.05\times0.5)$, 베타가 0.5$(1\times0.5+0\times0.5)$인 포트폴리오 C가 된다. 결국 차익거래이익이 존재하지 않기 위해서는 모든 잘 분산된 포트폴리오는 [그림 5-9]의 $\overline{r_f\mathrm{A}}$ 직선상에 있어야 하며 따라서 잘 분산된 포트폴리오의 기대수익률은 베타와 선형관계임을 알 수 있다.

이제 시장지수포트폴리오를 생각해 보자. 예를 들어 코스피지수(KOSPI)는 증권시장에 상장된 많은 증권들로 구성되어 있는 잘 분산된 포트폴리오이며 시장포트폴리오를 대별하는 포트폴리오이기 때문에 베타가 1이다. 따라서 이 포트폴리오의 기대수익률과 베타를 좌표평면위에 표시하면 [그림 5-10]에서 직선상의 M이 된다.

이때 r_f와 M을 연결하는 직선을 수식으로 나타내면 다음과 같다.

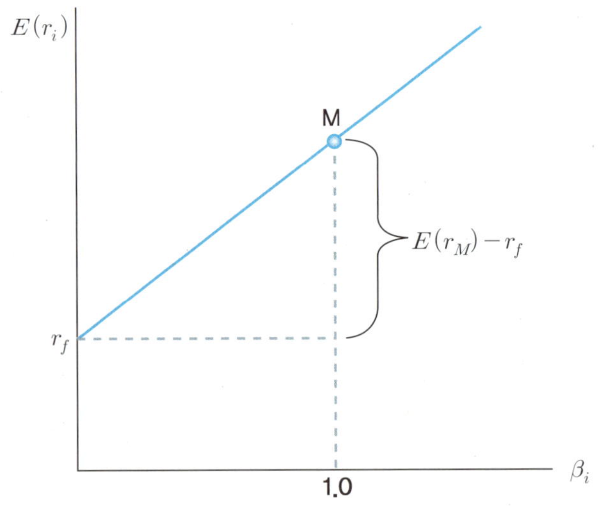

그림 5-10 APT의 증권시장선

$$E(r_p) = r_f + [E(r_M) - r_f]\beta_p \tag{5.28}$$

β_p: 시장지수포트폴리오에 대한 베타

위의 식은 CAPM의 증권시장선(SML)과 동일하다는 것을 알 수 있다. APT에 의한 증권시장선이 CAPM의 SML과 동일하다는 것은 큰 의미를 지닌다. APT는 CAPM의 많은 제한적인 가정을 사용하지 않고 단지 3개의 가정, 증권의 수익률이 단일요인에 의해 영향을 받으며, 잘 분산된 포트폴리오를 대상으로 하며, 차익거래이익이 존재하지 않는 균형 상태에 관한 가정만을 사용하고 있다. 많은 수의 제한적인 가정 없이도 CAPM과 동일한 결과를 얻었다는 것은, 제한적인 가정으로 유의성에 문제가 제기될 수 있는 CAPM에 의한 증권시장선의 유효성을 어느 정도 확인시켜 준다는 것을 의미하는 것이라고 할 수 있다.

한편 CAPM과는 달리 APT는 반드시 시장포트폴리오를 기준으로 포트폴리오의 수익률을 나타낼 필요가 없다. [그림 5-10]의 직선상에 있는 임의의 잘 분산된 포트폴리오를 기준으로 다른 포트폴리오의 수익률을 설명할 수 있기 때문이다. 따라서 CAPM에서 관측이 불가능한 시장포트폴리오를 사용함으로써 발생할 수 있는 여러 가지 문제를 피할 수 있다는 유용한 점이 있다.

앞에서 살펴본 APT의 증권시장선은 잘 분산된 포트폴리오를 대상으로 하고 있다. 잘 분산된 포트폴리오는 기업특성요인, 즉 비체적 위험이 모두 제거되기 때문에 [그림 5-10]의 직선상에 위치하며, 차익거래이익이 존재하지 않는다면 기대수익률을 식 (5.28)과 같이 나타낼 수 있다. 그럼 잘 분산된 포트폴리오를 대상으로 유도한 APT의 증권시장선, 식 (5.28)은 개별증권의 경우에도 성립하는가?

불행히도 개별증권의 경우에는 APT의 증권시장선상에 반드시 있다고 말하기 어렵다. 개별증권의 경우 기업특성요인이 남아있기 때문이다. 그러나 반드시는 아니더라도 대부분의 개별증권도 식 (5.28)을 만족시켜야 한다고 말할 수 있다. 상당수의 개별증권이 식 (5.28)을 만족시키지 않는다고 가정해 보자. 그러면 이 증권들로 구성된 잘 분산된 포트폴리오도 이 식의 관계를 만족시키지 않을 것이다. 따라서 잘 분산된 포트폴리오가 식 (5.28)의 관계를 만족시키기 위해서는 대부분의 개별증권도 이 조건을 만족시켜야만 한다. 그러나 소수의 개별증권이 이 조건을 만족시키지 못하는 경우 잘 분산된 포트폴리오에서 소수의 개별증권이 차지하는 비중이 크지 않으므로 이 포트폴리오는 식 (5.28)의 관계를 만족시킬 수 있다. 결론적으로 볼 때 개별증권의 경우에는 APT의 증권시장선이 대부분 성립하지만 반드시 성립한다고 하기는 어렵다.

4. 다요인 차익거래 모형

차익거래모형은 여러 개의 공통요인을 갖는 경우로 일반화 될 수 있다. 사실 증권의 수익률이 단 하나의 요인에 의해 영향을 받는다는 것보다 경기순환, 인플레이션, 금리수준 등 여러 요인에 의해 영향을 받는다는 쪽이 조금 더 자연스럽다. 거시적 공통요인이 2개일 경우 2요인 모형은 다음과 같다.

$$r_i = E(r_i) + \beta_{i1} F_1 + \beta_{i2} F_2 + \epsilon_i \tag{5.29}$$

β_{i1}: 거시적 공통요인 1

β_{i2}: 거시적 공통요인 2

위의 요인모형을 바탕으로 차익거래 기회가 존재하지 않을 때 잘 분산된 포트폴리오의 기대수익률은 다음과 같이 나타낼 수 있다.(부록 3 참조)

$$E(r_p) = r_f + [E(r_1) - r_f]\beta_{p1} + [E(r_2) - r_f]\beta_{p2} \tag{5.30}$$

β_{p1}: 공통요인 1에 대한 포트폴리오 p의 베타계수

β_{p2}: 공통요인 2에 대한 포트폴리오 p의 베타계수

위의 식이 2요인 APT이다. 단일모형과 마찬가지로 2요인 모형도 잘 분산된 포트폴리오의 수익률은 거시적 공통요인과 선형관계임을 알 수 있다. 2요인 모형을 기초로 거시적 공통요인이 n개일 때 식 (5.31)이 성립하는데 이 식이 다요인 APT모형이며, 보통 APT라고 할 때에는 이 다요인 APT모형을 일컫는 것이 일반적이다.

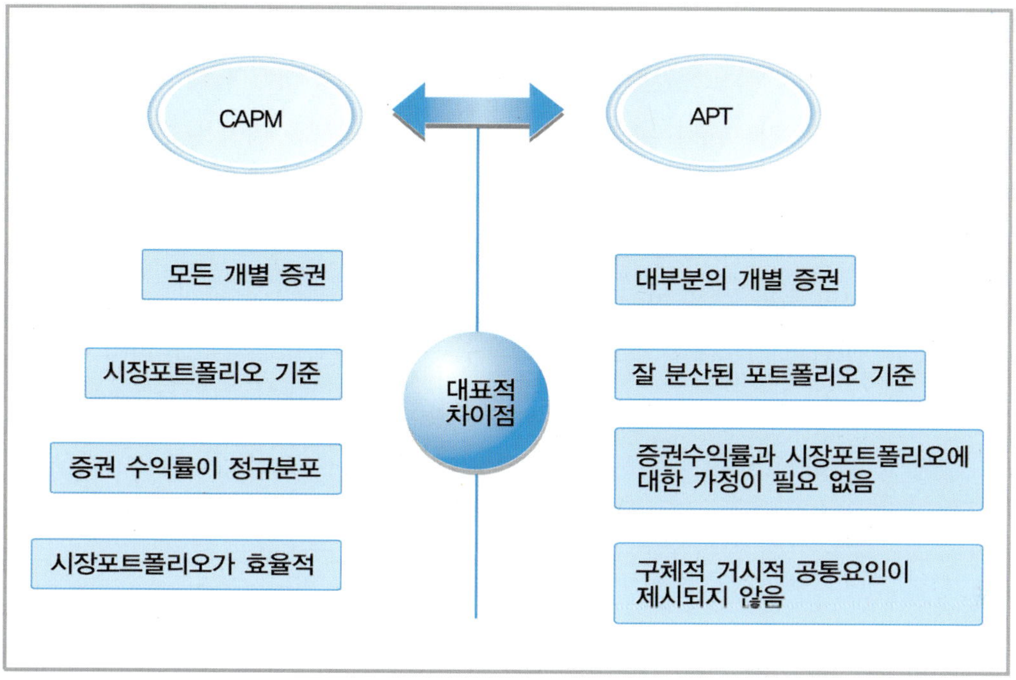

그림 5-11 CAPM과 APT의 대표적 차이점

$$E(r_p) = r_f + [E(r_1) - r_f]\beta_{p1} + [E(r_2) - r_f]\beta_{p2} + \cdots + [E(r_n) - r_f]\beta_{pn} \tag{5.31}$$

5. APT와 CAPM

앞에서 지적한 바와 같이 APT는 CAPM의 많은 제한적인 가정을 배제하고 비교적 제한된 수의 가정만을 사용하여 잘 분산된 포트폴리오의 경우 CAPM과 동일한 결과를 도출하고 있다. 그러나 개별증권의 경우 모든 증권이 아닌 대부분의 증권이 균형관계를 만족시킨다는 결론을 내리고 있어 모든 증권에 대한 균형관계를 설명하고 있는 CAPM에 비해 다소 설명력이 떨어진다고 할 수 있다.

APT는 증권의 수익률이 균형관계를 만족시키지 않으면 차익거래에 의해 자동으로 균형 상태를 회복한다는 점에서 매우 강력한 모형이라고 할 수 있다. 또한 포트폴리오의 수익률을 설명하는데 기준이 되는 포트폴리오로 CAPM에서와 같이 관찰할 수 없는 시장포트폴리오를 사용하지 않고 쉽게 찾을 수 있는 임의의 잘 분산된 포트폴리오를 사용하고 있다는 점에서 의의가 있다고 하겠다.

그러나 APT는 잘 분산된 포트폴리오의 수익률에 영향을 미치는 거시적 공통요인이 구체적으로 무엇인지 설명하고 있지 않다. 따라서 이 요인들을 찾아내는 방법이 구체적으로 제시되지 않는 한 현실적인 적용에 어려움이 있을 수밖에 없다.

그 밖에도 다음과 같은 차이점이 있다.

첫째, CAPM의 경우에는 수익률이 정규분포라는 가정이 필요한데 비해 APT의 경우 자산수익률 분포에 대한 가정이 필요없다.

둘째, CAPM의 경우 시장포트폴리오가 효율적이라는 가정이 필요한데 반해 APT의 경우 시장포트폴리오에 대한 특별한 가정이 필요하지 않다.

[부록 1] 균형 상태에서의 SML과 CML

앞에서 지적한 바와 같이 자본시장선 상에 있는 효율적 포트폴리오 p의 기대수익률과 위험의 관계, 즉 SML은 다음과 같다.

$$E(r_p) = r_f + \beta_p [E(r_M) - r_f] \tag{5.32}$$

위의 식에 베타의 정의식인 식(5.14)를 대입하면 다음과 같다.

$$E(r_p) = r_f + \frac{Cov(r_p, r_M)}{\sigma_M^2}[E(r_M) - r_f] \tag{5.33}$$

그런데 공분산은 다음과 같다.

$$Cov(r_p, r_M) = \rho_{pM}\sigma_p\sigma_M \tag{5.34}$$

이것을 SML에 대입하면 다음과 같다.

$$E(r_p) = r_f + \frac{\rho_{pM}\sigma_p\sigma_M}{\sigma_M^2}[E(r_M) - r_f] = r_f + \frac{\rho_{pM}\sigma_p}{\sigma_M}[E(r_M) - r_f] \tag{5.35}$$

그런데 자본시장선 상에 있는 효율적 포트폴리오는 무위험자산과 시장포트폴리오가 결합한 것이므로 이 포트폴리오와 시장포트폴리오 간의 상관계수는 당연히 1이 된다. 즉 다음과 같다.

$$\rho_{pM} = 1 \tag{5.36}$$

이것을 SML에 대입하면 다음과 같다.

$$E(r_p) = r_f + \frac{\sigma_p}{\sigma_M}[E(r_M) - r_f] = r_f + \frac{E(r_M) - r_f}{\sigma_M}\sigma_p \tag{5.37}$$

그런데 위의 식은 CML과 같다. 즉 균형 상태에서 효율적 포트폴리오의 경우 SML과 CML은 동일하다.

[부록 2] CAPM의 확장형

CAPM의 기본모형인 증권시장선은 많은 가정 하에서 유도된 것이다. 그러나 이 가정들이 현실과는 많은 차이가 있어 증권시장선이 현실을 설명하기 어렵다는 비판을 받아왔다. 그 결과 비현실적이라고 생각되는 가정을 제거하여 현실에 조금 더 근접한 모형을 발전시키려는 노력이 있어왔다. 이처럼 기본모형의 가정을 일부 제거하여 발전시킨 모형을 CAPM의 확장형이라고 한다. 증권시장선을 유도하기 위해 많은 가정을 한 만큼 이러한 가정을 제거한 확정형도 그 수가 많을 수밖에 없다. 여기에서는 그중 하나를 살펴보기로 한다.

CAPM을 유도하기 위한 가정 가운데 하나가 투자자들이 무위험이자율에 자금을 무한히 차입할 수 있다는 것이다. 그러나 현실에서는 투자자들이 무위험이자율에 자금을 차입하기 어려우며 더더욱 무한히 차입하는 것은 불가능하다. 제로-베타 모형(zero-beta model)은 바로 이러한 상황, 즉 다른 모든 가정은 기본형 CAPM과 같으나 무위험자산이 존재하지 않는 상황을 설명하기 위한 모형이다.

[그림 5-12]에서 M은 시장포트폴리오를 나타내며, 따라서 효율적 투자선상

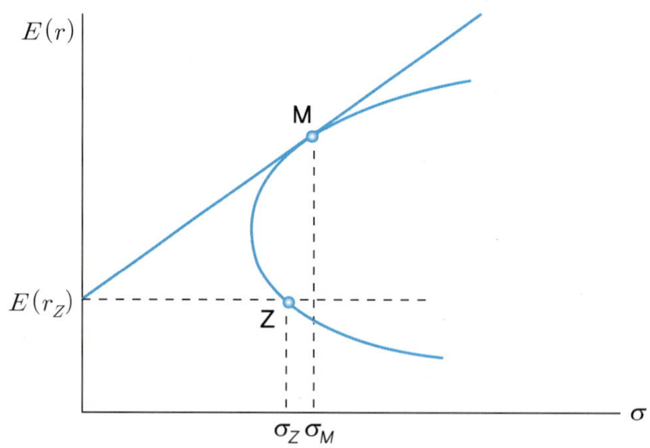

그림 5-12 제로-베타 포트폴리오

에 위치한다. 그런데 M에서 효율적 투자선과 접하는 직선과 수직축이 만나는 점 $E(r_Z)$는 시장포트폴리오와 상관관계가 없는 포트폴리오이다. $E(r_Z)$는 시장포트폴리오의 수익률이 어떻게 변동하던 수익률이 확정적인 포트폴리오이기 때문이다. 상관관계가 없다는 것은 공분산이 0이라는 것을 의미하며 따라서 베타의 정의식인 식 (5.14)에서 쉽게 알 수 있는 바와 같이 이 포트폴리오의 베타는 0(영)이다.

한편 $E(r_Z)$와 수평선상에 있는 포트폴리오들은 수익률이 같기 때문에 위험, 즉 베타도 같아야 한다. $E(r_Z)$의 베타가 0이기 때문에 $E(r_Z)$와 수평선상에 있는 포트폴리오들의 베타 역시 0(영)이다.

이 선상에 있는 포트폴리오 가운데 현실적으로 선택할 수 있는 위험이 가장 작은 포트폴리오는 Z이다. 효율적 투자신 왼쪽에 있는 포트폴리오는 Z보나 위험이 작지만 시장에 존재하지 않는 포트폴리오이기 때문이다. 이 때 Z를 시장포트폴리오의 제로-베타 포트폴리오라고 한다.

블랙(Black)은 시장포트폴리오와 그에 대응하는 제로-베타 포트폴리오를 이용하여 임의의 개별자산 i의 기대수익률을 다음과 같은 선형관계로 나타낼 수 있다는 것을 증명하였다.

$$E(r_i) = E(r_Z) + \beta_i[E(r_M) - E(r_Z)] \tag{5.38}$$

위의 식을 기본형 CAPM과 비교하면 기본형 CAPM의 r_f가 $E(r_Z)$로 바뀐 것 이외에는 차이가 없다는 것을 알 수 있다. 이 결과는 CAPM이 무위험자산이 존재하지 않는 경우에도 적용될 수 있는 모형임을 시사하고 있는 것이며 자본자산의 체계적 위험을 측정하는데 베타가 유용한 지표라는 것을 확인시켜 주는 것이라 할 수 있다.

[부록 3] 2요인 APT의 유도

먼저 요인포트폴리오의 개념을 이해하자. 요인포트폴리오란 어떤 하나의 공통요인에 대해서는 1의 민감도, 즉 1의 베타 값을 갖지만 다른 공통요인에 대해서는 0(영)의 민감도를 갖는 잘 분산된 포트폴리오이다. 따라서 2개의 요인이 있을 때 요인 1 포트포폴리오는 공통요인 1에 대한 베타 값이 1이고 공통요인 2에 대한 베타 값은 0(영)인 포트폴리오이다.

이제 포트폴리오 p와 q, 2개의 포트폴리오를 생각해 보자. 포트폴리오 p는 요인 1에 대한 베타가 0.5, 요인 2에 대한 베타가 1.2인 잘 분산된 포트폴리오이다. 따라서 2요인 모형에 의할 때 다음의 관계가 성립한다.

$$r_p = E(r_p) + 0.5F_1 + 1.2F_2 + \epsilon_p \tag{5.39}$$

이번에는 포트폴리오 q를 생각해 보자. 이 포트폴리오는 요인 1 포트폴리오에 50% 투자하고 무위험이자율에 총자산 가치의 70%를 차입하여 남아있는 50%의 자산과 합친, 총 120%의 자산을 요인 2 포트폴리오에 투자한 잘 분산된 포트폴리오이다. 그러면 이 포트폴리오의 기대수익률은 다음과 같다.

$$E(r_q) = 0.5E(r_1) + 1.2E(r_2) + (1 - 0.5 - 1.2)r_f \tag{5.40}$$

포트폴리오 q의 각 공통요인에 대한 민감도, 즉 베타 값을 생각해보자. 이 포트폴리오는 요인 1 포트폴리오에 50%를 투자하였다. 그런데 요인 1 포트폴리오의 공통요인 1에 대한 베타는 1이므로 포트폴리오 q의 요인 1에 대한 베타는 0.5(1×0.5)이다. 한편 포트폴리오 q는 요인 2 포트폴리오에 120% 투자하였다. 따라서 공통요인 2에 대한 포트폴리오의 베타는 1.2(1×1.2)이다.

이제 포트폴리오 p와 q를 비교해 보면 공통요인 1에 대한 베타가 0.5로 동일하고 요인 2에 대한 베타가 1.2로 동일하다. 그런데 우리는 이미 각 요인에 대한 베타가 같으면 잘 분산된 포트폴리오의 수익률도 같아야 한다는 것을 알고 있다. 만약 수익률이 다르다면 수익률이 낮은 포트폴리오를 매도하고 수익률이 높은 포트폴리오를 매입하여 차익거래이익을 얻을 수 있기 때문이다. 따라서 다음과 같은 식이 성립한다.

$$E(r_p) = E(r_q) = 0.5E(r_1) + 1.2E(r_2) + (1 - 0.5 - 1.2)r_f \tag{5.41}$$

그런데 위의 식에서 0.5는 요인 1에 대한 베타 β_{p1}과 같고 1.2는 요인 2에 대한 베타, β_{p2}와 같으므로 다음과 같은 식이 성립한다.

$$E(r_p) = \beta_{p1}E(r_1) + \beta_{p2}E(r_2) + (1 - \beta_{p1} - \beta_{p2})r_f \tag{5.42}$$

위의 식을 정리하면 다음과 같은 식을 얻을 수 있는데 이 식이 2요인 APT 모형이다.

$$E(r_p) = r_f + [E(r_1) - r_f]\beta_{p1} + [E(r_2) - r_f]\beta_{p2} \tag{5.43}$$

연습문제

객관식

1. 다음 중 CAPM을 도출하기 위한 기본 가정이 아닌 것을 고르시오.
   ① 모든 투자자는 가격순응자(price-taker)이다.
   ② 모든 투자자는 마코위츠의 평균-분산 모형에 따라 포트폴리오를 선택한다.
   ③ 자본자산에는 시장에서 거래가 되고 있는 자산들뿐만 아니라 시장에서 거래되고 있지 않는 자산들이 모두 포함된다.
   ④ 모든 투자자는 자본자산 수익률과 분산(표준편차)에 대해 동질적인 예측(homogeneous expectation)을 한다.

2. 다음 설명 중 틀린 것은 어느 것인가?
   ① 증권시장선은 위험의 측정치로 총 위험이 아닌, 체계적 위험인 베타를 사용한다.
   ② 자본시장선은 포트폴리오 및 개별자산의 기대수익률과 분산의 관계를 설명하는 모형이다.
   ③ 자본시장선은 수많은 포트폴리오 가운데 선택이 가능한 효율적 포트폴리오의 수익률과 표준편차의 함수관계를 표시한 것이다.
   ④ 증권시장선은 개별자산 및 효율적 포트폴리오뿐만 아니라 비효율적 포트폴리오에도 적용될 수 있는 균형가격결정모형이다.

3. 무위험자산과 효율적 포트폴리오선상의 한 점을 연결하되 가장 효율적인 연결선을 무엇이라고 하는가?
   ① 증권시장선　　② 증권특성선
   ③ 자본시장선　　④ 위험특성선

4. 다음의 증권시장선에 관한 설명 중 틀린 것을 고르시오.
   ① 증권시장선은 자산의 가치를 평가하기 위한 할인율을 계산하는데 이용된다.
   ② SML의 위쪽에 위치한 주식들은 공정수익률보다 높은 기대수익률을 얻을 수 있으므로 과대평가되어 있다고 할 수 있다.
   ③ SML은 특정 자산에 투자하였을 때 부담하여야 하는 투자위험을 보상하는 공정한 수익률을 제공한다.
   ④ 투자를 평가하거나 투자가치를 추정하기 위해 필요한 사전적(ex-ante) 또는 미래 베타를 추정하기 어렵다. 그래서 사후적(ex-post) 또는 과거 베타를 추정하여 사용하는 것이 일반적이다.

5. 요인모형에 관한 다음 설명 중 틀린 것을 고르시오.
   ① 단일요인모형에 의하면 예상치 못한 수익률은 모든 증권에 공통적으로 영향을 미치는 거시적 공통요인과 특정 증권에만 영향을 미치는 기업특성요인에 의해 발생된다.
   ② 거시적 공통요인은 모든 증권에 영향을 미치기는 하지만 영향을 받는 정도, 즉 민감도는 증권에 따라 다르다.
   ③ 잘 분산된 포트폴리오의 기대수익률은 개별증권의 가중평균 베타에 의해 영향을 받는다.
   ④ 잘 분산된 포트폴리오의 위험은 비체계적 위험으로 인한 것은 모두 없어지고 체계적 위험에 대해서만 영향을 받는다.

6. 시장에서 거래되는 모든 자산을 각각의 시가총액비율로 포함하는 포트폴리오를 무엇이라고 하는가?
   ① 시장포트폴리오 ② 효율적 포트폴리오
   ③ 최적 위험포트폴리오 ④ 잘 분산된 포트폴리오

7. APT에 대한 다음 설명 중 틀린 것을 고르시오.
   ① 증권의 수익률이 균형관계를 만족시키지 않으면 차익거래에 의해 자동으로 균형 상태를 회복한다.
   ② 포트폴리오의 수익률을 설명하는데 기준이 되는 포트폴리오로 CAPM에서와 같이 관찰할 수 없는 시장포트폴리오를 사용하지 않고 임의의 잘 분산된 포트폴리오를 사용하고 있다.
   ③ 포트폴리오의 기대수익률에 대해 CAPM과 동일한 결과를 도출하고 있다.
   ④ APT는 잘 분산된 포트폴리오의 수익률에 영향을 미치는 거시적 공통요인이 구체적으로 무엇인지 설명하고 있지 않다.

8. 다음 포트폴리오의 수익률 위험 중 종류가 다른 것은 어느 것인가?
   ① 인플레이션 ② 이자율상승
   ③ 분산투자로 없앨 수 있는 위험 ④ 시장위험

9. 다음 중 증권시장선의 기울기가 의미하는 것은 무엇인가?
   ① 베타계수 ② 시장위험 프리미엄
   ③ 무위험 이자율 ④ 시장포트폴리오 총 위험

10. APT에 대한 다음 설명 중 틀린 것을 고르시오.
   ① APT의 증권시장선은 잘 분산된 포트폴리오를 대상으로 하고 있다.
   ② 개별증권의 경우에는 APT의 증권시장선상에 반드시 위치하고 있지 않다.
   ③ APT는 반드시 시장포트폴리오를 기준으로 포트폴리오의 수익률을 나타낼 필요가 없다.
   ④ 차익거래이익이 존재하지 않는 균형 상태가 되기 위해서는 시장에 많은 참여자가 존재하여야 한다.

주관식

1. CAPM과 APT를 비교하여 설명하시오.

2. CAPM의 의의에 대해 설명하시오.

3. 차익거래에 대해 설명하시오.

4. 시장포트폴리오의 기대수익률이 10%, 무위험이자율이 5%라고 하자. (주)하나 주식의 기대수익률이 12%라면 이 회사의 베타는 얼마일까요?

5. 포트폴리오에 포함된 첫 번째 증권이 포트폴리오에서 차지하는 비중을 w라고 하고, 새로운 증권이 포함될 때마다 앞서 포함된 증권보다 2배 많이 포함되었을 때, 포트폴리오에 포함된 증권이 10개라면 가장 비중이 큰 증권이 포트폴리오에서 차지하는 비중은 얼마일까요?

6. 잘 분산된 포트폴리오 A의 수익률이 12%, 공통요인에 대한 베타가 1.2이고, 잘 분산된 포트폴리오 B의 수익률이 13%, 공통요인에 의한 베타가 1.2라면, 10억 원 규모의 차익거래를 한다고 할 때 얻을 수 있는 차익거래이익은 얼마일까요?

7. 주식 C의 기대수익률이 12.5%, 베타가 1.5, 무위험이자율이 5%이다. 주식 C의 베타가 2.0이라면 이 주식의 기대수익률은 얼마일까요?

8. 시장포트폴리오의 기대수익률이 10%이고 무위험이자율이 5%이다. 주식 A의 기대수익률이 15%이고 베타가 1.4라면 이 주식은 과대평가되어 있나요?

9. 주식 D의 기대수익률이 15%, 베타가 2, 무위험이자율이 5%일 때 시장포트폴리오의 기대수익률은 얼마일까요?

제 6 장

시장의 효율성

01 효율적 시장의 의의

자본시장의 주요한 기능은 자본배분을 위한 가격결정기구로서의 역할을 수행하는데 있다. 또한 자본시장에서 거래되는 상품은 미래이득에 대한 청구권을 표시하는 자본자산인 증권이다. 자본시장이 개장된 이후 많은 사람들은 미래 증권가격을 예측할 수 있는가 하는 점에 관심을 가져 왔다. 1905년 프랑스 수학자 브셸리에(Bchelier)는 주가가 불규칙하게 변동한다는 개념을 처음으로 제시하고 주가란 술취한 사람의 걸음걸이인 랜덤워크(random walk)와 같아 예측할 수 없다고 발표하였다. 비래 주식가격을 예측할 수 있는가에 관한 체계적 연구는 1953년 최초로 켄달(Kendall)에 의하여 실증적으로 이루어졌으며, 실증분석결과 주가의 움직임은 예측할 수 없다는 결론을 얻었다.

과거의 주가 변화가 어떠한 형태로 움직이던 간에 이와는 관계없이 미래의 주가를 예측할 수 없다는 켄달의 연구 결과는 처음에는 증권전문가들에게 증권가격의 움직임이 임의적이며 비정상적이고 어떤 이성적인 논리로 설명할 수 없다는 사실로 받아 들여졌다. 그러나 그 후의 연구들에 의하면 증권가격의 무작위한 움직임은 비정상적이고 비이성적인 시장의 행태를 나타내는 것이 아니라 시장이 이성적이고 효율적이기 때문에 나타나는 현상임이 밝혀지고 있다. 즉 많은 개인이나 기관투자자들이 자본시장에 참여하여 경쟁적으로 수익률을 얻으려는 상황에서 시장의 변동에 영향을 주는 정보가 개별증권의 가격에 반영되기 때문에 이러한 현상이 발생하며, 이는 바로 자본시장이 효율적(efficient)이라는 것을 의미한다.

일반적으로 넓은 의미에서의 자본시장의 효율성은 다음과 같은 세 가지 측면에서 고찰될 수 있다.

첫째, 배분효율성(allocational efficiency)이다. 이는 자본자산의 모든 수요자와 공급자에 대하여 위험이 조정된 상태에서의 한계수익률이 균등하도록 자본자산의 가격이 결정되는 정도를 말한다. 자본은 그 배분 면에서의 제약이 없는 한 항상 보다 높은 한계수익률을 갖는 자본자산을 찾아 이동하게 마련이다. 따라서 자본배분 면에서 인위적인 규제나 제한이 존재하지 않는다면 자본은 보다 높은 수익률이 예상되는 곳으로 신속하게 이동한다. 그 결과 위험이 조정된 상태에서 모든 자본자산의 수요자와 공급자의 한계수익률이 일치되도록 자본자산의 가격이 결정된다.

둘째, 운영효율성(operational efficiency)이다. 이는 내적효율성(internal efficiency)이라고도 한다. 운영효율성은 자본시장에서 증권을 거래할 때 발생하는 거래비용이 최소화되어, 증권거래자들이 저렴하게 거래서비스를 받을 수 있는 정도를 말한다. 거래비용이 최소화되었을 경우 증권거래에 따른 부담이 적으므로 증권투자자는 미세한 증권가치의 변화에도 즉각적으로 반응하여 가격을 조정하기 때문에 자본시장은 완전경쟁상태에 보다 더 접근할 수 있게 된다.

셋째, 정보효율성(informational efficiency)이다. 이는 증권의 가격에 그와 관련된 정보가 완전하고 신속하게 반영되어지는 정도를 말한다. 증권의 가격은 그 증권으로부터 기대되는 미래수익을 근거로 하여 결정되며, 미래수익은 미래상황에 대한 정보를 이용하여 예측될 수 있기 때문에, 증권가격은 관련된 정보에 대하여 매우 민감하게 반응한다. 따라서 모든 투자자들은 관련된 정보를 보다 먼저 입수하여 이를 기초로 증권의 가격을 예측함으로써 손실을 최소화하고 나아가 수익을 극대화하기 위하여 노력하게 된다. 이와 같은 투자자들의 경쟁적 노력에 의하여 정보효율성은 점점 높아지게 된다. 자본시장의 효율성을 논할 때 주로 검토의 대상이 되는 것이 바로 정보효율성이다.

따라서 좁은 의미에서 흔히 사용하는 자본시장의 효율성은 정보의 효율성을 가리킨다. 즉, 자본시장이 효율적이라면 증권의 시장가격은 모든 정보를 반영하여 형성되므로 투자자들은 증권투자에 정상적인 수익만 얻을 수 있을 뿐 비정상적인 수익을 얻을 수 없다. 따라서 증권가격의 미래 움직임을 예측하려는 시도는 무의미하다는 것이다.

효율적 시장가설(efficient market hypothesis : EMH)은 정보효율성에 대한 가설을 의미하는데, 이는 증권시장에서 형성된 각 증권의 가격은 이용가능한 모든 정보를 신속·정확·충분하게 반영하고 있다는 것을 의미한다. 즉, 어느 시점에서의 증권가격은 그때까지 알려진 모든 정보를 반영하고 있기 때문에 미래의 증권가격을 정보로서 예측하는 것은 의미가 없고 따라서 정보를 바탕으로 한 투자전략으로는 초과수익률(excess rate of return)을 얻을 수 없다는 것이 효율적 시장가설의 주장이다. 여기에서 초과수익률이란 실제수익률(real return)이 투자자들이 평균적으로 기대하였던 정상수익률(normal return)을 초과하는 비정상수익률(abnormal return)을 의미한다.

효율적 시장가설 하에서 증권가격의 변화는 다음과 같은 특성을 보일 것이다.

첫째, 증권가격은 일반에게 공시된 어떠한 새로운 정보에 대해서도 신속, 정확하게 그리고 편의(bias) 없이 반응한다.

둘째, 각 시점간의 증권가격변화는 일정한 패턴이 없이 무작위로 움직인다. 이를 앞에서 설명한 것처럼 랜덤워크이론이라고 한다. 이 이론은 효율적 시장가설의 기원이 되는 것으로 증권가격의 변동이 만취한 사람의 걸음걸이나 난수의 움직임처럼 무작위적이라는 주장이다. 즉 미래 증권가격의 변동은 미래 발생할 새로운 정보에 달려 있으며, 그 새로운 정보가 언제, 어디서 발생할지 누구도 알 수 없이 무작위로 발생되기 때문에 증권가격의 움직임도 무작위로 나타난다는 것이 랜덤워크 이론의 주장이다. 따라서 이 이론에 의하면 아무리 유능한 전문투자자라 하더라도 단순한 매입·보유전략 이상의 투자성과는 불가능한 것으로 인식되고 있다. 랜덤워크 이론에 대하여 1970년 파마(Fama)는 "① 연속적인 주가변동은 상호 독립적이다. ② 매기간의 연속된 주가변동은 동일한 형태의 일정한 확률분포를 갖는다." 라고 정의함으로써 이에 대한 보다 진전된 실증적 연구를 가능케 하였다.

02 효율적 시장가설의 유형

파마는 효율적 시장가설은 증권가격이 어떤 종류의 정보를 신속히 반영하고 있느냐에 따라, 즉 정보의 성격과 효율성 정도에 따라 약형 효율적 시장가설(weak form of EMH), 준강형 효율적 시장가설(semi-strong form of EMH), 강형 효율적 시장가설(strong form of EMH)의 세 가지 가설로 구분하였다.

1. 약형 효율적 시장가설

시장에서 형성되는 현재의 주가는 과거에 이미 발생된 모든 정보를 반영하고 있다는 주장이다. 즉 현재의 주가는 과거의 주가 및 거래량 등 과거의 역사적 정보를 완전히 반영하고 있으므로 투자자는 이러한 정보를 이용하더라도 비정상적인 수익을 얻을 수 없다는 가설이다. 이 가설은 통계학적 의미에서 일련의 연속적인 주가 움직임은 독립적이고 무작위적이라는 것을 의미한다. 따라서 현실의 증권시장이 약형 효율적 시장인지를 검정하기 위해서는 미래수익률의 예측가능성 여부 즉, 과거 시계열상의 주가변동에 상관관계가 있는지의 여부를 살펴보아야 한다.

약형 효율적 시장에서 연속적인 주가변동은 무작위적이므로 과거의 주가변화와 현재의 주가변화와는 무관하다. 왜냐하면 과거의 정보는 이미 현재 주가에 반영되어 있으므로 미래의 주가는 새롭게 등장하는 정보에 의해서만 변동하는데 새로운 정보는 무작위로 발생하므로 미래의 주가 역시 무작위로 변동할 것이기 때문이다. 약형 EMH가 성립하는 시장에서는 과거에 이미 발생된 정보를 이용하는 투자자는 무작위적인 단순 매입 · 보유(buy-and-hold) 전략을 이용하는 투자자보다 일관성있게 더 나은 투자성과를 얻을 수 없다. 따라서 약형 EMH는 과거에 발생된 정보 및 과거의 주가동향을 분석함으로써 미래주가를 예측하고자 하는 기술적 분석(technical analysis)의 유용성을 부정하는 이론이다. 증권분석의 한 방편인 기술적 분석은 과거 증권가격의 변화를 나타내는 도표에 의존하여 미래 가격을 예측하는 기법이다. 즉, 기술적 분석은 주가변화는 반복적이며 예측 가능한 패턴이 존재한다고 믿고, 과거의 주가와 거래량 등의 역사적 정보를 분석하여 미래의 주가를 예측하는데 이용할 수 있는 어떤 패턴이나 신호를 찾는 기법이다. 그런데 약형 EMH가 성립한다면 과거의 주가와 거래량의 움직임에 관한 모든 정보는 현재의 주가에 이미 반영되어 있으며, 과거 주가변동과 미래 주가변동이 독립적이므로, 기술적 분석을 이용한 어떠한 투자전략도 비정상수익을 얻을 수 없다.

2. 준강형 효율적 시장가설

시장에서 공식적으로 발표된 정보는 이미 관련된 주가에 모두 반영되어 있다고 보는 주장이다. 즉 이 가설은 현재의 주가는 과거의 주가나 거래량에 관한 역사적 정보뿐만 아니라 모든 공시된 정보를 완전히 반영하고 있으므로 투자자는 이러한 정보를 이용하더라도 비정상수익을 얻을 수 없다는 것이다. 여기에서 공식적으로 발표된 정보란 공시사항, 조회내용, 매스컴을 통하여 발표되는 정치·경제상황, 회사의 결산자료 등을 의미한다. 준강형 EMH는 약형 EMH를 포괄한다. 즉, 준강형 EMH는 과거에 이미 발생된 정보는 물론이고 현재에 공식적으로 발표된 정보까지도 관련된 주가에 이미 반영되었다고 본다. 따라서 준강형 EMH가 성립하는 시장에서는 공식적으로 발표된 정보에 의거하여 남보다 나은 투자성과를 지속적으로 실현할 수 없다.

현실의 증권시장이 준강형 효율적 시장인지를 검정하기 위해서는 어떤 정보가 공시되는 시점을 전후로 한 주가변동을 관찰하는 사건연구(event study)가 활용된다. 효율적 시장에서는 새로운 정보가 증권시장에 유입되면 수많은 증권분석가와 투자자들이 경쟁적으로 그리고 즉각적으로 이 정보를 평가하여 거래하기 때문에 주가에 새로운 정보의 가치가 신속하고 정확하게 반영될 것이다.

한편 투자분석에서 기본적 분석(fundamental analysis)은 주식의 내재가치에 영향을 미치는 기업의 미래 이익이나 배당, 성장성, 기업의 위험도 등의 요인들을 예측하여 과소 또는 과대평가된 주식을 식별해냄으로써 비정상수익을 얻으려는 투자기법이다. 그런데 이들 기본요인들에 대한 정보는 대부분 공시된 정보원천으로부터 얻을 수 있다. 만일 증권시장이 역사적 정보만을 충분히 반영하고 공개된 정보를 충분히 반영하지 못한다면, 투자자들은 기본적 분석을 이용하여 비정상수익을 얻어낼 수 있다. 그러나 증권시장이 공개된 정보를 충분히 반영하여 준강형 EMH가 성립하는 시장이라면, 투자자들이 기본적 분석을 이용하여도 비정상수익을 얻어낼 수 없다. 왜냐하면 다수의 투자자가 경쟁적으로 정보를 수집, 분석하기 때문에 이미 주가에 내재가치에 관한 정보가 충분히 반영되어 있기 때문이다.

3. 강형 효율적 시장가설

현재의 주가는 과거에 이미 발표된 정보 및 현재 공식적으로 발표된 정보뿐만 아니라 일반에게 공식적으로 발표되지 않은 은밀한 정보까지도 관련된 주가에 이미 반영되어 있으므로 투자자는 어떠한 정보를 이용하더라도 비정상수익을 얻을 수 없다는 주장이다. 즉 이 가설은 정보의 효율성이 가장 극대화된 경우로 약형 EMH와 준강형 EMH를 모두 포괄하고 있다. 강형 EMH에 의하면 주가에 영향을 줄 수 있는 어떠한 정보도 독점적으로 소유하는 것이 불가능하며, 따라서 공식적인 것이든 비공식적인 것이든 어떠한 정보를 이용하여도 투자자는 비정상적 초과수익률을 얻지 못한다는 것이다.

현실의 증권시장이 강형 효율적 시장인지를 검정하기 위해서는 일반적으로 비공개된 정보를 가졌으리라고 생각되는 기업내부자, 증권회사의 투자전문가, 투자신탁회사의 펀드매니저들이 비정상수익을 달성하고 있는지 분석하여야 한다. 강형 효율적 시장에서는 어떠한 정보를 활용한 투자전략일지라도 평균투자수익률 이상의 투자성과를 지속적으로 얻을 수 없다. 특정정보에 기초한 투자전략이 일시적으로 유효하였을지라도 곧 이 투자전략의 내용과 정보가치는 신속하게 알려지게 된다. 그러면 모든 투자자들이 이를 모방하게 되므로 이 투자전략의 정보가치와 비정상수익이 사라지게 되어, 지속적으로 평균 이상의 투자수익을 얻는 것이 불가능해진다. 뿐만 아니라 강형 효율적 시장에서는 일반투자자보다 더 많은 사적 정보나 내부정보를 가지고 있는 전문투자자들도 평균 이상의 투자성과를 지속적으로 얻을 수 없다. 왜냐하면 효율적 시장에서는 사적정보도 이미 주가에 반영되어 있기 때문이다.

강형 EMH는 모든 정보가 모든 투자자에게 즉시로 완전하게 전달되며, 또한 모든 투자자들은 뛰어난 정보분석 능력을 가지며, 정보를 이용하여 각자의 투자가치를 극대화하려고 경쟁적으로 노력함으로써 달성될 수 있는 추상적 가설이라 할 수 있다. 정보의 효율성이 극대화된 상태인 강형 EMH는 역설적으로 시장에 참여하는 모든 투자자들이 현재의 자본시장이 강형 효율적 시장이 아니라고 믿고 투자하기 때문에 성립하는 가설이라 할 수 있다. 강형 효율적 시장에서는 투자자가 정보를 독점적으로 이용하는 것이 불가능하고 초과수익을 획득하기가 불가능하므로 어느 누구도 대가없는 노력을 하고자 하지 않을 것이다. 그러나 투자자들은 현 시장이 효율적이 아니므로 정보를 남보다 빨리 입수하여 이를 이용함으로써 초과이익을 획득하는 것이 가능하다고 믿기 때문에 투자자들은 경쟁적 노력을 경주하게 되고, 이러한 투자자들의 치열한 경쟁적 노력의 결과, 강형 효율적 자본시장이 가능하게 된다.

투자자들은 미래의 시장상황에 대한 예측과 개별증권에 대한 분석자료를 토대로 자신의 투자목적에 맞게 포트폴리오를 구성한다. 포트폴리오관리 방법에는 소극적 투자관리와 적극적 투자관리가 있다. 소극적 관리란 자본시장이 효율적이라는 전제 하에서 잘 분산투자된 포트폴리오를 구성하여 시장평균적인 위험을 부담하면서 시장평균적인 수익을 얻고자 하는 전략을 말한다. 이에 반해 적극적 투자관리란 자본시장이 비효율적일 수 있다는 전제 하에서 투자자가 지니고 있는 증권분석 능력과 미래예측 능력을 활용함으로써 자신이 부담하는 위험수준에서 시장평균 이상의 투자수익을 얻고자 하는 전략을 말한다.

적극적 투자관리와 소극적 투자관리 중에서 어느 것을 선택할 것인가의 문제는 자본시장의 효율성에 대하여 투자자가 어떤 생각을 가지고 있는가에 달려 있다. 약형 EMH가 성립한다고 생각하는 투자자는 기본적 분석으로 비정상수익을 얻으려 할 것이고, 준강형 EMH가 성립한다고 생각하는 투자자는 사적 정보를 이용하여 비정상수익을 얻으려 할 것이다. 그러나 어떤 비밀정보를 이용한다 하더라도 비정상수익을 얻을 수 없는 강형 효율적 시장이 성립한다고 생각하는 투자자가 취할 수 있는 가장 바람직한 투자전략은 포트폴리오이론을 이용하여 위험을 최소화하는 효율적 분산투자, 즉 지수펀드에 투자하는 소극적 투자전략이다.

03 효율적 시장 가설의 검정

1. 시장효율성 검정의 의의

앞에서 설명한 바와 같이 효율적 시장이란 어떤 투자자나 투자자그룹도 일관되게 시장보다 높은 수익률을 얻을 수 없는 시장을 의미한다. 현대 투자이론에서는 증권시장은 효율적이어서 주가는 이용 가능한 정보를 즉각적으로 충분히 반영하고 있다고 생각하고 있다. 그러나 현실적으로는 비정상수익을 향유하는 투자자가 존재하고 있으므로 증권시장이 효율적이라고 단정할 수 없다. 따라서 증권시장의 효율성 여부는 주가가 이용 가능한 모든 정보를 충분히 반영한다는 효율적 시장가설을 설정하고 이를 구체적인 실증적 증거에 의하여 검정하여야 한다. 따라서 시장효율성의 검정이란 특정 투자전략이 초과수익률을 얻는지를 조사하는 것이다. 앞에서 언급한 바와 같이 여기에서의 초과수익률은 투자에서 얻은 실제수익률과 기대수익률간의 차이이다. 일반적으로 기대수익률은 CAPM이나 APM에 의해 위험을 조정하여 계산하기도 하고, 유사한 투자의 수익률을 기초로 하여 계산하기도 한다.

시장효율성을 검정하는 방법은 여러 가지가 있다. 그리고 검정대상이 되는 투자전략에 따라 사용되는 방법도 다르다. 일반적으로 사건정보에 근거한 투자전략(주식분할, 이익발표, 합병발표 등)에 대하여는 사건연구를 사용하여 검정한다. 사건연구란 초과수익률의 증거를 찾기 위해 사건일 근처의 수익률을 면밀히 조사하는 연구이다. 한편 관측할 수 있는 기업의 특성(PER, PBR, 배당률)에 근거한 투자전략에 대하여는 포트폴리오접근법을 사용하여 검정한다. 포트폴리오접근법이란 일정한 특성을 가진 기업의 주식으로 포트폴리오를 구성하고 그 포트폴리오가 초과수익률을 얻는지를 시간을 두고 관찰하는 것이다.

지난 30여년간 시장효율성에 대해서 많은 연구가 진행되어 왔다. 그 동안의 연구는 간혹 상이한 결과를 보여주기도 한다. 이들이 상이한 결과를 보여주는 이유는 사용한 통계기법과 분석대상기간이 다르기 때문인 것으로 해석할 수 있다. 현실적으로는 시장은 매우 효율적이라는 주장과 시장에는 매우 심각한 비효율성이 존재한다는 주장이 팽팽하게 맞서고 있는 실정이다.

과거에는 그 동안 이루어졌던 시장효율성에 대한 검정결과들을 앞서 설명한 효율적 시장가설의 유형에 맞추어 약형, 준강형, 강형 EMH에 대한 검정으로 구분하였다. 이러한 분류방법은 증권의 시장가격에 반영되고 있는 정보의 내용을 잘 구분하고 있으나, 그 후 많은 연구들과의 연관성 면에서 불편한 점이 있어 1991년 파마는 자본시장의 효율성에 관한 기존의 실증적 연구들을 다음과 같이 재분류하고 있다.

첫째, 증권가격변화와 그것의 시계열적 특성에 관한 연구이다. 즉, 수익률의 예측가능성에 관한 연구이다. 이 유형은 과거의 증권에 관련된 자료를 이용하여 미래의 가격을 예측할 수 있는가에 관한 즉, 과거의 역사적 자료를 이용하여 미래의 수익률을 예측할 수 있는가에 관한 연구로서, 이 부분에 대한 최초의 연구들은 주로 약형 효율적 시장가설의 성립여부와 기술적 분석의 타당성검증에 주력했었다. 그러나 최근의 연구들은 배당수익률, 이자율, 그리고 기업의 이익 등과 같은 기본적 요인들이 주식의 미래수익률을 예측할 수 있는 능력을 가지는가에 관한 연구로 확장되고 있다.

둘째, 정보공시에 대한 시장반응의 효율성에 관한 연구이다. 이 유형은 사건정보에 근거한 투자전략에 대한 연구로 사건연구에 의하여 검정되어 왔다. 즉 이익이나 배당, 그리고 주식분할 등의 공표라는 새로운 정보에 주가가 얼마나 신속·정확하게 반응하는가에 관한 연구로서, 주로 준강형 효율적 시장가설을 검정하는데 사용된다.

셋째, 사적 정보에 관한 연구이다. 이는 주로 내부자거래, 투자분석가 추천종목, 기금운영자에 대한 시장반응 분석 등을 포함하며, 공시되지 않은 사적 정보를 가지고 있는 투자자가 이 정보를 이용하여 비정상수익을 얻는지에 관한 연구로서, 주로 강형 효율적 시장가설을 검정하는데 사용된다.

한편 자본시장이 효율적이지 못하다는 것을 나타내는 여러 현상을 통칭하여 자본시장의 이례현상(anomaly)이라고 한다. 즉, 투자대상의 특성이나 시기에 따라 적절하게 투자대상을 선택하면 비정상적인 투자성과가 계속적으로 나타나는 것이 이례현상이다. 이례현상에 관한 연구는 수익률 예측능력에 관한 연구로 분류하기도 하나, 본 장에서는 따로 구분하여 제4절에서 설명하기로 한다.

2. 가격변화의 시계열적 특성

시장효율성에 관한 초기 연구들은 시계열 주가변화, 즉 수익률간의 관련성과 이를 기초로 한 예측이 타당한지를 규명하는 데 초점을 맞추고 있다. 주가변화의 기간별 관련성에 대한 연구는 기간별 주가가 무작위적이라는 주가변화의 랜덤워크 이론에 기초를 두고 있다. 주가 수익률의 시계열적 특성에 관한 연구는 크게 단기(일중, 일간, 그리고 주간) 변화에 관한 연구와 장기(연간 그리고 5년간) 변화에 관한 연구로 구분할 수 있다.

2.1 단기주가변화

단기주가변화에 대한 초기 연구들은 주로 짧은 기간 사이에 개별 주식들의 일별 수익률이나 주별 수익률을 예측할 수 있는지에 관심을 두어 왔다. 그 이유는 '오늘의 주가변화는 내일의 주가변화에 관한 많은 정보를 포함하고 있다'는 사실이 대부분의 투자자들의 마음속에 깊이 뿌리박고 있기 때문이다.

단기 수익률의 예측 가능성에 관한 연구 방법으로는 시계열상관분석, 필터기법 그리고 연의 검정 등을 들 수 있다.

❖ 시계열상관분석

연속된 기간(예를 들면 시간, 일간 또는 주간) 동안의 주가변화간의 상호 관련성을 측정하는 기법이다. 즉, 시계열상관분석은 한 기간 동안의 주가 수익률 변화가 지나간 기간 동안의 주가 수익률 변화에 얼마나 의존하는가를 측정하는 것이다. 시계열상관관계가 0이라는 것은 연속된 각 기간의 주가변화가 서로 관련되어 있지 않다는 것을 나타낸다. 이 사실은 투자자들이 과거의 주가변화행태를 이용해서 미래의 주가변화를 예측할 수 있다는 가설을 기각하게 된다. 즉 전기의 주가변화가 다음 기의 주가변화에 영향을 주지 않고 각기 무작위하게 변한다는 것을 의미한다.

만약에 주가 수익률간의 유의적인 양(+)의 시계열상관관계가 존재한다면 주가변화가 일정한 추세를 갖고 있다는 것을 의미하며, 전기에 양(음)의 수익률을 올렸다면 금기의 수익률도 양(음)이 될 가능성이 매우 높다는 것을 의미한다. 반면에 유의적인 음(−)의 시계열상관관계가 존재한다는 것은 금기와 전기의 주가변화가 반대로 나타난다는 것을 의미하며, 전기에 양(음)의 수익률을 획득했다면 금기에는 음(양)의 수익률을 획득할 가능성이 매우 높다는 것을 의미한다.

투자전략적인 관점에서 볼 때, 시계열상관관계가 존재하면 시계열상관분석결과는 초과수익을 올리는 데 이용될 수 있다. 정의 시계열상관관계가 존재하는 경우에는 전기에 양의 수익률을 올린 주식을 매입하고, 음의 수익률을 올린 주식을 매도하는 투자전략이 유리하다. 전략을 수행하는 데에는 거래비용이 발생하므로 투자자가 거래비용을 모두 지급하고도 이익을 얻을 수 있기 위해서는 시계열상관관계가 충분히 존재하여야 한다. 실제로 시계열상관관계가 존재하더라도 비용을 고려하면 초과수익률을 획득할 가능성이 없는 경우도 충분히 있을 수 있다.

[표 6-1]은 마모다란(Damodaran)이 단기수익률의 시계열상관분석을 검정한 과거의 구미증권시장에 대한 연구결과들을 요약한 것이다. 연구결과들을 살펴보면, 대부분의 자본시장에서 단기간의 시계열상관관계가 미미함을 알 수 있다. 가끔 통계적으로 유의한 시계열상관관계를 보이는 경우도 있지만, 이 경우에도 거래비용을 고려하면 초과수익률을 얻을 수 있을 만큼 충분한 상관성이 없는 것으로 밝혀졌다.

보다 강력한 통계적 도구를 사용한 연구결과들도 과거의 연구결과와 일치하고 있다. 로와 맥킨레이(Lo and MacKinlay)는 뉴욕증권거래소에 상장되어 있는 주식들의 주별 수익률 간의 시계열상관관계를 조사한 결과, 단기간에 걸쳐 양(+)의 상관관계가 존재함을 발견하였다, 그러나 이러한 상관관계는 초과수익을 얻을 수 있을 만큼 강하지는 않다고 하였다. 한편 제가디쉬(Jegadeesh)는 54년간 뉴욕증권거래소에 상장되어 있는 모든 개별주식의 월별수익률 자료에 대하여 양(+)의 자기상관성을 발견하였다. 이 연구 결과는 과거의 수익률을 이용하여 미래의 수익률을 예측할 수 있고, 이 예측치를 이용하여 비정상적인 수익률을 얻어 낼 수 있다는 것을 의미하므로 약형 EMH를 기각하는 증거가 된다.

표 6-1 단기수익률의 시계열상관분석

연구자	자 료	변 수	시간간격	상관계수
Kendall & Alexander	19개 지수-영국	가격	1주일	0.131
			2주일	0.134
			4주일	0.006
Moore	30개 기업-미국	로그가격	1주일	−0.056
Cootner	45개 기업-미국	로그가격	1주일	−0.047
Fama	30개 기업-미국	로그가격	1일	0.026
			4일	−0.039
			9일	−0.053
King	63개 기업-미국	로그가격	1개월	0.018
Niarchos	15개기업-그리스	로그가격	1개월	0.036
Griffiths	5개 기업-영국	가격	9일	−0.026
			1개월	0.011
Jennergren	15개 기업-영국	로그가격	1일	0.068
			2일	−0.070
			5일	−0.004
Jennergren & Kosvold	30개 기업-스웨덴	로그가격	1일	0.102
			3일	−0.021
			5일	−0.016

❖ 필터기법

주가가 전기의 낮은 가격보다 일정 비율 이상 상승하면 매입하고, 반대로 주가가 전기의 높은 가격보다 일정 비율 이상 하락하면 매도하는 투자기법이 필터기법(filter rule)이다. 거래를 유발하는 기준인 필터율(일정 비율)의 크기는 항상 일정한 것이 아니라 필터기법마다 상이한데, 필터율이 작을수록 많은 거래가 이루어지고 거래비용이 늘어나게 된다. 필터기법은 주가변화에는 시계열상관관계가 존재하며, 주가변화는 일정한 추세를 갖는다는 가정을 근거로 한 투자기법이다. 즉, 필터기법은 전기에 가격이 많이 상승한 주식은 금기에도 가격이 상승할 것이라고 가정한 투자기법이다.

그러나 필터기법의 가치를 검정한 파마와 브룸(Fama and Blume)의 연구에 의하면 여러 가지 필터기법을 이용한 투자 수익률은 대부분 음(−)이며, 양(+)의 수익률을 보이는 경우에도 그 크기가 아주 작게 나타나고 있다. 이는 필터기법을 이용하여 얻을 수 있는 추가적인 수익이 필터기법을 이용함에 따라 발생하는 거래비용을 충당하지 못한다는 것을 나타낸다. 따라서 이러한 검정결과는 자본시장이 완전히 효율적이지는 못하더라도 비교적 효율적인 시장임을 나타내는 것이다.

알렉산더(Alexander)는 필터기법을 이용하여 비정상수익을 얻을 수 있는지 연구하였다. 그는 여러 개의 필터 값을 사용하여 필터기법을 살펴본 결과, 5%의 필터에서 상당히 큰 비정상수익이 실현된다는 것을 발견하였다. 그러나 이 연구는 거래비용을 고려하지 않았다는 한계점을 가지고 있다.

❖ 연의 검정

일종의 비모수통계적인 시계열상관분석기법으로 일련의 연속적인 가격상승 또는 가격하락을 1단위 연(run)으로 정의하고, 일정기간 동안 발생한 연의 개수를 기준으로 주가의 시계열상관을 분석하는 방법이 연의 검정(run test)이다. 예를 들어 다음과 같은 주가변화를 생각해 보자. 여기서 U는 가격상승을 D는 가격하락을 나타낸다.

UUU DD U DDD UU DD U D UU DD U DD UUU DD UU D UU D

앞의 예에서는 연속적인 33개의 시계열기간 동안 18개의 연이 존재하는 것으로 나타났다. 연의 검정은 주가가 무작위로 변한다는 가정 하에 실제 주가를 기준으로 측정된 실제 연의 개수와 동일 기간 동안의 기대되는 기대 연의 개수를 비교함으로써 이루어진다. 만약 실제 연의 개수가 기대 연의 개수를 초과한다면, 주가변화에 음(−)의 시계열상관이 존재하는 것으로 볼 수 있다. 반대로 실제 연의 개수가 기대 연의 개수보다 작다면, 주가변화에 양(+)의 시계열상관이 존재하는 것으로 판단할 수 있다.

연속기간 동안의 가격변화를 양(+)과 음(−)으로 구별하고 연의 횟수를 관찰하는 연의 검정은 시장의 무작위성을 규명하는데 유용한 방법이다. 연속기간 동안의 가격변화가 양(+)과 음(−)의 값을 가지면서 이어진다는 것 자체가 시장이 무작위하게 움직인다는 것을 보여주는 증거가 된다.

[표 6-2]는 다우존스 주가지수(Dow Jones Industrial Average) 산정에 포함된 주식 30개를 선정하여 1일, 4일, 9일 그리고 16일 간격의 주가변화를 파마가 분석한 결과이다. [표 6-2]의 결과로부터 일별 수익률 간에는 양(+)의 상관관계가 존재하나 이보다 긴 간격으로 측정된 수익률에서는 시계열상관이 존재하지 않는다는 것을 알 수 있다.

표 6-2 연의 검정

구 분	1일	4일	9일	16일
실제 연의 개수	735.1	175.7	74.6	41.6
기대 연의 개수	759.8	175.8	75.3	41.7

2.2 장기주가변화

단기주가변화에 시계열 상관관계가 존재하지 않는다고 해서 자본시장이 효율적이라고 단정 지을 수는 없다. 왜냐하면 표본기간을 어떻게 정하느냐에 따라 시계열 상관관계의 크기와 방향이 달라질 수도 있기 때문이다. 앞의 주가변화에 관한 초기의 연구들이 주로 짧은 기간 동안의 주가변화에 초점을 맞추고 있다면, 최근의 연구들은 장기간(1년에서 5년 단위)의 주가변화에 더 많은 관심을 보이고 있다. 최근의 연구결과들이 장기주가형태에 더 많은 관심을 갖는 이유는 장기적으로 주가간에 실질적인 음(−)의 시계열상관관계가 존재하는 것으로 밝혀졌기 때문이다. 이 사실은 시장이 장기적으로 반전되고 있음을 보여주며, 자본시장의 효율성을 부정하는 중요한 증거가 될 수 있다.

장기주가변화에 관한 연구는 파마와 프랜치(Fama and French)에 의하여 제시되었다. 이들의 연구 결과인 [그림 6-1]은 뉴욕증권거래소(NYSE)에 상장되어 있는 주식을 대상으로 1년 그리고 5년 단위의 장기수익률의 시계열상관을 기업규모별로 요약한 것이다. [그림 6-1]에서 살펴 볼 수 있는 바와 같이 주가 수익률을 1년 단위로 측정했을 때보다 5년 단위로 했을 때 음(−)의 시계열상관관계가 한층 크게 나타나고, 대기업의 주식보다는 소기업의 주식이 더 큰 음(−)의 상관관계를 가지고 있는 것으로 나타나고 있다. 한편 뉴욕증권거래소 이외의 다른 증권시장을 대상으로 장기주가변화와 시계열상관을 분석한 결과들도 [그림 6-1]의 결과와 유사

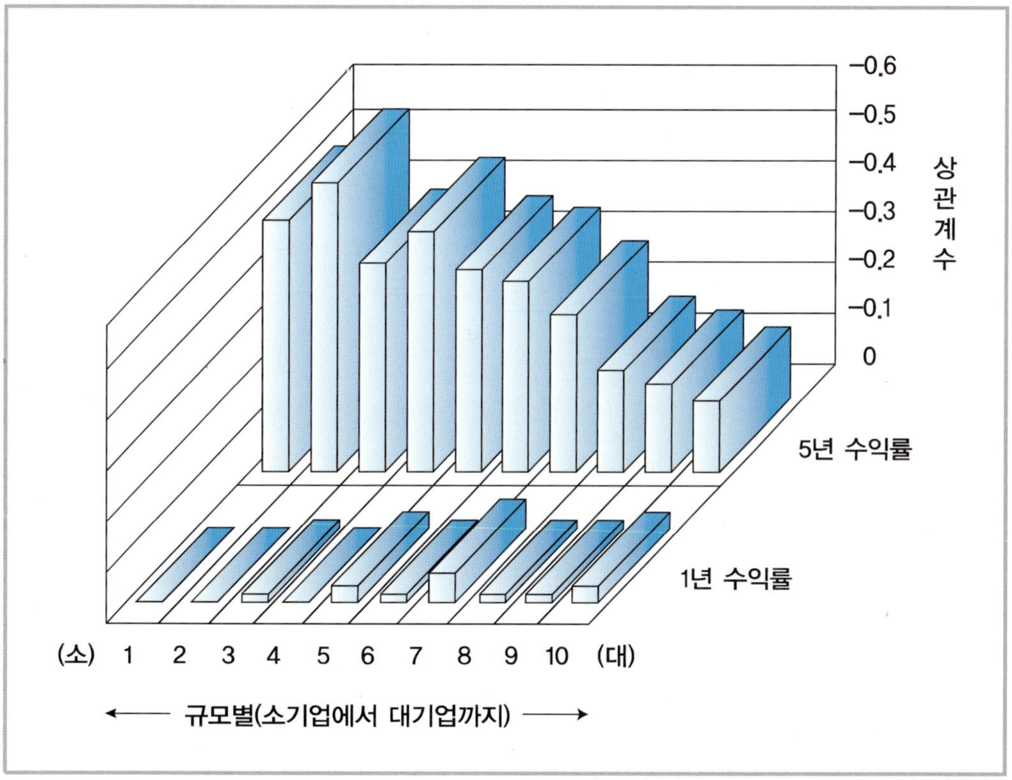

그림 6-1 기업규모별 장기 주가변화

한 것으로 판명되었다.

수년간에 걸친 주식의 장기 수익률이 음(−)의 상관관계를 지닌다는 연구결과들은 새로운 정보에 주가가 과잉반응한다는 과잉반응가설(overreaction hypothesis) 또는 유행가설(fads hypothesis)에 기초하고 있다. 과잉반응가설은 시장에 나쁜 뉴스가 새로 공표된 경우 일정기간 동안 주가는 새로운 뉴스의 진정한 가치보다 더욱 크게 반응하여 균형가격 이하로 하락하게 되고, 그 다음에 과잉반응에 대한 조정이 이루어져 일정기간 동안 주가는 다시 상승하게 된다는 사실에 기초하고 있다. 좋은 뉴스의 경우도 마찬가지이다. 시장에 좋은 뉴스가 발표되면 주가는 일정기간 동안 오르면서 과잉반응을 보이고 그 후 과대평가된 부분이 주가의 하락을 가져오게 된다는 것이다. 따라서 과잉반응가설 하에서는 주식의 단기수익률은 서로 같은 방향으로 움직이는 양(+)의 상관을 가지게 되나, 장기수익률은 음(−)의 상관을 가지게 된다는 것이다.

과잉반응가설은 자본시장이 장기적으로 반전되고 있다는 것을 나타내고 있다. 즉, 지난 기간에 가격이 상승했던 주식은 다음 기간에는 가격이 하락할 가능성이 많고, 반대로 지난 기간에 가격이 하락했던 주식은 다음 기간에는 가격이 상승할 가능성이 많다는 것이다. 드봉과 탈러(DeBondt and Thaler)는 주가 반전효과만을 분리해 내기 위해서 지난 기간 동안 가격이 가장 많이 상승했던 35개 주식으로 승자포트폴리오(winner portfolio)를 구성하고 가격이 가장 많이 하락했던 35개 주식으로 패자포트폴리오(loser portfolio)를 구성하여 60개월 동안의 수익률을 분석하였다. [그림 6-2]는 승자 및 패자 포트폴리오의 초과수익률을 그래프로 나타낸 것이다.

[그림 6-2]에서 볼 수 있는 바와 같이 포트폴리오 구성 후 60개월 동안 패자포트폴리오의 성과가 승자포트폴리오의 성과보다 높은 것으로 나타났다. 이러한 결과는 장기간에 있어서 시장과잉반응현상과 시장반전현상을 지지하는 결과이다. 결과적으로 투자자들이 새로운 정보에 과잉반응하는 경우 주식의 장기수익률은 음(−)의 상관관계를 가지게 된다는 것이다. 이러한 장기수익률에 관한 실증분석결과를 약형 EMH의 성립을 부정하는 결과로만 해석할 수는 없다. 왜냐하면 주가의 과잉반응이 시장의 비효율성에 기인한 것이 아니라 시장프리미엄이 변하기 때문에 발생할 수도 있기 때문이다. 즉, 약형 EMH를 지지하는 학자들은 주가가 과잉반응하

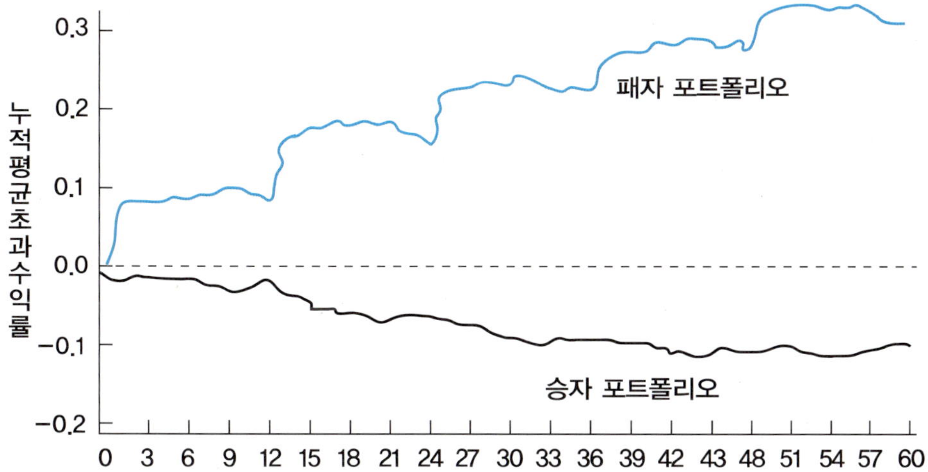

* 승자 · 패자는 1933년과 1978년간 매 1월부터 시작하여 연간 46번 반복시행해서 얻은 평균초과수익률을 기준으로 분류함.

그림 6-2 승자 및 패자 포트폴리오의 초과수익률

는 것처럼 보이는 것은 그 주식에 대한 할인율의 변화에 따라 자연스럽게 주가가 대응하는 것일 뿐 한때의 유행으로 볼 수 없다고 주장하고 있다.

3. 정보공시의 시장반응

효율적 시장에서는 증권의 시장가격은 새로운 정보에 즉각적으로 반응한다. 그러나 시장이 비효율적이라면 시장가격은 과잉반응을 보이거나 지연반응을 보이게 된다. 이에 대한 검정방법은 사건연구를 사용한다. 사건연구는 정보공시의 시장반응에 관한 시장의 효율성을 검정하는 데 매우 유용한 방법이다. 사건연구에서는 정보공시(이익공시, 인수공시 등)에 대한 시장반응을 조사해서 효율성 시장의 존재 여부를 규명하고, 시장이 새로운 정보에 신속하고 정확하게 반응할 때 시장효율성이 지지되는 것으로 본다. [그림 6-3]은 정보공시에 대한 세 가지 상이한 시장반응

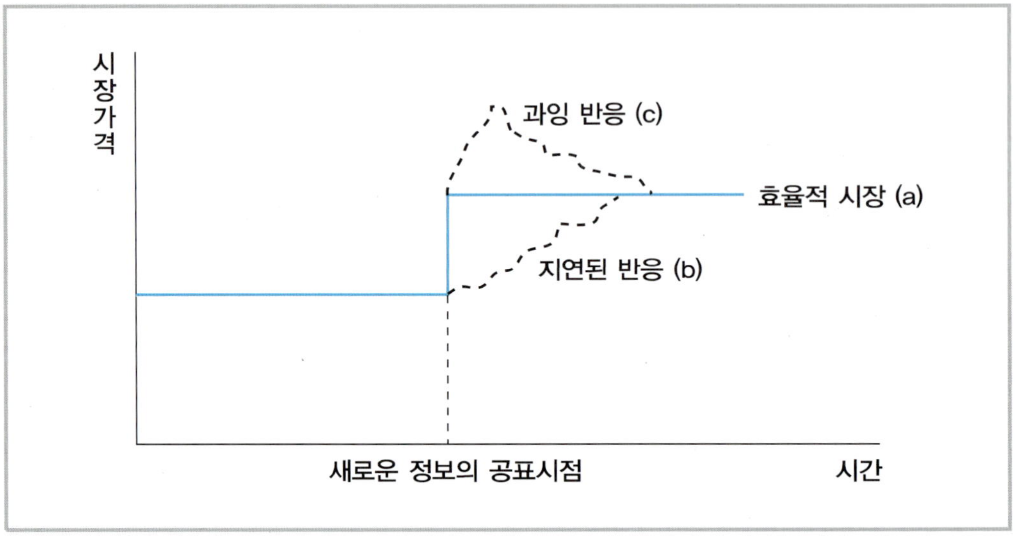

그림 6-3 정보에 대한 시장반응

패턴을 그림으로 나타낸 것이다.

[그림 6-3]에서 반응패턴을 기준으로 분류된 3개의 시장 중 오직 (a)로 나타난 시장반응만이 효율적 시장을 나타낸다. (b)로 나타난 시장에서는 주가가 정보공시 후에 점차적으로 상승하고 있기 때문에 정보공시 이후에 투자자가 초과수익률을 획득할 수 있다. 이런 지연반응을 보인 시장을 느린 학습시장(slow-learning market)이라고 부르며, 여기서는 투자자가 초과수익률을 얻을 수 있다. (c)로 나타난 시장에서는 정보공시시점에서 주가가 정보에 즉각적으로 반응하나 과잉 반응된 주가가 시간이 지나면서 점차 균형을 찾아간다. 투자자는 정보공시 직후에 주식을 공매함으로써 (b)에서와 마찬가지로 (c)에서도 초과수익률을 얻을 수 있다.

사건연구를 방법론으로 사용한 연구들에서는 사건발생으로 인하여 나타나는 누적비정상수익률(cumulative abnormal return: *CAR*)의 크기를 사건발생시점을 전후하여 비교하여 봄으로써 시장의 효율성을 검정하였다. 이들이 사용한 방법의 논리를 간략하게 설명하면 다음과 같다. 만약에 주식분할의 공표가 기업의 낙관적인 정보를 투자자에게 제공하고 자본시장이 준강형 효율적 시장이라면, 주식분할의 공표를 전후하여 주식 수익률은 다음 두 가지 형태 중 하나가 될 것이다. 첫째, 투자자가 공표 시점 이전에 어떤 낙관적인 정보를 전혀 예측하지 못하고 있었다면, 공표 이전의 그

증권은 정상수익률을 제공할 것이다. 그러나 정보의 공표와 동시에 한 번에 증권가격이 상승하는 반응을 나타내어 비정상수익률을 얻게 되며, 그 후 다시 정상수익률만을 제공하게 된다. 둘째, 투자자들이 공표시점 이전에 좋은 정보를 막연하게 예측하였다면, 증권의 가격은 주식분할 공표 이전에 점진적으로 상승하게 되고, 공표 시에는 즉각적인 반응이 일어나고, 다시 그 후에는 별다른 반응을 나타내지 않게 된다.

[그림 6-4]는 이 두 가지 경우에 있어서의 누적비정상수익률(*CAR*)을 그림으로 나타낸 것이다. [그림 6-4]의 (a)는 투자자들이 예상치 못한 상황에서 좋은 정보가 공표된 경우이다. 공표 전에 *CAR*이 0수준에 머물다가 공표 즉시 +3%로 상승하고 있다. 이것은 공표시점에서 정보의 효과가 신속하게 주식가격에 반영되어 비정상수익률을 올리게 된 것이다. 이와 같은 즉각적인 조정으로 인해 이 증권은 새로운 정보를 반영한 공정한 가치로 평가된다. 가격조정이 일어난 후에 투자자는 더 이상 이 정보를 이용하여 비정상수익률을 얻을 수 없고 *CAR*은 수평선을 따라 움직인다. 투자자가 주식분할 공표시점에서 증권을 가지고 있었다면 가격상승에 따라 이익을 얻었을 것이다. 그러나 이 경우는 투자자가 전혀 예측치 못한 상황의 발생이므로 그 이익은 우연적인 행운이었다고 밖에 할 수 없다.

[그림 6-4]의 (b)는 투자자가 공식적인 공표시점 이전에 좋은 정보를 어느 정도 예측하고 있었던 경우이다. 투자자가 좋은 정보를 예측함에 따라 공표시점 이전에 *CAR*은 이미 상승하고 증권가격도 오르게 된다. 공표시점 이후에는 *CAR*이 수평선을 따라 움직이게 되고, 투자자는 더 이상 이 공개된 정보를 이용하여 비정상수익률을 올릴 수 없다. 이 경우 공표 시에 모든 정보가 주가에 신속하게 반영된다는 점에서 준강형 EMH를 지지한다고 볼 수 있다.

물론 시장이 효율적이지 못할 가능성도 있다. [그림 6-4]의 (c)는 투자자가 정보에 대한 예상도 못하고 증권시장 자체도 준강형 기준으로 비효율적인 경우이다. 공표에 따른 주가의 반응이 정보발표시점 이후에도 계속되기 때문에 투자자는 공표시점에 주식을 매입함으로써 비정상수익률을 올릴 수 있다. 그 이후에도 투자자는 매입주문을 계속함으로써 가격을 상승시켜 이익을 올릴 수 있다. 만약 이와 같은 경우라면 *CAR*은 공표시점 이후의 일정기간 동안 계속 상승하게 된다.

준강형 EMH에 의하면 [그림 6-4]에서 (a)나 (b)와 같은 현상이 발생한다는 것

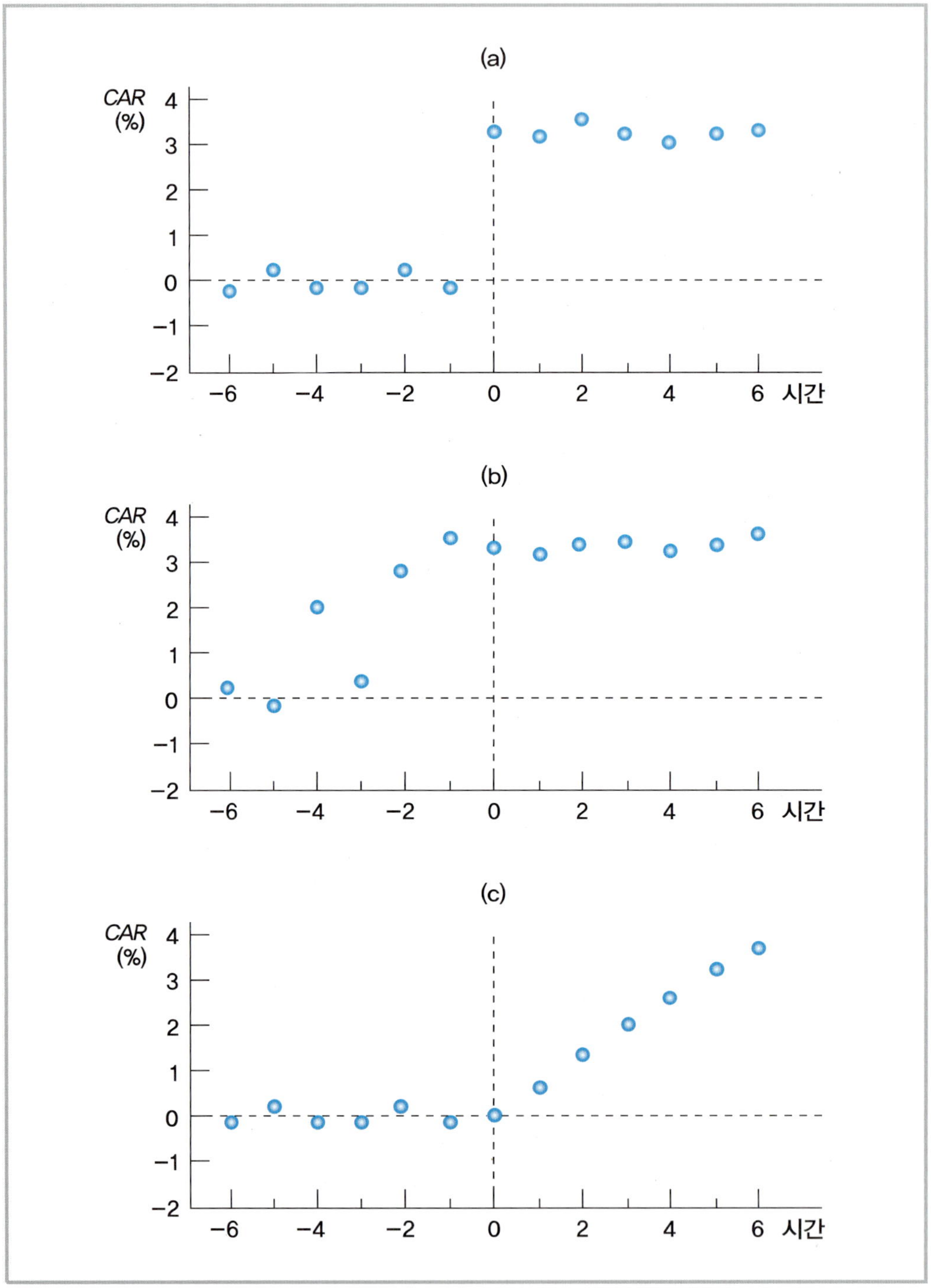

그림 6-4 *CAR*의 변화

이다. [그림 6-4]의 (c)와 같이 정보가 발표된 후에도 추세선을 이루면서 주가가 상승한다면, 이는 현재주가가 이미 발표된 정보를 충분히 반영하고 있지 못하다는 것을 보여주는 것이며, 과거의 주가로써 미래의 주가를 예측할 수 있다는 기술적 분석을 지지하는 것이다.

3.1 주식분할공시에 대한 시장반응

사건연구를 방법론으로 주식분할의 공시가 주가에 미치는 영향을 분석한 연구는 파마, 젠센 그리고 롤(Fama, Jensen and Roll) 등에 의하여 이루어졌다. 이들은 기업이 주식분할을 공시하는 사건발생으로 인하여 나타나는 누적비정상수익률(*CAR*)의 크기를 사건발생시점을 전후하여 비교하여 봄으로써 시장의 효율성을 검정하였다. 이들은 뉴욕증권거래소에 상장된 기업들의 940개 주식분할효과를 분석하였다. 그 결과 주식분할 후 해당 주식으로부터 비정상수익률을 전혀 올릴 수 없음을 보여주고 있어 준강형 EMH가 성립함을 나타내고 있다.

파마 등의 연구 결과를 그림으로 나타내면 [그림 6-5]와 같다. [그림 6-5]의 결

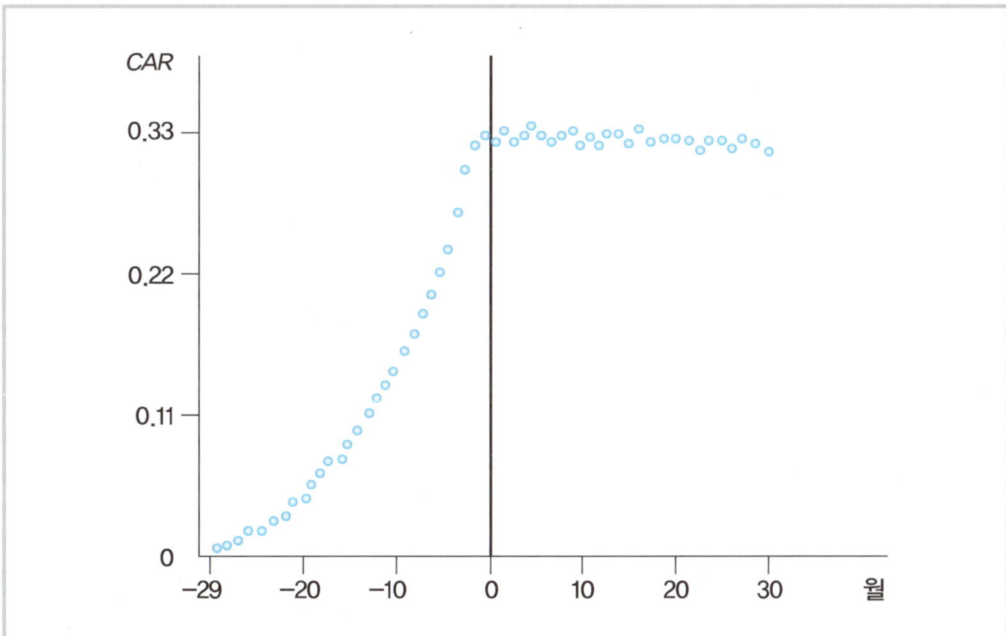

그림 6-5 주식분할 공시에 대한 주가반응

과는 [그림 6-4]의 (b)의 결과와 유사하다. [그림 6-5]에서 살펴 볼 수 있는 바와 같이 주식분할 공시 29월 전부터 *CAR*이 상승하지만 공시 이후에는 *CAR*의 변화가 거의 없다. 이 결과는 주식분할이라는 정보의 가치가 공시시점까지 완전히 주가에 반영되었기 때문에 주식분할 공시 이후 해당 주식으로부터 비정상수익을 전혀 올릴 수 없음을 보여 주고 있다.

3.2 이익공시에 대한 시장반응

기업이 자본시장에서 순이익을 공표할 때, 기업은 현재 및 미래전망에 대한 정보를 시장에 전달하게 된다. 시장반응의 크기는 공표된 순이익이 투자자들이 기대했던 수준을 얼마나 많이 초과하는지 또는 미달하는지에 의해 결정된다. 효율적 시장에서는 주가가 순이익의 공표에 즉각 반응한다. 순이익정보에 예상치 않은 좋은 정보가 포함되었다면, 주가는 즉각 상승할 것이며, 예상치 않은 나쁜 정도가 포함되었다면 주가는 즉각 하락할 것이다.

볼과 브라운(Ball and Brown)은 이익의 공표가 시장에 미치는 반응효과를 분석하였다. 기업의 이익이 종래보다 상승한 기업과 감소한 기업으로 구분하여 분석한 결과, 이익 공표일에 이익이 증가된 기업은 양(+)의 비정상수익률을 나타내고 이익이 감소된 기업은 음(−)의 비정상수익률을 나타낸다는 연구결과를 발표하였다. 그리고 이익 공표 이후에는 모두 정상수익률을 보이며, 특정모양의 추세선을 발견할 수 없었으므로 준강형 EMH가 성립한다고 주장하였다. 이는 공표 후의 정보도 주가에 신속하게 반영되어 그 후에는 그 정보에 의존하여 비정상수익률을 얻을 수 없다는 것을 의미하는 것이다. 이들의 연구 결과를 그림으로 나타내면 [그림 6-6]과 같다.

그러나 순이익공시에 대한 사건연구에서는 실제 순이익이 투자자의 기대순이익과 비교되므로, 투자자의 기대순이익을 어떻게 측정하느냐가 가장 핵심과제가 되어 왔다. 볼과 브라운의 연구와 같은 초기연구에서는 기대순이익의 대용치로서 전년도 동일 분기의 순이익을 사용하고 있다. 즉, 당년도의 순이익이 전년도의 순이익에 비해서 증가한 기업은 기대치 않은 좋은 정보를 제공하는 기업이며, 반대로 당년도의 순이익이 전년도 순이익에 비해서 감소한 기업은 기대치 않은 나쁜 정보를 제공

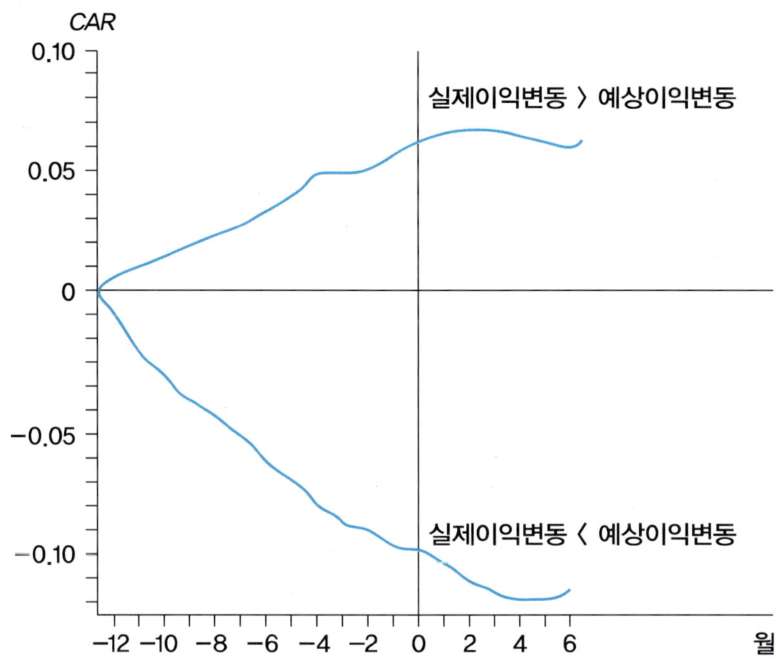

그림 6-6 이익공시에 대한 주가반응

하는 기업으로 평가하고 있다.

최근의 연구에서는 순이익의 예측치가 기대순이익의 대용치로 사용되기도 한다. 즉 연구자의 순이익 예측치를 실제 순이익과 비교하여 기대치 않은 좋은 정보 또는 나쁜 정보가 결정되기도 한다. 렌들만(Rendleman, Jones and Latane) 등은 약 1,000개의 기업에 대하여 예상치 못한 이익, 즉 비기대순이익(earnings surprise)의 크기대로 10개의 포트폴리오를 구성하여 예상치 못한 순이익의 공시가 주식가격에 미치는 영향을 분석하였다. [그림 6-7]은 비기대순이익에 대한 주가반응을 그래프로 나타낸 것으로, 가장 큰 음(−)의 순이익을 공시한 포트폴리오(그룹 1)로부터 가장 큰 양(+)의 순이익을 공시한 포트폴리오(그룹 10)에 이르기까지 10개 포트폴리오의 주가반응을 보여주고 있다.

[그림 6-7]에 나타난 결과는 순이익공시에 관한 최근 대부분의 연구결과와 일치하고 있다. 연구결과를 요약하면 다음과 같다. 첫째, 순이익공시는 명백히 주식시

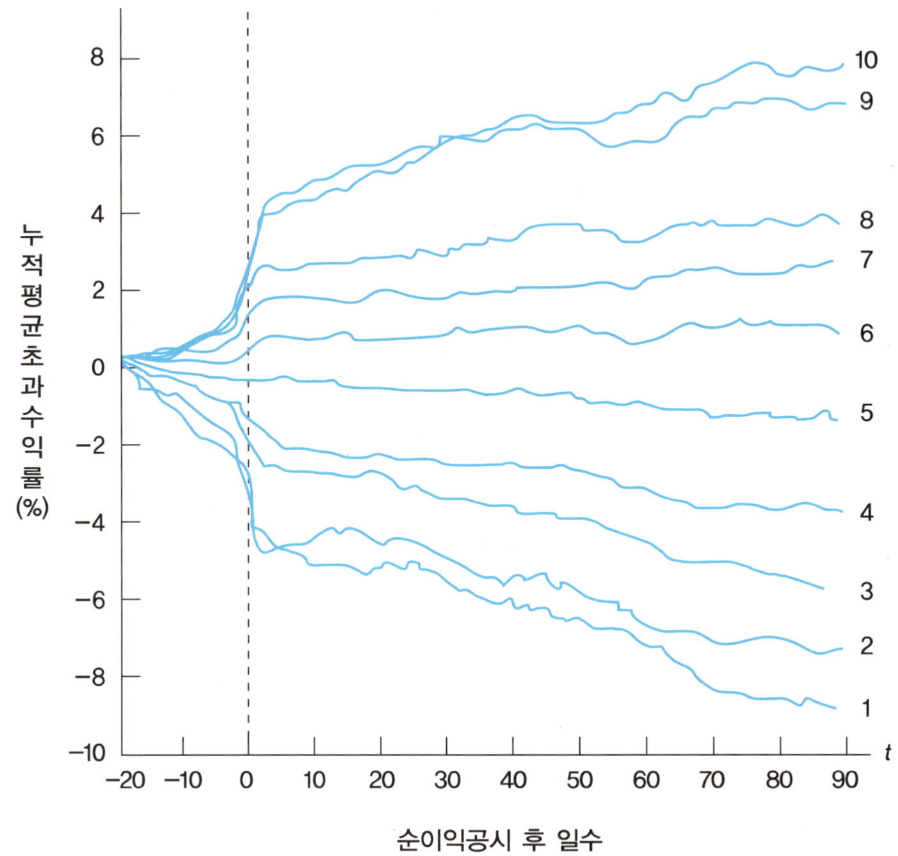

그림 6-7 순이익공시에 대한 주가반응

장에 중요한 정보를 제공한다. 긍정적인 순이익공시 후에는 양(+)의 *CAR*이 발생하고, 부정적인 순이익공시 후에는 음(−)의 *CAR*이 발생한다. 둘째, 순이익이 공시되기 하루 전에 공시되는 순이익의 특성에 따라 순이익정보가 주가에 반영된다는 증거가 제시되고 있다. 즉, 긍정적 순이익공시 전일에 주가가 오르고 부정적 순이익공시 전일에 주가가 내리는 증거를 일부 확인할 수 있었다. 이러한 현상은 내부자거래가 존재하거나 또는 순이익 공시일을 잘못 추정하여 나타난 결과로도 해석할 수 있다. 셋째, 비록 미미하지만 공시일 이후에 주가가 계속 반응하기도 한다. 즉, 긍정적인 순이익공시는 공시일에 양(+)의 주가반응을 일으키며, 공시일 이후에는 완만한 양(+)의 초과수익률을 발생시키는 증거도 확인할 수 있었다. 또한 유사한 증거를 부정적인 순이익공시에서도 발견할 수 있었다.

이와 같은 결과는 준강형 EMH가 성립하지 않음을 뜻한다. 만약 자본시장이 준강형 효율적 시장이라면 모든 *CAR*은 수평선을 그려야 한다. 결론적으로 주식가격이 예상치 못한 순이익의 공시에 따라 조정은 되나 그 조정과정이 효율적인지는 매우 의문스러우며 투기적 이익을 얻을 수 있는 가능성을 보여주고 있다.

3.3 회계변경과 합병발표에 대한 시장반응

선더(Sunder)는 재고자산 평가방법을 변경한 기업들을 대상으로 회계변경 공시시기를 전후하여 *CAR*의 움직임을 연구하였다. 이들의 연구결과를 그림으로 나타내면 [그림 6-8]과 같다.

일반적으로 인플레이션 시기에 기업이 선입선출법(FIFO)을 사용한다면 순이익은 과대 계상되어 많은 법인세를 부담하여 현금흐름은 작아지고, 후입선출법(LIFO)을 사용한다면 순이익은 과소 계상되어 적은 법인세를 부담하여 현금흐름은 커지게 된다. 따라서 기업이 FIFO에서 LIFO로 회계처리를 변경하면 그 기업의 주가는 상승하게 되고, 반대로 LIFO에서 FIFO로 회계처리를 변경하면 그 기업의

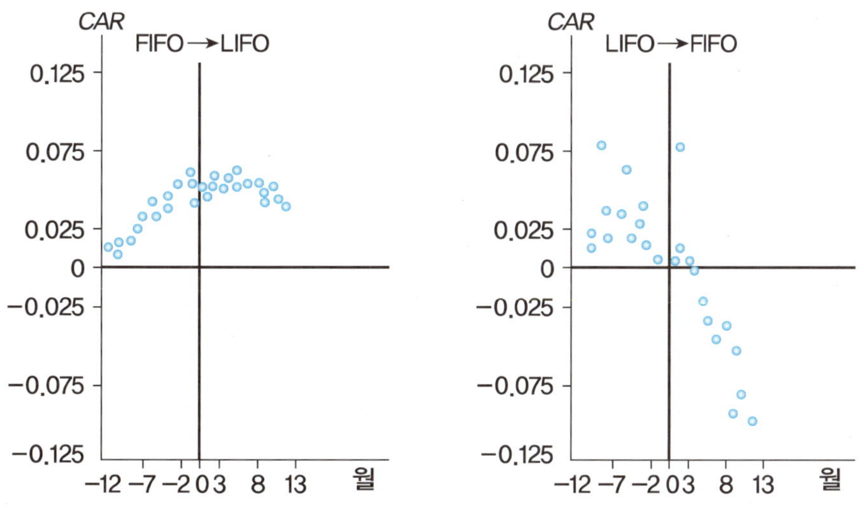

그림 6-8 회계변경에 대한 주가반응

주가는 하락하게 된다.

[그림 6-8]에서 살펴 볼 수 있는 바와 같이 FIFO에서 LIFO로 회계처리를 변경한 경우, 이를 공시하기 전에는 *CAR*이 상승하는 것으로 나타나 기업의 경제적 가치가 주가에 반영되었으나 공시 후에는 *CAR*이 변화하지 않는 것으로 나타났다. 이는 준강형 EMH에 부합하는 증거로 해석할 수 있다. 그러나 LIFO에서 FIFO로 변경한 경우 *CAR*은 공시 후에도 계속 하락하였다. 이는 준강형 EMH를 부정하는 증거로 해석할 수 있다. 즉, 투자자들은 현금흐름을 보다 중시하는 것으로 볼 수 있다.

콴과 핀커튼(Keown and Pinkerton)은 합병발표가 피인수기업(target firm)의 주가에 어떠한 영향을 미치는가를 실증적으로 분석하였다. 이들은 194개 피인수기업의 주가가 합병 발표 전후에 어떻게 움직이는가를 분석하였는데 그 결과를 요약하면 [그림 6-9]와 같다.

[그림 6-9]에서 살펴 볼 수 있는 바와 같이 합병발표 시점 바로 전에서는 피인

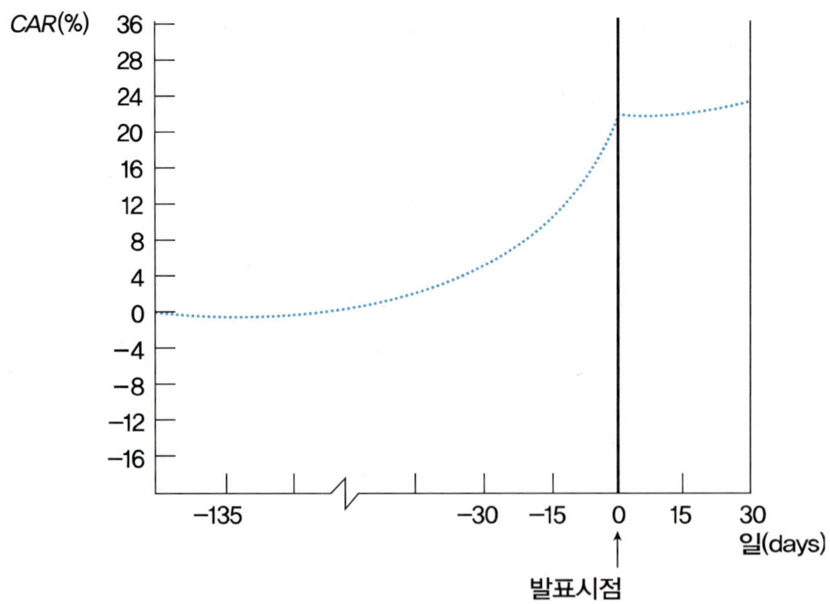

그림 6-9 합병발표에 따른 주가반응

수기업의 *CAR*이 급상승하여 합병발표가 호재임이 확인되었으며, 발표일 이후에는 일단 상승된 *CAR*이 평행으로 거의 변함이 없으므로 준강형 EMH가 성립한다는 것을 시사하는 것이다. 즉, 합병발표라는 정보는 신속·정확하게 주가에 반영되어 실제가격이 투자자들의 기대가격과 거의 일치함으로써 비정상적 수익률이 평균적으로 0에 가까움을 보여주고 있다.

[그림 6-9]에서 합병발표 30일 이전부터 *CAR*이 증가하기 시작하는 것은 정보가 사전에 누출되었다는 것으로 해석할 수 있다. 즉 합병발표가 있기 30일 전에 이미 그 정보를 입수한 투자자가 주식을 매입하여 비정상수익률을 올린 것으로 볼 수 있다. 그러나 사전에 정보가 [그림 6-9]와 같이 서서히 노출되는 것만은 아니다. 실제로 사건발표 시점에 주가가 급격히 변하는 경우도 많이 발견되고 있다.

4. 사적 정보에 관한 연구

강형 효율적 시장은 모든 정보가 증권가격에 완전히 반영된 시장을 말한다. 이때 모든 정보에는 과거의 정보, 현재 공표된 정보 및 공개되지 않은 내부정보까지 포함한다. 강형 EMH에 따르면 정보는 어느 한 집단 또는 개인에 의해 독점될 수 없기 때문에 어느 누구도 다른 투자자보다 독점적인 정보에 의존하여 계속적으로 더 높은 투자 수익을 올릴 수 없다는 것이다. 일반적으로 증권분석가, 기업의 내부자 및 포트폴리오 관리자들은 시장의 일반적인 평균투자자(average investor)들보다 정보 면에서 유리한 입장에 있고, 이들은 이런 유리한 입장을 초과수익률로 전환시킬 수 있는 능력을 갖고 있다고 생각하기 쉽다. 그러나 강형 EMH이 지지된다면 이는 불가능하다.

4.1 증권분석가의 투자성과

증권분석가들은 대표적인 증권전문가이므로 이들은 사적 및 공개 정보를 얻는데 있어서 시장의 다른 사람들보다는 확실히 우월적 지위를 가지고 있다고 알려져 있다. 증권분석가들은 사적 및 공개 정보를 이용해서 고객들에게 매입 및 매도 추

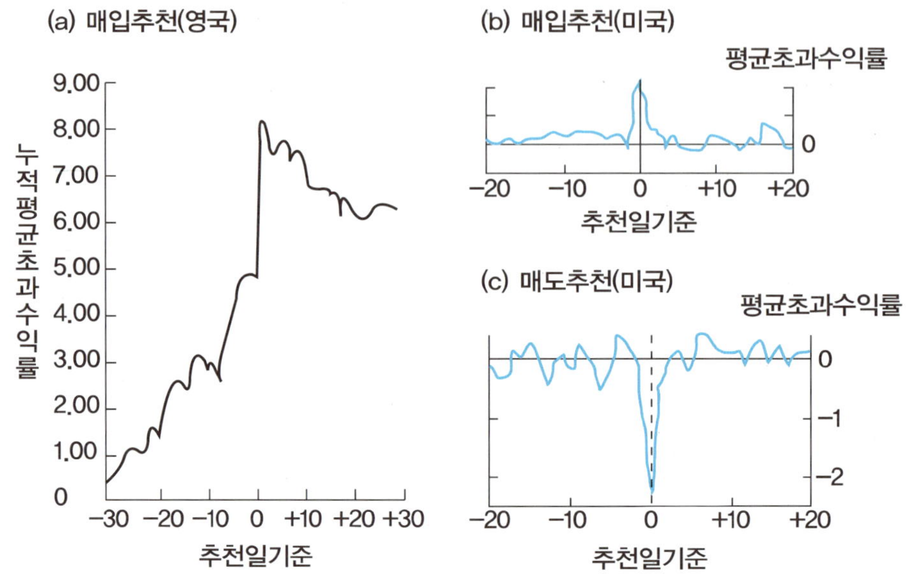

그림 6-10 매입 및 매도추천과 *CAR*

천을 하고, 고객들은 그 추천을 바탕으로 거래한다. 다모다란(Damodaran)은 증권분석가들의 매입 또는 매도 추천이 평균초과수익률에 미치는 영향을 요약하여 다음 [그림 6-10]으로 나타내었다.

[그림 6-10]에서 살펴 볼 수 있는 바와 같이 분석가들의 매입 및 매도 추천이 주식가격에 모두 영향을 미치지만, 매도추천은 매입추천이 주가에 양(+)의 영향을 미친 정도보다 주가에 훨씬 큰 음(−)의 영향을 준 것으로 나타났다. 가격변화는 추천일에 한정되어 나타나고, 주가가 사전에 또는 사후에 움직이는 증거는 발견하지 못하고 있다.

다모다란은 증권분석가들이 기관투자자들에게 추천한 종목의 유용성을 분석하였다. 그의 연구 결과는 증권분석가들이 추천한 매수종목들은 매수 후 평균적으로 53% 가량 주가가 하락하였으며, 단지 47%만이 시장평균보다 주가가 상승한 것으로 나타나고 있다. 이 결과는 증권분석가들이 추천한 종목에 투자한 경우 시장평균 이상의 투자성과를 얻지 못한다는 것을 나타낸다. 반면에 매도추천종목들 중 74%가 시장평균에 비하여 더 큰 폭으로 주가가 하락했음을 보여 주고 있어, 매도추천종목의 경우에는 매수의 경우에 비해 보다 정확한 예측이 이루어지고 있음을 나타내고 있다. 그러나 특정기간 동안 평균보다 나은 투자성과를 얻은 증권분석가들의 경우에도 지속적으로 우월한 투자성과를 얻지 못하는 것으로 나타나고 있다.

미국의 증권분석지인 VLIS(Value Line Investment Survey)는 투자종목들의 주가상승 및 하락 가능성을 예상하여 1등급(매입대상)에서부터 5등급(매도대상)까지 순위를 매긴 정보를 제공하고 있다. 많은 투자자들은 이 추천정보가 과소 또는 과대평가되어 있는 투자종목에 대해 식별능력이 있다고 믿고 있다. 블랙, 코프랜드 그리고 마이어(Black, Copeland and Myers) 등은 VLIS가 제공하는 정보의 예측능력에 대하여 실증적 분석을 시도하였는데 분석결과 VLIS가 제공하는 순위정보가 비정상적인 투자수익을 가져다준다고 결론을 내리고 있다. 이상의 결과들은 강형 EMH를 위배하고 있다. 그러나 정보 이용에 따른 거래비용 등을 고려하여 볼 때 자본시장은 상당한 정도로 효율적이란 사실도 부정할 수 없다.

4.2 기업내부자의 투자성과

기업내부자는 일반투자자들에 비해 해당 기업에 대해 독점적 정보를 갖고 있다고 알려져 있다. 미국의 경우 증권거래위원회(SEC)는 내부자를 회사의 주요 관리자나 이사 혹은 대주주(발행주식의 5% 이상 소유주주)로 규정하고 있다. 내부자들은 회사의 특정정보를 미리 이용하여 그 기업의 주식을 거래하지 못하도록 되어 있고 부득이 주식을 매매하는 경우에는 SEC에 보고할 것을 요구받고 있다. 만약 내부자들이 다른 투자자들보다 회사에 대해 좋은 정보를 가지고 있고 증권의 가치를 잘 평가한다면 틀림없이 내부자들의 매매결정은 주가에 영향을 미칠 것이다.

[그림 6-11]은 내부자거래에 대한 초기연구인 재프(Jaffe)의 연구결과를 요약한 것이다. 그는 내부자거래를 기준으로 두 집단의 초과수익률을 조사하였다. [그림 6-11]에서 '매입거래집단'은 내부자의 매입량이 매도량보다 큰 차이로 압도한 주식들로 구성되었고 '매도거래집단'은 내부자의 매도량이 매입량보다 큰 차이로 압도한 주식들로 구성되었다. 이 그림에서 살펴 볼 수 있는 바와 같이 매입거래집단이 매도거래집단 보다 상당히 좋은 성과를 얻은 것으로 나타났다.

그러나 그의 연구는 내부자 스스로 초과수익률을 얻는지에 대한 의문을 규명하

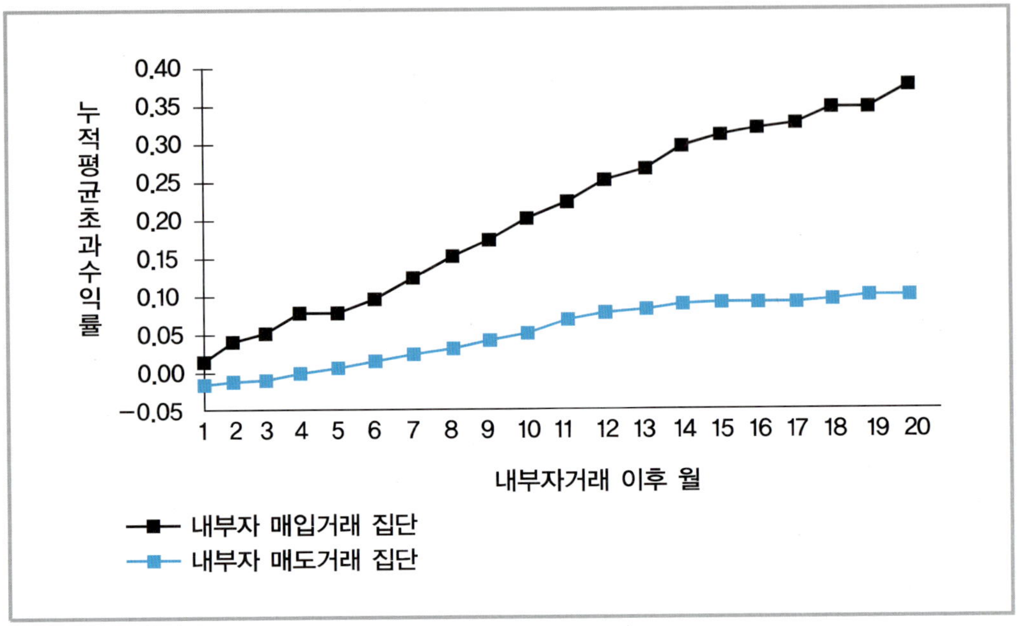

그림 6-11 내부자거래 이후의 *CAR*

지 못하고 있다. 이에 대해 직접적인 증거들을 제시할 수는 없지만 사적 정보를 이용한 불법적인 내부자거래는 초과수익률을 얻고 있을 것으로 생각할 수 있다. 그러나 내부자 거래의 실상을 파악하기가 힘들어 강형 EMH에 대하여 명백한 결론을 내릴 수는 없다.

4.3 펀드매니저의 투자성과

전문적인 펀드매너저는 투자현장에서 전문가로서 일을 한다. 그들은 소규모 투자자들보다 정보력에서 앞서고 현명하며 낮은 거래비용을 부담하는 전체적으로 우수한 투자자라고 생각된다. 젠센(Jensen)의 뮤추얼펀드(mutual fund)에 대한 초기 연구에서는 이러한 가정이 실제로는 지지되지 않는 것으로 나타났다. 뮤추얼펀드의 초과수익률은 [그림 6-12]에 정리되어 있다. 이 그림에서 살펴 볼 수 있는 바와 같이 포트폴리오관리자들의 실제평균수익률이 시장평균수익률보다도 낮았다.

젠센의 연구 결과는 다른 연구에서도 약간의 변화는 있지만 지지되고 있다. [표 3]은 미국의 전문투자기관들이라고 할 수 있는 은행, 보험회사, 그리고 증권투자만을 전문으로 하는 뮤추얼펀드들의 투자성과를 과거 1년, 과거 4년, 과거 8년간의

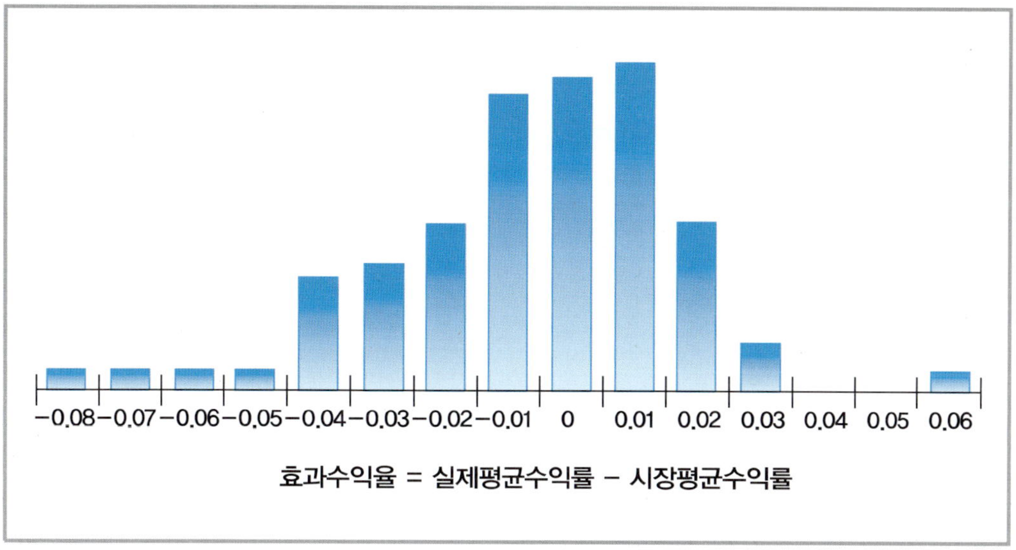

그림 6-12 뮤추얼 펀드 등의 성과

수익률을 조사한 엘리아(Elia)의 연구 결과를 요약한 것이다. 그는 조사결과를 비교하기 위하여 종합주가지수인 S&P 500의 수익률을 검토하였다. 종합주가지수는 시장의 전반적인 동향을 나타내는 것이기 때문에 투자자가 무작위로 주식에 투자하면, 그 평균성과는 종합주가지수의 움직임과 유사할 것이라고 할 수 있다. [표 6-3]에서 살펴 볼 수 있는 바와 같이 종합주가지수는 과거 1년 동안에 38.1%가 상승했는데 전문투자자에 의해 관리되는 투자의 성과는 이에 미치지 못하였다. 과거 4년간과 8년간의 실적을 보더라도 전문투자자의 투자성과가 종합주가지수의 수익률을 능가하는 것은 거의 없음을 볼 수 있다.

표 6-3 전문투자자의 성과분석

투자기관	1년간	4년간	8년간
은행	+30.3%	−3.5%	−0.2%
보험회사	+33.9	−3.9	−0.6
투자자문사	+30.0	0.4	자료없음
성장형수익증권	+38.8	−0.6	−2.5
안정형수익증권	+33.0	−0.3	+2.0
종합주가지수(S&P 500)	+38.1	−0.3	+1.7

이상의 결과로부터 기업의 내부자가 독점적 정보를 갖고 있다는 것은 확실하나 전문투자기관이 정말 독점적인 정보를 가지고 있는지를 명확하게 단정 지을 수 없다. 전문적 투자기관은 일반투자자들보다 독점적 정보를 많이 가지고 있다고 생각되지만, 실증분석 결과 전문적 투자기관의 투자성과는 일반투자자의 투자성과와 별 차이가 없는 것으로 나타나고 있다.

5. 검정결과의 해석과 관련된 논점

지금까지 살펴본 많은 연구결과는 현실의 자본시장이 효율적인지에 대해 명확한 결론을 제시해 주지 못하고 있다. 어떤 연구는 증권시장이 효율적이라는 증거를 제시하고 있으나 또 다른 연구는 시장이 비효율적일 수 있음을 보여주고 있다. 이러한 상반되는 연구결과들은 증권시장이 완전히 효율적인 시장은 아니지만 상당히 효율적인 시장이라는 것을 의미하는 것이라 할 수 있다.

효율적 시장가설이 현실적으로 타당하다면 잘못 평가된 주식을 식별하고 적절한 투자시점을 찾으려는 모든 노력은 무의미하게 된다. 따라서 증권시장이 효율적인지를 검정하는 것은 학자들에게 뿐만 아니라 업계의 증권분석가나 포트폴리오 관리자에게 있어 대단히 중요한 과제이다. 그런데 학계에서는 효율적 시장가설을 중요한 연구과제로 다루어왔음에도 불구하고 업계에서는 상대적으로 소홀하게 취급하였다. 학자들이 EMH를 지지하는 다수의 증거들을 발표하여도 업계에서는 여전히 비정상수익을 얻을 수 있다고 믿고 있다. 이러한 상황을 이해하기 위해서는 EMH의 검정결과를 해석할 때 다음과 같은 점을 유의해야 한다.

첫째, 투자성과의 크기를 고려하여야 한다. 1,000억 원의 투자자금을 관리하고 있는 어떤 포트폴리오 관리자가 고도의 전문성을 발휘하여 새로운 정보를 찾아내고 이 정보를 이용하여 다른 투자자보다 연간 0.1%의 추가적인 수익을 가져다주는 투자기회를 발견했다고 하자. 이 경우 이 관리자가 실현한 추가이익은 1억 원이며 이 크기는 무시할 수 없는 비정상적 투자성과이다. 따라서 포트폴리오 관리자는 이러한 추가적인 수익을 가져다주는 투자기회를 찾기 위해 많은 노력을 기울일 것이다. 그러나 EMH를 검정할 때 0.1%의 추가적인 수익률은 통계적으로 의미있는 것으로 받아들여지지 않을 수도 있다. 0.1%의 수익률의 크기는 포트폴리오 수익률의 불규칙적인 변동 때문에 무시될 수 있기 때문이다.

모든 투자자들이 시장이 효율적이라고 믿는다 할지라도, 대규모의 자금을 관리하는 포트폴리오 관리자는 미세한 비정상이익의 기회를 찾아내어 매우 큰 규모의 투자성과를 실현하고자 노력한다. 이러한 포트폴리오관리자들이 존재하는 한 시장가격은 더욱 효율적인 가격이 될 것이다. 따라서 EMH는 '시장이 효율적인가?'라는 것이 아니라 '시장이 어느 정도 효율적인가?'를 검정하는 것이어야 한다.

둘째, 표본선택의 편의(bias)를 고려하여야 한다. 어떤 투자자가 막대한 투자수익을 가져다주는 투자전략을 찾아냈다고 하자. 투자자는 이 전략을 공개함으로써 일시적인 명예나 부를 얻거나 아니면 그 전략을 혼자 이용하여 막대한 부를 얻는 두 가지 중의 하나를 선택할 것이다. 아마 대부분의 투자자는 후자를 선택하려 할 것이다. 따라서 큰 투자성과를 얻는데 실패한 투자자들만이 자신들의 투자전략을 공개하기 때문에 효율적 시장가설의 검정에 사용된 표본들에 문제가 존재할 수 있다. 이러한 문제점으로 효율적 시장가설을 불신하는 투자자들은 몇 가지 증거만으로 효율적 시장가설의 타당성을 입증할 수 없다고 주장할 수 있다.

셋째, 우연한 행운 여부를 판단하여야 한다. 주식시장에는 단기간에 엄청난 투자성과를 실현한 사례들이 알려지고, 이런 사례들이 곧 EMH를 기각하는 증거라고 주장되고 있다. 그러나 이런 예외적인 투자성과는 많은 경우 우연한 행운의 결과일 수 있으며, 따라서 EMH를 기각하는 증거로 채택되어서는 안 된다. 확률론상 이와 같은 우연한 행운은 수많은 투자자들 중 일부에게는 발생하게끔 되어 있는 것이다.

예를 들어보자. 동전 던지기에서 앞면이 나올 확률은 0.5이다. 어떤 사람이 동전을 던져 계속하여 앞면이 10번 계속 나올 확률은 0.5^{10}인 0.0009766에 지나지 않으므로 개인에게는 거의 불가능한 사건이다. 그러나 만 명이 동전 던지기를 한다면, 그 중 10명 정도는 10번 계속하여 앞면이 나오는 결과를 얻어낼 것이다. 따라서 어떤 한 개인에게는 거의 불가능한 결과라 할지라도 수많은 투자자들의 일부에게는 그런 결과가 발생할 수 있다.

이와 같이 수많은 투자자들 가운데는 예외적으로 높은 투자성과를 얻는 투자자들이 존재할 수 있다. 따라서 예외적인 투자성과의 사례가 곧 효율적 시장가설을 부정하는 증거가 될 수는 없다. 그렇다고 해서 모든 예외적인 투자성과가 오직 행운에 의해서만 얻어질 수 있다고 단정할 수도 없다. 어떤 투자자는 진짜로 우수한 투자비법을 갖고 있을 수도 있다. 따라서 EMH를 검정할 때 비정상적 투자성과가 존재할 수 있느냐가 중요한 것이 아니라 그러한 투자성과를 지속적으로 얻을 수 있는 투자전략이나 투자자가 존재하느냐가 중요하다.

04 자본시장의 이례현상

1. 자본시장 이례현상의 의의

약형 및 준강형 EMH를 검정한 초기의 연구들은 효율적 시장을 지지하는 결과를 보여 주고 있다. 그러나 초기의 연구 이후 자본시장이 효율적이지 못하다는 여러 연구 결과들이 발표되고 있다. 즉, 연구 결과가 현행 위험-수익률 균형모형과 일치하지 않고 또한 합리적으로 설명할 수 없는 많은 현상을 발견하였는데 이 중 몇 가지의 비합리적인 패턴은 지속해서 나타나고 있다. 이와 같이 약형 및 준강형 EMH를 지지하지 못하고 자본시장이 효율적이지 않음을 나타내는 여러 현상들을 통칭하여 자본시장의 이례현상(anomaly)이라고 부른다. 웹스터(websta) 사전에서는 이례현상을 '일상적인 규범으로부터 벗어나 있는 상태'로 정의하고 있다. 자본시장에서 이례현상이란 투자대상의 특성이나 투자시기에 따라 적절하게 투자대상을 선택하면 비정상적인 투자성과가 계속적으로 나타난다는 것을 가리킨다.

이러한 이례현상이 나타나는 첫 번째 이유는 비정상수익률을 측정하기 위하여 사용한 검정모형이 타당하지 않을 수도 있다는 데서 찾을 수 있다. 시장의 효율성을 검정하는 많은 연구에서 CAPM이나 APM 등의 가격결정모형을 이용하여 정상수익률을 계산하고 이를 실제 수익률과 비교하여 비정상수익률을 측정한다. 이 때

정상수익률을 계산하기 위한 가격결정모형에서 수익률을 설명하는 중요한 요인이 빠져 있을 가능성이 있다는 것이다. 이러한 확인할 수 없는 중요한 요인이 존재하는 경우 자본시장이 효율적이라도 검정결과는 비효율적인 시장으로 나타나게 된다.

이례현상이 나타나는 두 번째 이유는 자본시장이 정말로 비효율적일 수 있다는 데서 찾을 수 있다. 새로운 정보에 대한 투자자들의 신속한 반응을 어렵게 하는 제도적인 장애 요소나 투자자들의 비합리성 및 주가의 혼돈현상 등은 자본시장을 비효율적 시장으로 만드는 주요한 원인이 될 수 있다는 것이다.

본 절에서는 다양하게 제시되고 있는 이례현상 중 기업의 특성에 기초한 이례현상과 시간적 특성에 따라 나타나는 계절적 이례현상 몇 가지를 설명한다.

2. 기업특성에 기초한 이례현상

많은 이례현상들이 기업특성과 관련하여 발생한다. 기업특성에 기초한 대표적인 이례현상으로는 규모효과(size effect), 주가수익비율효과(PER effect), 시장가치 대 장부가치비율효과(PBR effect) 등을 들 수 있다.

2.1 규모효과

일반적으로 규모가 작은 기업은 위험이 크고 규모가 큰 기업은 위험이 작다고 할 수 있다. 따라서 규모가 작은 기업 주식의 기대수익률은 규모가 큰 기업 주식의 기대수익률보다 커야 한다. 물론 여기에서의 위험은 베타계수로 측정되는 체계적 위험이다. 그리고 효율적 시장에서는 기업규모와 관계없이 비정상수익률은 존재하지 않게 된다. 그러나 현실적으로 동일한 위험 하에서 규모가 작은 기업의 주식은 규모가 큰 다른 기업의 주식 보다 비교적 큰 비정상수익률이 발생한다는 사실은 반즈(Banz)에 의하여 최초로 발견되었다. 반즈는 과거의 월별 수익률을 사용하여 뉴욕증권거래소에 상장된 주식을 분석한 결과 소규모기업이 대규모 기업보다 높은 수익률을 얻는다는 것을 발견하였다. 이후 많은 연구들은 소규모 기업들이 동일한 체계적 위험을 갖는 대기업들보다 높은 초과수익률을 얻고 있다고 일관되게 보고

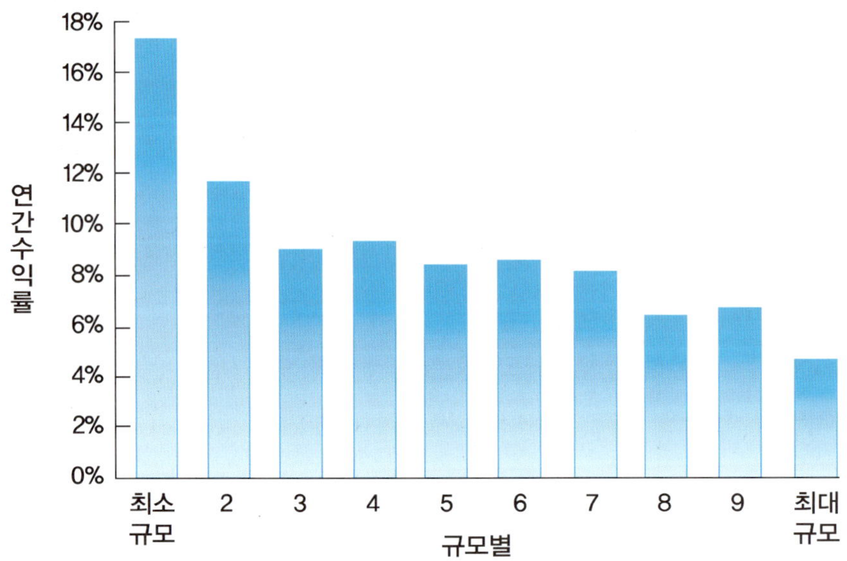

그림 6-13 규모별 연간 수익률

하고 있다. 이러한 이례현상을 기업의 규모효과 또는 소기업효과(small firm effect) 라고 한다.

[그림 6-13]은 다모다란이 정리한 미국 주식의 시장가치 크기에 따라 규모를 분류한 10개 집단의 주식수익률을 보여주고 있다. [그림 6-13]에서 볼 수 있듯이 소기업들의 주식 수익률의 크기는 시간에 따라 변하기는 하지만 전반적으로 양(+)의 값을 가지고 있음을 알 수 있다. 또한 규모가 가장 작은 집단의 주식수익률이 가장 높게 나타나고 있다.

규모가 작은 기업의 수익률이 크게 나타나는 이유를 요약하면 다음과 같다.

첫째, 소외기업효과(neglected firm effect) 때문이다. 소외기업효과는 아벨과 스터벨(Arbel and Sterbel)에 의해 제시되었는데, 소규모기업 주식들은 대규모 기관투자자들이나 증권분석가들로부터 소외되어 있기 때문에 이들 기업에 대한 정보는 얻기가 어려워지고, 그 결과 정보 부족에 대한 대가로 위험이 커져 상대적으로 더 높은 수익률을 요구한다는 것이다. 아벨의 소외기업효과에 대한 실증적 분석에 따르면 소외된 기업들의 경우 통계적으로 유의한 초과수익률이 발생하는 것으로 나타났는데 이 결과도 주로 1월에 발생하는 것으로 보고되고 있다.

둘째, 유동성효과(liquidity effect)이다. 시장에서 거래되는 주식의 유동성이 크면 클수록 손쉽게 거래할 수 있으므로 투자자들은 유동성이 큰 주식을 선호한다. 또한 규모가 작은 기업의 주식은 규모가 큰 기업의 주식에 비하여 유동성이 떨어지므로 높은 거래비용이 발생한다. 따라서 소규모 기업 주식투자에서 발생하는 거래비용은 대규모 기업 주식투자에서 발생하는 거래비용보다 상당히 크므로 투자자들은 소규모 기업의 주식에 대하여 높은 수익률을 요구한다는 것이다. 아미허드와 멘델슨(Amihud and Mendelson)은 소규모 기업 주식의 경우 매도호가와 매수호가의 차이가 많이 벌어져 유동성 효과가 존재함을 실증적으로 제시하였다. 소규모 기업 주식투자의 거래비용이 대기업 주식의 거래비용보다 큰 이유는 소기업 주식수익률은 이들 비용을 공제하기 전에 측정되기 때문이라고 보는 견해도 있다. 그러나 상이한 거래비용만으로는 규모간의 주식수익률의 차이가 모두 설명되지 않는다. 특히 장기투자의 주식수익률은 거래비용만으로 설명될 수 없다.

셋째, 롤(Roll)이 지적한 것과 같이 CAPM은 위험에 대한 올바른 모형이 아닐지도 모르기 때문이다. 즉, 체계적 위험의 지수인 베타계수는 소기업 주식의 진실한 위험을 과소평가할지도 모른다. 다시 말해서, 소기업 주식수익률은 과소평가된 베타위험을 기준으로 측정된 것이므로 과대평가될 수 있다는 것이다.

2.2 주가수익비율효과

주가수익비율(price-earnings ratio: PER)은 주당순이익의 몇 배가 주식가격으로 나타나는지를 보여 주는 척도이다. 많은 실증적 연구들은 낮은 PER를 가진 주식들이 과소평가되고 있으며, PER가 낮은 주식에 투자하면 초과수익률을 얻을 수 있다고 주장하고 있다. 즉, 같은 위험을 갖는 주식들 중에서 PER가 낮은 주식의 수익률이 PER가 높은 주식의 수익률 보다 높다는 것이다. 이러한 이례현상을 PER 효과 또는 저PER효과라고 한다.

PER효과는 바수(Basu)에 의하여 최초로 발견되었다. 그는 뉴욕증권거래소 상장주식들을 대상으로 PER의 크기에 따라 5개의 포트폴리오를 구성하여 PER가 가장 낮은 포트폴리오를 매입하고 PER가 가장 높은 포트폴리오를 공매함으로써 비

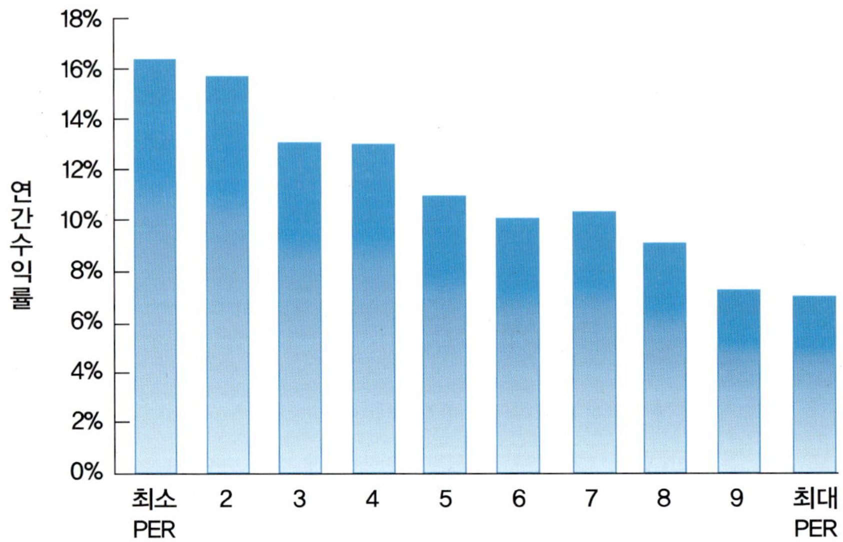

그림 6-14 PER의 크기와 연간수익률

정상수익률을 얻을 수 있음을 발견하였다. 또한 높은 PER를 가진 주에서 낮은 PER를 가진 주로 갈수록 투자수익률이 증가하는 것을 발견하였다.

[그림 6-14]는 다모다란이 PER를 기준으로 분류한 미국주식시장 주식들의 집단별 연간수익률을 보여 주고 있다. 이 그림에서 보는 바와 같이 같은 기간 동안에 가장 낮은 PER를 갖는 집단은 16.26%의 평균수익률을 얻은 반면에 가장 높은 PER를 갖는 집단은 단지 6.64%의 평균수익률을 얻는데 그치고 있다. 이러한 현상은 시장의 효율성, 즉 모든 주식 가격은 정보를 신속하고 정확하게 반영하고 있어 비정상수익률을 올릴 수 없다는 주장을 부인하는 결과라고 볼 수 있다.

저PER주식들이 초과수익률을 얻는 이유를 규모효과에서 설명하였던 바와 같이 저PER주식들의 위험이 CAPM에서 과소평가되었다는 논리로 설명하기는 어렵다. 왜냐하면 저PER주 기업들은 일반적으로 저성장, 대규모 그리고 안정된 사업이라는 특징을 갖는데, 이런 특징들은 기업의 위험을 증가시키기보다는 위험을 감소시키기 때문이다. 효율적 시장의 가설 하에서 저PER주 현상에 대한 유일한 설명은 저PER주식들이 높은 배당수익률을 제공하지만 배당에 대한 세금부담 또한 많다는 것이다. 따라서 저PER주식들이 얻는 초과수익률은 이런 추가 세금부담에 의해 상쇄될 것이라고 보는 견해도 있다.

2.3 주가 대 장부가치 비율효과

투자전략에 있어서 투자자들에게 광범위하게 이용되는 또 다른 정보로는 시장가치 대 장부가치 비율(price to book value ratio: PBR)이 있다. 최근 일부 연구 결과는 PBR과 주가수익률이 일관되게 반비례 관계를 보여주는 것으로 나타나 시장의 비효율성의 증거를 제시하고 있다. 즉 낮은 PBR은 기업의 가치가 낮게(비정상수익률이 높게) 평가되었음을 알려주는 신뢰할 만한 지표로 간주되고 있다. 이러한 이례현상을 주가 대 장부가치 비율효과(PBR effect)라고 한다.

PBR에 대한 연구는 보통 PER에 대한 연구와 병행해서 이루어지는데, 이들 연구에 따르면 주식수익률과 PBR간에는 음(−)의 관계, 즉 낮은 PBR을 갖는 주식이 높은 PBR을 갖는 주식보다 수익률이 높다는 것이다. [그림 6-15]는 파마와 프

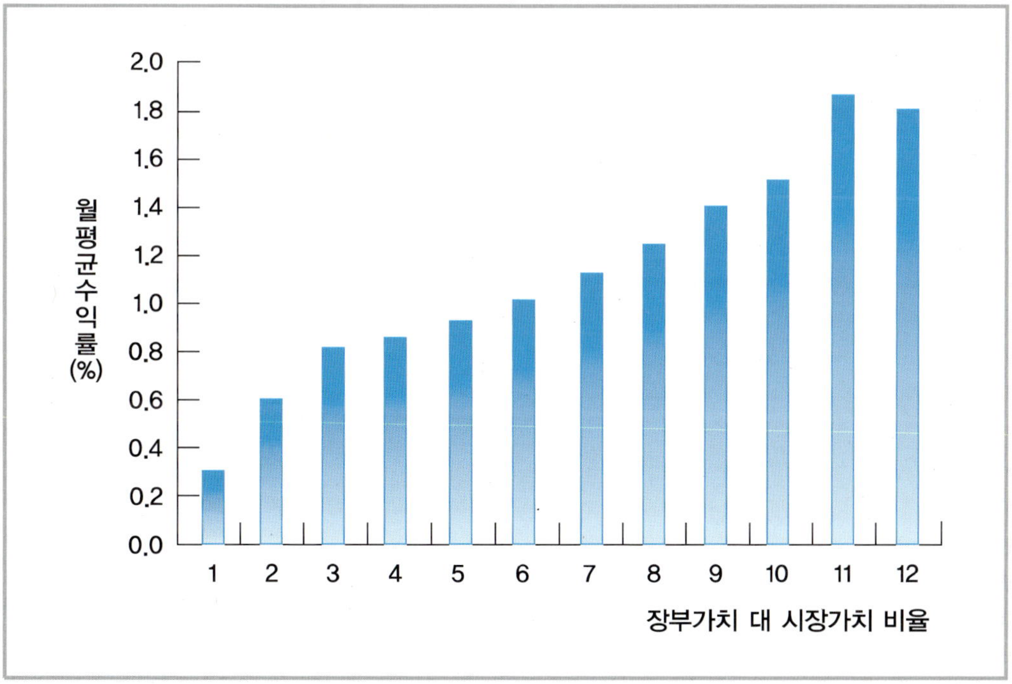

그림 6-15 PER의 역수와 주가수익률

렌치(Fama and French)가 정리한 PBR의 역수로 분류한 집단별 월간수익률을 보여 주고 있다.

[그림 6-15]에서 보는 바와 같이 PBR의 역수인 장부가치 대 주가 비율과 평균수익률간에 양(+)의 관계가 모두 유지되고 있으며 그 관계는 규모효과보다도 더 강하게 나타나고 있다. 또한 가장 낮은 장부가치 대 주가(높은 PBR) 비율로 분류된 기업들은 0.30%의 월평균 수익률을 얻은 반면에 가장 높은 장부가치 대 주가 비율(낮은 PBR)로 분류된 기업들은 1.83%의 월평균수익률을 얻어 6배나 더 큰 성과를 얻고 있음을 보여 주고 있다. 이러한 규칙성은 낮은 PBR을 갖는 기업이 상대적으로 저평가되는 이례현상으로 해석할 수도 있지만 PBR이 수익률을 설명하는 또 하나의 위험요인이 될 수 있다고도 해석될 수 있다.

3. 계절적 이례현상

효율적 시장에서는 주식수익률은 항상 무작위로 움직여야 하며, 계절이나 요일에 따라 특별한 규칙성이 없어야 한다. 그러나 많은 실증적 연구들이 주가 수익률에는 특정한 계절적 특성이 있음을 보여 주고 있다. 즉, 시장에는 합리적인 설명이 어려울 뿐만 아니라 시장의 비효율성을 시사하는 수익률의 계절적 특성이 존재한다. 이를 계절적 이례현상(temporal anomaly)이라고 한다. 대표적인 계절적 이례현상으로는 1월효과(January effect)와 주말효과(weekend effect)를 들 수 있다.

3.1 1월효과

효율적 시장가설이 성립하는 자본시장에서는 특정한 달의 수익률이 다른 달의 수익률에 비해 지속적으로 높거나 낮게 형성될 수 없다. 미국 및 외국의 주요 주식시장의 수익률에 대한 연구에 따르면 월별 수익률 행태에 큰 차이가 일관되게 나타나고 있다. 특히 1월의 수익률이 다른 달들의 수익률의 평균값에 비해 높게 나타나는 현상이 발표되고 있는데 이를 1월효과 또는 연말효과 라고 한다.

로제프와 키니(Rozeff and Kinney)는 뉴욕증권거래소 상장주식들의 주가수익

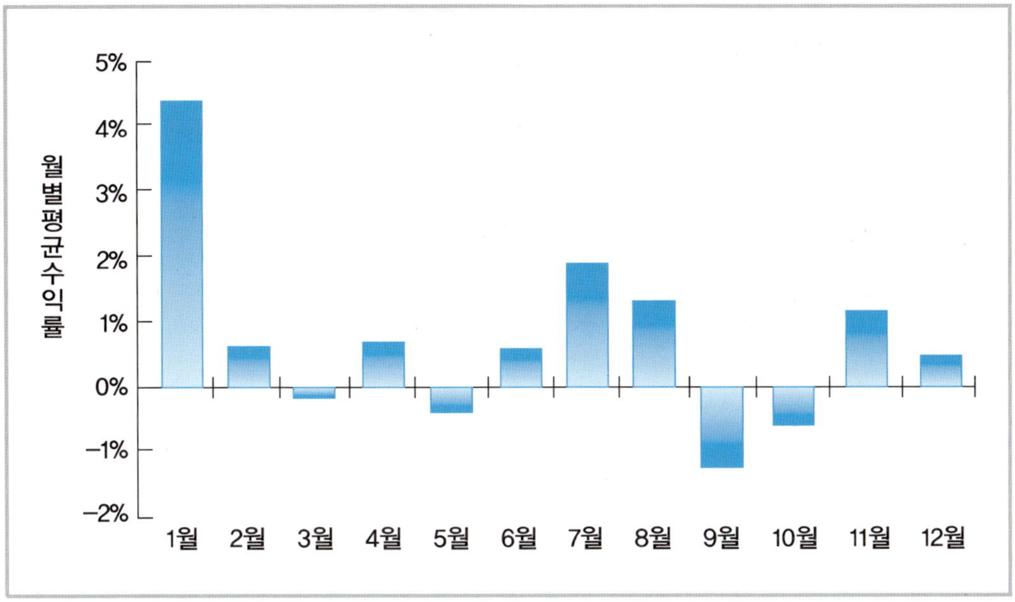

그림 6-16 월평균수익률

률을 월별로 비교한 결과 1월의 평균투자수익률이 다른 달 보다 높게 나타나는 1월효과를 처음으로 발견하였다. [그림 6-16]은 하우젠과 리코니서크(Haugen and Lakonishock)가 정리한 월평균수익률을 그림으로 표시한 결과이다. 이 그림에서 살펴 볼 수 있는 바와 같이 1월의 수익률은 어떤 다른 달의 수익률보다도 유의적으로 높게 나타나고 있다. 이런 현상은 1월의 처음 두 주간에 주로 발생한다.

1월 효과가 존재한다면 투자자들은 1월초에 주식을 매입하여 1월말에 매도하면 비정상적인 수익을 얻을 수 있다. 효율적 시장에서는 이와 같은 우월한 투자성과를 가져다주는 전략이 지속적으로 존재할 수 없다. 일단 1월 효과가 존재한다는 것이 모든 투자자에게 알려지면 주식가격은 이에 반응하여 조정될 것이므로 1월의 비정상적인 수익률은 사라져야 한다. 그러나 많은 연구결과가 1월 효과가 특정시기에만 나타나는 현상이 아니라 지속적으로 나타난다고 발표하고 있다.

1월 효과는 규모효과와 연관되어 있다. 케임(Keim)은 다음 두 가지 사실을 발견하였다. 하나는 1월효과와 기업규모효과의 대부분이 1월의 처음 5일 동안의 거래과정에서 발생한다는 것이다. 또 다른 하나는 규모효과에 따른 비정상수익률이 대부분 1월에만 나타나 규모효과와 1월효과는 사실상 하나의 현상이라는 것이다.

즉 2월부터 12월까지의 비정상수익률은 기업규모의 차에 관계없이 0에 가까운 수준이지만 1월에는 소형주의 경우 매우 큰 양(+)의 비정상수익률을 보이고 있으며 가장 규모가 큰 포트폴리오의 경우 매우 큰 음(−)의 비정상수익률이 나타나고 있다는 것이다.

하우젠과 라코니셔크가 정리한 자료에 의하면 1월 효과는 대기업보다는 소기업에서 두드러지게 나타나며, 앞에서 설명한 소기업 주식수익률의 거의 절반은 1월의 처음 2일 동안에 나타나는 것으로 보고하고 있다. [그림 6-17]은 기업규모 및 위험별 1월의 주식수익률을 보여주고 있다. 이 그림에서 볼 수 있는 바와 같이 규모가 작은 기업의 1월 수익률이 규모가 큰 기업의 1월 수익률보다 높게 나타나고 있다.

1월 효과에 대해서는 그 동안 많은 설명이 있어 왔지만 실증적 연구결과와 부합된 설명은 그리 많지 않다. 일반적으로 1월 효과에 대하여는 다음 두 가지 논리적 근거가 제시되고 있다.

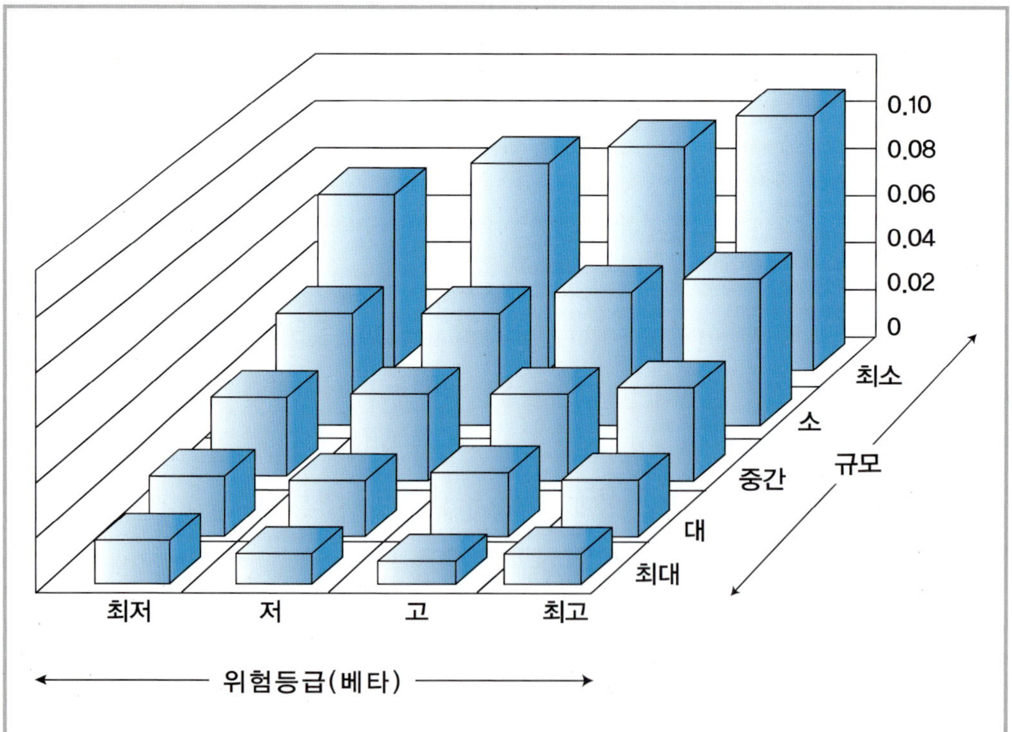

그림 6-17 규모와 위험 및 1월의 수익률

첫 번째 논리적 근거는 투자자들이 주가가 하락한 주식을 세금목적으로(즉, 자본손실을 발생시켜 세금을 줄이기 위해) 연도 말에 매도하고 1월에 그 주식을 다시 사들이기 때문에 1월효과가 발생한다는 것이다. 결국 매도가 이루어지는 주식의 가격은 더욱 하락해서 내재가치 이하로 떨어졌다가 매입이 이루어지는 1월에 다시 상승한다는 설명이다. 전기에 상황이 나빴던 주식들에서 1월 효과가 많이 나타나고 있는 사실이 이런 설명을 뒷받침하고 있다. 그러나 이를 반박하는 몇 가지 증거도 제시되고 있다. 예를 들어 오스트레일리아 같이 세금 기준연도가 다른 나라에서도 1월효과가 발견되며, 주식시장이 나빴던 해의 1월 효과가 그렇지 않은 해의 1월 효과보다 평균적으로 더 크지 않게 나타난다는 것이다.

1월 효과에 대한 두 번째 논리적 근거는 1월 효과가 해가 바뀔 때 나타나는 개인투자자의 거래행태와 관련되어 있다는 것이다 예를 들면, 연말의 며칠 동안에 개인투자자의 매도에 대한 매입비율이 평균 이하로 상당히 떨어지며 이 비율은 그 다음 달에 평균 이상으로 올라간다는 것이다. 이 설명에 의하면 개인의 매도에 대한 매입비율이 떨어지는 것이 연말의 주가를 하락시키고 그 후 며칠 동안에 주가를 상승시킨다는 것이다.

3.2 주말효과

주말효과는 주식의 요일별 수익률을 비교하여 보면, 월요일이나 화요일인 주초에 수익률이 낮고 금요일이나 토요일인 주말에 수익률이 높은 현상이 지속적으로 나타나는 이례현상을 의미한다. 효율적 시장에서는 주식의 매 요일별 평균수익률이 지속적으로 차이가 발생할 수 없다. 그러나 주초의 수익률이 낮고 주말의 수익률이 높게 나타나는 현상은 많은 연구 결과에서 발표되고 있다. 월요일의 수익률은 거래가 이루어지지 않는 토요일과 일요일의 시간적 가치를 포함하여 형성되므로 정상적인 상황 하에서는 다른 요일의 평균수익률보다 더 높게 형성되어야 한다. 그러나 월요일의 주식수익률은 유의적으로 낮게 형성되고 있어 시장의 비효율성을 제시하는 증거가 되고 있다. 이런 이유로 주말효과는 때로는 월요일효과(Monday effect) 또는 주중효과(day-of-the-week effect)라 불린다.

주말효과(weekend effect)를 설명하기 위하여 기본과 헤스(Gibbons and Hess)

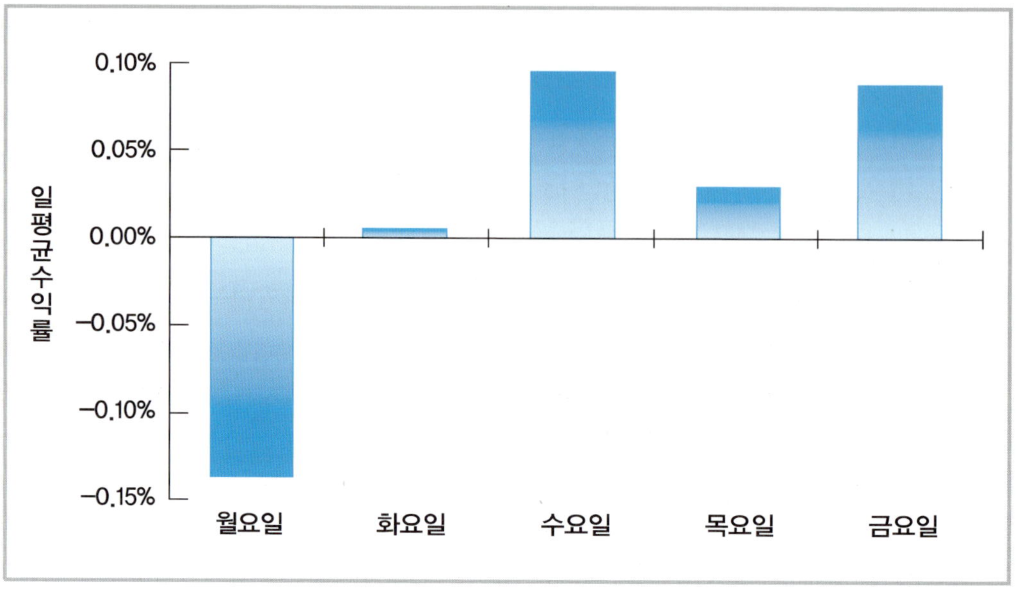

그림 6-18 일별 평균수익률

의 연구결과로부터 요일별 수익률을 그림으로 나타내면 [그림 6-18]와 같다.

[그림 6-18]에서 볼 수 있는 바와 같이 월요일의 수익률은 유의적인 음(−)의 값을 갖는 반면에 다른 요일들의 수익률은 그렇지 않게 나타나고 있다. 월요일효과를 주말효과로 부르는 이유는 월요일에 나타나는 음(+)의 수익률의 대부분이 금요일 폐장 직후부터 월요일 개장(즉, 금요일 종가부터 월요일 시가)까지에서 나타나기 때문이다. 즉, 월요일 하루 동안(즉, 월요일 시가부터 종가)의 수익률이 음(+)의 수익률을 창출한 것은 아니기 때문이다.

또한 주말효과는 대기업 주식보다는 소기업 주식에서 더 심하게 나타나며 주말이 짧을수록, 즉 공휴일 등으로 인하여 주말이 3일인 경우보다 주말이 2일인 경우에 한층 더 심하게 나타나는 것으로 발표되고 있다. 주말효과는 금요일에 시장이 폐장된 후 주말 동안에 나온 나쁜 소식의 결과로 나타나는 효과라고 주장하는 일부 학자들이 있다. 그들은 이에 대한 증거로서 금요일 폐장 이후에 순이익이 음(−)인 공시가 더 많다는 사실을 들고 있다. 비록 주말효과가 일반적인 현상이라고 할지라도 이런 수익률의 행태는 합리적이라 할 수 없다. 왜냐하면 합리적 투자자들은 주말에 있을 나쁜 소식에 대한 기대를 주말 이전의 주가에 미리 반영시킴으로써 주말효과를 제거할 것이기 때문이다. 마지막으로 단지 주말에 거래가 없기 때문에 월요일의 수익률이 음(−)의 값을 갖는다고 말할 수는 없다. 왜냐하면 일반적으로 공휴일 다음날의 수익률은 음(−)의 값을 갖지 않으며 양(+)의 값을 갖는 것으로 나타나고 있기 때문이다.

연 습 문 제

객관식

1. 효율적 시장의 특성이 아닌 것을 고르시오.
   ① 새로운 정보에 대한 즉각적 반응
   ② 주가와 거래량 움직임의 패턴화
   ③ 성공적 투자전략의 부재
   ④ 전문가의 평균적 투자성과

2. 다음 설명 중 잘못된 것은?
   ① 기업규모효과와 1월효과는 하나의 현상으로 나타난다.
   ② 기업규모효과는 1월에만 나타난다.
   ③ 1월효과는 소규모주식에서만 나타난다.
   ④ 1월효과를 고려하면 12월에는 대형주식을 미리 사두어야 한다.

3. 시장이 효율적이라고 할 때 가장 유효한 투자전략은 무엇인가?
   ① 기술적 분석
   ② 기본적 분석
   ③ 포트폴리오 분석
   ④ 선물-옵션 분석

4. 중국이 자국화폐의 가치를 평가절하한다는 극비 정보를 입수하였다. 이 정보를 이용하여 향후 일주일간 주식투자수익을 얻을 수 있는 시장으로 가장 적합한 것을 고르시오.
   ① 효율적 시장　　② 비효율적 시장
   ③ 옵션시장　　④ 선물시장

5. 이상현상을 이용하는 경우 다음 중 어떤 주식을 매입하는 것이 가장 유리할까?
   ① Blue Chip 주식
   ② 외국인 매입 주식
   ③ 잘 알려지지 않은 주식
   ④ 뮤추얼펀드에 포함된 주식

6. 각종 경제지표가 양호하다는 정부의 발표를 믿고 주식에 투자하였으나 평균수익률밖에 얻지 못했다. 이것을 다음 중 어느 가설로 설명하는 것이 가장 적절한가?
   ① strong form model　　② weak form model
   ③ semi-strong form model　　④ 위의 모든 것

7. 주말효과에 따른 투자전략은 무엇인가?
   ① 월요일에 매입하여 주말에 매도한다.
   ② 주말에 매입하여 월요일에 매도한다.
   ③ 주중에 매입하여 주말에 매도한다.
   ④ 주말에 매입하여 주중에 매도한다.

8. 1996년에 포춘지가 선정한 고속성장기업 상위 20개 기업에 3년간 투자했다면 2000년 현재 연평균 90% 정도의 투자수익률을 얻을 수 있었다. 그러나 'S&P 500' 인덱스 펀드에 투자했다면 연평균 28% 정도의 수익률밖에 올릴 수 없었다. 이 때 포춘지에 따른 투자결과는 어느 것인가?
   ① 시장이 효율적임을 나타낸다.
   ② 시장이 비효율적임을 나타낸다.
   ③ 하나의 이상현상을 나타낸다.
   ④ 포트폴리오 투자가 효과가 없음을 나타낸다.

9. 다음 중 어떠한 EMH가 성립한다면 기술적 분석이 소용없게 되는가?
① strong form model
② weak form model
③ semi-strong form model
④ 위의 모든 것

10. 다음 설명 중 적절치 못한 것은 어느 것인가?
① 준강형효율성이란 현재의 증권가격에는 공개된 모든 정보가 반영되어 있다는 것이다.
② 준강형효율성의 성립과 약형효율성의 성립과는 관련이 크다.
③ 준강형효율성의 검증방법으로는 사건연구가 이용된다.
④ 준강형효율성은 검증결과 성립하지 않는 것으로 판정되고 있다.

11. 다음 설명 중 맞지 않는 것을 고르시오.
① 강형효율성은 공개된 내부정보까지 반영되어 있다는 것이다.
② 준강형효율성은 현재 공개된 모든 정보가 반영되어 있다는 것이다.
③ 약형효율성은 과거주가정보가 반영되어 있다는 것이다.
④ 시장의 효율성은 결국 정보의 효율성을 의미한다.

주관식

1. 효율적 시장 가설의 세가지 형태에 대하여 설명하시오.

2. 주식수익률의 계절적 특성에 대하여 설명하시오.

3. 주식의 기본 특성의 차이에 따라 나타나는 이례현상을 설명하시오.

4. 효율적시장과 완전시장을 비교 설명하시오.

제7장

주식가치의 평가

시장이 효율적이라면 모든 이용 가능한 정보가 발생하자마자 즉시 주가에 반영되므로 어떤 투자자도 비정상적인 초과수익률을 얻을 수 없다. 그러나 시장가격이 항상 적정가격과 같다고는 할 수 없다. 때에 따라서 혹은 어떤 특별한 이유에서 시장가격이 적정가격에서 벗어나 있을 가능성도 있기 때문이다. 증권분석을 통해 적정가격을 알아내고 시장가격과 비교하여 적정가격에서 벗어나 있다는 것을 알 수만 있다면 큰 이익을 얻을 수 있기 때문에 많은 분석가들이 적정주가를 산출하기 위한 모형에 관심을 기울여 왔다. 본 장에서는 주식가치를 평가하기 위한 기본적 모형들을 살펴보기로 한다.

01 주식의 내재가치

주식이 지니고 있는 본질적 가치를 내재가치(intrinsic value)라고 한다. 주식을 거래하는 투자자들은 주식의 내재가치에 관심이 많다. 내재가치를 알 수 있다면 시장가격과 비교하여 주가가 저평가되어 있다면 매수하고 반대로 고평가되어 있다면 매도하여 이익을 얻을 수 있기 때문이다.

일반적으로 내재가치는 미래의 현금흐름을 예측하여 적정한 할인율로 할인한 가치를 산출하여 구할 수 있다. 주식 투자로 얻을 수 있는 미래의 현금흐름에는 시세차익, 즉 자본이득(capital gain)과 배당이 있다. 따라서 자본이득과 배당의 합을 적정 할인율, 즉 요구수익률로 할인하여 내재가치를 계산할 수 있다. 여기서 요구수익률이란 투자자들이 해당 주식의 위험을 고려하여 요구하는 합리적 수준의 투자에 대한 보상율이라고 할 수 있다.

가장 단순한 방법으로 내재가치를 추정해 보자. 현재시점에서 미래의 시점까지 단일기간, 예를 들어 현재로부터 1년간을 고려할 때 (주)미래의 1년 후 예상되는 배당금을 D_1, 1년 후 예상 주가를 P_1이라고 하면 적정주가 P_0는 다음과 같이 쓸 수 있다.

$$P_0 = \frac{D_1 + P_1}{(1+k)} \tag{7.1}$$

k: 요구수익률

현실에서 주가는 매일매일 변동하는데 순간순간의 가격은 내제가치에서 벗어날 수 있다. 그러나 시장이 효율적이라면 거래를 통해 내재가치로 수렴해 가게 되고 결국에는 내재가치에 도달하게 된다. [그림 7-1]은 시장가치와 내재가치와의 관계를 나타내고 있다.

내재가치에서 벗어난 시장가격이 내재가치에 도달하는 시간은 시장의 효율성 정도에 달려있다. 시장이 효율적일수록 내재가격에 도달하는 시간이 짧을 것이며 따라서 비정상수익을 얻을 수 있는 기회도 빨리 사라질 것이다.

이제 개념적으로 내재가치를 설명하고 있는 식 (7.1) 에서 출발하여 주식의 가치를 실제로 평가하는데 이용할 수 있는 모형들을 살펴보자.

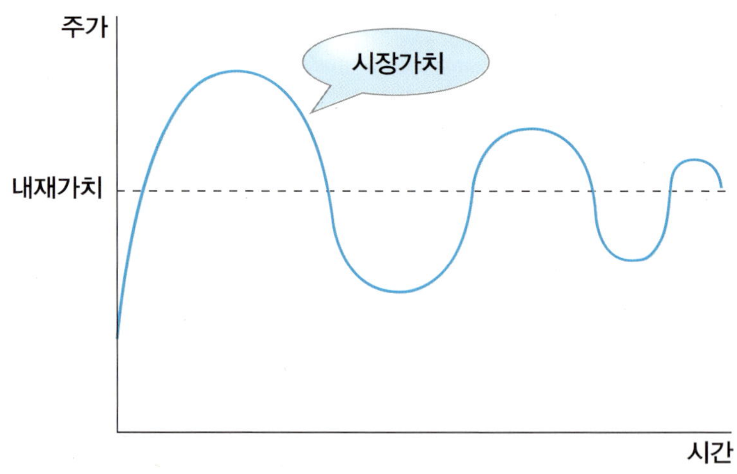

그림 7-1 내재가치와 시장가치

02 배당할인모형

식 (7.1)에서 알 수 있는 바와 같이 현재시점에서 주식의 내재가치는 1년 후 기대되는 배당과 주가를 할인한 것이다. 이제 1년 후 시점에서 주식의 내재가치를 생각해 보자. 주식의 요구수익률이 다음 기간에도 k로 일정하고 1년 후 시점에 주식을 매입하고 2년 후 시점에 주식을 매도한다고 할 때 1년 후 시점의 주가는 다음과 같이 표현할 수 있다.

$$P_1 = \frac{D_2 + P_2}{1+k} \tag{7.2}$$

식 (7.2)를 식 (7.1)에 대입하면 다음과 같다.

$$P_0 = \frac{1}{1+k}(D_1 + P_1) = \frac{1}{1+k}(D_1 + \frac{D_2 + P_2}{1+k}) = \frac{D_1}{(1+k)^1} + \frac{D_2}{(1+k)^2} + \frac{P_2}{(1+k)^2} \tag{7.3}$$

이렇게 계속해서 반복하면 결국 다음과 같은 식을 얻을 수 있는데 이 식이 배당할인모형(dividend discount model)이다.

$$P_0 = \frac{D_1}{(1+k)^1} + \frac{D_2}{(1+k)^2} + \frac{D_3}{(1+k)^3} + \cdots \tag{7.4}$$

이 모형에서 알 수 있는 바와 같이 주가는 미래의 배당을 현재시점에 맞추어 모두 더 한 것, 즉 미래 배당의 현재가치의 합이다. 즉 이 모형은 미래에 예상되는 주식의 매도가격은 매도시점 이후의 미래의 배당에 의해 결정되기 때문에 투자자들은 특정 시점의 주식 매도가격에 상관없이 배당만을 고려하여 주식가치를 평가한다는 의미이다. 다른 차원에서 의미를 찾을 수도 있다. 주식의 가치는 결국 해당 회사가 창출하는 미래의 현금흐름을 더한 것인데 만약 회사가 창출한 현금흐름 대부분을 배당으로 지급하고 투자자들이 주식을 장기로 보유한다면 주식의 가치는 결국 배당금의 합이 될 것이란 의미이다.

1. 무성장모형

식 (7.4)의 위와 같은 실용적 의미에도 불구하고 이 식을 그대로 이용하여 주가를 계산할 수 없다. 미래의 배당흐름을 모두 예측하기가 불가능하기 때문이기도 하지만 무한대 기간으로 인해 실제로 가치를 계산할 방법도 없기 때문이다. 이러한 문제를 해결하기 위해 할 수 있는 가정 중의 하나가 배당이 매년 변함없이 일정하다는 것이다. 그러면 식 (7.4)는 다음과 같아지는데 이를 무성장모형(zero growth model)이라고 한다.

$$P_0 = \frac{D}{(1+k)^1} + \frac{D}{(1+k)^2} + \frac{D}{(1+k)^3} + \cdots = \frac{D}{k} \tag{7.5}$$

배당의 성장이 없다는 것은 새로운 투자로 인한 투자수익이 없어서 이익이 매년 일정하고 이를 모두 배당으로 지급한다는 것을 의미한다. 배당의 성장이 없기 때문에 주식은 일정액의 배당을 영구히 지급하는 영구연금(perpetuity)과 같으며 이때의 가치는 배당금을 요구수익률로 할인한 값과 같다.

예제 7.1 무성장모형

(주)강남은 매년 주당 500원의 배당을 영구히 지급한다고 하자. 이 회사에 대한 투자자들의 요구수익률이 10%라고 하자. 이 회사의 주가는 얼마일까요?

풀이

$$P_0 = \frac{500}{0.1} = 5{,}000\text{원}$$

2. 항상성장모형

식 (7.4)를 이용해 주가를 평가하기 위한 가정 가운데 또 다른 하나는 미래의 배당이 매년 $g\%$ 성장한다는 것이다. 그러면 식 (7.4)는 다음과 같이 고쳐 쓸 수 있다.

$$P_0 = \frac{D_1}{(1+k)^1} + \frac{D_1(1+g)}{(1+k)^2} + \frac{D_1(1+g)^2}{(1+k)^2} + \cdots \tag{7.6}$$

위의 식은 무한 등비급수이므로 결국 주식의 내재가치는 식 (7.7)과 같이 나타낼 수 있는데(이에 대한 설명은 부록 I 참조) 이 모형을 고든(Gordon)의 항상성장모형(constant growth model)이라고 한다.

$$P_0 = \frac{D_1}{k-g} \quad \text{단 } k > g \tag{7.7}$$

g: 배당 성장률

한편 위의 식을 이용해 P_1을 생각해 보면 다음과 같다.

$$P_1 = \frac{D_2}{k-g} \tag{7.8}$$

D_2는 $D_1(1+g)$와 같으므로 위의 식은 다음과 같이 고쳐 쓸 수 있다.

$$P_1 = \frac{D_2}{k-g} = \frac{D_1(1+g)}{k-g} \tag{7.9}$$

그런데 식 (7.7)로부터 D_1은 $P_0(k-g)$와 같으므로 위의 식은 다음과 같다.

$$P_1 = \frac{D_2}{k-g} = \frac{D_1(1+g)}{k-g} = \frac{P_0(k-g)(1+g)}{k-g} = P_0(1+g) \tag{7.10}$$

위의 식으로부터 주가는 매 기간 배당성장율만큼 증가한다는 것을 알 수 있다. 한편 주식을 현시점에서 매입하여 보유하고 1년 후 매도할 때 얻을 수 있는 자본이득률(capital gain yield)은 다음 식에서 알 수 있는 바와 같이 g와 같다.

$$\frac{P_1 - P_0}{P_0} = \frac{P_0(1+g) - P_0}{P_0} = g \tag{7.11}$$

따라서 항상성장모형의 경우 주식을 보유하여 얻을 수 있는 시세차익률, 즉 자본이득률은 배당의 성장률과 동일하다는 것을 알 수 있다.

예제 7.2 항상성장모형

(주) 강북은 현재시점에서 1,000원의 배당금을 지급하였으며 배당금은 매년 5%씩 영구적으로 증가하여 지급할 예정이다. 이 회사에 대한 투자자들의 요구수익률이 10%라면 이 회사 주식의 내재가치는 얼마일까요?

풀이

$$P_0 = \frac{1,000(1+0.05)}{0.1-0.05} = 21,000\text{원}$$

2.1 배당의 성장률

성장은 순이익의 일부를 유보하여 투자가치가 있는 사업에 재투자함으로써 이루어진다. 재투자가 자기자본만으로 이루어지고 투자에 필요한 자금이 내부유보로만 조달된다고 할 때, 유보된 자금을 재투자하여 전년보다 이익을 더 많이 창출하여야만 배당을 더 지급할 수 있는 여력이 생긴다.

내부 유보율을 b라고 하고 현재 주당 수익률을 EPS 라고 하자. 그러면 주당 배당금은 $(1-b)EPS$가 될 것이며 유보액은 $(b \times EPS)$가 될 것이다. 유보액을 모두 재투자한다고 가정하고 재투자수익률을 ROE 라고 하자. 이때 재투자가 자기자본으로만 이루어진다고 가정하였으므로 재투자 수익률은 자기자본수익률과 같다. 따라서 다음 해의 추가적인 이익은 재투자로 인한 추가적인 수익이 될 것이므로 $(b \times EPS \times ROE)$가 될 것이다. 따라서 다음 해의 배당은 다음과 같다.

$$\begin{aligned} \text{다음 해의 배당} &= \text{금년도 배당} + \text{재투자에 의한 추가 배당} \\ &= (1-b)EPS + (1-b)(b \times EPS \times ROE) \\ &= (1-b)EPS(1 + b \times ROE) \end{aligned} \tag{7.12}$$

표 7-1 배당 성장률

ROE	유보율				
	0%	20%	40%	60%	70%
10%	0%	2.0%	4%	6.0%	7.0%
12%	0	2.4	4.8	7.2	8.4
15%	0	3.0	6	9.0	10.5

위의 식으로부터 배당은 매년 $(b\times ROE)$만큼 성장한다는 것을 알 수 있다. 즉 배당할인모형의 배당 성장률 g는 다음과 같다.

$$g = b\times ROE \tag{7.13}$$

유보율이 0%에서 70%로 변화하고 ROE가 10%에서 15%로 변화할 때 성장률을 계산해 보면 [표 7-1]과 같다.

1년 후 EPS가 1원으로 기대되고 해당 성장률이 영구히 유지될 때 주주의 요구수이률이 12%라고 하자. 그러면 해당 유보율과 ROE값에서의 주식 가치를 계산해 보면 [표 7-2]와 같다.

예를 들어 [표 7-1]에서 유보율이 40%이고 ROE가 15%이면 성장률이 6%라는 것을 알 수 있다. 따라서 주식의 가치는 [표 7-2]에서 알 수 있는 바와 같이 10원이다.

$$P_0 = \frac{D_1}{k-g} = \frac{(1-b)EPS}{k-g} = \frac{(1-0.4)\times 1}{0.12-0.06} = 10\text{원} \tag{7.14}$$

표 7-2 항상성장모형에 의한 주식가치

ROE	유보율				
	0%	20%	40%	60%	70%
10%	8.33원	8.00원	7.50원	6.67원	6.00원
12%	8.33	8.33	8.33	8.33	8.33
15%	8.33	8.88	10.00	13.33	20.00

[표 7-2]를 살펴보자. 첫 번째 행은 투자자들의 요구수익률(12%)이 재투자 수익률(10%)보다 높은 경우이다. 이 경우 투자를 하면 할수록, 즉 유보율이 높을수록 요구수익률 이하의 수익을 얻을 수밖에 없어 투자자들에게 손해가 되기 때문에 주가는 하락한다는 것을 알 수 있다. 이와는 달리 세번째 행은 요구수익률(12%)이 재투자수익률(15%)보다 낮은 경우이다. 이 경우에는 투자를 하면 할수록, 즉 유보율이 높을수록 요구수익률 이상의 수익을 얻을 수 있어 투자자들에게 유리하므로 주가는 상승하게 된다. 한편 두 번째 행과 같이 재투자 수익률과 요구수익률이 동일할 경우에는 재투자가 투자자들에게 추가적인 수익이나 손실을 가져다주지 않기 때문에 주가는 일정하게 유지된다.

2.2 성장기회의 가치

성장하는 기업의 가치는 성장기회가 없을 때의 가치와 성장기회로 인한 추가적인 가치로 나누어 볼 수 있다. 다음의 예를 살펴보자. (주)하나 주식에 대한 투자자들의 요구수익률이 10%이고 앞으로 1년 후까지의 기간 동안 주당순이익이 2,000원일 것으로 예상된다. 재투자를 위한 유보율이 0.5로 매년 일정하며 재투자 수익률이 15%라고 하자. 그러면 (주)하나의 주가는 다음과 같이 계산할 수 있다.

$$P_0 = \frac{(1-0.5)\times 2,000}{0.1-0.5\times 0.15} = 40,000\text{원} \tag{7.15}$$

이제 (주)하나에 성장기회가 없어서 이익을 모두 배당으로 지급한다는 가정 하에서 주가를 계산해 보면 다음과 같다.

$$P_0 = \frac{2,000}{0.1} = 20,000\text{원} \tag{7.16}$$

두 가격의 차이 20,000원은 성장기회가 존재하기 때문에, 즉 투자자들에게 유리한 재투자 기회가 존재하기 때문에 발생하는 성장기회의 순현재가치(net present value of growth opportunity: *NPVGO*)이다. 따라서 성장기회가 있는 기업의 주가는 다음과 같이 나타낼 수 있다.

$$P_0 = \frac{EPS_1}{k} + NPVGO \tag{7.17}$$

$NPVGO$: 성장기회의 순현재가치

성장기회의 순현재가치를 직접 계산해 보자. (주)하나는 주당이익 2,000원의 50%를 유보하여 투자한다. 그런데 재투자 수익률이 15%이므로 재투자로부터 발생하는 이익은 150원$(2,000 \times 0.5 \times 0.15)$이 된다. 따라서 첫해의 성장기회의 순현가는 투자로부터 얻는 현금유입에서 투자액을 차감한 500원이 된다.

$$NPV = \frac{150}{0.1} - 1,000 = 500\text{원} \tag{7.18}$$

이러한 재투자가 매년 이루어지면 매년 NPV가 7.5% (0.5×0.15)씩 증가하게 된다. 따라서 성장률이 7.5%인 영구연금의 가치가 바로 (주)하나의 성장기회의 순현재가치이다.

$$NPVGO = \frac{500}{0.1 - 0.5 \times 0.15} = 20,000\text{원} \tag{7.19}$$

식 (7.19)에서 계산한 성장기회의 순현재가치가 앞에서 간접적으로 계산한 성장기회의 순현재가치 20,000원과 일치함을 확인할 수 있다.

예제 7.3 성장기회의 순현재가치

(주)두나는 매년 10억 원의 이익이 발생하며 발행주식수가 100만주이다. 즉 1,000원의 주당순이익이 매년 발생한다. 그런데 1년 후에 자기자본만으로 10억 원을 투자하여 2년 후부터 매년 주당순이익을 200원씩 증가시킬 수 있는 투자기회가 있다. 투자 후 모든 이익을 배당으로 지급한다고 할 때 요구수익률이 10%라면 (주)두나의 적정 주가는 얼마일까요?

풀이

(주)두나의 주당 현금흐름을 살펴보면 다음 그림과 같다.

	1	2	3	⋯⋯⋯	∞
성장기회가 없는 경우 EPS	1,000	1,000	1,000	⋯⋯⋯	1,000
성장기회가 있는 경우 추가 EPS	−1,000	200	200	⋯⋯⋯	200
성장기회를 고려한 EPS	0	1,200	1,200	⋯⋯⋯	1,200

투자를 한다면 첫해 10억 원의 현금유출이 발생하는데 총 발행 주식수가 100만주이므로 주당 1,000원의 현금유출이 발생한다. 그 후 매년 200원의 현금유입이 발생하게 된다. 따라서 (주)두나의 1년 후 시점에서의 주가는 다음과 같다.

$$P_1 = \frac{1,200}{0.1} = 12,000\text{원}$$

(주)두나의 현재시점에서의 주식의 가치는 다음과 같다.

$$P_0 = \frac{12,000}{1+0.1} = 10,909\text{원}$$

3. 다단계모형

앞의 무성장모형과 항상성장모형은 배당이 매년 일정하거나 매년 일정비율로 성장하는 매우 단순한 가정을 바탕으로 하고 있어서 현실과는 거리가 있다. 그러나 두 모형을 조합하면 조금 더 현실에 가깝게 할 수 있다. 즉 두 모형을 조합하여 각 기간별로 서로 다른 성장률을 가정하는 모형을 생각할 수 있는데 이러한 모형을 다단계모형(multistage dividend discount model)이라고 한다.

(주)세나의 경우를 살펴보자. (주)세나의 현재시점에서의 주당이익 EPS_0는 1,000원인데 앞으로 3년간 25%씩 성장할 것으로 예상되며 그 이후로는 성장의 기회가 없을 것으로 판단된다. 따라서 3년간의 고도 성장기간에는 배당을 하지 않고

표 7-3 다단계모형

시점	0	1	2	3	4	5
주당이익	1,000	1,250	1,563	1,953	1,953	1,953
배　　당	0	0	0	1,953	1,953	1,953

이익의 모두를 재투자하고 그 후 재투자 기회가 없는 기간에는 이익의 모두를 배당으로 지급하려고 한다. [표 7-3]은 이러한 상황을 표시한 것이다.

시점 2에서 배당을 보면, 1년 후 첫 현금흐름이 발생한 후 영구히 유지되는 영구연금 형태의 현금흐름이므로 요구수익률이 12%일 때 시점 2에서의 배당의 가치는 다음과 같다.

$$P_2 = \frac{D_3}{k} = \frac{1,953}{0.12} = 16,276\text{원} \tag{7.20}$$

따라서 현재시점에서의 배당의 가치, 즉 주식의 내재가치는 다음과 같다.

$$P_0 = \frac{16,276}{(1+0.12)^2} = 12,975\text{원} \tag{7.21}$$

03 이익평가모형

기업의 가치는 기업이 창출하는 현금흐름을 모두 합한 가치와 같다. 즉 경영활동으로 벌어들이는 순현금흐름의 현재가치가 바로 기업의 가치이다. 그런데 만약 기업이 벌어들이는 순현금흐름을 궁극적으로 모두 배당으로 지급한다면 벌어들이는 순현금흐름의 합과 배당금의 합은 같아질 것이다. 따라서 매년 발생하는 순현금흐름의 합의 현재가치를 계산하는 대신에 매년 발생하는 배당의 합의 현재가치를 계산한 것이 바로 앞에서 설명한 배당할인모형이다.

그럼 현실적으로 기업들이 벌어들인 현금흐름의 대부분을 배당으로 지급하는가? 질문의 답은 아마 "아니요"일 것이다. 그렇다면 배당을 기초로 주식의 가격을 측정하기 보다는 벌어들인 현금흐름과 좀 더 유사한 개념인 주당이익을 바탕으로 주가를 측정하는 것이 더 타당할 수도 있다.

즉 주식의 가치를 결정하는 것은 기업의 이익이고 이익을 배당과 유보로 나누는 문제는 기업의 가치에 영향을 미치지 않는다는 논리에 기초하여, 주가를 미래의 주당이익의 합의 현재가치로 측정한 모형이 이익평가모형(earnings valuation model)이다. 이모형을 식으로 나타내면 다음과 같다.

$$P_0 = \frac{EPS_1}{(1+k)^1} + \frac{EPS_2}{(1+k)^2} + \frac{EPS_3}{(1+k)^3} + \cdots = \sum_{t=1}^{\infty} \frac{EPS_t}{(1+k)^t} \tag{7.22}$$

이모형과 배당할인모형을 비교하여 보자. 만약 배당하고 남은 유보액을 모두 재투자에 사용한다면 배당은 주당이익에서 재투자액을 차감한 것이 될 것이다. 따라서 무성장 배당할인모형은 다음과 같이 고쳐 쓸 수 있다.

$$P_0 = \sum_{t=1}^{\infty} \frac{D_t}{(1+k)^t} = \sum_{t=1}^{\infty} \frac{EPS_t - I_t}{(1+k)^t} = \sum_{t=1}^{\infty} \frac{EPS_t}{(1+k)^t} - \sum_{t=1}^{\infty} \frac{I_t}{(1+k)^t} \tag{7.23}$$

I_t: 주당순투자액

식 (7.23)으로부터 배당모형에 의한 주가는 미래의 주당이익의 현재가치에서 성장에 필요한 재투자의 현재가치를 차감한 것이라는 것을 알 수 있다. 만약 기업이 재투자를 전혀 하지 않는다면 식 (7.22)와 식 (7.23)은 일치하게 된다. 이처럼 배당할인모형과 이익평가모형은 밀접하게 연관된 모형이다.

한편 미래의 주당이익이 모두 현재의 주당이익과 같다면 이익평가모형의 식 (7.22)는 다음과 같다.

$$P_0 = \frac{EPS_1}{k} \tag{7.24}$$

이식을 k에 대해 정리하면 다음과 같다.

$$k = \frac{EPS_1}{P_0} \tag{7.25}$$

이때 k를 자본환원율(capitalization ratio)이라고 하며 이는 주가수익비율, PER(price earning ratio)의 역수와 같다. 결국 이익평가모형은 PER의 역수를 할인율로 사용하고 있다는 것을 알 수 있다.

한편 회계적 이익을 기업이 창출한 부가가치로 사용하는 데에는 문제가 있다. 첫째, 회계적 이익은 회계처리방법에 의해 영향을 받는다. 예를 들어 자산의 취득시점을 기준으로 자산을 평가할 경우 인플레이션이 높은 기간에는 특히 자산을 과소평가하게 된다. 둘째, 회계적 이익은 경기변동에 따라 변동성이 크므로 정확한 기업가치를 산출하는데 어려움을 겪을 수도 있다. 셋째, 보다 본질적인 문제로 회계적 이익은 기업이 창출한 현금흐름과 차이가 있다. 예를 들어 감가상각비는 실제로 지급한 비용이 아니므로 기업이 창출한 현금흐름에 포함되어야 하지만 회계적 이익은 감가상각비를 차감한 것이다.

04 EVA모형

앞에서 살펴본 이익평가모형은 회계적 이익을 기업의 부가가치로 인정하는 모형이다. 그러나 회계적 이익은 기업이 창출한 현금흐름과는 차이가 있다. EVA모형은 경제적 부가가치, 즉 EVA(economic value added)를 기업의 부가가치로 인정하는 모형이다. EVA란 회계적 이익을 보완하여 기업의 수익성을 보다 정확히 파악하기 위한 지표이다. 회계적 이익이 타인자본 사용에 따른 이자비용만을 고려하는데 비해 EVA는 자기자본비용도 함께 고려하여, 주주의 입장에서 기업의 수익성을 좀 더 정확하게 파악할 수 있게 해주는 지표라고 할 수 있다. EVA는 다음과 같이 쓸 수 있다.

$$EVA = \text{세후영업이익} - (\text{타인자본비용} + \text{자기자본비용}) \tag{7.26}$$

한편 기업이 부가가치를 창출하기 위해 투자한 투하자본(invested capital)의 이익률은 다음과 같다.

$$ROIC = \frac{\text{세후영업이익}}{\text{투하자본}} \tag{7.27}$$

$ROIC$: 투하자본이익률

또한 타인자본비용과 자기자본비용의 합은 총 투하자본에 가중평균자본비용을 곱한 값이므로 다음과 같이 쓸 수 있다.

$$\text{타인자본비용} + \text{자기자본비용} = \text{투하자본} \times WACC \tag{7.28}$$

$WACC$: 가중평균자본비용

따라서 식 (7.27)과 (7.28)을 식 (7.26)에 대입하면 다음과 같이 EVA를 계산할 수 있다.

$$EVA = \text{투하자본}(ROIC - WACC) \tag{7.29}$$

위와 같이 계산된 EVA를 투하자본의 평균자본비용인 가중평균자본비용으로 할인한 모형이 바로 경제적 부가가치모형이다.

$$V_0 = \frac{EVA_1}{(1+k)^1} + \frac{EVA_2}{(1+k)^2} + \frac{EVA_3}{(1+k)^3} + \cdots = \sum_{t=1}^{\infty} \frac{EVA_t}{(1+k)^t} \tag{7.30}$$

$$P_0 = \frac{V_0}{\text{발행주식수}}$$

V_0: 기업의 가치

P_0: 1주당 주식가격

k: WACC

만약 시점 t 이후의 현금흐름이 영구히 일정하다고 한다면 기업의 가치는 t시점까지의 현금흐름과 그 이후 현금흐름의 합과 같다. 따라서 t시점 이후, 즉 $(t+1)$시점부터 발생하는 현금흐름의 합(잔존가치)의 t시점에서의 가치를 CV_t라고 하면 위의 식은 다음과 같이 쓸 수도 있다.

$$V_0 = \frac{EVA_1}{(1+k)^1} + \frac{EVA_2}{(1+k)^2} + \cdots + \frac{EVA_t}{(1+k)^t} + \frac{CV_t}{(1+k)^t} \tag{7.31}$$

예제 7.4 EVA모형 (1)

(주) 네나의 부가가치 창출을 위해 투자된 투하자본이 100억 원이고 투하자본이익률이 15%이다. 또 투하자본의 평균비용이 10%이다. (주) 네나의 경제적 부가가치가 1년 후부터 매년 일정하게 영구히 발생한다고 가정할 때 (주) 네나의 가치는 얼마일까요?

풀이

먼저 (주) 네나의 경제적 부가가치를 계산해 보면 다음과 같다.

$$EVA = \text{투하자본}(ROIC - WACC) = 100\text{억}(0.15 - 0.1) = 5\text{억 원}$$

매년 5억 원의 EVA가 영구히 발생하므로 현재시점에서의 기업가치는 다음과 같다.

$$V_0 = \frac{5}{0.1} = 50\text{억 원}$$

예제 7.5 EVA모형 (2)

(주) 오나의 타인자본비용이 5%, 자기자본비용이 10%, 법인세율이 25%이다. 이 회사의 대차대조표와 손익계산서가 다음과 같을 때 (주) 오나의 EVA를 계산하시오.

대차대조표

(단위: 억 원)

유동자산 비유동자산	40 60	유 동 부 채 비유동부채 자 기 자 본	20 50 30
자산총계	100	부채와 자본 총계	100

손익계산서

(단위: 억 원)

매 출 액 매 출 원 가 영 업 비 용	200 120 30
영 업 이 익 영업외비용	50 10
세 전 이 익 세 금	40 10
순 이 익	30

풀이

먼저 세후영업이익과 투하자본을 계산해 보면 다음과 같다.

세후영업이익 = 영업이익(1 − 법인세율) = 50(1 − 0.25) = 37.5억 원

투하자본 = 유동자산 + 비유동자산 − 유동부채 = 40 + 60 − 20 = 80억 원

한편 가중평균자본비용, $WACC$는 다음과 같다.

$$WACC = \text{타인자본비용}(1-\text{법인세율}) \times \frac{\text{타인자본}}{\text{타인자본}+\text{자기자본}} + \text{자기자본비용} \times \frac{\text{자기자본}}{\text{타인자본}+\text{자기자본}}$$

$$= 5(1-0.25) \times \frac{70}{100} + 10 \times \frac{30}{100} = 5.63\%$$

따라서 EVA는 다음과 같다.

$$EVA = \text{세후영업이익} - \text{투하자본} \times WACC = 37.5 - 80 \times 0.0563 = 33\text{억 원}$$

05 잉여현금흐름모형

앞에서도 설명한 바와 같이 기업가치는 미래 현금흐름의 크기와 자본비용의 크기에 달려있다. 따라서 기업가치를 평가하는데 있어서 핵심적인 과정은 현금흐름을 측정하는 것이다. 기업의 가치를 평가한다는 것은 결국 미래의 경영성과를 예측하는 것이므로 완벽한 이론적 예측기법이란 있을 수 없다. 그러나 현금흐름을 구성하는 항목들을 합리적으로 세심하게 평가하고 추정하는 것이 재무관리의 역할일 것이다.

기업의 부가가치 창출력을 어떻게 측정하는가에 따라 다양한 기업가치 평가모형이 개발되었다. 그 가운데 부가가치 창출능력을 잉여현금흐름으로 측정한 모형이 잉여현금흐름모형(free cash flow model)이다. 잉여현금흐름은 본업 영업활동을 통해 창출해 낸 현금유입액에서 당해 연도에 새로운 사업에 투자한 금액을 차감한 현금흐름을 말하며 다음과 같은 식으로 나타낼 수 있다.

$$FCF_t = CF_t - \Delta IC_t \qquad (7.32)$$

FCF_t: t기의 잉여현금흐름

CF_t: t기의 현금유입액

ΔIC_t: t기의 추가적인 투하자본

위의 식으로부터 잉여현금흐름모형은 당해 연도에 창출한 현금유입 전부를 부가가치로 인식하지 않고 현금유입액 중에 다음 연도에 추가적인 부가가치 창출에 기여할 투하자본의 증가액을 차감한 것으로 인식한다는 것을 알 수 있다.

이제 현금유입과 투하자본에 대해 조금 더 자세히 살펴보자. [그림 7-2]는 재무제표에서 얻을 수 있는 자금운용정보, 자금조달정보, 현금유입액정보를 설명한 것이다.

현금유입액은 제품의 생산과 판매라는 본원적 활동을 통해 창출된 부가가치를 의미한다. 즉 다음과 같이 표현할 수 있다.

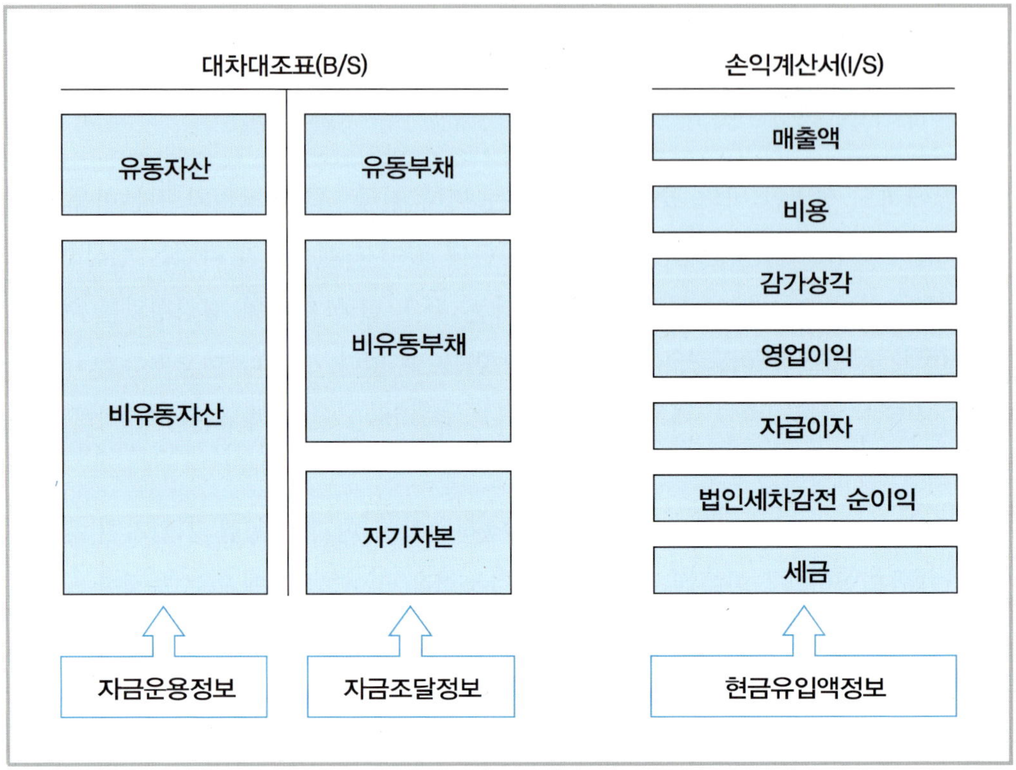

그림 7-2 자본 운용과 조달정보 및 현금유입액정보

$$CF_t = \text{법인세 차감전 순이익} - \text{세금} + \text{감가상각비} \tag{7.33}$$

한편 투하자본(invested capital)은 다음과 같다.

$$\begin{aligned} IC &= \text{비유동자산} + (\text{유동자산} - \text{유동부채}) \\ &= \text{시설자금} + \text{순운전자본} \end{aligned} \tag{7.34}$$

위와 같은 방법으로 현금유입액과 투하자본을 계산하여 잉여현금흐름을 추정할 때, 추정된 잉여현금흐름을 가중평균자본비용으로 할인한 값에 일정 기간 후의 잔여가치를 더한 값이 바로 잉여현금흐름모형에 의한 기업가치가 된다.

$$V_0 = \frac{FCF_1}{(1+k)^1} + \frac{FCF_2}{(1+k)^2} + \cdots + \frac{FCF_T}{(1+k)^T} + \frac{CV_T}{(1+k)^T} \tag{7.35}$$

V_0: 기업가치

k: 가중평균자본비용(WACC)
CV_T: T기말 시점의 잔존가치

따라서 1주당 주식의 가치는 다음과 같다.

$$P_0 = \frac{V_0 - \text{부채가치}}{\text{발행주식수}} \tag{7.36}$$

위의 모형을 이해하기 위해 (주)유나의 경우를 살펴보자. 먼저 이 회사의 매출액은 1년 후 500억으로 추정되었으며 그 후 2년간 각각 10%, 11%로 증가한 후 그 다음 2년간은 9%, 8%로 성장률이 둔화될 것으로 예상되었다. 이 회사의 법인세차감전순이익은 매출액의 20%로 추정되었으며 법인세율은 25%이다. 또한 감가상각비, 순운전자본 증가액, 시설자금 증가액 등이 [표 7-4]와 같을 때 (주)유나의 잉여현금흐름을 계산해 보자.

이제 (주)유나의 앞으로 5년간 잉여현금흐름을 추정해 보자. 먼저 1년 후의 현금유입액, CF_1을 추정하면 다음과 같다.

$$CF_1 = 100 - 25 + 8 = 83\text{억 원} \tag{7.37}$$

표 7-4 (주)유나의 현금유입과 유출에 관한 예측

(단위: 억 원)

	1	2	3	4	5	비고
매출액 (매출액 성장률)	500	550 (10%)	610.5 (11%)	665.5 (9%)	718.68 (8%)	4년 이후 성장률 둔화
법인세차감전순이익	100	110	122.1	133.1	143.74	매출액의 20%
법인세	25	27.5	30.53	33.28	35.94	법인세율 25%
감가상각비	8	9	10	11	12	–
순운전자본 증가액	2	3	3	4	5	–
시설자금증가액 (당기 감가상각비 차감)	12	18	16	10	10	–

표 7-5 (주)유나의 잉여현금흐름

(단위: 억 원)

	1	2	3	4	5
잉여현금흐름	69	70.5	82.57	96.82	104.8

1년 후의 추가적인 투하자본과 순운전자본의 증가액의 합은 14억 원이므로 FCF_1은 83억 원에서 14억 원을 차감한 69억 원이 된다. 이와 같은 방식으로 추정된 향 후 5년간 잉여현금흐름은 [표 7-5]와 같다.

이제 (주)유나의 가중평균자본비용이 10%이고, 6년 이후에는 매년 104.8억 원의 잉여현금흐름이 영구히 발생할 것으로 예상한다고 하자. 이 때 이 회사의 가치를 계산하여 보자. 먼저 앞으로 5년간 잉여현금의 가치를 계산해 보면 다음과 같다.

$$\text{잉여현금흐름의 현재가치} = \frac{69}{1.1^1} + \frac{70.5}{1.1^2} + \frac{82.57}{1.1^3} + \frac{96.82}{1.1^4} + \frac{104.8}{1.1^5} = 314.23\text{억원} \tag{7.38}$$

6년 후부터 발생하는 잉여현금흐름의 현재가치인 잔존가치를 계산해보자. 이 현금흐름은 영구연금의 현금흐름이므로 5년 후 시점에서의 가치는 다음과 같다.

$$CV_5 = \frac{104.8}{0.1} = 1{,}048\text{억 원} \tag{7.39}$$

따라서 이 현금흐름의 현재가치는 다음과 같다.

$$CV_0 = \frac{1{,}048}{1.1^5} = 650.73\text{억 원} \tag{7.40}$$

따라서 (주)유나의 기업가치는 잉여현금흐름의 현재가치와 잔존가치의 현재가치의 합인 964.96억 원(314.23+650.73)이 된다. 만약 이 회사의 발행주식수가 1,000만주이고 부채의 가치가 400억 원이라면 이 회사의 한 주당 가치는 기업가치 964.96억 원에서 부채가치 400억 원을 차감한 564.96억 원을 발행주식수 1,000만으로 나눈 5,649.6원이 된다.

예제 7.6 잉여현금흐름모형

(주) 치나의 앞으로 5년간 현금유입과 투하자본의 증분이 다음과 같다. 6년 후부터는 전년의 *FCF*가 영구히 유지될 것으로 예상된다. (주) 치나의 *WACC*가 10%, 현재시점에서의 시가기준 부채금액이 100억 원, 발행주식수는 200만주이다 (주) 치나의 적정 주가는 얼마일까요?

(단위: 억 원)

	1	2	3	4	5
현금유입	50	60	70	80	90
ΔIC	10	15	20	25	30

풀이

*FCF*는 현금유입에서 ΔIC를 차감한 것이므로 5년 동안 현금유입의 현재가치를 계산해보면 다음과 같다.

$$V_0(\text{5년 현금흐름}) = \frac{40}{(1+0.1)^1} + \frac{45}{(1+0.1)^2} + \frac{50}{(1+0.1)^3} + \frac{55}{(1+0.1)^4} + \frac{60}{(1+0.1)^5} = 185.94\text{억 원}$$

잔존가치의 현재가치를 계산해보면 다음과 같다.

$$V_0(\text{잔존가치}) = \frac{60}{0.1} \times \frac{1}{(1+1.0)^5} = 372.55\text{억 원}$$

따라서 (주) 치나의 기업가치는 V_0(5년 현금흐름)와 V_0(잔존가치)를 합한 558.49억 원이 된다. 따라서 1주당 가치는 다음과 같다.

$$P_0 = \frac{558.49\text{억 원} - 100\text{억 원}}{200\text{ 만주}} = 22,925\text{원}$$

06 주가배수모형

앞에서 설명한 EVA모형과 잉여현금흐름모형은 이론적인 강점에도 불구하고 다년간의 미래의 추정치를 필요로 한다는 점에서 어려움이 있을 수 있다. 경제의 변동성이 클 때에는 특히 장기적인 추정치의 결과를 확신하기 더욱 어렵다. 이러한 문제에서 벗어나 좀 더 간편하게 주가를 추정할 수 있는 방법이 자기 회사 혹은 타 회사의 주가배수(price multiple)를 이용하여 주가를 평가하는 것이다. 몇 가지 주가배수모형을 살펴보자.

1. PER모형

상대적으로 손쉽기 때문에 실무에서 자주 사용되는 주가배수를 이용한 모형 중 대표적인 것이 주가수익비율모형이다. 주가수익비율(price earning ratio: PER)은 주가를 주당순이익으로 나눈 값으로 주당이익 1단위를 얻기 위해 주주들이 지불한 투자금액을 의미한다.

$$PER = \frac{P_0}{EPS_1} \tag{7.41}$$

따라서 PER모형에 의한 주식의 이론적 가격은 다음과 같다.

$$P_0 = PER \times EPS_1 \tag{7.42}$$

여기에서 문제가 되는 것은 PER를 어떻게 측정하는가 하는 것이다. 가장 손쉬운 방법은 유사한 영업활동을 하는 동종기업의 PER를 대용하는 것이다. 또 다른 방법은 앞에서 살펴본 항상성장모형을 이용하는 것이다. 항상성장모형 식 (7.7)을 다시 한 번 쓰면 다음과 같다.

$$P_0 = \frac{D_1}{k-g} \quad \text{단 } k > g \tag{7.7}$$

그런데 유보비율을 b라고 하면 1년 후 배당 D_1은 다음과 같다.

$$D_1 = EPS_0(1-b)(1+g) \tag{7.43}$$

따라서 주가는 다음과 같다.

$$P_0 = \frac{D_1}{k-g} = \frac{EPS_0(1-b)(1+g)}{k-g} \tag{7.44}$$

양변을 EPS_0로 나누면 PER가 다음과 같음을 알 수 있다.

$$PER = \frac{P_0}{EPS_0} = \frac{(1-b)(1+g)}{k-g} \tag{7.45}$$

PER모형은 손쉽게 이용할 수 있다는 장점이 있지만 앞에서 살펴본 모형들과는 달리 이론적이지는 못하다. 그러나 PER가 여러 가지 특성을 반영하고 있는 지표이기 때문에 유용할 수도 있다. PER는 위의 식에서 알 수 있는 바와 같이 b, g, k 등에 영향을 받는다. 따라서 산업 및 기업의 특성이 반영된 배당성향, 기대성장률, 그리고 기업의 위험요인 등 여러 특성이 반영되어 있기 때문에 생각보다 유용한 지표가 될 수도 있다.

그럼에도 불구하고 PER모형은 다음과 같은 기본적인 문제로 인하여 한계가 있다.

첫째, PER를 계산하기 위해 사용하는 EPS는 시가기준이 아니라 장부가 기준이다. 그러나 장부상 이익은 기업의 부가가치 창출능력을 제대로 반영하고 있지 못하다. 또한 장부상 이익은 회계처리 방법에 따라 동종의 유사한 기업 간에도 차이가 많이 날 수 있다.

둘째, 당기순손실이 발생하면 EPS가 음수(−)가 되기 때문에 의미 있는 PER를 계산할 수 없고 따라서 주가도 계산할 수 없다.

셋째, PER는 경기에 매우 민감하게 반응한다. 따라서 같은 기업이더라도 추세적으로 장부상 이익이 낮은 연도에는 PER가 커지고 반대로 장부상 이익이 높은 연도에는 PER가 작아지게 되어 안정적이지 못하다.

넷째, 인플레이션이 높을 때 명목가치로 측정된 EPS를 증가시켜 기업의 실질가치를 왜곡할 가능성이 있다. 즉 인플레이션이 높은 시기에 실질가치는 떨어지는데 명목가치로 측정된 EPS는 오히려 커질 가능성이 있다.

예제 7.7 PER모형

(주)파나의 주식에 대한 투자자들의 요구수익률이 10%이고 순이익 중 유보되어 재투자되는 비율이 50%이다. 또 이 회사의 주당순이익은 1,000원이다. 만약 배당성장률이 3%로 영구히 유지될 때 PER에 기초한 이 회사의 적정 주가는 얼마일까요?

풀이

먼저 PER를 계산하면 다음과 같다.

$$PER = \frac{(1-b)(1+g)}{k-g} = \frac{(1-0.5)(1+0.03)}{0.1-0.03} = 7.36$$

따라서 적정주가는 다음과 같다.

$$P_0 = 1{,}000 \times 7.36 = 7{,}360\text{원}$$

2. PBR모형

주가장부가치비율(price to book value ratio: PBR)은 주가를 주당장부가치(book value per share: BPS)로 나눈 값이다. 이 때 주당장부가치는 자산장부가치에서 부채장부가치를 차감한 순자산가치를 말한다.

$$PBR = \frac{P_0}{BPS} \tag{7.46}$$

BPS: 주당장부가치

PBR이 높으면 자산주라고 부른다. 장부에는 낮은 가격으로 평가되어 있는 자산이 실제로는 상당히 높은 가치가 있어서 주가가 올라있다면 PBR은 높아진다. 만약 회계처리가 시장의 상황을 정확히 반영하고 있다면 장부상 평가금액과 시장의 평가금액이 같을 것이므로 PBR은 1이 된다.

위의 식으로부터 PBR모형에 의한 주식의 이론적 가격은 다음과 같다는 것을 알 수 있다.

$$P_0 = PBR \times BPS \tag{7.47}$$

주가를 추정하기 위해 필요한 PBR은 해당기업의 과거평균을 이용하거나 계량모형을 이용하여 추정할 수도 있으나 보통 동종 산업에 속한 유사기업의 PBR을 사용하거나 동종 산업의 평균을 사용하는 것이 일반적이다.

한편 PBR을 다시 쓰면 다음과 같다.

$$PBR = \frac{P_0}{BPS} = \frac{EPS}{BPS} \times \frac{P_0}{EPS} = ROE \times PER \tag{7.48}$$

즉 PBR은 자기자본수익률과 주가수익비율을 곱한 것이다. 또한 ROE를 조금 더 분해하여 PBR을 식 (7.49)와 같이 쓸 수 있다. 이 식으로부터 PBR은 매출액이익률, 총자산회전율, 자기자본비율, PER 등의 함수라는 것을 알 수 있다.

$$PBR = \frac{\text{순이익}}{\text{매출액}} \times \frac{\text{매출액}}{\text{총자산}} \times \frac{\text{총자산}}{\text{자기자본}} \times PER \tag{7.49}$$

한편 ROE는 주당순이익을 주당순자산가치(=주당자기자본)로 나눈 것이므로 ROE는 다음과 같이 쓸 수 있다.

$$ROE = \frac{EPS_0}{BPS} \tag{7.50}$$

그러면 주당순이익은 다음과 같다.

$$EPS_0 = ROE \times BPS \tag{7.51}$$

위의 식을 식 (7.44)에 대입하여 정리하면 다음과 같다.

$$P_0 = \frac{ROE \times BPS(1-b)(1+g)}{k-g} \tag{7.52}$$

양변을 BPS로 나누면 다음과 같이 정리할 수 있다.

$$PBR = \frac{P_0}{BPS} = \frac{ROE(1-b)(1+g)}{k-g} \tag{7.53}$$

위의 식으로부터 PBR은 ROE, 유보비율, 배당성장률, 자본비용 등에 영향을 받는다는 것을 알 수 있다. 이처럼 PBR모형은 생각보다 많은 정보를 반영하고 있으며 비교적 손쉽게 주가를 추정할 수 있다는 장점이 있다. 또 순손실이 발생하여 PER모형을 사용할 수 없을 때에도 유효하다는 장점이 있다. 그러나 비유동자산을 많이 사용하지 않는 서비스 업종의 기업의 경우 순자산가치가 기업의 가치를 제대로 반영하기 어렵고, PER와 같이 감가상각 등 회계처리방법에 따라 순자산가치도 영향을 받는다는 단점이 있다. 무엇보다도 장부가가 시장상황을 잘 반영하고 있지 못하다면 실질적인 기업의 가치를 추정하는데 어려움이 있다.

예제 7.8 PBR모형

(주)구나의 예상 주당순이익이 1,000원, 주당장부가치가 5,000원, 유보비율이 50%, 자본비용이 10%, ROE가 12%일 때 PBR을 계산하시오.

풀이

먼저 배당성장률을 계산하면 다음과 같다.

$$g = ROE \times b = 0.12 \times 0.5 = 0.06$$

주가는 다음과 같이 계산할 수 있다.

$$P_0 = \frac{EPS_1(1-b)}{k-g} = \frac{1,000(1-0.5)}{0.1-0.06} = 12,500\text{원}$$

따라서 PBR은 다음과 같다.

$$PBR = \frac{12,500}{5,000} = 2.5$$

잉여현금흐름이나 EVA등에 기초한 주식의 평가는 기업의 현금창출능력, 성장률, 자본비용 등 매우 다양한 요인의 다년간의 예측치를 기본으로 사용한다. 이러한 정교한 방법들은 해당 기업의 가치를 창출하는 주요 원인이 무엇인지를 이해하는데 중요한 틀을 제공하고, 정확한 추정치를 도출하는데 가장 유용한 방법으로 이해되고 있다. 그러나 이러한 방법들을 사용하기 위해서는 많은 지식과 정보가 필요하며 때로는 주요 요인의 측정에 많은 노력을 기울여야 한다.

앞에서 살펴본 주가배수모형에 입각한 모형은 주식을 평가하기 위해 필요한 요구 자료가 많지 않다. 또 분석가들이 평가하여야 할 일부를 시장이 결정하게 함으로써 인위적인 측정오류를 피할 수 있다는 장점도 있다. 그러나 기본적으로 유사기업들의 지표를 대용하는 주가배수모형은 한 기업을 잘못 평가하면 다른 기업, 나아가 모든 기업을 잘못 평가하게 된다. 이와 같은 끊임없는 오류를 피하기 위해서는 둘 이상의 여러 모형을 함께 사용하여 서로의 단점을 보완하도록 하는 것이 바람직하다. 뿐만 아니라 주가배수모형은 잉여현금흐름, EVA 등을 평가하는 모형의 보조적 기법임을 잊지 않아야 한다.

[부록 1] 항상성장모형

앞의 항상성장모형을 설명하는 식 (7.6)을 다시 쓰면 다음과 같다.

$$P_0 = \frac{D_1}{(1+k)^1} + \frac{D_1(1+g)}{(1+k)^2} + \frac{D_1(1+g)^2}{(1+k)^2} + \cdots \tag{7.6}$$

위의 식의 양변에 $(1+k)/(1+g)$을 곱하면 다음과 같은 식이 된다.

$$\frac{(1+k)}{(1+g)}P_0 = \frac{D_1}{(1+g)^1} + \frac{D_1}{(1+k)^1} + \frac{D_1(1+g)}{(1+k)^2} + \cdots \tag{7.54}$$

식 (7.54)에서 식 (7.6)을 차감하면 다음과 같다.

$$\frac{(1+k)}{(1+g)}P_0 - P_0 = \frac{D_1}{(1+g)} \tag{7.55}$$

위의 식을 정리하면 다음과 같다.

$$\frac{(k-g)P_0}{(1+g)} = \frac{D_1}{(1+g)} \tag{7.56}$$

위의 식을 P_o에 대해 정리하면 다음과 같은 항상성장모형을 얻을 수 있다.

$$P_0 = \frac{D_1}{k-g} \quad (\text{단, } k > g) \tag{7.57}$$

[부록 2] 주주잉여현금흐름

앞에서 우리는 기업의 가치를 추정할 때 기업이 영업활동으로부터 창출한 현금흐름에서 추가적인 부가가치 창출에 기여할 투하자본의 증가액을 차감한 모두를 잉여현금흐름, *FCF*로 정의하였다. 그런데 *FCF*는 주주의 몫과 채권자의 몫으로 나누어 볼 수 있다. 즉, 기업이 창출한 부가가치는 각각의 지분만큼 주주와 채권자에게 귀속되기 때문이다. 이 때 주주에게 귀속되는 영여현금흐름을 주주잉여현금흐름(free cash flow to equity holders: *FCFE*)라고 한다. 또한 기업이 창출한 부가가치를 주주잉여현금흐름과 채권자에게 귀속되는 잉여현금흐름으로 분류할 때 이 둘을 합한 기업에게 귀속되는 현금흐름, 즉 앞에서 우리가 *FCF*라고 정의한 영여현금흐름을 기업잉여현금흐름(free cash flow to the firm: *FCFF*)이라고도 부른다.

주주에게 귀속되는 주주잉여현금흐름은 기업에 귀속되는 잉여현금흐름에서 채권자에게 귀속되는 잉여현금흐름을 차감한 것이므로 다음과 같이 쓸 수 있다.

$$FCFE = FCFF - \text{이자비용} \times (1 - \text{법인세율}) + \text{부채의 순증가분} \tag{7.58}$$

한편 부채를 사용하지 않는 기업의 경우 주주잉여현금흐름은 기업의 잉여현금흐름과 동일하다는 것을 위의 식으로부터 알 수 있다.

이렇게 정의된 *FCFE*를 자기자본비용으로 할인하여 주식의 가치를 평가한 모형을 주주잉여현금흐름모형이라고 한다.

$$V_{EO} = \frac{FCFE_1}{(1+k)^1} + \frac{FCFE_2}{(1+k)^2} + \cdots + \frac{FCFE_T}{(1+k)^T} + \frac{CV_T}{(1+k)^T} \tag{7.59}$$

V_{EO} : 주주에게 귀속되는 기업가치

k: 자기자본비용

따라서 1주당 주식의 가치는 다음과 같다.

$$P_{EO} = \frac{V_{EO}}{\text{발행주식수}} \tag{7.60}$$

P_{EO}: 주주가치에 근거한 1주당 가치

[표 7-4]의 (주)유나를 다시 살펴보자. (주)유나의 이자비용이 앞으로 5년간 10억 원, 11억 원, 12억 원, 13억 원, 14억 원으로 증가하다가 그 후 매년 14억 원으로 동일하다고 하자. 또 앞으로 3년간 부채가 10억 원씩 증가하나 그 이후에는 부채의 증가가 없다고 하자. (주)유나의 자기자본비용이 15%로 추정되고 그 이외의 다른 모든 추정치가 [표 7-4]와 같을 때 주주잉여현금흐름을 구해보자.

| 표 7-6 주주잉여현금흐름

	1	2	3	4	5
기업잉여현금흐름	69	70.5	82.57	96.82	104.8
이자비용(1-법인세율)	7.5	8.25	9	9.75	10.5
부채증가분	10	10	10	–	–
주주잉여현금흐름	71.5	72.25	83.57	87.07	94.3

[표 7-6]은 주주에게 귀속되는 잉여현금흐름을 계산한 것이다. 먼저 앞으로 5년간 주주잉여현금흐름의 현재가치를 계산해보면 다음과 같다.

$$\text{주주잉여현금흐름의 현재가치} = \frac{71.5}{1.15} + \frac{72.25}{1.15^2} + \frac{83.57}{1.15^3} + \frac{87.07}{1.15^4} + \frac{94.3}{1.15^5} = 268.42\text{억 원}$$

6년 후부터 발생하는 주주잉여현금흐름의 현재가치인 잔존가치를 계산해보자. 이 현금흐름의 5년 후 시점에서의 가치는 다음과 같다.

$$CV_5 = \frac{94.3}{0.15} = 628.67\text{억 원}$$

따라서 이 현금흐름의 현재가치는 다음과 같다.

$$CV_0 = \frac{628.67}{1.15^5} = 312.56\text{억 원}$$

따라서 (주)유나의 주주가치는 잉여현금흐름의 현재가치와 잔존가치의 현재가치의 합인 580.98억 원(268.42+312.56)이 된다. 앞에서 (주)유나의 기업가치는 964.96억 원으로 추정되었다. 따라서 964.96억 원 가운데 580.98억 원이 주주에게 귀속되고 나머지 383.98억 원은 채권자에게 귀속된다는 것을 알 수 있다.

연습문제

객관식

1. 고든의 항상성장모형에 관한 다음 설명 중 틀린 것을 고르시오.
   ① 요구수익률이 클수록 주가는 낮아진다.
   ② 배당의 성장률이 클수록 주가는 높아진다.
   ③ 배당이 클수록 주가는 높아진다.
   ④ 유보를 많이 할수록 주가는 높아진다.

2. 다음 설명 중 맞는 것을 고르시오.
   ① 일반적으로 ROE가 높고 PER가 높은 주식이 좋은 투자대상이다.
   ② 일반적으로 ROE가 높고 PER가 낮은 주식이 좋은 투자대상이다.
   ③ 일반적으로 ROE가 낮고 PER가 높은 주식이 좋은 투자대상이다.
   ④ 일반적으로 ROE가 낮고 PER가 낮은 주식이 좋은 투자대상이다.

3. 다음 경제적 부가가치모형에 관한 설명 중 틀린 것은 어느 것인가?
   ① 회계적 이익이 타인자본비용만을 고려하는데 비해 EVA는 자기자본비용도 함께 고려한다.
   ② EVA는 세후영업이익에서 자본비용을 차감한 것이다.
   ③ 계산된 EVA를 자기자본비용으로 할인하여 기업의 가치를 추정한다.
   ④ 투하자본수익률에서 자본비용을 차감한 값에 투하자본을 곱하면 EVA가 된다.

4. (주)하나의 순이익은 1억 원이며 순이익의 60%를 유보하여 재투자를 한다. 재투자수익률이 15%라면 배당의 성장률은 얼마일까요?
   ① 6% ② 7%
   ③ 8% ④ 9%

5. 다음 중 PBR모형에 관한 설명 중 옳지 않은 것은 어느 것인가?
   ① 주당장부가치는 자산장부가치에서 부채장부가치를 차감한 순자산가치를 말한다.
   ② PBR이 낮으면 자산주라고 부른다.
   ③ PBR은 수익성, 활동성, 자기자본비율, PER 등의 함수이다.
   ④ 순손실이 발생하여도 적정 주가를 추정하는 것이 유효하다.

6. 잉여현금흐름을 할인하여 기업의 가치를 산출하는 잉여현금흐름모형의 할인율로 적당한 것을 고르시오.
   ① 자기자본비용
   ② 부채비용
   ③ 가중평균자본비용
   ④ 무위험이자율

7. 잉여현금흐름모형에 관련된 다음 설명 중 틀린 것은 어느 것인가?
   ① 잉여현금흐름은 본업 영업활동을 통해 창출해 낸 현금유입액에서 당해 연도에 새로운 사업에 투자한 금액을 차감한 현금흐름을 말한다.
   ② 현금유입은 경상이익에 감가상각비를 더한 값에서 세금을 차감하여 계산할 수 있다.
   ③ 투하자본은 시설자금과 순운전자본을 합한 값이다.
   ④ 잉여현금흐름을 가중평균자본비용으로 할인한 값이 기업의 가치이다.

8. (주)두나는 앞으로 3년 동안 매년 10억 원의 잉여현금흐름을 창출할 것으로 기대되며 그 이후에는 매년 5억원 씩 영구히 유지될 것으로 예상된다. 요구수익률이 10%일 때 (주)두나의 가치는 얼마일까요?
   ① 62.44억 원　　② 63.44억 원
   ③ 64.66억 원　　④ 65.66억 원

9. (주) 세나의 요구수익률이 15%, 순이익 중 재투자되는 비율이 5%이고 배당 성장률이 5%로 일정하게 유지된다고 하자. 이 회사의 PER는 얼마일까요?

① 8　　② 10
③ 12　　④ 14

10. (주) 네나의 유동자산과 비유동자산이 각각 400억 원, 600억 원이고 유동부채와 비유동부채가 각각 200억 원, 500억 원이다. 이 회사의 투하자본은 얼마일까요?

① 400억 원　　② 600억 원
③ 800억 원　　④ 1,000억 원

11. 1주당 주가가 12,500원, 총배당금액이 25억원, 당기순이익이 50억원, 발행주식수가 100만주인 회사의 주가수익비율은 얼마인가?

① 2.5배　　② 5.5배
③ 7.5배　　④ 12.5배

12. 배당성향(Payout ratio)의 설명으로 알맞은 것을 고르시오.

① 주당배당금 ÷ 주당이익금　　② 주당가격 ÷ 주당이익금
③ 주당이익금 ÷ 주당배당금　　④ 주당이익금 ÷ 주당가격

주관식

1. 잉여현금흐름을 가중평균자본비용으로 할인하여 기업의 가치를 산출하는 모형에 대해 설명하시오.

2. 경제적 부가가치와 잉여현금흐름의 차이에 대해 설명하시오.

3. (주) 하나 주식에 대한 요구수익률이 10%이고 첫해 주당순이익이 2,000원이다. 이 회사의 재투자를 위한 유보율은 50%로 매년 일정하며 자기자본이익률이 15%이다. (주) 하나의 주가는 얼마일까요?

4. (주) 두나의 현재시점에서의 주당이익 *EPS* 는 1,000원인데 앞으로 4년간 20%씩 성장할 것으로 예상되며 그 이후로는 성장의 기회가 없을 것으로 판단된다. 따라서 고도 성장기간인 처음 3년 동안 배당을 하지 않고 이익의 모두를 재투자하고 더 이상 재투자 기회가 없는 4년 후 부터는 이익을 모두 배당으로 지급하려고 한다. 주식의 요구수익률이 10%일 때 이 회사의 주가는 얼마일까요?

5. (주) 세나의 영업용 투하자본이 500억 원이고 투하자본이익률이 20%이다. 또 투하자본의 평균비용이 15%이다. (주) 세나의 경제적 부가가치가 2년 후부터 매년 일정하게 영구히 발생한다고 가정할 때 (주) 세나의 가치는 얼마일까요?

6. (주) 네나의 유동자산과 비유동자산이 각각 50억 원이고 유동부채, 비유동부채가 각각 400억 원이다. 또 영업이익이 30억 원, 타인자본비용이 8%, 자기자본비용이 12%, 법인세율이 25%이다. 이 회사의 *EVA* 를 계산하시오.

7. (주) 오나의 예상 주당순이익이 2,000원, 주당장부가치가 8,000원, 유보비율이 40%, 자본비용이 10%, *ROE* 가 15%일 때 *PBR* 을 계산하시오.

8. (주) 유나의 현금유입과 순영업투하자본이 다음과 같다. 6년 후부터는 5년 후의 현금유입과 순영업투하자본이 계속 유지될 것으로 예상된다. 이 회사의 $WACC$가 10%, 부채가 1,000억 원, 발행주식수가 1,000만주일 때 주가는 얼마일까요?

(단위: 억 원)

	1	2	3	4	5
현금유입	500	600	700	800	900
순영업투하자본증분	150	160	170	180	190

9. (주) 치나 주식에 대한 투자자들의 요구수익률이 10%이고 순이익 중 유보되어 재투자되는 비율이 40%이다. 또 이 회사의 주당순이익은 2,000원이다. 만약 배당성장률이 3%로 영구히 유지될 때 PER에 기초한 이 회사의 주가는 얼마일까요?

10. (주) 파나의 영업이익, 감가상각 등이 다음과 같다고 하자. 이 회사의 가중평균자본비용이 10%이고, 6년 후부터는 매년 5년 후와 동일한 잉여현금흐름이 영구히 발생할 것으로 예상된다고 하자.

(1) 앞으로 5년 동안 연간 잉여현금흐름을 추정하시오.

(2) 이 회사의 가치를 계산하시오.

(3) 이 회사 부채의 현재가치가 400억 원이고 발행주식수가 1,000만주일 때 주가를 계산하시오.

	1	2	3	4	5	비고
영업이익	100	125	150	175	200	
법인세	20	25	30	35	40	법인세율 20%
감가상각비	10	10	10	10	10	–
순운전자본 증가액	5	5	5	5	5	–
시설자금증가액(당기 감가상각비 차감)	10	10	10	10	10	–

제8장

채권의 가격과 수익률

금융시장에서 거래되는 가장 대표적인 증권이 주식과 채권이다. 이장에서는 주식에 비해 상대적으로 투자위험이 작은 것으로 간주되는 채권의 가치, 수익률, 위험에 대해 살펴보기로 한다.

01 채권의 개념

채권(bond)은 자금의 차입자가 차입한 자금의 상환을 약속하기 위해 발행한 증서로서 고정적으로 이자 수입을 발생시키는 대표적인 고정수익증권(fixed income securities) 중의 하나이다.

(주) 하나가 금융시장에서 자금을 차입하고 2년 후에 갚기로 하였다고 하자. 또 매 6개월마다 이자를 지급한다고 하자. 이 때 이러한 내용을 기재하고 발행된, 자금을 갚기로 약속한 증권이 바로 채권이다. 또 자금을 최종적으로 갚기로 한 2년 후를 만기(maturity)라고 하고 갚기로 약속한 금액을 액면가(face value)라고 한다. 만기는 시간이 지날수록 줄어든다. 처음 발행할 때 만기가 3년이라도 1년이 지나면 자금을 갚기로 한 시점이 2년 후가 되므로 2년 만기 채권으로 간주된다.

지급하기로 약속한 이자는 보통 액면가의 퍼센트로 표시하는데 지급할 이자의 액수를 액면이자(coupon), 액면가의 퍼센트로 표시된 이자율을 액면이자율(coupon rate) 또는 표면이자율이라고 한다. 만기가 2년이고 액면가가 10,000원, 액면이자율이 10%일 때 이자가 1년에 한 번 지급되면 1년 후 1,000원, 2년 후 1,000원의 이자가 지급된다. 만약 이자가 1년에 두 번 지급되면 6개월 후에 1,000원의 절반인 500원, 1년 후 500원, 1년 6개월 후 500원, 2년 후 500원의 이자가 지급된다.

일반적인 채권은 위와 같이 일정기간마다 액면이자를 지급하는데 이러한 채권을 이표채(coupon bond)라고 한다. 그러나 이표채와는 달리 만기까지 액면이자를 한 번도 지급하지 않는 채권이 있다. 대신에 9,000원을 차입하고 10,000원을 갚기로 약속한 채권을 발행하게 되는데, 10,000원과 9,000원의 차이가 사실상 이자에 해당된다. 이러한 채권을 무이표채(zero-coupon bond) 혹은 순수할인채권(pure discount bond)이라고 한다. 한편 원금, 즉 액면가를 갚지 않는 대신에 액면이자를 일정기간마다 영원히 지급하는 채권이 있는데 이를 영구채권(perpetuity)이라고 한다.

02 채권의 가치

1. 채권의 가격

채권을 보유한 사람은 일정기간 후인 만기에 자금을 상환 받게 된다. 그러나 어떤 이유로 인해 만기 전에 빌려준 자금을 회수하고 싶을 수 있다. 자금을 조기에 회수하기 위해서는 보유하고 있는 채권을 금융시장에 내다 팔면 된다. 이때 적용될 공정가격은 어떻게 결정되는가? 이 질문의 답은 간단하다. 이 채권을 보유함으로써 얻게 되는 현금흐름의 합만큼을 주고받으면 공정할 것이다. 만약 이보다 낮은 가격에 매매가 이루어지면 채권을 보유함으로써 얻게 되는 현금이 지급하는 현금보다 크기 때문에 매입자에게 유리하게 된다. 반대가 되면 매도자에게 유리하게 되어 거래가 이루어지기 어려우므로 결국 들어오는 현금과 나가는 현금이 같은 수준에서 거래가 이루어질 수밖에 없다.

채권이 지급하기로 약속한 현금흐름은 현재가 아닌 미래의 일정시점에 발생된다. 따라서 채권의 가격은 단순히 채권이 지불하기로 약속한 현금을 더한 것이 아니라 미래의 시점에 지급될 현금을 현재의 시점으로 환산한 현재가치의 합이 되어야 한다.

만기가 1년인 무이표채의 가격을 생각해 보자. 액면가를 F, 채권의 할인율을 r, 채권의 가격을 P라고 하자. 그러면 채권을 보유함으로써 얻게 되는 현금흐름이 1

년 후 액면가밖에 없는 1년 만기 무이표채의 가격은 다음과 같다.

$$P = \frac{F}{(1+r)} \tag{8.1}$$

이제 만기가 n년인 무이표채의 가격은 n년 후에 한 번의 현금흐름밖에 없으므로 다음과 같다는 것을 쉽게 알 수 있다.

$$P = \frac{F}{(1+r)^n} \tag{8.2}$$

예를 들어 할인율이 10%일 때 만기가 3년, 액면가 10,000원인 무이표채의 가격을 계산해 보면 다음과 같다.

$$P = \frac{10,000}{(1+0.1)^3} = 7,513\text{원} \tag{8.3}$$

위 채권의 현재시점에서의 가격은 7,513원이지만 1년이 지난 시점에서의 가격은 얼마일까? 이 시점에서는 만기가 2년 남았으므로 다음과 같이 1년 후 가격 P_1을 계산할 수 있다.

$$P_1 = \frac{10,000}{(1+0.1)^2} = 8,264\text{원} \tag{8.4}$$

이제 만기가 2년, 1년에 액면이자가 1번 지급되는 이표채를 생각해보자. 액면이자를 C라고 하면 이 채권을 보유함으로써 발생하는 현금흐름은 [그림 8-1]과 같다.

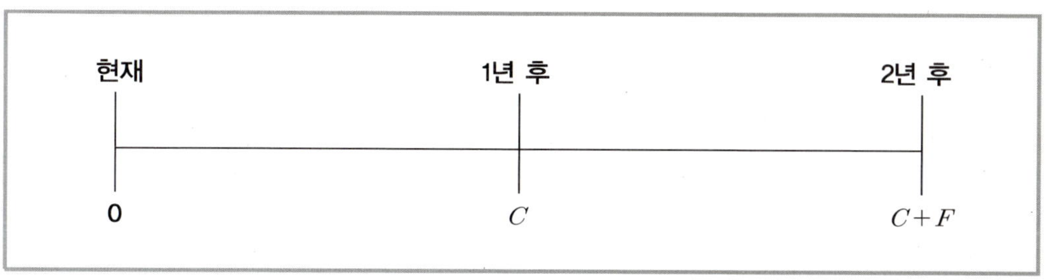

그림 8-1 만기가 2년인 이표채의 현금흐름

따라서 이 채권의 가격은 식 (8.5)와 같다는 것을 쉽게 알 수 있다.

$$P=\frac{C}{(1+r)^1}+\frac{C+F}{(1+r)^2} \tag{8.5}$$

만기가 n년이고 액면이자가 1년에 한번 지급되는 이표채의 가격은 다음과 같다.

$$P=\frac{C}{(1+r)^1}+\frac{C}{(1+r)^2}+\frac{C}{(1+r)^3}+\cdots+\frac{C+F}{(1+r)^n} \tag{8.6}$$

예를 들어 할인율이 10%일 때 만기가 3년, 액면가 10,000원, 액면이자율 12%인 채권의 가격을 구해보면 다음과 같다.

$$P=\frac{1,200}{(1+0.1)^1}+\frac{1,200}{(1+0.1)^2}+\frac{1,200+10,000}{(1+0.1)^3}=10,497\text{원} \tag{8.7}$$

그럼 할인율 10%, 만기가 3년, 액면가 10,000원, 액면이자율 12%로 위와 같지만 1년에 액면이자가 2번 지급되는 채권의 가격을 계산해 보자. 이 채권의 연간 액면이자는 액면가 10,000원의 12%인 1,200원이다. 따라서 1년에 액면이자가 2번 지급된다는 뜻은 매 6개월마다 연간 액면이자의 절반인 600원이 지급된다는 것을 의미한다. 따라서 이 채권의 현금흐름은 [그림 8-2]와 같다.

6개월 후의 600원의 현재가치는 얼마일까? 600원을 6개월 할인율로 할인한 값일 것이다. 따라서 6개월 후의 600원의 가치는 다음과 같다.

$$PV=\frac{600}{(1+\frac{0.1}{2})}=571\text{원} \tag{8.8}$$

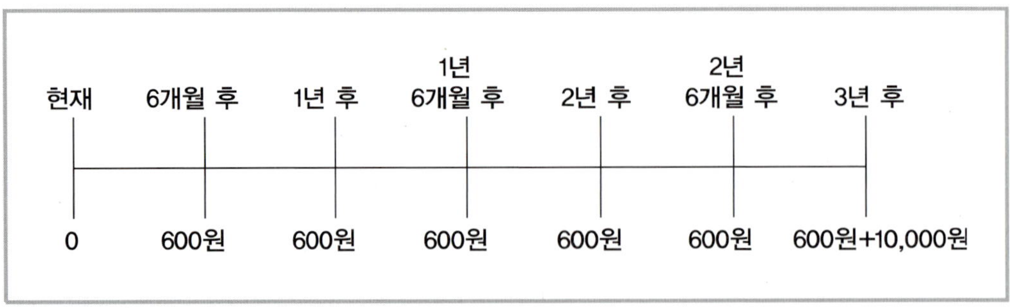

그림 8-2 만기 3년, 1년에 액면이자가 2번 지급되는 12% 채권의 현금흐름

따라서 위 채권의 가격을 계산해 보면 다음과 같다.

$$P=\frac{600}{(1+\frac{0.1}{2})^1}+\frac{600}{(1+\frac{0.1}{2})^2}+\frac{600}{(1+\frac{0.1}{2})^3}+\frac{600}{(1+\frac{0.1}{2})^4}+\frac{600}{(1+\frac{0.1}{2})^5}+\frac{600+10,000}{(1+\frac{0.1}{2})^6}=10,508\text{원}$$

(8.9)

식 (8.7)과 식 (8.9)를 비교해 보면 식 (8.9)의 가치가 더 크다는 것을 알 수 있다. 즉 할인율, 만기, 액면가, 액면이자율이 같더라도 액면이자가 자주 지급되면 그만큼 이자소득이 커지기 때문에 가치가 크다는 것을 알 수 있다.

예제 8.1 이표채의 가격

할인율이 8%일 때 만기 2년, 액면가 10,000원, 액면이자율 12%, 1년에 액면이자가 4번 지급되는 채권의 가격을 구하시오.

풀이

액면이자가 1년에 4번 지급되므로 매 3개월마다 액면이자가 지급된다. 액수는 액면가에 액면이자율을 곱한 연간 액면이자 1,200원의 4분의 1인 300원이 지급된다. 3개월 할인율은 연간 할인율 8%의 4분의 1인 2%가 된다. 따라서 이 채권의 가격은 다음과 같다.

$$P=\frac{300}{(1+0.02)^1}+\frac{300}{(1+0.02)^2}+\frac{300}{(1+0.02)^3}+\frac{300}{(1+0.02)^4}$$
$$+\frac{300}{(1+0.02)^5}+\frac{300}{(1+0.02)^6}+\frac{300}{(1+0.02)^7}+\frac{300+10,000}{(1+0.02)^8}=10,733\text{원}$$

앞에서 살펴본 바와 같이 영구채권은 액면가의 상환이 없는 대신에 액면이자를 무한히 지급하는 채권이다. 얼핏 생각하기에 액면이자를 무한히 지급하는 채권의 가치는 어마어마할 것 같지만 그렇지 않다. 매년 액면이자 C를 무한히 지급하는 채권의 가격은 다음과 같다.

$$P = \frac{C}{(1+r)^1} + \frac{C}{(1+r)^2} + \frac{C}{(1+r)^3} + \cdots = \frac{C}{r} \tag{8.10}$$

예를 들어 할인율이 10%일 때 매년 10,000원을 지급하는 영구채권의 가치는 생각 외로 100,000원(=10,000/0.1)에 불과하다. 10년, 20년, 30년 후에 받게 되는 10,000원을 현재가치로 할인하면 얼마 되지 않기 때문이다.

2. 채권가격과 시장이자율

일반적인 이표채의 가격은 식 (8.6)과 같이 결정된다는 것을 이미 살펴보았다. 그런데 이식을 가만히 보면 채권의 가격을 결정하는 변수들 중에 액면이자, 만기, 액면가 등은 채권이 발행될 때 이미 결정되어 고정된 변수이다. 그러나 할인율, 즉 시장이자율은 시장상황에 따라 변동하게 된다. 시장상황에 따라 시장이자율이 변동하면 채권의 가격도 변동하게 된다.

시장이자율과 채권가격의 관계를 살펴보자. 만기 3년, 액면가 10,000원, 액면이자율이 5%인 채권을 생각해 보자. 시장이자율이 5%라면 이 채권의 가격은 다음과 같이 10,000원임을 알 수 있다.

$$P = \frac{500}{(1+0.05)^1} + \frac{500}{(1+0.05)^2} + \frac{500+10,000}{(1+0.05)^3} = 10,000\text{원} \tag{8.11}$$

다른 조건이 모두 같을 때 시장이자율이, 6%로 상승하면 채권의 가격은 다음 식에서 알 수 있는 바와 같이 9,733원이 된다. 즉 시장이자율이 상승하면 채권의 가격이 하락하게 된다.

$$P = \frac{500}{(1+0.06)^1} + \frac{500}{(1+0.06)^2} + \frac{500+10,000}{(1+0.06)^3} = 9,733\text{원} \tag{8.12}$$

반대로 시장이자율이 4%로 하락하면 채권의 가격은 10,278원으로 상승하게 된다.

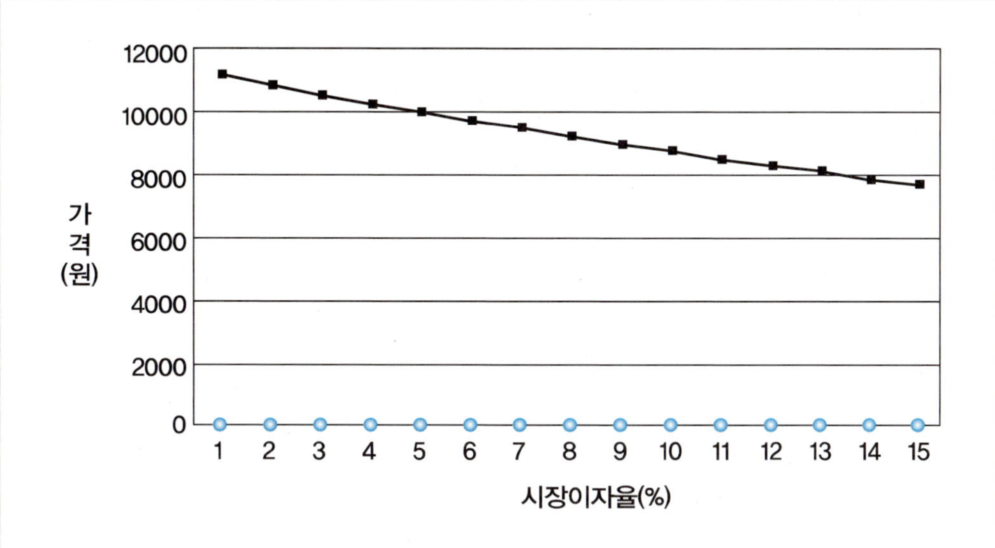

그림 8-3 시장이자율변동과 채권가격

$$P = \frac{500}{(1+0.04)^1} + \frac{500}{(1+0.04)^2} + \frac{500+10,000}{(1+0.04)^3} = 10,278\text{원} \qquad (8.13)$$

이처럼 시장이자율이 변동할 때 만기 3년, 액면가 10,000원, 액면이자율이 5%인 채권의 가격을 계산하여 그림으로 그리면 [그림 8-3]과 같다. 이 그림으로부터 시장이자율과 채권의 가격은 반비례의 관계에 있다는 것을 알 수 있다. 또한 이 그래프의 곡선은 원점에 대해 볼록한 모양을 하게 된다. 따라서 시장이자율이 하락할 때 채권가격이 상승하는 정도가, 같은 크기로 시장이자율이 상승할 때 채권의 가격이 하락하는 정도보다 크다. 앞의 예에서 시장이자율이 5%에서 4%로 1% 하락할 때 채권의 가격은 278원(=10,278원−10,000원) 상승하였지만 시장이자율이 5%에서 6%로 1% 상승할 때에는 267원(9,733원−10,000원) 하락하였다는 것을 보면 알 수 있다.

또한 위의 그림에서 액면이자율과 시장이자율이 5%로 동일할 때 채권의 가격은 액면가 10,000원과 같다는 것을 알 수 있다. 이처럼 액면이자율과 시장이자율이 같을 때에는 액면이자율과 만기에 상관없이 채권의 가격은 항상 액면가와 같다.

그러나 액면이자율이 시장이자율보다 낮을 때에는 채권의 가격은 액면가보다 낮다. 액면이자율은 자금을 차입한 대가로 지불하기로 약속한 이자에 해당되는데 이것이 시장이자율보다 낮다면 채권보유자에게 불리하므로 불리한 만큼 가치가 작아지기 때문이다. 이와는 반대로 액면이자율이 시장이자율보다 높을 때에는 채권의 가격은 액면가보다 항상 높다.

예제 8.2 액면이자율과 시장이자율변동

채권 A와 채권 B는 모두 만기가 2년, 액면가가 10,000원이다. 그러나 채권 A의 액면이자율은 5%, 채권 B의 액면이자율은 6%이다. 할인율이 6%에서 8%로 상승하면 어떤 채권의 가치가 상대적으로 더 변동할까요?

풀이

먼저 할인율이 6%일 때 두 채권의 가격을 구하면 다음과 같다.

$$P_A = \frac{500}{(1+0.06)^1} + \frac{10,500}{(1+0.06)^2} = 9,817\text{원}$$

$$P_B = \frac{600}{(1+0.06)^1} + \frac{10,600}{(1+0.06)^2} = 10,000\text{원}$$

할인율이 8%일 때 두 채권의 가격을 구하면 다음과 같다.

$$P_A = \frac{500}{(1+0.08)^1} + \frac{10,500}{(1+0.08)^2} = 9,465\text{원}$$

$$P_B = \frac{600}{(1+0.08)^1} + \frac{10,600}{(1+0.08)^2} = 9,643\text{원}$$

따라서 채권 A는 352원(3.59%)이 하락하였고 채권 B는 357원(3.57%)이 하락하였다. 따라서 채권 A의 가격 하락폭(%)이 더 크다. 이 예로부터 시장이자율이 상승할 때 액면이자율이 낮은 채권의 가격이 상대적으로 더 크게 하락하는 것을 알 수 있다.

3. 만기까지의 기간과 채권의 가격

식 (8.6)에서 살펴본 바와 같이 채권의 가격에 영향을 미치는 변수는 액면이자율, 만기, 액면가, 시장이자율이다. 그런데 액면이자율, 만기, 액면가는 발행할 때 고정되므로 시장이자율만이 변동할 수 있는 변수이다. 그럼 시장이자율이 고정되어 있다면 채권의 가격은 변동하지 않는가? 그렇지 않다. 시간이 지나면서 만기까지의 잔존기간에 줄어들기 때문이다. 예를 들어 시장이자율이 4%일 때 만기 2년, 액면이자율 5%, 액면가 10,000원인 채권의 가격은 다음과 같다.

$$P = \frac{500}{(1+0.04)^1} + \frac{10,500}{(1+0.04)^2} = 10,189\text{원} \tag{8.14}$$

그런데 1년이 지난 시섬에서 보면 이 재권의 만기, 즉 액면을 상환 받는 시기는 1년 후이므로 이 시점에서 채권의 가격은 다음과 같이 변동하게 된다.

$$P_1 = \frac{10,500}{(1+0.04)} = 10,096\text{원} \tag{8.15}$$

좀 더 자세히 살펴보기 위해 시장이자율이 2%, 4%, 6%일 때 만기가 20년, 액면이자율 5%, 액면가 10,000원인 채권의 가격이 시간이 지나면서 어떻게 변동하는지 계산하여 그림으로 표시하면 [그림 8-4]와 같다.

[그림 8-4]에서 맨 위의 곡선은 시장이자율이 2%일 때 액면이자율 5%인 채권을 발행한 경우이다. 시장이자율보다 높은 이자율, 즉 액면이자율에 자금을 차입하였으므로 채권의 보유자에게 유리하며 따라서 발행시점에서, 즉 만기가 20년 남은 시점에서의 가격은 액면가보다 높은 14,906원이 된다. 이처럼 액면가보다 높은 가격에 채권이 발행될 때 할증 발행되었다고 한다. 그러나 시간이 지남에 따라 이 채권의 가격은 점점 하락하여 만기에는 액면가와 같은 10,000원이 된다.

이와는 반대로 위의 그림에서 맨 아래 곡선은 시장이자율이 8%일 때 액면이자율이 5%인 채권을 발행한 경우이다. 시장이자율보다 낮은 이자율, 즉 액면이자율에 자금을 차입하였으므로 채권보유자에게 불리하기 때문에 그만큼 가격이 할인되어 발행된다. 이 경우를 할인발행이라고 한다. 그러나 시간이 지남에 따라 이 채권

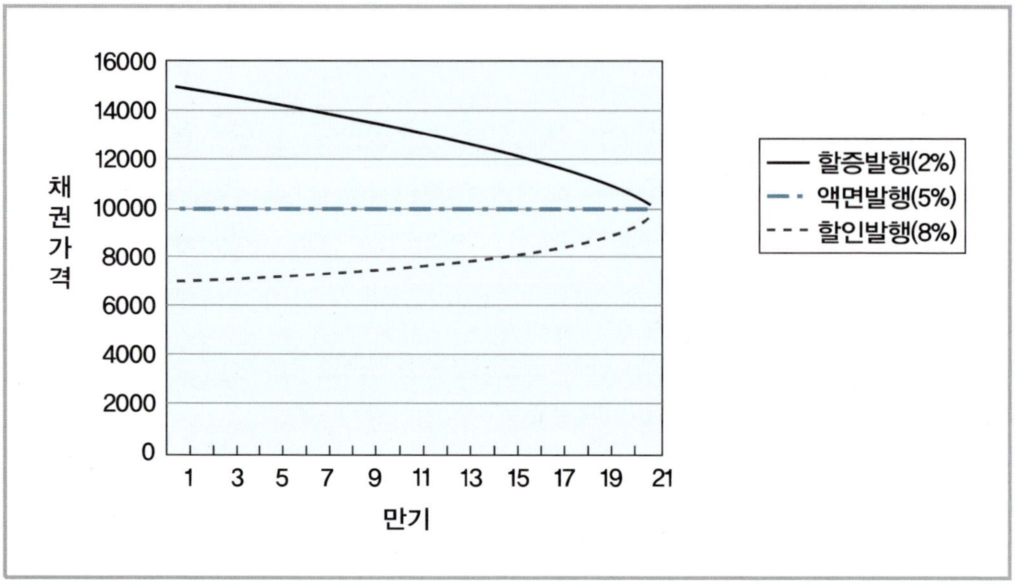

그림 8-4 만기까지의 기간과 채권가격

의 가격은 점차로 상승하여 만기에는 액면가 10,000원과 같게 된다.

시장이자율과 액면이자율이 같으면 앞에서 살펴본 바와 같이 채권의 가격은 만기까지의 기간과 상관없이 항상 액면가와 같다. 위의 그림에서 가운데 직선의 경우에 해당되며 이 경우를 액면발행이라고 한다.

한편 순수할인채의 경우는 시장이자율보다 액면이자율이 낮게 발행되는 할인발행의 특수한 경우에 해당된다. 즉 액면이자율이 0인 경우이다. 따라서 순수할인채의 가격변화는 위의 그림에서 맨 아래 곡선과 같은 형태를 갖는다.

03 채권수익률

1. 만기수익률

채권을 보유함으로써 채권의 보유자는 수익을 얻게 된다. 채권수익률은 수많은 채권 가운데 투자대상을 선택하는데 중요한 기준이 되는데 보통 만기수익률로 측정된다.

만기수익률(yield to maturity: YTM)이란 일정조건하에서 채권을 구입하여 만기까지 보유할 때 투자자가 얻게 되는 연평균수익률을 의미한다. 일정조건이란 첫째, 채권을 만기까지 보유하여야 하며 둘째, 만기 전에 지급받는 액면이자를 그 즉시 만기이자율과 같은 수익률에 재투자하는 것이다.

이해를 돕기 위해 만기수익률을 수학적으로 표현한다면 액면이자와 액면가의 현재가치와 채권의 가격을 같게 만드는 이자율을 의미한다. 채권의 가격을 P, 액면이자를 C, 액면가를 F라고 할 때 식 (8.16)을 만족시키는 y를 만기수익률이라고 한다.

$$P = \frac{C}{(1+y)^1} + \frac{C}{(1+y)^2} + \frac{C}{(1+y)^3} + \cdots + \frac{C+F}{(1+y)^n} \qquad (8.16)$$

y: 만기수익률

만기가 2년, 액면이자율 5%, 액면가가 10,000원인 채권을 생각해 보자. 이 채권이 시장에서 9,500원에 거래되고 있다면, 이 채권을 매입하여 만기까지 보유하였을 때(물론 중간에 지급받는 액면이자는 만기수익률과 같은 수익률에 재투자한다고 가정) 투자자가 얻게 되는 연평균수익률, 즉 만기수익률은 다음 식을 이용해 계산할 수 있다.

$$9,500 = \frac{500}{(1+y)^1} + \frac{10500}{(1+y)^2} \qquad (8.17)$$

이 식을 풀면[1] $y = 7.8\%$이다. 따라서 이 채권의 투자자는 만기에 연평균 7.8%의 수익을 기대할 수 있다.

만기수익률은 채권을 매입하면 자동으로 얻을 수 있는 수익률이 아니다. 액면이자를 최소한 만기수익률과 같은 수익률에 즉시 재투자하여야 얻을 수 있는 수익

1) 식 (8.17)을 y에 대해서 풀면 2차 방정식이 된다. 2차 방정식을 직접 푸는 대신에 보다 쉬운 방법인 시행착오법을 이용할 수 있다. 즉 위의 식이 성립할 때까지 계속해서 임의의 숫자를 대입하여 y를 구할 수 있다.

률이다. 따라서 액면이자를 재투자하지 않거나 재투자하더라도 만기수익률보다 낮은 수익률에 재투자하면, 실제로 얻는 수익률은 만기수익률보다 낮을 수밖에 없다.

예제 8.3 만기수익률

만기가 2년, 액면이자율 5% (1년에 2번 액면이자 지급), 액면가가 10,000원인 채권의 시장가격이 9,500원일 때 만기수익률을 구하시오.

풀이

액면이자가 1년에 두 번, 만기까지 총 4번 지급되며 연평균 만기수익률이 y라면 6개월 수익률은 $\frac{y}{2}$이므로 다음과 같은 식이 성립한다.

$$9,500 = \frac{250}{(1+\frac{y}{2})^1} + \frac{250}{(1+\frac{y}{2})^2} + \frac{250}{(1+\frac{y}{2})^3} + \frac{10,250}{(1+\frac{y}{2})^4}$$

따라서 이 식을 풀면 $y = 7.75\%$이다.

2. 실현수익률

채권의 만기수익률은 채권을 만기까지 보유하고, 만기 전에 지급받은 액면이자를 만기수익률과 같은 수익률에 즉시 재투자하여야 얻을 수 있는 수익률이다. 따라서 만약 지급받은 액면이자를 만기수익률과 같은 수익률에 재투자할 수 없다면 채권을 만기까지 보유하여도 만기수익률을 얻을 수 없다.

액면이자를 만기수익률과 같은 수익률에 재투자할 수 있느냐 하는 것은 전적으로 액면이자가 지급된 시점의 시장이자율에 달려있다. 하지만 이 시점의 시장이자율을 현재의 시점에서 정확히 예측할 수 없기 때문에 채권투자에는 항상 시장이자율변동으로 인한 위험이 존재하게 된다. 액면이자가 지급되는 시기의 시장이자율 예측을 바탕으로 투자자가 예상 시장이자율에 액면이자를 재투자했을 때 얻을 것

표 8-1 3년간 예상 이자율

기간	예상 시장이자율
현재 ~ 1년 후	4%
1년 후 ~ 2년 후	6%
2년 후 ~ 3년 후	8%

으로 예상되는 수익률을 실현수익률(realized compound yield)이라고 한다.

앞으로 3년 동안 시장이자율이 [표 8-1]과 같이 예상된다고 하자.

이때 액면가 10,000원, 액면이자율 5%, 첫 번째 액면이자가 지금으로부터 정확히 1년 후에 지급되는 만기 3년의 채권가격을 구해보면 다음과 같다.

$$P=\frac{500}{(1+1.04)}+\frac{500}{(1+0.04)(1+1.06)}+\frac{10,500}{(1+1.04)(1+0.06)(1+0.08)}=9,753\text{원} \quad (8.18)$$

한편 만기 전에 지급되는 액면이자를 예상된 이자율에 재투자할 때 채권의 만기가 되는 3년 후에 얻을 수 있는 현금흐름의 합은 [그림 8-5]와 같다.

따라서 현재시점에서 이 3년 만기 채권에 9,753원을 투자하면 3년 후 11,612.4원을 얻을 수 있으므로 연평균수익률은 식 (8.19)와 같이 계산할 수 있다.

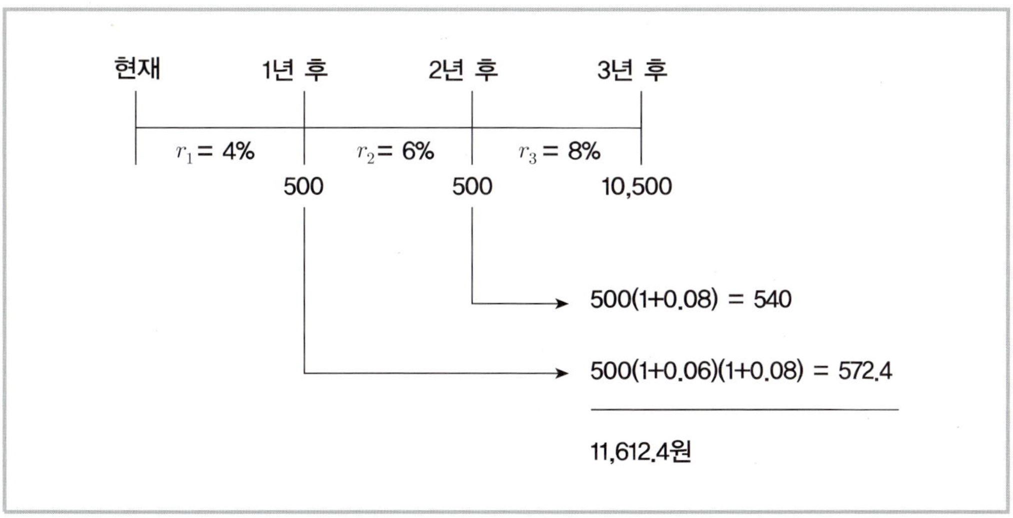

그림 8-5 3년 만기 채권의 현금흐름

$$9,753(1+y_R)^3 = 11,612.4 \tag{8.19}$$

y_R: 실현수익률

이 식을 풀면 $y_R = 5.99\%$ 임을 알 수 있는데 이것이 바로 실현수익률이다. 한편 이 채권의 만기수익률은 다음 식을 이용하여 계산할 수 있다.

$$9,753 = \frac{500}{(1+y)^1} + \frac{500}{(1+y)^2} + \frac{10,500}{(1+y)^3} \tag{8.20}$$

이 식을 풀면 $y = 5.92\%$ 임을 알 수 있는데 위의 실현수익률과 차이가 있다는 것을 확인할 수 있다. 한편 순수할인채의 경우 액면이자를 한 번도 지급하지 않으므로 액면이자의 재투자가 없다. 따라서 실현수익률과 만기수익률은 항상 같다.

04 채권수익률의 기간구조

1. 현물이자율과 수익률곡선

앞에서 우리는 채권의 수익률을 살펴볼 때 시장이자율이 매 기간 일정하다고 가정하였다. 그러나 현실은 여러가지 이유로 이러한 가정과는 차이가 있다. 매 기간 시장이자율이 달라지면 채권의 수익률이 달라지기 때문에 시장이자율의 변동에 관심을 가질 필요가 있다.

순수할인채 중에 위험이 없는 무위험 순수할인채에 투자하였을 때 얻게 되는 투자수익률, 즉 만기수익률을 현물이자율(spot interest rate)이라고 한다. 우리가 흔히 시장이자율이라고 말할 때 이 현물이자율을 의미하는 것이다. 즉 우리가 이미 알고 있는 무위험 순수할인채의 시장가격을 P_M, 액면가를 F라고 할 때 식 (8.21)을 만족시키는 y_n을 현물이자율이라고 한다.

$$P_M = \frac{F}{(1+y_n)^n} \tag{8.21}$$

P_M: 무위험 순수할인채의 시장가격

위의 식을 이용하여 만기가 다른 무위험 순수할인채들의 수익률, 즉 현물이자율을 계산할 수 있는데 이때 만기와 현물이자율의 관계를 채권수익률의 기간구조(term structure of yields) 또는 이자율 기간구조(term structure of interest rate)라고 한다.

이제 액면가가 10,000원이고 만기가 각각 1년, 2년, 3년인 순수할인채의 시장가격이 9,259원, 8,417원, 7,513원이라고 하자. 그러면 만기가 1년인 순수할인채의 만기수익률, 즉 현물이자율은 다음 식을 이용해 계산할 수 있다.

$$9,259 = \frac{10,000}{(1+y_1)} \tag{8.22}$$

이식을 풀면 1년 만기 채권의 수익률은 8%임을 알 수 있다. 만기가 2년, 3년인 채권의 만기수익률은 다음 식을 이용해 계산할 수 있다.

$$8,417 = \frac{10,000}{(1+y_2)^2} \tag{8.23}$$

$$7,513 = \frac{10,000}{(1+y_3)^3} \tag{8.24}$$

위의 식을 y_2, y_3에 대해 각각 풀면 2년 만기 채권의 수익률은 9%, 3년 만기 채권의 수익률은 10%임을 알 수 있다.

위에서 계산된 만기별 현물이자율을 좌표 평면에 표시한 것을 수익률곡선(yield curve)라고 한다. [그림 8-6]은 위에서 도출된 현물이자율을 좌표 평면에 표시한 수익률곡선이다.

[그림 8-6]에서 만기가 길수록 만기수익률, 즉 현물이자율이 높아지는 것을 알 수 있다. 그러나 나중에 살펴보겠지만 만기가 길다고 만기수익률이 반드시 높아야 하는 것은 아니며 따라서 수익률곡선은 [그림 8-7]과 같은 다양한 형태를 가질 수 있다.

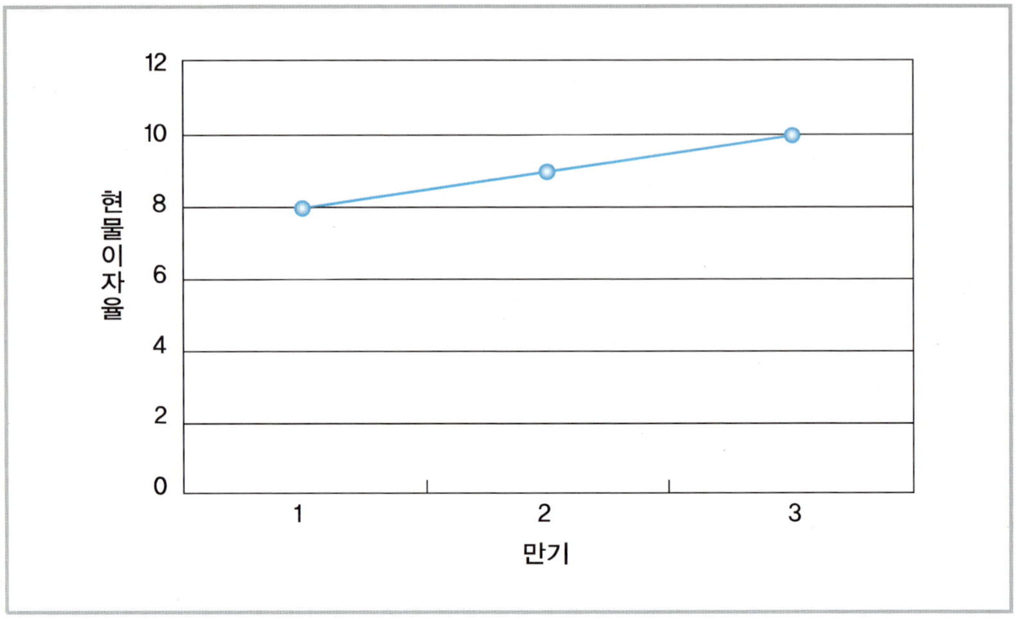

그림 8-6 수익률곡선

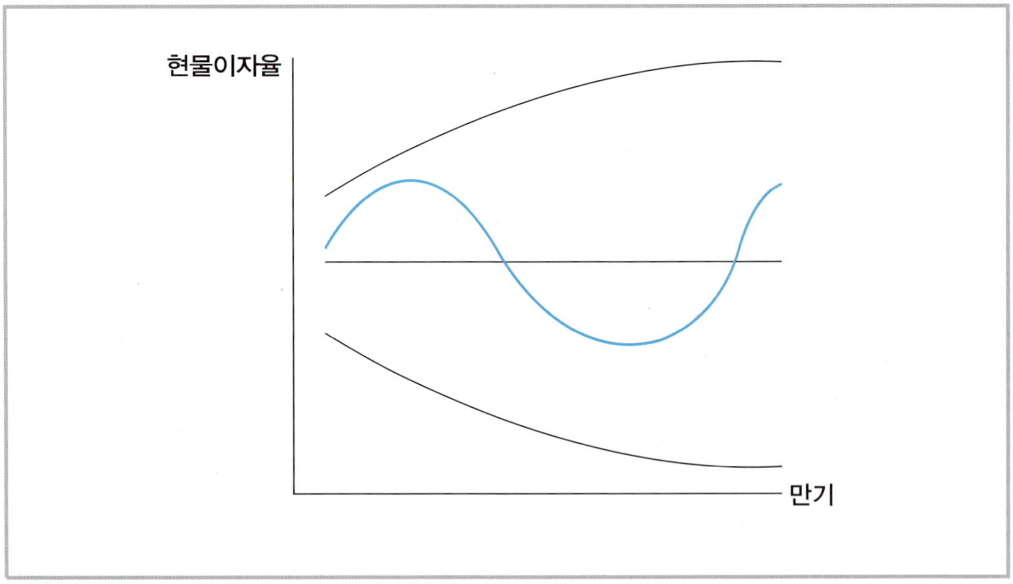

그림 8-7 수익률곡선의 형태

2. 선도이자율

투자자들은 채권가격에 중요한 영향을 미치는 미래의 시장이자율을 알고 싶어 한다. 그러나 불행히도 현실은 그렇지 못하다. 투자자들은 주어진 정보를 바탕으로 미래의 시장이자율을 예측할 수 있을 뿐이다. 어떤 방법으로 투자자들이 미래의 시장이자율을 예측할 수 있을까? 시장에서 거래되고 있는 채권의 시장가격을 바탕으로 예측해 볼 수 있다.

시장에서 거래되고 있는 액면가 10,000원, 만기가 1년, 2년, 3년인 순수할인채의 가격이 각각 9,434원, 8,573원, 7,722원이라고 하자. 그러면 각 채권의 만기수익률을 다음과 같이 계산할 수 있다.

$$9,434 = \frac{10,000}{(1+y_1)^1} \quad y_1 = 6\% \tag{8.25}$$

$$8,573 = \frac{10,000}{(1+y_2)^2} \quad y_2 = 8\% \tag{8.26}$$

$$7,722 = \frac{10,000}{(1+y_3)^3} \quad y_3 = 9\% \tag{8.27}$$

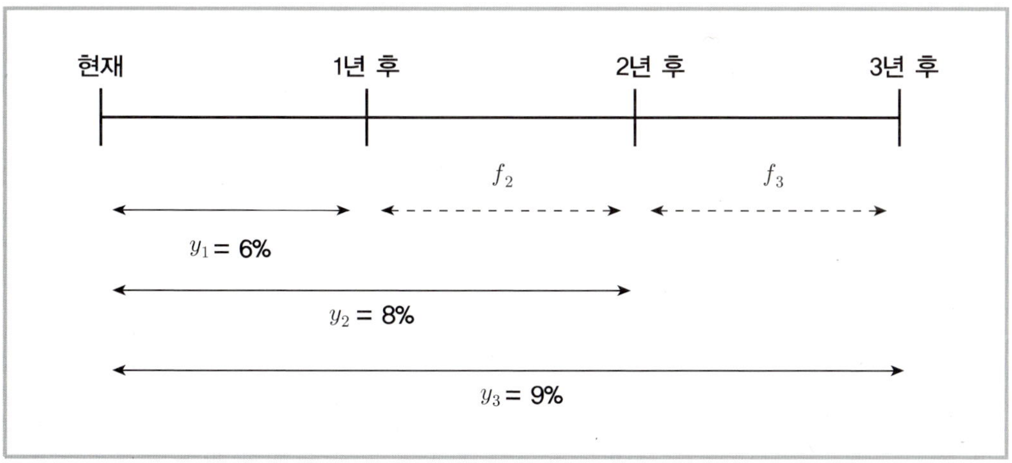

그림 8-8 선도이자율

이제 어떤 투자자가 2년이라는 기간 동안 채권투자를 하려고 한다고 하자. 그럼 이 투자자는 1년 만기 채권에 투자하고 1년 후 다시 1년 만기 채권에 투자하는 방법과 처음부터 2년 만기 채권에 투자하는 두 가지 방법 가운데 하나를 선택할 수 있다.

첫 번째 방법을 택하여 10,000원을 1년 만기 채권에 투자하면 이 투자자는 1년 후에 $10,000(1+0.06)$원을 얻을 수 있다. [1년 후~2년 후] 기간 동안의 이자율을 f_2라고 할 때 1년 후 $10,000(1+0.06)$원을 다시 1년 만기 채권에 투자하면 2년 후에 $10,000(1+0.06)(1+f_2)$원을 얻을 수 있다.

두 번째 방법을 택하여 10,000원을 2년 만기 채권에 투자하면 2년 후에 $10,000(1+0.08)^2$원을 얻을 수 있다. 한편 두 투자안은 무위험 순수할인채에 대한 투자이므로 위험이 같고, 투자기간도 똑같이 2년으로 같으므로 같은 금액을 투자할 때 그 결과도 같아야 한다. 따라서 다음 식이 성립한다.

$$(1+0.06)(1+f_2)=(1+0.08)^2 \tag{8.28}$$

이 식을 풀면 $f_2=10\%$임을 알 수 있다. 이처럼 미래 시장이자율에 대한 투자자들의 예상이 반영되어 있는 다양한 만기의 채권들의 가격을 이용하여 도출된 미래이자율의 예측치를 선도이자율(forward interest rate)이라고 한다. [2년 후 ~ 3년 후] 기간 동안의 예상이자율, 즉 선도이자율은 다음 식을 이용하여 계산할 수 있다.

$$(1+0.06)(1+0.1)(1+f_3)=(1+0.09)^3 \tag{8.29}$$

$$\therefore f_3=11\%$$

선도이자율은 실제로 미래기간 동안 적용될 시장이자율인가? 선도이자율은 앞에서 설명한 것처럼 주어진 정보를 바탕으로 한 예상이자율이다. 예상이란 단어가 의미하듯이 선도이자율은 반드시 실현되는 실제 이자율이 아니다. 미래의 실제 이자율을 알기 위해서는 미래 시점에서 화폐의 수요와 공급사정을 미리 정확히 알고 있어야 하는데 그것은 불가능하다.

그럼 선도이자율이 현재시점에서 예측된 미래의 기대이자율인가? 즉 [1년 후 ~ 2년 후] 기간 동안의 선도이자율이 10%라면 투자자들은 이 기간 동안의 이자율이 10%가 될 것으로 예상하는 것일까? 답은 그럴 수도 아닐 수도 있다는 것이다. 이 질문의 답을 제공하는 이론이 다음에 설명할 기간구조이론이다.

3. 수익률 기간구조 이론

선도이자율과 예상이자율이 서로 어떠한 관계에 있는지 알지 못한다면 투자자들은 불안감을 느낄 수 있다. 우리는 다른 조건이 모두 같다면 2년 만기 채권에 투자할 때 얻는 수익률과 1년 만기 채권에 연속해서 투자할 때 얻는 수익률이 같아야 한다는 것을 이미 알고 있다. 앞의 예에서 1년 만기 채권에 연속해서 투자할 때 처음 1년은 6%의 수익률을, 그 다음 1년간은 10%의 수익률을 얻어야 2년 만기채권에 투자하였을 때 얻는 연평균 8%의 수익률을 얻을 수 있다. 그런데 처음 1년은 6%의 수익률이 확정적이나 그 다음 1년의 수익률은 사실 불확실하다. 선도이자율이 예상이자율이라면 예상이 틀리지 않는 한 2년 만기 채권에 투자하여 얻는 수익률과 같은 수익률을 얻을 수 있다. 그러나 선도이자율과 예상이자율이 다르다면 2년 만기 채권에 투자하는 것과 결과가 다를 수밖에 없기 때문에 투자자들로서는 어디에 투자를 하여야 하는지 망설일 수밖에 없다. 이처럼 투자자들이 관심을 가질 수밖에 없는 선도이자율과 예상이자율의 관계를 설명하는 여러 가설을 기간구조이론(theories of term structure)이라고 한다.

3.1 기대이론

기간구조 이론 중 가장 대표적인 이론이 기대이론(expectation hypothesis)이다. 기대이론이란 선도이자율이 현물이자율의 기대치와 같다는 것이다. 즉 미래의 일정 기간 동안의 선도이자율은 현 시점에서 시장참여자들이 예상하는 이자율과 같다는 것이다. 이를 식으로 나타내면 다음과 같다.

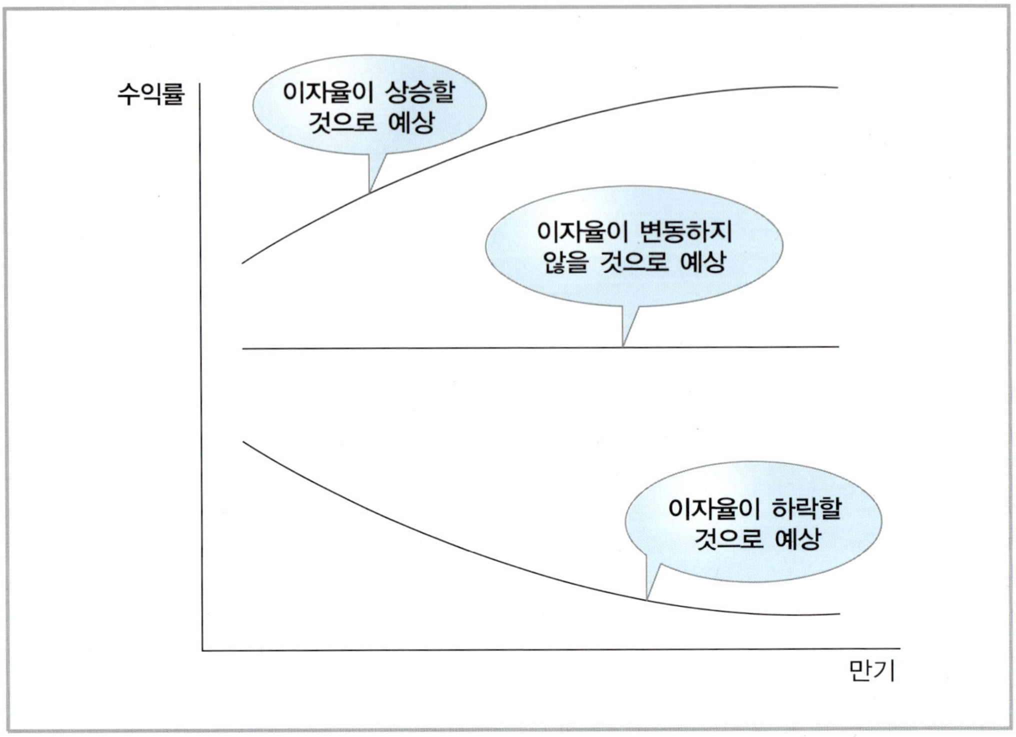

그림 8-9 기대이론을 따를 때 수익률곡선의 형태와 의미

$$f_i = E(r_i) \tag{8.30}$$

f_i: i기간 동안의 선도이자율

[그림 8-9]는 이 이론을 따를 때 수익률곡선의 형태와 의미를 나타낸 것이다. 수익률곡선이 하향곡선이라면 이는 미래의 이자율이 하락할 것이라고 투자자들이 예상한다는 것을 의미하며, 반대로 수익률곡선이 상향한다면 투자자들은 미래의 이자율이 상승할 것이라 예상한다는 것을 의미한다.

3.2 유동성선호이론

과거의 경험을 살펴보면 모든 조건이 동일할 때 만기가 긴 채권의 만기수익률이 만기가 짧은 채권의 만기수익률보다 높은 경우가 일반적이다. 기대이론을 따를 때 이것은 투자자들이 미래의 시장이자율이 일반적으로 상승하는 것으로 예상하였다는 것을 의미한다. 그러나 현실에서는 시장이자율이 내릴 것으로 예상될 때도 있다. 시장이자율이 하락할 것으로 예상되는데 만기가 긴 채권의 수익률이 만기가 짧은 채권의 수익률보다 높다면 기대이론으로는 이러한 현상을 설명할 수 없다.

유동성선호이론(liquidity preference hypothesis)은 이러한 현상이 일어나는 이유가 투자자들이 단기투자자이기 때문이라고 설명한다. 즉 대부분의 투자자들이 유동성이 높은 단기투자를 선호하는 단기투자자이기 때문에 선호도가 낮은 장기자산에 투자하기 위해서는 보상이 필요하다는 것이다. 이 보상을 유동성 프리미엄이라고 한다. 이 이론에 의하면 선도이자율은 시장의 기대이자율에 유동성 프리미엄을 합한 것이며 이를 식으로 나타내면 다음과 같다.

$$f_i = E(r_i) + L_i \tag{8.31}$$

L_i: i기간 동안의 유동성 프리미엄

이 이론에 따르면 수익률곡선이 상승하는 형태를 지닐 때, 즉 만기가 긴 채권의 수익률이 만기가 짧은 채권의 수익률보다 높을 때 반드시 투자자들이 이자율이 상승할 것을 예상한다고 할 수 없다. [그림 8-10]에서 볼 수 있는 것처럼 이자율이 하

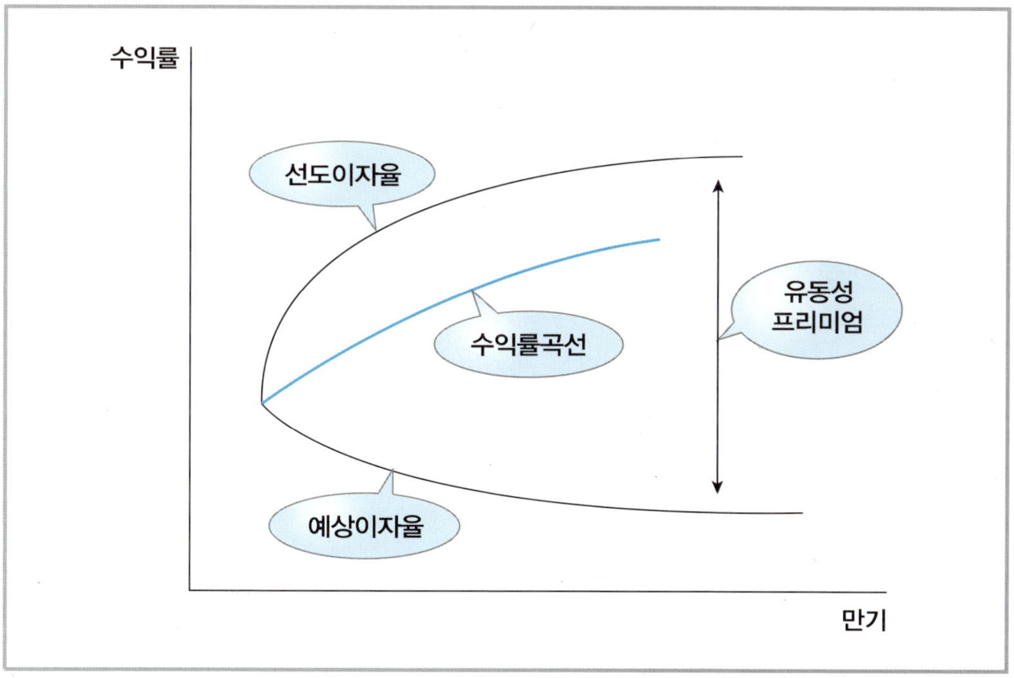

그림 8-10 유동성 프리미엄과 수익률곡선

락할 것으로 예상하더라도 유동성 프리미엄이 예상 이자율 하락폭보다 크다면 수익률곡선이 상승하는 형태가 나타날 수 있기 때문이다.

3.3 시장분할이론

시장분할이론(market segmentation hypothesis)은 단기 채권시장과 장기 채권시장이 서로 유기적인 관계를 갖지 않고 분리되어 있다고 주장한다. 따라서 장기채권의 수익률은 장기채권의 수요와 공급에 의해 결정되며, 단기채권의 수익률은 단기채권의 수요와 공급에 의해 결정되는데 두 시장이 분리되어 있으므로 장기채권 수익률과 단기채권 수익률은 서로 아무런 영향을 미치지 않는다.

이 가설은 무시할 수 없는 문제점을 안고 있다. 투자자들이 채권에 대한 투자를 결정할 때 장기 채권과 단기 채권 가운데 어느 한쪽을 선호할 수는 있지만 그렇다고 선호하지 않는 쪽을 완전히 무시하지는 않기 때문이다. 즉 장기 채권시장과 단기 채권시장이 완전히 분리되어 있다면 두 시장을 비교하여 위험은 같으나 수익률이 서로 다른 채권들을 이용한 차익거래를 통해 이익을 얻을 수 있다. 이러한 차익거래 이익을 얻을 수 있는 기회가 없어져 시장이 균형 상태로 가려면 두 시장은 어떤 형태로든 유기적인 관계를 가질 수밖에 없다.

05 채권의 위험

만기나 액면이자율이 동일하더라도 채권의 발행자나 발행조건에 따라 위험수준에 차이가 있으며 이 차이로 인해 채권의 수익률도 차이가 발생하게 되는데 이 차이를 수익률스프레드(yield spread)라고 한다. 채권은 채권의 발행인이 자금을 차입하고 그 대가로 차입한 자금 및 이자를 갚겠다고 약속한 약정서에 불과하므로 발행인의 약속이 반드시 이행된다는 보장이 없다. 또한 발행조건에 따라 약속보다 먼저 자금의 상환이 이루어져 수익률이 당초 예상과는 달리 낮아질 수도 있다.

1. 채무불이행 위험

채무불이행 위험(default risk)은 채권의 발행자가 원금과 이자를 약속대로 상환하지 못하는 위험을 말한다. 이자와 원금이 약속대로 상환되지 않으면 채권의 보유 수익률이 낮아지게 된다. 따라서 채권의 발행이 활발하게 이루어지려면 채무불이행의 위험을 측정하여 공표할 필요가 있다. 채권등급평가(bond rating)란 공신력이 있는 평가기관이 특정 채권의 원금과 이자가 약속대로 상환될 수 있는 정도를 등급으로 판정하여 투자자에게 공표하는 것을 말한다.

많은 평가기관 중에 우리나라에서는 (주)한국신용평가, (주)한국신용정보, (주)한국기업평가가 대표적이며 세계적으로는 스탠다드-푸어사(Standard & Poor's), 무디스사(Moody's Investors Service), 피치사(Fitch Ratings) 등이 유명하다. 채권의 등급표시는 회사마다 조금씩 다르다.

[표 8-2]는 각 평가기관의 등급표시를 나타낸 것이다. 일반적으로 BBB- 혹은 Baa3까지의 등급에 속하는 채권은 양질의 채권으로 간주되며 이를 투자등급채권(investment grade bond)이라고 한다. 또 그 이하 등급의 채권은 위험을 감수한 투기적 거래가 아니면 바람직하지 않은 채권이라고 하여 정크본드(junk bonds)라고 한다.

채권등급을 평가하기 위한 구체적인 지표는 평가기관마다 다르지만 일반적으로 다음과 같은 요인들이 중요한 지표로 인식되고 있다. 첫째, 채권을 발행한 기업이 속해 있는 국가의 신용도이다. 해당국가의 경제 및 정치상황이 해당 기업의 경영활동에 영향을 미칠 수밖에 없기 때문이다. 둘째, 채권을 발행한 기업이 속해 있는 산업의 동향이다. 산업유형에 따라 미래의 성장가능성 및 현금흐름 창출 가능성이 달라지기 때문이다. 셋째, 채무상환에 직접적인 영향을 미치는 해당 기업의 재무적, 비재무적 지표이다. 재무적 지표로 자주 이용되는 것으로는 현금흐름비율(영업현금흐름 대비 총부채비율, 영업현금흐름 대비 이자비용 등), 수익성비율(순이익 대비 총자산, ROA, 순이익 대비 자기자본, ROE 등), 유동성비율, 부채비율 등을 들 수 있다. 채무를 상환하는 것은 발행 기업이기 때문에 해당 기업의 경영 상태와 미래의 전망을 평가하는 것은 매우 중요하다. 넷째, 채권이 발행되는 조건이다. 발행되는 채권의 우선순위, 담보의 제공여부, 재무제한조항 등이 이에 속한다.

표 8-2 채권의 등급

S&P	Moody	Fitch	등급의 의미
AAA	Aaa	AAA	원금 및 이자지불에 전혀 문제가 없다.
AA+ AA AA−	Aa1 Aa2 Aa3	AA+ AA AA−	원금 및 이자지불에 문제가 없다. 안정성이 높다.
A+ A A−	A1 A2 A3	A+ A A−	원금 및 이자지불에 문제가 없지만 경영여건의 변화에 영향을 받을 수도 있다.
BBB+ BBB BBB−	Baa1 Baa2 Baa3	BBB+ BBB BBB−	현재로는 지불에 문제가 없지만 경영여건의 변화에 주의하여야 한다.
BB+ BB BB−	Ba1 Ba2 Ba3	BB+ BB BB−	지불을 보증할 수 없으나 현재로서는 지불할 가능성이 많다.
B+ B B−	B1 B2 B3	B+ B B−	원금과 이자가 지급될지 불확실하다.
CCC	Caa	CCC	안정성이 낮아 지급불능이 될 가능성이 높다.
CC	Ca	CC	지불능력이 없으며 현재 중요한 문제를 안고 있다.
C	C	C	현재 이자를 지급하지 못하고 있으며 채무불이행에 따른 심각한 피해가 예상된다.
D	D	D	지급 불능에 있으며 앞으로도 지급이 어렵다.

2. 기타위험

채무불이행의 위험 이외에 채권투자에서 발생할 수 있는 위험은 다음과 같다.

유동성위험

유동성 위험이란 채권을 적절한 가격으로 단기간에 매도할 수 없는 위험으로 보통 투자자들이 환금성 위험이라고 부르는 것이다. 유동성 위험은 채권의 딜러가 제시하고 있는 매도호가와 매수호가 간의 스프레드에 의해 측정할 수 있는데 스프레드가 크면 위험이 크다고 볼 수 있다.

인플레이션 위험

투자를 할 때 항상 고려하여야 하는 것이 인플레이션 위험이다. 채권에 투자할 때에도 예외는 아니다. 채권은 특별한 경우를 제외하고는 현금흐름이 모두 확정되어 있기 때문에 만기까지 기간 동안 예상하지 못한 물가상승이 있을 경우 실질수익률이 예상보다 낮을 수 있다. 이처럼 예상하지 못한 인플레이션으로 인해 발생하는 실질수익률 하락위험을 인플레이션 위험이라고 한다.

재투자수익률 위험

앞에서 설명한 것처럼 실제로 투자자가 얻는 수익률은 만기수익률은 물론 실현수익률과도 다를 수 있다. 액면이자를 재투자하려는 시점에 이자율이 만기수익률보다 낮거나 예상 이자율보다 낮으면 투자자가 만기에 실제로 얻게 되는 수익률이 만기수익률 혹은 실현수익률보다 낮을 수밖에 없다. 이와 같은 위험을 재투자수익률 위험이라고 한다.

수의상환위험

투자한 채권의 종류에 따라 수의상환위험(callable risk)이 있을 수 있다. 수의상환채권이란 발행자가 만기 이전에 미리 정해진 가격으로 채권을 조기에 상환할 수 있는 채권을 말한다. 그런데 조기에 상환을 할 수 있는 권리가 채권의 발행자에게 있으므로 조기상환은 발행자에게 유리할 때만 이루어진다. 따라서 조기상환이 되면 채권 투자자의 수익률이 예상보다 낮을 수밖에 없는데 이러한 위험을 수의상환위험이라고 한다.

연습문제

객관식

1. 채권을 만기까지 보유하고 지급받은 액면이자를 즉시 재투자하였을 때 투자자가 만기에 얻을 수 있는 수익률을 의미하는 것을 고르시오.
   ① 만기수익률 ② 실현수익률
   ③ 예상수익률 ④ 보유수익률

2. 무이표채에 대한 설명으로 틀린 것을 고르시오.
   ① 액면보다 낮은 가격에 발행된다.
   ② 만기에 가까워질수록 가격이 상승한다.
   ③ 순수할인채라고도 한다.
   ④ 액면이자를 지급하지 않으므로 무위험이다.

3. 다음 채권에 관한 설명 중 틀린 것은 어느 것인가?
   ① 이자율이 상승할 때 액면이자율이 낮은 채권의 가격이 상대적으로 더 크게 하락한다.
   ② 다른 조건이 같더라도 액면이자가 더 자주(1년에 1번 대신 2번) 지급되면 만기수익률이 상승한다.
   ③ 시장이자율보다 액면이자율이 높게 발행된 채권의 가격은 액면가보다 높다.
   ④ 채권의 가격은 만기가 가까워질수록 상승한다.

4. 미래 이자율에 대한 투자자들의 예상이 반영되어 있는 다양한 만기의 채권들의 가격을 이용하여 도출된 미래이자율의 예측치를 의미하는 것은 어느 것인가?
   ① 기대이자율 ② 예상이자율
   ③ 현물이자율 ④ 선도이자율

5. 다음 채권 수익률과 이자율에 대한 설명 가운데 틀린 것을 고르시오.
   ① 순수할인채 중에 위험이 없는 무위험 순수할인채에 투자하였을 때 얻게 되는 만기수익률을 현물이자율이라고 한다.
   ② 만기가 길면 만기수익률이 높다.
   ③ 기대이론을 따를 때 수익률곡선이 하향곡선이라면 이는 미래의 이자율이 하락할 것이라고 투자자들이 예상한다는 것을 의미한다.
   ④ 선도이자율은 주어진 정보를 바탕으로 한 투자자들의 미래의 예상 이자율이다.

6. 다음 채권의 위험과 관련된 설명 중 틀린 것을 고르시오.
   ① B- 혹은 B3 등급이하의 채권을 정크본드라고 한다.
   ② 채권이 조기에 상환되어 수익률이 예상보다 낮아지는 위험을 수의상환위험이라고 한다.
   ③ 유동성 위험은 채권의 딜러가 제시하고 있는 매도호가와 매수호가 간의 스프레드에 의해 측정할 수 있다.
   ④ 액면이자를 재투자하려는 시점에 이자율이 변동하여 수익률이 낮아지는 위험을 재투자수익률 위험이라고 한다.

7. 채권의 할인율이 8%일 때 만기 3년, 액면이자율 8% (1년에 4번 액면이자 지급), 액면가 10,000원인 채권의 가격은 얼마일까요?
   ① 9,563원 ② 10,731원
   ③ 10,000원 ④ 98,771원

8. 채권의 할인율이 6%일 때 만기 2년, 액면가 10,000원, 액면이자율 4%, 1년에 액면이자가 2번 지급되는 채권의 가격은 얼마일까요?
   ① 9,728원 ② 9,682원
   ③ 9,628원 ④ 9,462원

9. 채권의 할인율이 하락할 때 다음 채권 중 가격 상승폭이 가장 큰 채권을 고르시오.
   ① 만기 3년, 액면가 10,000원, 액면이자율 5%, 1년에 액면이자 1번 지급
   ② 만기 3년, 액면가 10,000원, 액면이자율 5%, 1년에 액면이자 2번 지급
   ③ 만기 3년, 액면가 10,000원, 액면이자율 6%, 1년에 액면이자 1번 지급
   ④ 만기 3년, 액면가 10,000원, 액면이자율 6%, 1년에 액면이자 2번 지급

10. 만기 3년, 액면가 10,000원, 액면이자율 5% (액면이자 1년에 1번 지급) 인 채권의 시장가격이 9,733원일 때 이 채권의 만기수익률은 얼마일까요?
   ① 6.0%　　② 6.1%
   ③ 6.2%　　④ 6.3%

11. 다음 채권에 관한 설명 중 틀린 것을 고르시오.
   ① 채권의 발행이율(표면이율)은 금융시장의 환경변화와 관계없이 전혀 변경되지 않는다.
   ② 채권은 원칙적으로 원금상환기일이 지정된 기한부 증권이다.
   ③ 채권은 확정된 이자율을 지불하는 이자부 증권이므로 이자수입이 전부이고, 매매에 의한 자본이득이나 손실은 없다.
   ④ 언제든지 현금화가 가능한 유동성이 있다.

12. 채권의 만기수익률이 채권의 쿠폰이자율보다 크다면, 이 채권의 시장가치는 어떠할까?
   ① 채권의 액면가액 이하일 것이다.
   ② 채권의 액면가액 이상일 것이다.
   ③ 채권의 액면가액과 동일할 것이다.
   ④ 시장상황에 따라 다르다.

주관식

1. 채권의 만기수익률에 대해 설명하시오.

2. 수익률곡선, 현물이자율, 선도이자율의 상호관계에 대해 설명하시오.

3. 채권수익률의 기간구조를 설명하고 있는 이론들에 대해 설명하시오.

4. 만기가 2년, 액면이자율 6% (1년에 2번 액면이자 지급), 액면가가 10,000원인 채권의 시장가격이 10,500원일 때 연간 만기수익률을 구하시오.

5. 시장에서 거래되고 있는 액면가 10,000원, 만기가 1년, 2년, 3년인 순수할인채의 가격이 각각 9,500원, 9,000원, 8,500원이라고 하자.
   (1) 각 채권의 만기수익률은 얼마일까요?

   (2) [1년 후 ~2년 후] 기간 동안의 선도이자율은 얼마일까요?

6. 3년간 예상 이자율이 다음 표와 같다.

기간	예상 이자율
현재 ~ 1년 후	5%
1년 후 ~ 2년 후	6%
2년 후 ~ 3년 후	7%

(1) 액면가 10,000원, 액면이자율 6%, 첫 번째 액면이자가 지금으로부터 정확하게 1년 후에 지급되는 만기 3년의 채권가격은 얼마일까요?

(2) 이 채권의 실현수익률은 얼마일까요?

7. 할인율이 5%일 때 다음 채권들을 가격이 높은 순서대로 배열하시오.

(1) 만기 2년, 액면가 10,000원의 무이표채

(2) 만기 3년, 액면가 20,000원, 액면이자율 7%의 채권

(3) 만기 5년, 액면가 20,000원, 액면이자율 8%의 채권

(4) 만기 2년, 액면가 10,000원, 액면이자율 5%의 채권

(5) 만기 2년, 액면가 10,000원, 액면이자율 4%의 채권

(6) 만기 3년, 액면가 10,000원, 액면이자율 7%의 채권

제9장

채권투자전략

앞에서 우리는 시장이자율이 채권의 가격에 영향을 미친다는 것을 살펴보았다. 시장이자율이 변동하면 채권의 가격이 변동하며, 그 결과 채권투자 수익률에 영향을 미친다. 이 장에서는 이자율 위험과 그에 따른 채권포트폴리오의 관리방법에 관해 살펴보고자 한다. 또한 채권 포트폴리오를 관리하기 위한 두 가지 전략, 즉 적극적 투자전략과 소극적 투자전략에 대해서도 살펴보고자 한다.

01 이자율 위험

액면가와 액면이자율이 확정되어 있는 채권은 시장이자율이 변동할 때 투자의 성과가 변동하는 위험을 갖게 된다. 이처럼 시장이자율 변동에 따라 채권투자성과가 변동하는 위험을 이자율 위험(interest rate risk)이라고 한다.

시장이자율 변동이 투자성과에 미치는 영향은 크게 두 가지로 나누어 생각할 수 있다. 첫째, 시장이자율이 변동하여 채권의 가격이 예상치 못했던 수준으로 변동하게 되는 가격위험이다. 시장이자율이 상승하면 채권의 가격은 기대했던 것보다 낮아지게 되어 불리하게 되며 반대로 시장이자율이 하락하면 채권의 가격은 예상보다 높아지게 되어 유리하게 된다.

둘째, 재투자 위험(re-investment risk)이다. 이표채에 투자하면 액면이자를 받게 된다. 투자자는 일정기간마다 지급받는 액면이자를 재투자하게 되는데 시장이자율이 변동하면 재투자의 성과가 달라진다. 이를 재투자 위험이라고 한다. 시장이자율이 상승하면 재투자의 성과가 예상보다 높게 되어 유리하게 된다. 반대로 시장이자율이 하락하면 재투자의 성과가 낮아질 수밖에 없으므로 불리하게 된다. 이는 시장이자율이 상승하면 불리해지고 하락하면 유리해지는 가격위험과는 반대이다.

이처럼 시장이자율이 변동하면 채권의 가격과 재투자 수익이 변동하게 되는데 이 두 효과를 합한 순효과는 투자시점에서 정확히 알 수 없으며 액면이자율과 시장이자율변동폭 등에 따라 유리할 수도 혹은 불리할 수도 있다.

02 이자율에 대한 채권가격의 민감도

시장이자율이 변동하면 채권의 가격은 변동한다. 그럼 시장이자율이 변동할 때 모든 채권의 가격 변동폭은 동일한가? 액면가와 액면이자율이 10,000원과 5%로 같고 만기만 1년과 2년으로 다른 채권을 살펴보자. 현재 시장이자율이 5%라면 두 채권의 가격은 액면가 10,000원과 같다. 액면이자율과 시장이자율이 같으면 만기에 상관없이 채권가격은 액면가와 같기 때문이다. 이제 시장이자율이 6%로 상승하였다고 하자. 그러면 만기가 1년인 채권의 가격은 다음과 같이 변동하게 된다.

$$P(1) = \frac{500 + 10,000}{(1 + 0.06)} = 9,906\text{원} \tag{9.1}$$

따라서 시장이자율이 1% 상승할 때 만기가 1년인 채권의 가격은 10,000원에서 9,906원으로 0.94% 하락하게 된다. 한편 만기가 2년인 채권의 가격을 계산해 보면 다음과 같다.

$$P(2) = \frac{500}{(1 + 0.06)^1} + \frac{500 + 10,000}{(1 + 0.06)^2} = 9,817\text{원} \tag{9.2}$$

따라서 시장이자율이 1% 상승할 때 만기가 2년인 채권의 가격은 10,000원에서 9,817원으로 1.83% 하락하게 된다. 이처럼 시장이자율이 상승할 때 채권의 가격 변동폭은 채권마다 다르다. 위의 예로부터 만기가 길수록 시장이자율이 변동할 때 채권가격의 변동폭이 크다는 것을 알 수 있다.

이제 액면가와 만기가 10,000원과 3년으로 같으나 액면이자율이 1%와 10%로 다른 두 채권을 생각해 보자. 현재 시장이자율이 10%라면 액면이자율이 1%인 채권의 가격은 다음과 같다.

$$P(1\%) = \frac{100}{(1+0.1)^1} + \frac{100}{(1+0.1)^2} + \frac{10,100}{(1+0.1)^3} = 7,762\text{원} \tag{9.3}$$

한편 액면이자율 10%인 채권의 가격은 액면이자율과 시장이자율이 같으므로 액면가와 같은 10,000원이다. 이제 시장이자율이 11%로 상승하였다고 하자. 그러면 액면이자율이 1%인 채권의 가격은 다음과 같이 변동하게 된다.

$$P(1\%) = \frac{100}{(1+0.11)^1} + \frac{100}{(1+0.11)^2} + \frac{10,100}{(1+0.11)^3} = 7,556\text{원} \tag{9.4}$$

따라서 시장이자율이 1% 상승할 때 액면이자율이 1%인 채권의 가격은 7,762원에서 7,556원으로 2.7% 하락하게 된다. 한편 액면이자율이 10%인 채권의 가격을 계산해 보면 다음과 같다.

$$P(10\%) = \frac{1,000}{(1+0.11)^1} + \frac{1,000}{(1+0.11)^2} + \frac{11,000}{(1+0.11)^3} = 9,756\text{원} \tag{9.5}$$

따라서 시장이자율이 1% 상승할 때 액면이자율이 10%인 채권의 가격은 10,000원에서 9,756원으로 2.4% 하락하게 된다. 이처럼 시장이자율이 상승할 때 액면이자율이 낮은 채권의 가격 변동폭이 크다는 것을 알 수 있다. 액면이자율이 낮은 채권일수록 시장이자율이 상승할 때 얻을 수 있는 재투자수익이 상대적으로 낮기 때문에 그만큼 불리하며 불리한 만큼 가격이 낮을 수밖에 없기 때문이다.

위에서 살펴본 바와 같이 시장이자율이 변동할 때 채권가격의 변동폭은 만기뿐만 아니라 액면이자율 등 여러 가지 요인에 의해 영향을 받는다. 따라서 시장이자율이 변동할 때 만기, 액면이자율 등을 종합적으로 고려하여 채권가격이 어느 정도 변동하는지를 나타내는 지표가 있으면 매우 유용하게 활용될 수 있는데, 이러한 지표가 바로 다음에 소개할 듀레이션이다.

03 듀레이션

1. 듀레이션의 정의

채권은 보통 원금을 얼마나 빨리 회수하느냐에 따라 장기채권과 단기채권으로 구분하게 된다. 일반적으로 만기가 길면 장기채로, 만기가 짧으면 단기채로 구분한다. 그러나 엄밀히 말해 만기는 장기채와 단기채를 구분하는 기준이 될 수 없다. 만기가 같다하더라도 액면이자율이 높은 채권은 액면이자율이 낮은 채권에 비해 만기 전에 액면이자로 지급받는 액수가 많기 때문에 상대적으로 자금을 조기에 회수하는 셈이 되기 때문이다. 따라서 보다 정확하게 장기채와 단기채를 구분하기 위해서는 만기 전에 지급되는 액면이자를 감안한 지표가 필요한데 이러한 지표로 사용될 수 있는 것이 바로 듀레이션이다.

듀레이션(duration)이란 투자원금이 회수되는 평균기간을 나타내는 지표이다. 듀레이션은 채권에 투자하여 얻게 되는 액면이자 및 원금의 현재가치에, 해당 현금을 지급받게 되는 시점까지의 기간을 곱한 값의 합을 현금흐름의 현재가치의 합으로 나눈 것으로 다음과 같은 식으로 나타낼 수 있다.

$$D = \sum_{t=1}^{T} t \frac{CF_t/(1+y)^t}{P_0} \qquad (9.6)$$

D: 듀레이션

t: 액면이자 혹은 액면가가 지급되는 시기

T: 채권의 만기

CF_t: t시점에서의 현금흐름

y: 만기수익률

P_0: 현재시점에서의 채권가격

식 (9.6)에서 볼 수 있는 바와 같이 듀레이션은 회수되는 현금흐름의 현재가치

표 9-1 듀레이션

	t	CF_t	$CF_t/(1+y)^t$	$t[CF_t/(1+y)^t]$	D
8% 채권	1 2	800 10,800	727.27 8,925.62	727.27 17,851.24	
	합계		P=9,652.89	18,578.51	1.92년
무이표채	1 2	0 10,000	0 8,264.46	0 16,528.93	
	합계		P=8,264.46	16,528.93	2년

를 회수하는 데까지 걸린 기간으로 가중한 값을 채권의 가격으로 나눈 것이다. 따라서 듀레이션은 투자원금, 즉 현재시점에서의 채권가격이 현재가치 기준으로 회수되는데 걸리는 평균기간을 의미한다.

이제 채권의 만기수익률이 10%일 때 액면가 10,000원, 액면이자율이 8% (1년에 한번 지급) 만기가 2년인 채권과 만기가 2년인 무이표채의 듀레이션을 계산해 보자.

[표 9-1]은 두 채권의 듀레이션을 계산한 것이다. 이 표의 네 번째 열은 각 채권의 현금흐름의 현재가치를 더 한 것으로 채권의 가격이다. 다섯 번째 열은 각 채권의 현금흐름을 기간으로 가중한 값의 합이다. 이 수치를 채권의 가격으로 나눈 여섯 번째 열의 값이 바로 듀레이션이다. 두 채권의 만기는 2년으로 같지만 액면이자율이 8%인 이표채의 듀레이션이 무이표채의 듀레이션보다 짧다는 것을 알 수 있다. 그 이유는 이표채의 경우 만기 전에 액면이자의 형태로 일부 자금이 회수되기 때문이다.

예제 9.1 듀레이션

만기수익률이 10%일 때 만기가 2년, 액면이자율 8% (6개월마다 지급), 액면가 10,000원인 채권의 듀레이션을 계산하시오.

풀이

	t	CF_t	$CF_t/(1+y)^t$	$t[CF_t/(1+y)^t]$	D
8% 채권	1	400	380.95	380.95	
	2	400	362.81	725.62	
	3	400	345.54	1,036.61	
	4	10,400	8,556.11	34,224.42	
	합계		P=9,645.41	36,367.6	3.770 6개월 =1.885년

이 채권의 듀레이션은 앞에서 살펴본 동일한 조건이지만 액면이자가 1년에 한번 지급되는 채권의 듀레이션 1.92년보다 짧다. 그 이유는 액면이자가 상대적으로 자주 지급되기 때문에 만기 전에 회수되는 자금의 액수가 현재가치로 환산하면 더 많기 때문이다.

2. 듀레이션의 특성

듀레이션은 채권의 가격변동과 그에 따른 채권 포트폴리오의 운용에 있어서 매우 중요한 개념이므로 그 특징을 좀 더 자세히 살펴볼 필요가 있다.

첫째, 앞에서 살펴본 것처럼 만기가 같다면 액면이자율이 높은 채권일수록 듀레이션이 작다. 액면이자율이 높을수록 자금의 많은 부분이 만기 전에 더 회수되는 셈이므로 자금의 평균적 회수시기를 나타내는 듀레이션은 작을 수밖에 없다. 또한 [그림 9-1]에서 볼 수 있는 바와 같이 만기가 증가할 때 액면이자율이 높을수록 듀레이션이 증가하는 속도가 느리다.

둘째, 액면이자율이 같다면 만기가 긴 채권일수록 듀레이션이 길다. 만기가 길면 자금이 회수되는 시간이 길기 때문이다.

셋째, 만기가 없이 일정금액을 영구히 지급하는 영구채권(perpetuity)의 듀레이

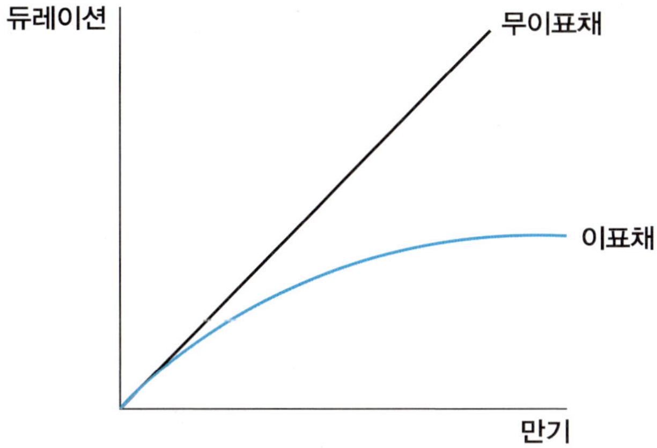

그림 9-1 만기와 듀레이션

션은 다음과 같다.

$$D_p = \frac{1+y}{y} \tag{9.7}$$

D_p: 영구채권의 듀레이션

y: 만기수익률

예를 들어 만기수익률이 10%일 때 1년에 한번 이자를 지급하는 영구채권의 듀레이션은 지급되는 현금의 액수에 상관없이 11년이다.

$$D_p = \frac{1+0.1}{0.1} = 11\text{년} \tag{9.8}$$

넷째, 일정기간마다 일정금액의 이자가 지급되는 연금(annuity)의 듀레이션은 다음과 같다.

$$D_A = \frac{1+y}{y} - \frac{T}{(1+y)^T - 1} \tag{9.9}$$

D_A: 연금의 듀레이션

T: 연금의 만기

예를 들어 만기수익률이 10%일 때 10년 동안 일정금액이 지급되는 연금의 듀레이션은 식 (9.10)과 같이 지급액수와 상관없이 4.73년인 것을 알 수 있다. 즉 동일한 액수를 10년 동안 지급받는 연금의 경우 만기는 10년이지만 각 시점에서 지급받는 현금의 현재가치를 고려할 때 4.73년에 상환 받는 것과 같다는 뜻이다.

$$D_A = \frac{1+0.1}{0.1} - \frac{10}{(1+0.1)^{10}-1} = 4.73\text{년} \tag{9.10}$$

다섯째, 포트폴리오의 듀레이션은 포트폴리오를 구성하는 개별 자산들의 듀레이션을 구성 비율로 가중 평균한 것이다. 즉 다음과 같은 식에 의해 포트폴리오의 듀레이션을 계산할 수 있다.

$$D_P = w_1 D_1 + w_2 D_2 + w_3 D_3 + \cdots + w_n D_n \tag{9.11}$$

D_P: 포트폴리오의 듀레이션

D_i: 개별자산 i의 듀레이션

w_i: 개별자산 i의 포트폴리오에서의 비중

3. 채권가격의 이자율 탄력성

시장이자율은 채권가격에 직접적인 영향을 미친다. 그런데 시장이자율이 변동할 때 채권마다 가격이 변동하는 폭이 다르다. 따라서 시장이자율이 변동할 때 관심이 있는 채권의 가격이 얼마나 변동할 것인지 아는 것은 매우 중요하다. 보통 시장이자율이 변동할 때 채권의 가격 변동폭이 얼마나 되는지를 나타내기 위해서 탄력성의 개념을 활용할 수 있으며 채권가격의 이자율 탄력성은 다음과 같은 식으로 표시할 수 있다. 식 (9.12)에서 Δ는 아주 작은 변동을 의미한다. 즉 ΔP는 채권가격의 아주 작은 변동을, $\Delta(1+y)$는 만기수익률의 아주 작은 변동을 의미한다.

$$e = \frac{\text{채권가격의 변화율}}{\text{만기수익률의 변화율}} = \frac{\Delta P/P}{\Delta(1+y)/(1+y)} \tag{9.12}$$

e: 채권가격의 이자율 탄력성

이제 이자율 탄력성과 듀레이션의 관계를 알아보자. 채권가격의 정의 식을 변형하면 다음과 같은 식을 얻을 수 있다.(부록 1 참조)

$$\frac{\Delta P}{P} = -D \times \frac{\Delta(1+y)}{(1+y)} \tag{9.13}$$

식 (9.13)은 시장이자율이 변동할 때 듀레이션이 채권의 가격변동에 어떤 영향을 미치는지 설명하고 있다. 이 식에서 알 수 있는 바와 같이 채권의 가격변동은 듀레이션에 비례한다. [표 9-1]의 액면가 10,000원, 액면이자율이 8% (1년에 한번 지급) 만기가 2년인 채권과 만기가 2년인 무이표채를 살펴보자. 시장이자율이 10%에서 11%로 변동하였다고 하자. 만기가 2년인 이표채의 기격변동폭은 다음과 같이 계산할 수 있다.

$$\frac{\Delta P}{P} = -1.92 \times \frac{1.11 - 1.1}{1.1} = -0.017 \tag{9.14}$$

만기가 2년인 무이표채의 가격변동폭은 다음과 같다.

$$\frac{\Delta P}{P} = -2 \times \frac{1.11 - 1.1}{1.1} = -0.018 \tag{9.15}$$

앞에서 살펴본 바와 같이 위의 두 채권 중 무이표채의 듀레이션이 더 길다. 따라서 듀레이션이 길면 시장이자율이 변동할 때 채권의 가격변동폭이 커진다는 것을 알 수 있다.

한편 식 (9.13)을 약간 변형시켜 시장이자율이 변동할 때 채권가격의 변동을 설명하기도 한다. 식 (9.13)은 다음과 같이 쓸 수 있다.

$$\frac{\Delta P}{P} = -\frac{D}{(1+y)} \times \Delta(1+y) \tag{9.16}$$

이때 우변 초항을 D^*라고 하자. 그러면 다음과 같은 식이 성립한다.

$$\frac{\Delta P}{P} = -D^* \times \Delta(1+y) \tag{9.17}$$

$$D^* = \frac{D}{1+y}$$

그런데 $\Delta(1+y) = \Delta y$이므로 위의 식은 다음과 같다. 이 때 D^*를 수정 듀레이션(modified duration)이라고 한다.

$$\frac{\Delta P}{P} = -D^* \times \Delta y \tag{9.18}$$

위의 식으로부터 퍼센트(%)로 표시된 채권가격의 변동폭은 수정 듀레이션에 시장이자율 변동을 곱한 것이라는 것을 알 수 있다. 따라서 시장이자율 변화에 대한 채권가격의 변동위험을 측정하는데 수정 듀레이션이 좋은 지표가 된다.

예제 9.2 듀레이션과 수정 듀레이션

[표 9-1]에서 만기수익률이 10%일 때 액면가 10,000원, 액면이자율이 8% (1년에 한번 지급) 만기가 2년인 채권과 만기가 2년인 무이표채의 듀레이션이 각각 1.92년과 2년임을 알았다. 채권수익률이 10.1%로 상승하였다고 하자. 이때 두 채권의 가격은 몇 퍼센트 하락할까요?

풀이

먼저 각 채권의 수정듀레이션을 구하면 다음과 같다.

$$D(8\%) = 1.92/1.1 = 1.745$$

$$D(0\%) = 2/1.1 = 1.818$$

이때 채권의 만기수익률이 10%에서 10.1%로 0.1% 상승하였으므로 각 채권의 가격하락폭은 다음과 같다.

$$\frac{\Delta P(8\%)}{P(8\%)} = -D^{*}\Delta y = -1.745 \times 0.1\% = -0.1745\%$$

$$\frac{\Delta P(0\%)}{P(0\%)} = -D^{*}\Delta y = -1.818 \times 0.1\% = -0.1818\%$$

즉 시장이자율이 0.1% 상승할 때 액면이자율이 8%인 이표채의 가격은 0.1745% 하락하고 무이표채의 가격은 0.1818% 하락한다.

04 소극적 채권투자전략

소극적 채권투자전략(passive investment strategy)이란 채권의 가격은 시장에서 공정한 수준으로 결정되기 때문에 저평가된 채권을 찾기보다는 채권포트폴리오의 위험을 관리해 나가는데 집중하는 투자전략을 말한다. 소극적 투자전략으로는 지수전략과 면역전략을 들 수 있다. 지수전략은 채권지수의 성과와 보유 포트폴리오의 성과를 같게 만드는 전략이며 면역전략은 보유 포트폴리오의 위험을 없애는 것을 목표로 하는 전략이다.

1. 지수전략

지수전략(indexing strategy)은 채권지수의 위험보상비율(risk-reward ratio), 즉 위험과 수익률의 비율과 같은 위험보상비율을 갖는 포트폴리오를 구성하는 전략을 말한다. 이 전략은 모든 채권의 가격이 공정한 수준으로 시장에서 결정되므로 잘 분산된 채권 포트폴리오가 수익률 한 단위를 얻기 위해 부담하는 위험 수준으로 위험을 관리하는 것이 최선이라는 것이다.

지수와 동일한 위험보상비율을 갖는 포트폴리오를 구성하는 방법은 지수에 포함된 모든 채권을 구성 비율대로 포트폴리오에 포함시키는 것이다. 그러나 이 방법은 지수에 포함된 채권의 수가 너무 많거나, 투자자금이 충분하지 않거나, 거래비용이 너무 많이 든다는 현실적 어려움이 있다. 따라서 지수와 똑 같지는 않지만 지수와 가장 비슷하게 움직이는 지수펀드(index fund)를 구성하는 것이 일반적이다. 지수펀드는 보통 채권을 특성별로 몇 개의 그룹으로 분류한 후에 각 그룹을 대표하는 몇 개의 채권을 추출하여 펀드를 구성하게 된다. 이러한 방법을 셀 접근법(cellular approach)이라고 한다.

예를 들어 채권의 특성을 만기와 발행주체로 구분하였다고 하자. 또 만기를 길이에 따라 5개의 그룹으로 구분하고 발행주체를 국채, 담보가 있는 회사채, 담보가 없는 회사채로 구분하였다고 하자. 그러면 총 15개(5 × 3)의 셀이 만들어지며 각 셀에서 적당한 채권을 추출하여 채권지수와 비슷한 성과를 내는 포트폴리오를 구성하게 된다.

2. 면역전략

지수펀드를 구성하면 시장 평균적 위험보상비율을 갖는 포트폴리오를 보유하게 된다. 이 전략을 택하면 위험을 관리할 수는 있으나 위험을 없앨 수는 없다. 즉 시장이자율에 따라 포트폴리오의 가치가 시장 평균만큼 변하게 된다. 그런데 은행, 연기금 등 금융기관은 이러한 위험 부담을 꺼려할 수 있는데 이때 선택할 수 있는 전략이 면역전략(immunization strategy)이다.

은행은 고객으로부터 자금을 차입(수신)하여 자금 수요자에게 이 자금을 대출(여신)해 주는 것을 기본 업무로 하는 금융기관이다. 그런데 은행대출은 예금에 비해 일반적으로 장기이다. 따라서 시장이자율이 변동하면 수신과 여신의 가치가 모두 변하지만 여신이 수신보다 장기이기 때문에 상대적으로 가치의 변동폭이 더 크다. 따라서 시장이자율이 불리한 방향으로 움직이면 자산의 가치가 부채의 가치보다 상대적으로 더 하락하게 되어 부채 상환이 어려워 질 수 있다. 따라서 안정적인 은행의 경영을 위해서는 이러한 위험을 관리할 수 있는 기법이 필요하다.

은행뿐만 아니라 연기금과 같은 금융기관들은 투자자들에게 지급하여야 할 미래의 지급액을 확실하게 확보하길 원한다. 연기금은 투자자들이 퇴직할 때 약속한 금액을 지급하여야 하며 이러한 의무를 이행할 수 있도록 자산을 관리하여야 한다. 현재 투자한 자산의 가치가 지급시점까지 유지된다면 의무를 이행할 수 있지만 이자율이 변동하면 자산 포트폴리오의 가치가 변동하게 되므로 의무를 이행하기 어려울 수도 있다. 따라서 연기금은 투자한 포트폴리오의 가치가 연금을 지급하여야 하는 시기까지 유지될 수 있도록 하는 포트폴리오 관리기법이 필요하다.

이러한 상황에서 채택할 수 있는 포트폴리오 관리기법이 면역전략이다. 면역전략은 듀레이션이 같은 자산은 시장이자율이 변동할 때 가격변동폭이 같다는 점에 착안한 것이다. 즉 미래의 시점에 지급하여야 할 부채 포트폴리오의 듀레이션과 이 부채를 지급하기 위해 투자한 자산 포트폴리오의 듀레이션을 일치시킴으로써 시장이자율이 변동하더라도 두 포트폴리오의 가치 변동폭이 일치하도록 하는 전략이 바로 면역전략이다.

2.1 순자산가치 면역전략

순자산가치 면역전략(net worth immunization)이란 이자율이 변동할 때 순자산가치를 일정하게 유지할 수 있도록 자산과 부채의 듀레이션을 일치시키는 전략을 말한다. 은행의 경우 예금 등 부채의 만기가 대출 등 자산의 만기보다 짧기 때문에 시장이자율이 상승하면 자산가치가 부채가치보다 큰 폭으로 하락하여 순자산가치가 하락할 위험이 있다. 이러한 위험을 관리하기 위해서 은행들은 자산부채종합관리(asset liability management: ALM)를 사용하여왔다. ALM 가운데 자산과 부채의 듀레이션의 차이를 일정수준으로 제한하는 갭관리(gap management)가 있다. 갭관리를 위해 보통 자산의 시장가치로 가중된 자산의 평균 듀레이션과 부채의 시장가치로 가중된 부채의 평균 듀레이션을 일치시키게 된다. 그러면 은행의 부채와 자산규모는 거의 비슷하므로 시장이자율의 변동이 자산 가치와 부채 가치에 비슷한 영향을 주어 순자산가치가 일정수준으로 유지될 수 있다.

2.2 목표시기 면역전략

연기금과 같은 금융기관들은 부채를 지급하여야 할 시점이 정해져 있다. 연금납입자가 2년 후 퇴직이 예정되어 있다면 2년 후 연금을 반드시 지급하여야 하기 때문이다. 만약 부채를 한 번에 일시불로 지급한다면 현재부터 부채를 지급하여야 하는 시점까지의 기간이 부채의 듀레이션이 된다. 또한 부채의 듀레이션은 연기금이 부채로 투자할 수 있는 목표투자기간이 된다. 이때 부채의 듀레이션, 즉 목표투자기간과 자산의 듀레이션을 일치시켜 시장이자율의 변동에 상관없이 자산의 가치를 일정하게 확보하려는 전략이 목표시기 면역전략(target date immunization)이다.

구체적인 예를 살펴보자. 연금회사가 현재시점에 고객으로부터 10,000원을 받고 5년 후에 14,693.28원을 돌려주어야 한다고 하자. 이 회사는 5년 후 지급하여야 하는 부채의 지급을 위해 시장이자율의 변동과 상관없이 5년 후 최소 14,693.28원을 확보할 수 있는 투자기법이 필요하다. 이와 같은 상황에서 이 회사는 현재 가격이 10,000원이고 듀레이션이 5년인 채권에 투자하면 목적을 이룰 수 있다.

만기가 5년인 무이표채는 듀레이션이 5년이므로 투자의 대상이 된다. 뿐만 아니라 액면이자를 지급하는 이표채도 듀레이션이 5년이면 대상이 될 수 있다. 예를 들어 현재 시장이자율이 8%라면 액면가 10,000원, 액면이자율 8%, 만기 6년인 채권도 투자대상 가운데 하나이다. 이 채권을 이용한 면역전략을 살펴보자.

먼저 이 채권의 액면이자율과 시장이자율이 동일하므로 만기에 관계없이 가격은 액면가와 같은 10,000원이 된다. 따라서 이 채권에 대한 투자액수가 고객으로부터 받은 10,000원과 일치하므로 기본 조건을 충족시킨다. 이제 이 채권의 듀레이션을 살펴보자. [표 9-2]는 이 채권의 듀레이션을 계산한 것이다. 이 표에서 알 수 있듯이 이 채권의 듀레이션은 4.9927년으로 부채의 듀레이션인 5년과 거의 동일하다.

그럼 이 채권에 투자하면 5년 후에 14,693.28원을 확보할 수 있는지 살펴보자. [표 9-3]은 시장이자율이 현재와 같이 8%로 5년도 말까지 유지될 경우 채권보유로 인해 발생하는 현금흐름의 5년 후 미래가치를 계산한 것이다. 채권의 보유자는 액면가의 8%인 800원을 매년 지급받게 된다. 따라서 이 액면이자를 받는 즉시 시장

표 9-2 액면이자율 8%, 만기 6년, 액면가 10,000원인 채권의 듀레이션(현재 시장이자율 8%)

t (년)	CF	$CF_t/(1+y)^t$	$t[CF_t/(1+y)^t]$	듀레이션
1	800	740.74	740.74	
2	800	685.87	1,371.74	
3	800	635.07	1,905.20	
4	800	588.02	2,352.10	
5	800	544.47	2,722.33	
6	10,800	6,805.83	40,834.99	
		P=10,000	49,927.1	4.9927년

이자율 8%에 투자할 경우 5년 후 [표 9-3]과 같은 현금을 얻을 수 있다. 또한 5년 후 채권을 매각하면 이 시점에서의 채권가격만큼의 현금을 얻을 수 있다. 5년 후에는 채권의 만기가 1년 남았으므로 이 채권의 가격은 1년 후 지급될 액면이자 800원과 액면가 10,000원을 시장이자율 8%로 할인한 10,000원이 된다. 이 현금흐름을 모두 합하면 5년 후 부채를 지급하기 위해 필요한 14,693.28원을 확보할 수 있다.

시장이자율이 유지될 때에는 위의 채권에 투자하여 필요한 자금을 얻을 수 있음을 알았다. 그럼 시장이자율이 변동하여도 위의 채권투자를 통해 필요한 자금을 확보할 수 있을 것인가? [표 9-4]는 시장이자율이 변동할 때 채권투자를 통해 얻게 되는 현금의 5년 후 미래가치를 계산한 것이다.

이 표에서 알 수 있는 바와 같이 시장이자율이 9%로 상승하면 시장이자율이 8%

표 9-3 시장이자율이 8%로 유지될 때 지급된 현금의 5년 후 미래가치

지급된 현금	지급된 현금의 5년 후 미래가치
1년 후 액면이자	$800\,(1.08)^4 = 1{,}088.39$
2년 후 액면이자	$800\,(1.08)^3 = 1{,}007.77$
3년 후 액면이자	$800\,(1.08)^2 = 933.12$
4년 후 액면이자	$800\,(1.08)^1 = 864.00$
5년 후 액면이자+채권매각	$800 + 10{,}800 / 1.08 = 10{,}800$
합계	14,693.28원

로 유지될 때에 비해 5년 후 매각하게 되는 채권의 가격은 10,000원(=10,800/1.08)에서 9,908원(=10,800/1.09)으로 하락한다. 그러나 그때까지 지급받는 액면이자의 재투자수익이 증가하게 된다. 이 재투자 수익의 증가는 매각하는 채권의 가격하락을 상쇄하여 시장이자율이 8%로 유지될 때와 비슷한 14,696.03원을 얻을 수 있다. 시장이자율이 7%로 하락할 때에는 재투자 수익이 시장이자율이 8%로 유지될 때에 비해 작으나 매각하게 될 채권의 가격이 10,000원(=10,800/1.08)에서 10,093원(=10,800/1.07)으로 상승하여 재투자 수익의 감소를 상쇄하게 된다. 따라서 이 경우에도 부채의 지급에 필요한 현금을 확보할 수 있다.

이상에서 살펴본 바와 같이 부채의 듀레이션과 자산의 듀레이션을 일치시키는 면역전략을 통해 시장이자율의 변동에 상관없이 필요한 현금을 확보할 수 있으므로 금융기관 입장에서는 매우 유용하게 사용할 수 있는 전략이다. 그런데 [표 9-3]과 [표 9-4]를 자세히 살펴보면 한 가지 궁금한 것이 있다. 듀레이션을 일치시켜서 부채지급에 필요한 자금을 시장이자율 변동에 상관없이 확보할 수 있었으나 5년

표 9-4 시장이자율이 상승하거나 하락할 때 지급된 현금의 5년 후 미래가치

이자율이 9%로 상승할 때	
지급된 현금	지급된 현금의 5년 후 미래가치
1년 후 액면이자 2년 후 액면이자 3년 후 액면이자 4년 후 액면이자 5년 후 액면이자+채권매각	$800\,(1.09)^4 = 1,129.27$ $800\,(1.09)^3 = 1,036.02$ $800\,(1.09)^2 = 950.48$ $800(1.09)^1 = 872.00$ $800 + 10,800 / 1.09 = 10,708.26$
합계	14,696.03원
이자율이 7%로 하락할 때	
1년 후 액면이자 2년 후 액면이자 3년 후 액면이자 4년 후 액면이자 5년 후 액면이자+채권매각	$800\,(1.07)^4 = 1,048.64$ $800\,(1.07)^3 = 980.03$ $800\,(1.07)^2 = 915.92$ $800(1.07)^1 = 856.00$ $800 + 10,800 / 1.07 = 10,893.46$
합계	14,694.05원

후 얻을 수 있는 미래가치가 정확히 일치하지는 않는다는 것이다. 즉 시장이자율에 따라 5년 후 가치가 14,693.28원, 14,696.03원, 14,694.05원으로 비슷하기는 하나 정확히 일치하지는 않는다.

가장 쉽게 생각할 수 있는 이유는 채권의 듀레이션이 4.9927년으로 부채의 듀레이션 5년과 정확히 일치하지 않기 때문이다. 그러나 더 중요한 이유는 시장이자율이 변동할 때 채권의 듀레이션도 따라서 변동하기 때문이다. 즉 시장이자율이 변동하기 전에 부채와 자산의 듀레이션이 같다 하더라도 시장이자율이 변동하면 부채를 지급하여야 하는 시기, 즉 부채의 듀레이션은 고정되어 있는 반면에 자산의 듀레이션은 변동하게 되어 더 이상 부채와 자산의 듀레이션이 같지 않게 되기 때문이다. 일반적으로 시장이자율의 변동폭이 클수록 듀레이션의 변동폭도 커지게 된다. 따라서 시장이자율의 변동폭이 클수록 부채와 자산의 듀레이션의 차이가 크게 벌어지게 되어 면역전략의 효과가 떨어지게 된다.

또 한 가지 항상 유의하여야 할 것은 시장이자율이 변동하지 않더라도 듀레이션은 시간이 지나면서 자동적으로 변동한다는 것이다. 듀레이션은 만기에 영향을 받는데 시간이 지나면 만기도 줄어들기 때문에 듀레이션이 변동하세 되는 것이다. 따라서 완벽한 면역효과를 기대하기 위해서는 일정시간이 지나면 포트폴리오를 조정하여 듀레이션을 다시 일치시키는 일이 필요하다.

시간이 지나면서 달라진 부채와 자산의 듀레이션을 일치시키기 위해 포트폴리오를 어떻게 조정하는지 살펴보자. 7년 후 부채를 지급하기 위해 3년 만기 무이표채와 영구채권을 보유하고 있다고 하자. 무이표채의 듀레이션은 앞에서 살펴본 바와 같이 만기와 같기 때문에 3년이다. 현재 시장이자율이 10%라면 영구채권의 듀레이션은 다음 식에서 알 수 있는 바와 같이 11년이다.

$$Dp = \frac{1+y}{y} = \frac{1+0.1}{0.1} = 11\text{년} \tag{9.19}$$

만약 면역전략을 채택하여 자산 포트폴리오의 듀레이션을 부채의 듀레이션과 일치시키려 한다면 무이표채와 영구채권에 어떤 비율로 투자하여야 하는가? 포트폴리오의 듀레이션은 포트폴리오에 포함된 자산들의 듀레이션을 가중 평균한 것이므로 다음 식이 성립하여야 한다.

$$D_{부채} = 7년 = w \times 3년 + (1-w) \times 11년 = D_{자산} \tag{9.20}$$

w: 무이표채에 투자하는 비중

위의 식을 풀면 $w = 0.5$이다. 따라서 무이표채와 영구채권에 각각 50%씩 투자하면 자산과 부채의 듀레이션을 일치시킬 수 있다. 7년 후 지급하여야 하는 부채가 19,487원이라고 하자. 그러면 7년 후 19,487원의 현재가치는 이자율이 10%일 때 10,000원이 된다.

$$P = \frac{19,487}{(1.1)^7} = 10,000원 \tag{9.21}$$

따라서 10,000원의 50%인 5,000원을 무이표채에 투자하고 나머지 5,000원을 영구채권에 투자하면 면역전략의 효과를 거둘 수 있다.

이제 위와 같이 포트폴리오를 구성한 후 1년이 지난 시점에서의 자산 및 부채의 듀레이션을 다시 살펴보자. 먼저 부채의 듀레이션은 이제 6년 후에 부채를 갚아야 하므로 6년이 된다. 자산 포트폴리오에 포함된 무이표채의 듀레이션은 만기까지의 기간이 2년 남았으므로 2년이 된다. 영구채권의 듀레이션은 식 (9.19)에서 알 수 있는 바와 같이 시간이 지났음에도 불구하고 11년으로 같다. 영구채권의 듀레이션은 오직 이자율에만 영향을 받기 때문이다. 따라서 1년이 지난 시점에서의 자산 포트폴리오의 듀레이션은 식 (9.22)와 같이 6.5년으로 줄어들게 되어 부채의 듀레이션 6년과 불일치하게 된다.

$$D_{자산} = 0.5 \times 2년 + 0.5 \times 11년 = 6.5년 \tag{9.22}$$

이처럼 부채의 듀레이션과 다른 듀레이션을 갖는 자산 포트폴리오를 보유하게 되면 면역의 효과를 기대하기 어렵다. 따라서 완벽한 면역의 효과를 기대하기 위해서는 포트폴리오를 조정하여야 한다. 1년이 지난 시점에서 자산포트폴리오와 부채의 듀레이션을 일치시키기 위해서는 다음 식을 만족시키도록 각 자산의 비중을 조정하여야 한다.

$$D_{부채} = 6년 = w \times 2년 + (1-w) \times 11년 = D_{자산} \tag{9.23}$$

이 식을 풀면 $w=0.555$이다. 1년 전에 투자한 10,000원의 가치는 이자율이 10%이므로 현재 11,000원(10,000×1.1)이다. 따라서 식 (9.23)을 만족시키기 위해서는 11,000원의 55.5%인 6,105원을 무이표채에 투자하고 나머지 4,895원을 영구채권에 투자하여야 한다. 그런데 현재 각 자산에 5,000원씩 투자하고 있으므로 105원의 영구채권을 매각하여 이 자금으로 무이표채에 추가로 투자하여야 한다. 물론 10,000원을 투자하여 1년 동안 얻은 이자 1,000원도 무이표채에 추가로 투자하여야 한다.

이 예에서 알 수 있는 바와 같이 이자율위험에 대해 완벽한 면역을 기대하기 위해서는 이자율이 변동할 때에는 물론이고, 그렇지 않더라도 시간이 지남에 따라 포트폴리오를 조정하여야만 한다.

2.3 면역전략의 문제점

면역전략은 단기채권과 장기채권의 수익률이 같은 크기로 변동한다는 것을, 즉 수익률구조가 수평적이라는 것을 가정하고 있다. 그러나 현실적으로 수익률구조는 수평이 아니다. 포트폴리오를 구성하는 시점에서 2년 만기 채권의 수익률과 3년 만기 채권의 수익률이 서로 다른 것이 보통이며 또한 1년이라는 시간이 지나는 동안 각 채권의 수익률이 변동하는 폭도 서로 다른 것이 일반적이다. 시장에서는 실제로 단기채권의 수익률 변동폭이 장기채권의 수익률 변동폭보다 크다고 간주되는 것이 일반적이다. 이러한 상황에서는 면역전략을 채택하여도 자산 포트폴리오의 가치가 시장이자율 변동으로부터 완벽하게 면역되기 어렵다. 이러한 문제를 해결하기 위한 방법 중의 하나가 부채의 듀레이션과 만기가 같은 무이표채를 이용하여 면역전략을 수행하는 것이다. 그러나 이 방법 역시 현실적으로 수행하기 어렵다. 그 이유는 부채의 듀레이션과 정확히 만기가 일치하는 무이표채를 찾기 어렵기 때문이다.

면역전략의 또 다른 문제점으로 인플레이션을 들 수 있다. 면역전략은 기본적으로 명목가치를 기준으로 한다. 즉 지급하여야 할 부채가 인플레이션에 상관없이 고정되어 있다고 가정하고 있다. 그러나 현실적으로는 실질가치를 면역하여야 할 경우도 있다. 예를 들어 10년 후 지급하여야 하는 대학등록금에 대해 면역전략을 수행한다고 하자. 그러면 면역전략을 통해 이자율 변동에 대한 면역효과를 기대할 수는 있으나 인플레이션으로 인해 등록금이 증가한다면 면역화된 채권 포트폴리오의 현금흐름은 증가하지 않기 때문에 등록금을 지급하기에 충분한 현금흐름을 얻을 수 없다.

듀레이션을 이용한 면역전략은 시장이자율과 채권가격이 식 (9.13) 에서와 같이 선형관계를 갖는다는 것을 가정하고 있다. 그러나 실제로는 [그림 9-2]와 같이 원점에 대해 볼록한 곡선, 즉 비선형관계를 갖고 있다. 따라서 시장이자율 변동폭이 매우 작을 경우에는 듀레이션에 의한 가격변동 측정이 실제가격변동과 유사하기 때문에 면역전략이 효과적일 수 있다. 그러나 시장이자율 변동폭이 크면 듀레이션에 의한 가격변동 측정과 실제가격변동의 차이가 크게 되어 면역전략이 효과를 거두기 어렵다.

[그림 9-2]를 살펴보자. 이 그림에서 직선은 시장이자율이 변동할 때 듀레이션를 이용하여 채권가격변동을 측정한 것이고 곡선은 실제 채권가격변동을 표시한 것이다. 만약 시장이자율이 y_0에서 y_1으로 소폭 변동하였다면 y_1에 해당되는 직선

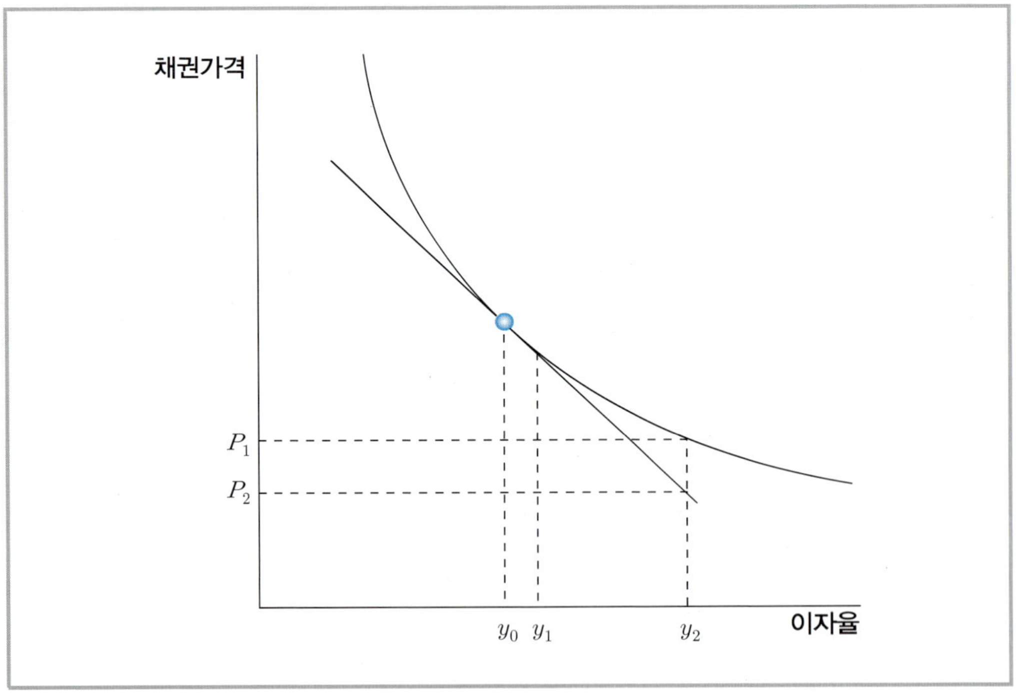

그림 9-2 듀레이션에 의한 채권가격변동 측정

과 곡선의 채권가격이 유사하게 된다. 그러나 시장이자율이 y_0에서 y_2로 대폭 변동하였다면 듀레이션에 의해 측정된 가격 P_2는 실제 가격 P_1과 큰 차이가 난다. 이처럼 시장이자율의 변동폭이 클 때에는 듀레이션에 의한 가격변동 측정이 실제와 큰 차이가 있기 때문에 면역전략의 완벽한 효과를 기대하기 어렵다.

마지막으로 포트폴리오 재조정의 어려움과 비용문제를 들 수 있다. 면역전략을 효과적으로 수행하기 위해서는 시장이자율이 변동하거나, 이자율이 변동하지 않더라도 일정 시간이 지나면 보유하고 있는 포트폴리오를 재조정하여야 한다. 그러나 현실적으로 포트폴리오의 지속적인 조정은 그리 쉽지 않을 뿐만 아니라 많은 비용이 소요된다. 따라서 현실적으로 포트폴리오 재조정에서 오는 이득과 비용을 항상 비교하여 이득이 클 때에만 포트폴리오를 재조정하는 것이 바람직하다고 하겠다.

3. 현금흐름 대응전략

지급하여야 할 채무와 동일한 시기에 동일한 금액을 확보할 수 있도록 채권의 현금흐름을 일치시키는 전략을 현금흐름 대응전략(cash flow matching and dedication)이라고 한다. 예를 들어 1년 후에 11,000원의 채무를 지급하여야 한다면 액면가가 11,000원인 1년 만기 무이표채에 투자하면 필요한 자금을 확보할 수 있다. 따라서 시장이자율이 10%인 경우 이 채권의 현재시점에서의 가격은 10,000원(11,000/1.1)이므로 현재시점에서 10,000원을 이 채권에 투자하면 된다.

미래의 현금지출이 여러 시점에 걸쳐 여러 번 발생할 경우 매 현금지출에 대해 위와 같은 방법으로 현금흐름을 일치시키면 된다. 예를 들어 1년 후에 10,000원, 2년 후에 20,000원, 3년 후에 30,000원을 지급하여야 한다면 1년 만기 무이표채에 9.091원(10,000/1.1), 2년 만기 무이표채에 16,529원($20,000/(1.1)^2$), 3년 만기 무이표채에 22,539원($30,000/(1.1)^3$)을 각각 투자하면 된다.

이 전략을 이용하면 이자율이 변동하거나 시간이 지남에 따라 포트폴리오를 재구성할 필요가 없다. 그러나 현실적으로 수많은 현금지출과 현금흐름이 일치하는 무이표채를 찾기가 어렵다는 문제점이 있다.

05 적극적 채권투자전략

다른 투자자들에 앞서 미래의 이자율을 정확히 예측하거나, 시장의 다른 투자자들이 알지 못하는 정보를 바탕으로 공정가격보다 낮은 수준에서 가격이 형성되어 있는 채권들을 찾아내어 투자함으로써 이득을 얻고자 하는 투자전략을 적극적 투자전략(active investment strategy)이라고 한다.

1. 호머와 리보위치의 채권스왑전략

호머(Homer)와 리보위치(Liebowitz)는 적극적으로 채권 포트폴리오를 재조정하는 투자를 다음과 같은 4가지 형태의 채권스왑(bond swap)으로 분류하였다. 채권스왑은 다른 투자자에게 알려지지 않은 정보를 이용하여 채권의 가격과 수익률을 분석하고 그 정보를 바탕으로 보유하고 있는 채권을 보다 유리하다고 판단되는 채권으로 교체하는 것을 말한다.

대체스왑

어떤 채권의 시장가격이 공정가격과 다른 수준에 형성되어 있을 때 그 채권과 만기, 액면이자, 위험의 정도 등 대부분의 특성이 유사한 채권과 교환함으로써 이득을 얻으려고 하는 거래가 대체스왑(substitution swap)이다. 즉 새로운 정보를 이용하여 과소평가된 채권을 찾아내어 매입함과 동시에 이 채권과 유사한 보유하고 있는 채권을 매도함으로써 이득을 얻으려는 거래이다.

시장간 스프레드 스왑

서로 다른 두 개의 채권시장의 수익률 차이(spread)가 공정한 수준에서 이탈하였을 때 그 차이를 이용해 이득을 얻으려는 거래가 시장간 스프레드 스왑(inter-market spread swap)이다. 예를 들어 현재 회사채와 국채의 수익률 스프레드가 너무 크며

조만간 스프레드가 좁혀질 것이라고 생각된다고 하자. 스프레드가 정상보다 크다는 것은 상대적으로 회사채 수익률이 높다는 것을 의미하며 이것은 곧 회사채 가격이 상대적으로 과소평가되어 있다는 것을 의미하는 것이다. 따라서 투자자는 보유하고 있는 국채를 매도하고 회사채를 매수하면 스프레드가 줄어들 때, 즉 회사채 수익률이 하락할 때 회사채 가격의 상승으로 이득을 볼 수 있다.

이 전략을 수행할 때 한 가지 주의하여야 할 것은 회사채 시장의 신용위험 증가이다. 수익률 스프레드가 예상대로 줄어든다 하더라도 이와 동시에 외부적 충격에 의해 회사채 전반의 신용위험이 상승한다면 오히려 손해를 볼 수도 있기 때문이다.

이자율 예상 스왑

미래의 시장이자율의 변동을 예측하여 이득을 얻고자 하는 거래가 이자율 예상 스왑(rate anticipation swap)이다. 만약 시장이자율이 앞으로 하락할 것으로 예상된다면 투자자들은 듀레이션이 짧은 채권을 매도하고 상대적으로 듀레이션이 긴 채권을 매입하면 유리하다. 시장이자율이 하락하면 채권의 가격이 상승하는데 듀레이션이 긴 채권일수록 상승폭이 크기 때문이다. 반대로 시장이자율이 상승할 것으로 예상된다면 상대적으로 듀레이션이 짧은 채권을 포트폴리오에 많이 포함시킴으로써 손실을 줄일 수 있다. 물론 시장이자율이 예측과 다른 방향으로 움직인다면 커다란 손실을 볼 가능성도 있다.

수익률 획득 스왑

가격이 잘못 산정된 채권에 투자하여 이득을 얻으려는 대체스왑, 시장간 스프레드 스왑과는 달리 수익률이 높은 채권에 투자하여 투자기간 동안의 수익률을 높이고자 하는 전략이 수익률 획득 스왑(pure yield pickup swap)이다. 예를 들어 만기가 길수록 만기수익률이 증가하는 형태의 수익률 곡선이 예상된다면 상대적으로 만기가 긴 채권을 보유하여 투자기간 수익률을 증가시킬 수 있다. 그러나 만약 수익률곡선이 상향 이동한다면, 즉 만기에 관계없이 채권수익률이 전반적으로 상승한다면 만기가 긴 채권의 가격 하락폭이 더 크기 때문에 손실을 입을 수도 있다.

기타 스왑

호머와 리보위치의 분류는 아니지만 또 다른 형태의 적극적 채권투자전략으로 세금스왑이 있다. 세금스왑(tax swap)은 세금을 고려하여 세후 수익률이 높은 채권으로 교체하는 전략을 말한다. 예를 들어 과세채권의 세후 수익률이 비과세채권의 수익률보다 높더라도 한계 세율이 높은 투자자에게는 오히려 비과세채권에 투자하는 것이 유리할 수 있다. 또한 이자소득세율이 자본소득세율보다 높으면 이자소득이 발생하지 않는 무이표채에 투자하는 것이 유리하다.

2. 목표투자기간분석

수익률곡선을 이용하여 투자기간 말기의 미래 시장이자율을 예측하려는 방법이 목표투자기간분석방법(horizon analysis)이다. 이 방법은 특정한 목표투자기간을 갖고 있는 투자자가 그 목표투자기간 말의 수익률곡선을 예측하여 현재 시점의 수익률곡선과 비교하고, 그 결과를 바탕으로 한 투자를 통해 이득을 얻으려는 전략이다. 이 전략으로 다양한 투자대상 채권들의 특정 투자기간 후 수익률을 분석한 후 가장 높은 수익률을 얻을 수 있는 채권에 투자하면 이득을 얻을 수 있다.

예제 9.3 목표투자기간분석

10년 만기, 액면가 10,000원, 액면이자율 10%인 채권의 만기수익률이 9%라고 하자. 또 2년 만기, 액면가 10,000원, 액면이자율 10%인 채권의 만기수익률이 7%라고 하자. 투자자 A가 2년의 목표투자기간을 갖고 있다면 이 두 채권 중 어떤 채권에 투자하는 것이 유리할까요? 2년이 지난 시점에서 만기 10년짜리 채권은 만기가 8년 남게 되는데, 남은 기간 동안 이 채권의 만기수익률은 8%라고 가정한다.

풀이

만기 10년인 채권의 현재가격을 계산하면 다음과 같다.

$$P = \frac{1,000}{1.09^1} + \frac{1,000}{1.09^2} + \cdots + \frac{1,000 + 10,000}{1.09^{10}} = 10,641.77\text{원}$$

2년 후 만기 8년인 채권의 가격을 계산해 보면 다음과 같다.

$$P = \frac{1,000}{1.08^1} + \frac{1,000}{1.08^2} + \cdots + \frac{1,000 + 10,000}{1.08^8} = 11,149.33\text{원}$$

만기 10년의 채권에 현재시점에서 투자할 경우 2년 동안 받은 액면이자의 2년 후 가치는 다음과 같다.

$$V = 1,000 \times 1.09 + 1,000 = 2,090\text{원}$$

따라서 2년 후 투자수익률은 다음과 같다.

$$\text{투자수익률} = \frac{2,090 + (11,149.33 - 10,641.77)}{10,641.77} = 0.244(24.4\%)$$

2년 동안의 수익률이 24.4%이므로 연간수익률은 아래와 같이 11.45%이다.

$$(1+y)^2 = (1 + 0.244)$$
$$\therefore y = \sqrt{1.244} - 1 = 1.1154 - 1 = 0.1154(11.54\%)$$

그럼 현재시점에서 10년 만기 채권에 투자하지 않고 2년 만기 채권에 투자하였을 경우를 살펴보자. 이 채권의 현재가격은 다음과 같다.

$$P = \frac{1,000}{1.07^1} + \frac{1,000 + 10,000}{1.07^2} = 10,542.41\text{원}$$

2년 동안 받은 액면이자의 현재가치는 다음과 같다.

$$V = 1,000 \times 1.07 + 1,000 = 2,070\text{원}$$

2년 후 액면가를 상환 받게 되므로 2년 동안의 투자수익률은 다음과 같다.

$$\text{투자수익률} = \frac{2{,}070 + (10{,}000 - 10{,}542.41)}{10{,}542.41} = 0.1449(14{,}49\%)$$

2년 동안의 수익률이 14.49%이므로 연간수익률은 아래와 같이 7%이다.

$$(1+y)^2 = (1+0.1449)$$

$$\therefore y = \sqrt{1.449} - 1 = 1.07 - 1 = 0.07(7\%)$$

따라서 투자기간이 2년이라 하더라도 10년 만기 채권에 투자하여 2년 후에 매도하는 것이 2년 만기 채권에 투자하는 것보다 유리하다.

3. 조건부 면역전략

리보위치(Liebowitz)와 바인버거(Weinberger)에 의해 제안된 채권투자전략으로 소극적 관리전략인 면역전략과 적극적 관리전략을 결합한 투자전략을 조건부 면역전략(contingent immunization)이라고 한다. 즉 이 방법은 부채를 지급하기 위해 반드시 유지하여야 하는 자산 포트폴리오의 최소가치를 계산하고, 현재 자산 포트폴리오의 가치가 최소가치보다 크다면 적극적 투자전략을 수행하다가, 환경이 불리하게 변하여 자산 포트폴리오의 가치가 최소가치에 근접하면 소극적 전략인 면역전략으로 전환하는 투자전략이다.

투자자가 1억 원의 자산 포트폴리오를 보유하고 있다고 하자. 또 이 투자자는 5년 후 갚아야 할 1억 5,000만원의 부채가 있다고 하자. 앞으로 시장이자율이 10%로 계속 유지된다면 이 투자자는 면역전략을 수행하여 10%의 연간 수익률을 안전하게 확보할 수 있고 5년 후 1억 6,105만원(1억$\times(1.1)^5$)을 얻을 수 있다. 이 액수는 5년 후 1억 5,000만원의 부채를 갚기에 충분한 액수이다.

이제 이 투자자가 5년 후 갚아야 할 1억 5,000만원이 최소한 보장된다면 위험을 부담하더라도 적극적인 투자전략을 선택하여 더 큰 이익을 얻고 싶어 한다고 하

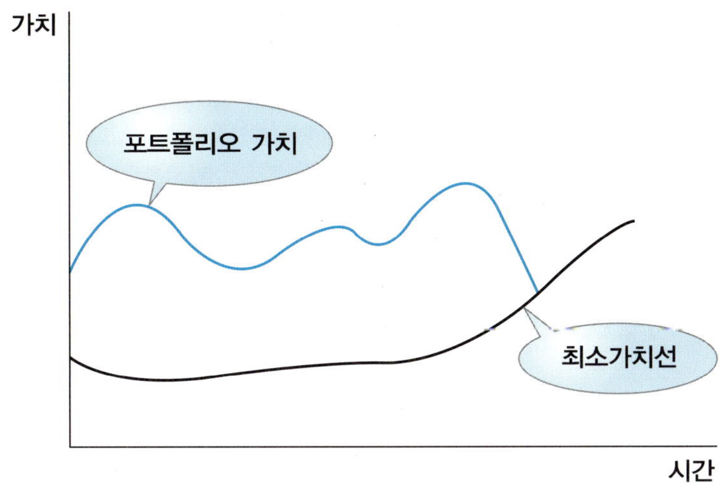

그림 9-3 조건부 면역전략

자. 이럴 경우에 선택할 수 있는 전략이 바로 조건부 면역전략이다.

면역전략을 수행하여 5년 후 1억 5,000만원의 부채를 확실히 갚기 위해 현재시점에서 필요한 금액은 9,314만원($15,000/1.1^5$)이다. 그럼 1년이 지난 시점에서 4년 후 지급하여야 할 1억 5,000만원을 갚기 위해 필요한 금액은 얼마인가? 만약 1년 후 시장이자율이 11%로 상승하였다면 9,881만원($15,000/1.11^4$)이 필요하다. 이와 같이 각 시점에서 부채를 갚기 위해 최소로 필요한 금액을 계산하여 그림을 그리면 [그림 9-3]의 아래 곡선과 같은데 이 곡선을 최소가치선이라고 한다.

[그림 9-3]에서 자산 포트폴리오의 가치가 최소가치선 위에 있을 경우 부채의 상환을 걱정할 필요가 없다. 따라서 이 경우에는 자산 포트폴리오의 가치가 최소가치선에 근접할 때까지 적극적 투자전략을 수행하면 보다 큰 이득을 얻을 수도 있다. 자산가치가 다소 하락하더라도 부채를 갚는데에는 지장이 없기 때문에 위험을 감수한 투자를 할 여유가 있으며 성공하면 면역전략을 계속하는 것보다 큰 이익을 얻을 수 있기 때문이다.

만약 투자기한인 5년 동안 자산의 가치가 최소가치선에 도달하지 않는다면 적극적 투자전략으로 큰 이득을 기대할 수 있다. 그러나 반대로 투자기한 중간에 최소가치선에 도달하면 면역전략을 계속 택하는 것보다 낮은 수익을 얻을 수도 있다.

[부록 1] 이자율 탄력성과 듀레이션

만기수익률이 y일 때 만기가 T, 액면이자가 C, 액면가가 F인 채권의 가격은 다음과 같다.

$$P=\frac{C}{(1+y)^1}+\frac{C}{(1+y)^2}+\cdots+\frac{C+F}{(1+y)^T}$$

P을 y에 대해 미분하면 다음과 같다.

$$\frac{dP}{dy}=-\frac{1}{(1+y)^1}[\frac{C}{(1+y)^1}+\frac{2C}{(1+y)^2}+\cdots+\frac{T(C+F)}{(1+y)^T}]$$

위의 식의 양변에 $(1+y)$를 곱하면 다음 식과 같다.

$$\frac{dP}{dy}(1+y)=-[\frac{C}{(1+y)^1}+\frac{2C}{(1+y)^2}+\cdots+\frac{T(C+F)}{(1+y)^T}]$$

위의 식을 P_0으로 나누면 다음과 같은 식을 얻을 수 있다.

$$\frac{dP}{dy}\frac{(1+y)}{P}=-[\frac{C}{(1+y)^1}+\frac{2C}{(1+y)^2}+\cdots+\frac{T(C+F)}{(1+y)^T}]/P_0$$

위의 식에서 우변이 바로 듀레이션이므로 위의 식은 다음과 같이 정리할 수 있다.

$$\frac{dP}{dy}\frac{(1+y)}{P}=\frac{dP/P}{dy/(1+y)}=-D$$

위의 식을 정리하면 다음과 같다.

$$\frac{dP}{P}=-D\times\frac{dy}{(1+y)}$$

연습문제

객관식

1. 다음 중 적극적 채권 투자전략이 아닌 것을 고르시오.
   ① 대체스왑 ② 수익률 획득 스왑
   ③ 목표 투자기간분석 ④ 면역전략

2. 다음 중 채권의 시장가격이 공정가격과 다른 수준에 형성되어 있을 때 그 채권과, 만기, 액면이자, 위험의 정도 등 대부분의 특성이 유사한 채권과 교환함으로써 이득을 얻으려고 하는 거래는 어느 것인가?
   ① 대체스왑 ② 수익률 획득 스왑
   ③ 시장간 스프레드 스왑 ④ 이자율 예상스왑

3. 듀레이션과 관련된 다음 설명 중 옳은 것을 고르시오.
   ① 만기가 길수록 듀레이션이 짧아진다.
   ② 표면이자율이 높을수록 듀레이션이 길어진다.
   ③ 만기수익률이 높을수록 듀레이션이 짧아진다.
   ④ 이자지급회수가 많을수록 듀레이션이 길어진다.

4. 다음 중 듀레이션에 대한 설명으로 틀린 것을 고르시오.
   ① 만기가 같다면 액면이자율이 높은 채권일수록 듀레이션이 크다.
   ② 액면이자율이 같다면 만기가 긴 채권일수록 듀레이션이 길다.
   ③ 포트폴리오의 듀레이션은 포트폴리오를 구성하는 개별 자산들의 듀레이션을 구성 비율로 가중 평균한 것이다.
   ④ 무이표채의 듀레이션은 만기와 같다.

5. 듀레이션과 관련된 다음 설명 중 틀린 것을 고르시오.
   ① 듀레이션이 길면 이자율이 변동할 때 채권의 가격변동폭이 커진다.
   ② 이자율이 변동할 때 채권의 가격변동은 듀레이션에 비례한다.
   ③ 퍼센트(%)로 표시된 채권가격의 변동폭은 듀레이션에 이자율 변동을 곱한 것이다.
   ④ 영구채권의 듀레이션은 오직 만기수익률에만 영향을 받는다.

6. 면역전략에 관련된 다음 설명 중 틀린 것은 어느 것인가?
   ① 수익률구조가 수평적이라는 것을 가정하고 있다.
   ② 이자율과 채권가격이 비선형관계를 갖는다는 것을 가정하고 있다.
   ③ 기본적으로 명목가치를 기준으로 하기 때문에 지급하여야 할 부채가 인플레이션에 상관없이 고정되어 있다고 가정하고 있다.
   ④ 이자율의 변동폭이 클 때에는 면역전략의 완벽한 효과를 기대하기 어렵다.

7. 1년 후에 10,000원, 2년 후에 20,000원, 3년 후에 30,000원을 지급하여야 하는 부채에 대해 현금흐름 대응전략을 수행하고자 한다. 이자율이 10%일 때 현재 시점에서 필요한 현금은 얼마일까요?
   ① 22,539원　　② 16,529원
   ③ 48,159원　　④ 42,529원

8. 만기수익률이 5%일 때 영구채권의 듀레이션은 얼마일까요?
   ① 19년　　② 21년
   ③ 23년　　④ 25년

9. 만기수익률이 8%일 때 매년 10만원을 10년간 지급하는 연금의 듀레이션은 얼마일까요?

① 4.57년 ② 4.67년

③ 4.77년 ④ 4.87년

10. 만기 3년, 액면가 10,000원인 무이표채가 있다. 현재 채권수익률이 10%라면 이 채권의 수정 듀레이션은 얼마일까요?

① 2.73년 ② 2.93년

③ 3년 ④ 3.12년

11. 다음 중 소극적 투자전략과 적극적 투자전략을 결합한 투자전략을 고르시오.

① 대체스왑 ② 목표 투자기간분석

③ 조건부 면역전략 ④ 세금스왑

12. 다음 중 소극적 채권 투자전략이 아닌 것을 고르시오.

① 지수전략 ② 목표시기면역전략

③ 현금흐름대응전략 ④ 채권스왑전략

주관식

1. 만기 3년, 액면가 10,000원, 액면이자율 8% (1년에 한번 지급) 인 채권의 듀레이션을 구하시오. 이 채권의 만기수익률은 10%이다.

2. 만기와 듀레이션이 다음과 같은 채권 A, B, C로 구성된 포트폴리오의 듀레이션은 얼마일까요?

채권	만기 (년)	듀레이션	구성 비율 (%)
A	5	3.5	30
B	10	8	30
C	6	5.4	40

3. 만기수익률이 10%일 때 액면가 10,000원, 액면이자율이 8% (1년에 한번 지급) 만기가 3년인 채권의 듀레이션이 2.78이다. 이자율이 10.1%로 상승한다면 이 채권의 가격은 몇 퍼센트 하락하는지 계산하시오.

4. 5년 후에 지급하여야 하는 부채가 있다. 이 부채를 갚기 위해 채권 A와 B에 투자해 면역전략을 수행하려고 한다. 두 채권의 듀레이션이 각각 3년과 10년일 때 각 채권의 투자 비중을 계산하시오.

5. 8년 후에 지급하여야 하는 부채가 있다. 이자율이 10%일 때 영구채권과 만기가 5년인 무이표채에 투자하여 면역전략을 수행하려고 한다.
   (1) 각 채권에 투자하여야 하는 비중은 얼마일까요?
   (2) 8년 후에 갚아야 하는 부채가 21,435.89원이라면 현재시점에서 각 채권에 얼마를 투자하여야 하는지 계산하시오.
   (3) 1년이 지난 시점에서의 자산 포트폴리오의 듀레이션은 얼마일까요?
   (4) 면역전략을 수행하기 위해서 1년 후 시점에서의 각 채권의 투자 비중은 얼마이어야 할까요?
   (5) 포트폴리오를 조정하기 위해 영구채권을 얼마나 매각하여야 할까요?

6. 2년 후 시점에서 만기가 3년인 채권의 만기수익률이 7%로 예측되고 앞으로 2년간의 이자율이 6%로 예측된다. 만기 5년, 액면가 10,000원, 액면이자율 10%인 채권의 만기수익률이 8%라면 이 채권에 2년간 투자하였을 때 연간수익률은 얼마일까요?

7. 앞으로 4년간 매 6개월마다 300만원의 학비를 지출하여야 한다. 현재 시장에서 거래되는 연간 이자율이 8%일 때 학비에 대한 이자율위험을 면역시키기 위해 매입하여야 하는 무이표채의 만기는 얼마이어야 하는지 계산하시오.

8. 앞으로 5년 후부터 10년 동안 매년 말 1억 원씩 지급할 부채가 있다고 하자.
   (1) 이자율이 10%로 유지될 때 부채의 듀레이션은 얼마일까요?
   (2) 6년 만기와 20년 만기 무이표채로 면역전략을 수행한다면 6년 만기 무이표채에 몇 퍼센트 투자하여야 할까요?

9. 하나 저축은행의 자산이 다음과 같을 때 자산 포트폴리오의 듀레이션을 구하시오.

	장부가치(억 원)	시장가치(억 원)	듀레이션(년)
현 금	50	50	0
유가증권	600	650	0.5
단기대출금	300	300	0.8
장기대출금	50	40	4
고정자산	100	200	10

10. 두나 저축은행은 장부가액으로 현금 100억 원과 주택대출 200억 원의 자산을 보유하고 있다. 주택대출은 2년간에 걸쳐 1년에 118억 3,400만원씩 균등 상환될 예정이다. 이자율은 10%이다.

(1) 주택대출의 듀레이션을 구하시오.

(2) 자산 포트폴리오의 듀레이션을 구하시오.

제10장

선물거래

파생상품(derivatives)은 다른 자산의 미래 가격의 변화에 의해 수익이 결정되는 상품을 말한다. 그 가운데 대표적인 것이 선물과 옵션이다. 선물과 옵션은 기초상품의 가격변화로 인한 위험을 관리하고자 하는 목적에서 처음 도입되었으며 현재 전세계적으로 크게 성장하여 그 규모가 기초상품시장의 몇 배에 이르고 있다.

01 선물의 개념

선물(future)을 이해하기 위해 먼저 선도를 살펴보자. 선도(forward)란 현재시점에서 미래의 일정시점에 특정자산을 미리 정한 가격으로 거래하기로 약속하는 계약을 말한다. 예를 들어 농부와 도매상이 현재의 시점에서 만나 한 달 후에 배추를 포기당 5,000원에 거래하기로 약속하였다면 이것이 바로 선도거래이다. 이때 거래의 대상이 되는 상품, 즉 배추를 기초자산(underlying asset)이라 하고 미래의 특정시점, 즉 한 달 후를 만기(maturity)라고 한다. 그리고 미리 정한 가격, 즉 5,000원을 선도가격이라고 한다.

선도거래는 상품의 인도 및 대금지급이 거래가 성립함과 동시에 이루어지지 않고 미래의 일정시점에서 이루어진다. 이와는 달리 보통의 거래는 거래가 성립함과 동시에 상품의 인도 및 대금지급이 이루어지는데 이러한 거래를 현물거래(spot transaction)라고 한다. 또 이때 적용되는 상품의 가격을 현물가격이라고 한다.

이제 선물거래를 살펴보자. 선물은 현재시점에서 미래의 일정시점에 특정자산을 미리 정한 가격으로 거래를 하기로 약속한 계약이라는 점에서는 선도와 동일하다. 그러나 선물은 선도와는 달리 다음과 같이 거래내용 및 조건을 표준화하여 시장에서 쉽게 거래가 이루어지도록 한 계약이다.

1. 거래소의 존재와 표준화

선도는 사적인 계약이므로 쌍방이 합의하면 어디에서든 거래가 이루어 질 수 있다. 그러나 선물은 항상 조직화된 거래소에서 거래가 이루어진다. 거래소라는 물리적인 장소를 제공하고, 거래에 관련된 일체의 규칙을 정하여 준수하게 한다면 거래가 쉽게 이루어 질 수 있다. 현재 미국, 영국, 프랑스, 독일, 일본, 싱가포르 등 전 세계 거의 모든 나라에 거래소가 있다. 미국의 시카고상업거래소(Chicago Board of Trade)가 대표적인 거래소 가운데 하나이며 한국에는 한국거래소(Korea Exchange: KRX)가 있다.

거래소에서 거래되는 모든 선물상품은 표준화되어 있다. 대금의 지급시기, 대상상품, 거래단위, 호가단위, 상품의 인도 방법 등 거래에 관련된 모든 사항이 정해져 있으며 거래자는 이러한 규정을 준수하여야만 한다. 이러한 규정들이 거래를 어렵게 만들 것 같으나 거래에 관련된 모든 사항을 거래 당사자들이 일일이 합의하지 않아도 되므로 오히려 거래를 활성화시키는 역할을 한다.

2. 결제소의 존재

선도거래의 가장 큰 문제점은 계약불이행의 위험이 있다는 것이다. 즉 계약으로 인해 손실을 보게 되는 측에서 계약이행을 하지 않을 수도 있다는 것이다. 예를 들어 한 달 후에 배추를 5,000원에 거래하기로 약속하였는데 만약 한 달 후 배추가격이 6,000원이라면 배추를 5,000원에 팔겠다고 약속한 매도자가 손실을 입게 된다. 반대로 한 달 후 배추가격이 4,000원이라면 5,000원에 사겠다고 약속한 매수인이 손실을 입게 되므로 계약을 이행하지 않을 수 있다.

이와 같은 계약불이행의 위험을 줄이기 위해서는 선도거래 당사자가 서로 상대방의 신용을 조사해 보아야 한다. 그러나 거래를 할 때 마다 상대방의 신용을 조사해야 한다면 불편하고 번거로워 거래가 활성화되기 어렵다. 또 신용조사를 한다고 해도 반드시 거래가 이행된다고 장담하기 어렵다. 이러한 선도거래의 문제를 해결

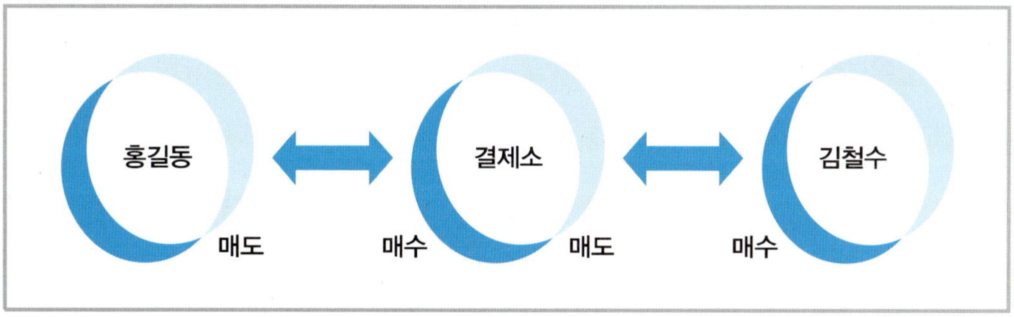

그림 10-1 선물계약의 방식

하기 위해 선물거래에서는 결제소(clearing house)를 두고 있다. 결제소는 거래소에서 거래되는 모든 선물거래에 대해 매도자에게는 매입자가 되어 계약을 맺고, 매입자에게는 매도자가 되어 계약을 맺는다. 즉 배추를 매도하고자 하는 홍길동과 매수하고자 하는 김철수를 연결시켜 주어 직접 거래가 이루어지도록 하는 것이 아니라 매도자인 홍길동과는 결제소가 매입자가 되어 계약을 맺고, 매입자인 김철수와는 결제소가 매도자가 되어 계약을 맺는 것이다.

이처럼 결제소가 모든 선물거래의 계약 상대방이 된다면 계약을 파기하기가 쉽지 않다. 결제소가 선물거래와 관련된 공공 금융기관에 해당되기 때문이다. 뿐만 아니라 계약의 이행을 더욱 확실히 하기위해 다음과 같은 증거금 적립제도와 일일정산제도를 운영하고 있다.

3. 증거금 적립제도와 일일정산제도

우리는 집을 사고 팔 때 계약이 확실히 이루어지게 하기 위해 계약금제도를 활용하고 있다. 계약을 위반하면 계약금을 돌려받을 수 없기 때문에 손실을 막기 위해서라도 계약을 이행하도록 하기 위해서다. 이와 유사한 방법이 선물거래에도 쓰이고 있는데 이것이 증거금적립제도(margin requirement)이다. 선물계약 시 모든 계약자는 결제소에 거래대금의 일정부분을 예치하여야 하는데 이를 증거금이라고 한다. 납부된 증거금은 계약이 완전히 이행되면 돌려받게 되나 계약이 중도에 이행

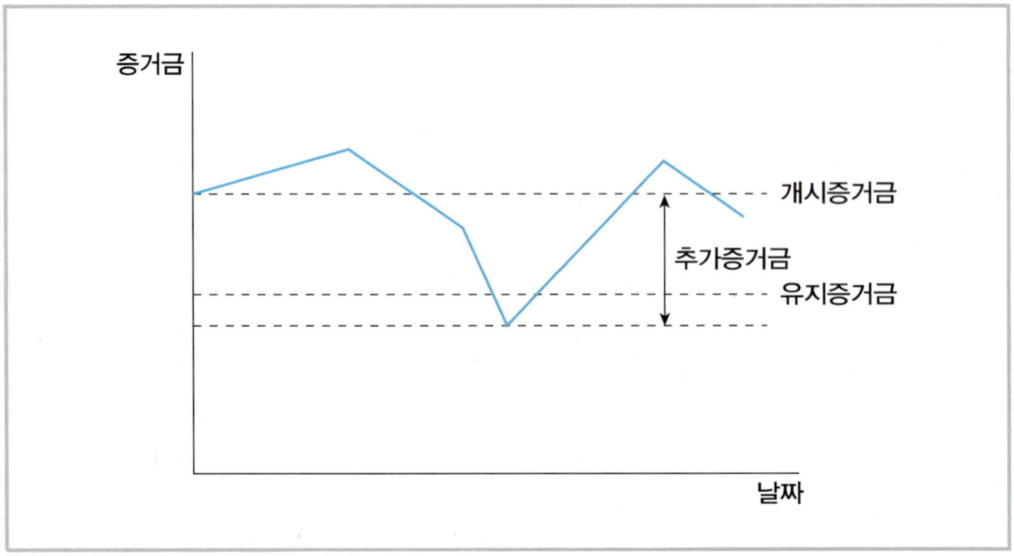

그림 10-2 증거금적립제도

되지 않으면 돌려받을 수 없다.

일일정산제도(daily resettlement)는 납부된 증거금이 계약이행을 보증하기에 충분한 액수인지를 매일 점검하고 불충분하다고 판단될 때에는 추가로 납부를 명령해 선물계약이 반드시 약속대로 이행되도록 하기 위한 제도이다. [그림 10-2]는 증거금적립제도를 설명한 것이다. 모든 계약이 처음 이루어질 때 거래액의 일정부분을 미리 납부하게 되는데 이를 개시증거금(initial margin)이라고 한다. 그 후 가격변화에 따른 손실을 매일 정산하여 손실을 보면 증거금에서 차감하고 이익을 보면 증거금에 더하게 된다. 따라서 가격이 계속해서 불리하게 움직이면 증거금은 계속 차감되어 상당히 낮은 수준으로 떨어지게 된다. 만약 미리정한 일정 수준 이하로 증거금이 떨어지면 추가납부를 명령하게 된다. 이때 미리 정한 일정수준을 유지증거금(maintenance margin)이라고 하고 추가로 납부하여야 하는 증거금을 추가증거금 혹은 변동증거금(variation margin)이라고 한다. 이와 같은 제도로 인해 결제소는 계약이 유지되기 위해 필요한 유지증거금 수준을 항상 유지할 수 있게 되어 계약이행을 확실히 보증할 수 있게 된다.

02 선물거래의 종류

선물상품은 크게 상품선물과 금융선물로 나누어진다. 상품선물은 금융상품을 제외한 모든 상품에 대한 선물을 의미하는 것으로 농축산물, 귀금속 및 비철금속, 에너지 관련 상품, 공업제품, 목재 등 다양한 종류의 선물을 모두 포함하는 것이다. 선물거래 도입 초반기에는 상품선물이 대부분을 차지하였다.

그러나 금융 및 외환시장의 급속한 성장으로 점차 금융선물이 각광을 받게 되었다. 1972년 통화선물의 도입을 필두로 금리선물, 주가지수선물, 개별주식선물 등이 계속해서 도입되었다. 우리나라에서는 원/달러선물, 국채선물, KOSPI 200선물 등이 그 대표적인 상품이다.

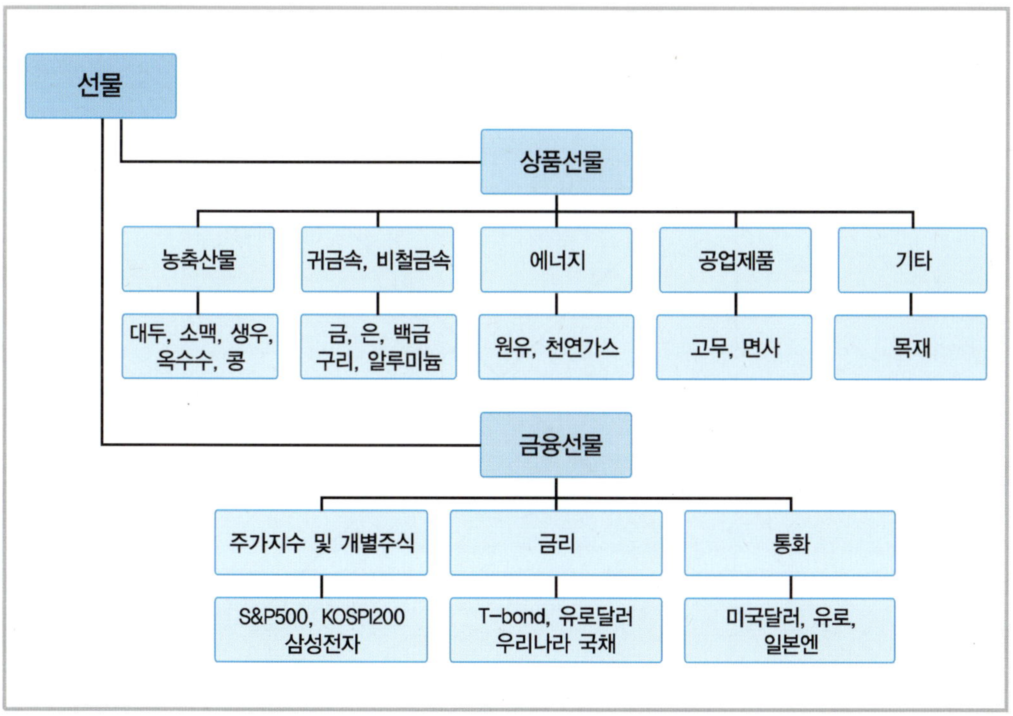

그림 10-3 선물거래의 종류

03 선물거래로 인한 손익

선물을 매입하는 행위 혹은 매입한 사람을 롱 포지션이라고 한다. 홍길동이 선물을 매입한 경우 "홍길동은 롱 포지션이다"라고 하거나 "홍길동이 롱 포지션을 취했다"라고 한다. 반대로 선물을 매도하는 행위 혹은 매도한 사람을 숏 포지션이라고 한다. 김철수가 선물을 매도한 경우 "김철수는 숏 포지션이다"라고 하거나 "김철수가 숏 포지션을 취했다"라고 한다.

선물의 매입자는 만기일에 기초자산을 선물가격으로 매수할 것을 약속하게 된다. 따라서 기초자산의 가격이 오를수록 이익을 보게 된다. 선물가격보다 현물가격이 오를수록 비싼 상품을 싸게 매입하게 되기 때문이다. 반대로 선물의 매도자는 선물가격보다 현물가격이 하락할수록 이익을 보게 된다. 싼 상품을 비싸게 매도할 수 있기 때문이다.

이와 같은 롱 포지션과 숏 포지션의 손익을 그림으로 나타내면 다음과 같다.

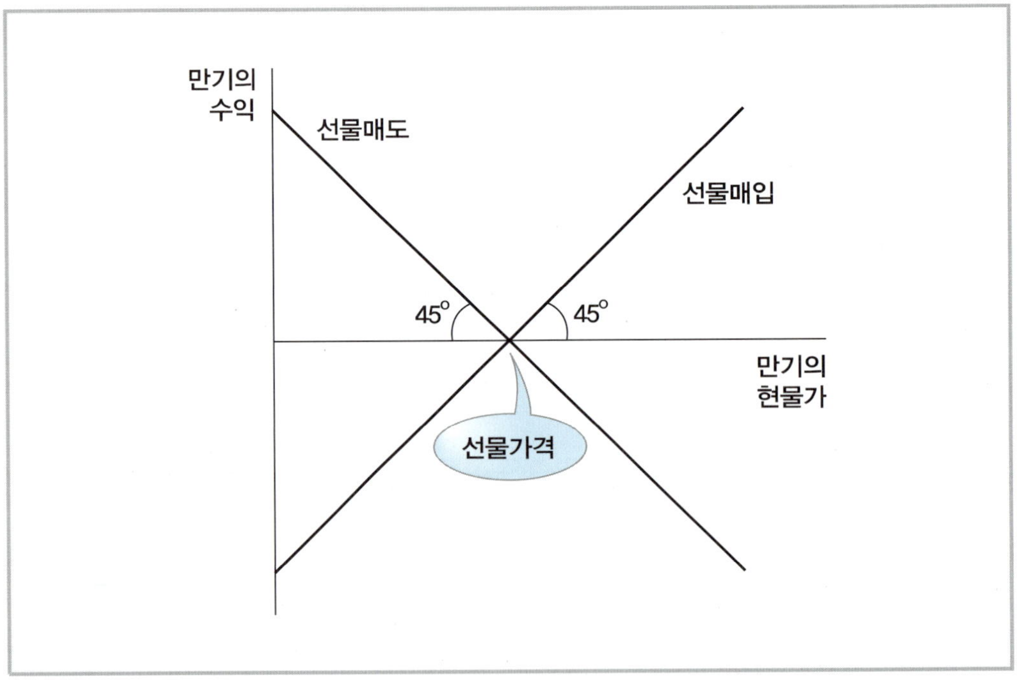

그림 10-4 만기시 롱 포지션과 숏 포지션의 손익

따라서 선물계약을 만기까지 보유한다면 만기시점에 선물 한 단위 당 얻게 되는 롱 포지션과 숏 포지션의 손익은 다음과 같다.

$$P_L = S_T - F_0 \tag{10.1}$$

$$P_S = F_0 - S_T$$

P_L: 롱 포지션의 손익
P_S: 숏 포지션의 손익
S_T: 만기시점에서의 기초상품 현물가격
F_0: 현재시점에서의 선물가격

04 계약의 종료

1. 반대매매

선물계약을 체결하면 약속한 상품을 만기에 사고 팔 의무를 지니게 된다. 즉 상품의 매도자는 상품을 건네주고 대금을 받을 의무가 있으며 매입자는 상품을 인수하고 대금을 지급할 의무가 있다. 원칙적으로 이러한 의무는 만기에 상품과 대금이 교환되어야 없어진다. 그러나 선물만기 전에 이러한 의무를 없앨 수 있는 방법이 있다. 반대매매를 하는 것이다.

반대매매란 선물을 매입했던 사람이 동일한 선물을 매도하거나 혹은 선물을 매도했던 사람이 동일한 선물을 매입하여 자신의 의무를 상쇄시키는 거래를 말한다. 선물을 매입한 사람이 동일한 선물을 매도하여 의무를 상쇄시키는 거래를 전매, 반대로 선물을 매도한 사람이 동일한 선물을 매입하여 의무를 상쇄시키는 거래를 환매라고 한다.

[그림 10-5]는 반대매매를 설명한 것이다. A가 선물을 매도하고 B가 선물을 매수하여 거래가 이루어졌다. 그런데 어떤 이유로 A가 선물계약을 만기까지 보유하

고 싶지 않다고 하자. 그러나 선물계약은 중도에 해지할 수 없는 계약이다. 중도해지의 효과를 얻을 수 있는 유일한 방법이 보유하고 있는 선물과 동일한 선물을 매수하는 것이다. 그러면 선물의 만기시 상품을 인도하여야 할 의무는 물론 새로이 상품을 인수하여야 하는 의무가 생기게 된다. 결국 다른 사람으로부터 상품을 받아 또 다른 사람에게 건네주는 중개자 역할에 머물게 되므로 결제소는 매수가격과 매도가격 차이를 정산하고 A의 선물계약을 종료하게 된다.

선물계약이 만기가 되어 실제로 상품과 대금이 교환되는 경우는 전체의 약 1~2%에 불과하다. 나머지는 모두 반대매매에 의해 만기 전에 종료된다. 선물을 만

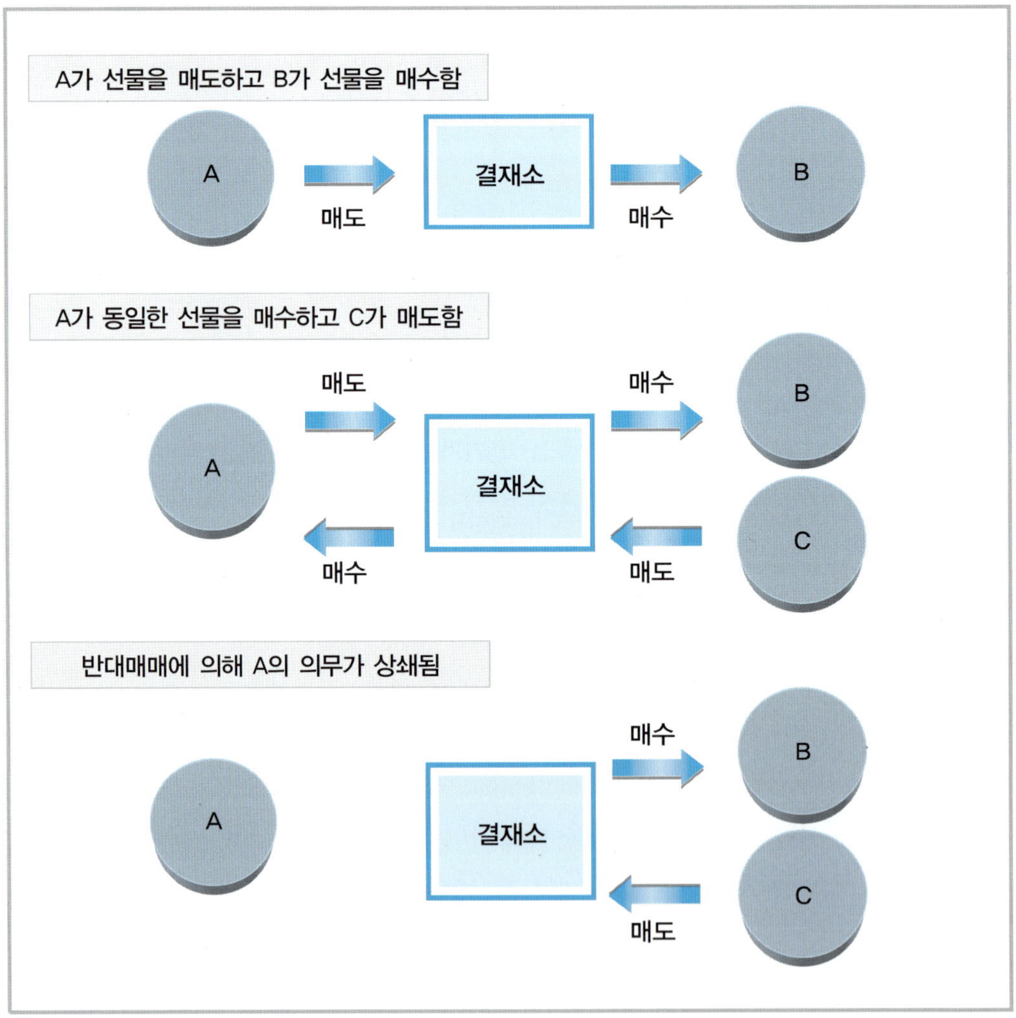

그림 10-5 반대매매

기까지 보유하면 매도자는 실제로 기초상품을 보유하고 있어야 하며 매입자 역시 상품을 실제로 인수하여야 하는 등 번거로울 뿐만 아니라 이에 따른 비용이 발생하기 때문이다.

이와 같은 이유로 선물거래 시세표에서 흔히 보게 되는 거래 계약수에는 실제로 만기에 상품과 대금이 교환되어야 하는 계약수와 반대매매로 인해 이미 종료된 계약수가 모두 포함되어 있다. 이 때 아직 반대매매가 이루어지지 않아 이대로 가면 만기에 상품과 대금이 교환되어야 하는 계약을 미결제약정(open interest)이라고 한다. 보통 미결제약정 수는 선물상품이 처음 거래되기 시작하면서 증가하다가 일정시점 이후 감소한다. 특히 만기에 가까워지면 집중적인 반대매매로 급감하다가 만기에 다다르면 거의 0(영)에 가까워진다.

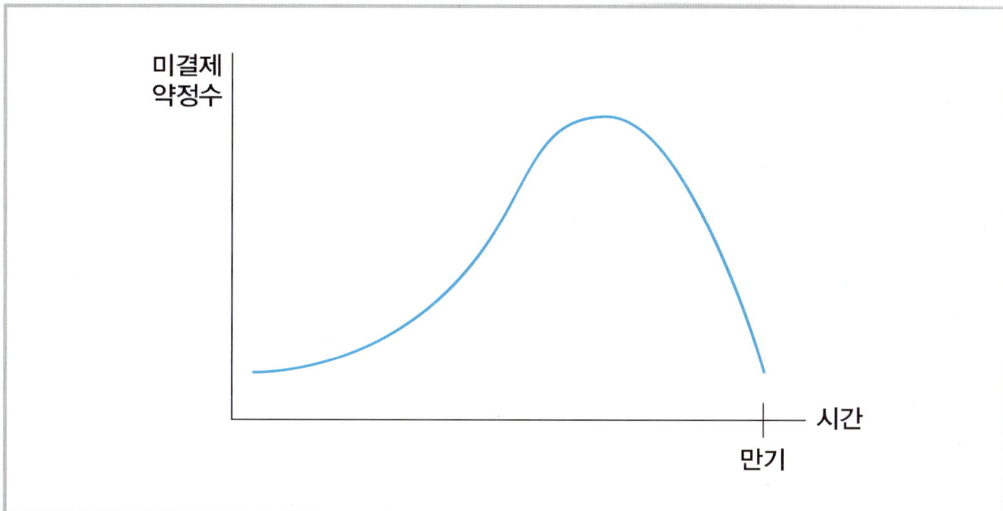

그림 10-6 미결제약정수

2. 현물인도와 현금인도

선물계약이 반대매매에 의해 종료되지 않는다면 만기에 선물계약으로 인한 의무가 이행된 후 종료되게 된다. 의무를 이행하기 위해 매도자는 상품을 전달하고 매입자는 대금을 지급하여야 하는데 이러한 행위를 인도(delivery)라고 한다. 선물시장에서는 다음과 같은 두 가지 인도방법을 채택하고 있다.

먼저 현물인도(actual delivery)는 계약된 상품을 실제로 인도하는 방법이다. 두 번째는 현금인도(cash delivery)이다. 상품을 실제로 인도하는 대신에 계약으로 인한 손익을 현금으로 정산하는 방식이다. 예를 들어 선물계약으로 인해 기초상품을 10,000원에 인도하여야 하는데 인도시점에 해당상품의 가격이 12,000원이라면 12,000원짜리 상품을 10,000원에 파는 셈이므로 매도자는 2,000원의 손실을 입게 된다. 이때 상품을 실제로 인도하고 2,000원의 손실을 입는 대신에 손실액 2,000원을 매입자에게 지급하고 계약을 종료하는 방식이다.

대부분의 선물상품에는 현물인도가 주로 이용된다. 하지만 현물을 인도하려하여도 상품이 존재하지 않아 인도가 불가능한 경우가 있는데 이때에는 현금인도가 이용된다. 주가지수선물이 그 대표적인 예이다. 주가지수는 계산된 수치일 뿐 물리적인 상품이 아니기 때문에 인도할 수 없으므로 현금인도를 하게 된다.

05 선물가격

1. 보유비용모형

미래의 일정시점에 필요한 상품을 확실하게 확보하기 위한 방법에는 크게 두 가지가 있다. 첫 번째 방법은 현재의 시점에서 상품을 매입하여 보유하는 것이다. 이 방법을 통해 상품을 확보하면 일정기간 동안 상품을 보유하여야 하기 때문에 보유비용이 발생하게 된다. 보유비용(cost of carry)이란 어떤 상품을 일정기간 보유함으로써 발생하는 비용과 수입의 차액을 말하는 것이다. 대표적인 보유비용은 보관비용, 수송비용, 이자비용 등이며, 주식을 보유함으로써 발생하는 배당, 채권을 보유함으로써 발생하는 액면이자 등이 전형적인 수입에 해당된다. 두 번째 방법은 해당 시점에 만기가 되는 선물계약을 하는 것이다. 선물은 증거금 적립제도와 일일정산제도에 의해 이행이 확실하게 보증되기 때문에 필요한 상품을 확실히 확보할 수 있다.

만약 위의 두 가지 방법에 의해 상품을 확보할 때 발생하는 비용이 다르다면 투자자들은 비용이 적게 발생하는 방법을 통해 상품을 확보하려고 할 것이다. 비용이 적게 발생하는 방법을 통해 상품을 확보하려는 사람이 많을수록 비용이 점차 상승할 것이며 결국에는 위의 두 방법의 비용이 동일한 수준에서 균형가격이 형성될 것이다. 따라서 다음과 같은 식이 성립하는데 이 식을 보유비용모형(cost of carry model) 이라고 한다.

$$F_0 = S_0 + C \tag{10.2}$$

F_0: 현재시점에서의 선물가격
S_0: 현재시점에서의 현물가격
C: 보유비용

기초상품이 무엇이냐에 따라 보유비용에 차이가 있다. 따라서 선물상품에 따라 구체적인 관계식도 조금씩 달라진다. 그러나 선물가격이 현물가격과 보유비용의 합이라는 전제에는 변함이 없다.

1.1 상품선물

옥수수, 밀, 원유 등 실물상품을 대상으로 하는 상품선물은 대부분의 경우 보관비용, 수송비용, 이자비용 등이 모두 발생하게 된다. 선물거래소에서 사용하는 복리개념을 고려하여 일반식인 식(10.2)를 상품선물에 맞게 수정하면 상품선물의 이론적 가격은 다음과 같다.

$$F_0 = (S_0 + C)(1 + r \times \frac{T}{365}) \tag{10.3}$$

r: 무위험이자율
T: 보유일 수(만기까지의 일 수)

예제 10.1 상품선물가격

금 1kg의 현물가격이 8,000만원이고 90일 동안 보관하는데 드는 비용이 100만원이라고 하자. 연간 이자율이 5%라면 금 1Kg을 인도하는 90일 만기 금선물 가격은 얼마일까요?

풀이

$$F_{90} = (8,000 + 100)(1 + 0.05 \times \frac{90}{365}) = 8,199.86\text{만원}$$

1.2 주가지수선물

주가지수선물의 경우 보관비용과 수송비용은 발생하지 않으나 이자비용은 여전히 발생한다. 뿐만 아니라 주가지수선물의 특성상 수익도 발생한다. 주식을 보유하면 배당수입이 있을 수 있기 때문이다. 따라서 순보유비용은 보유비용에서 배당으로 인한 수입을 차감한 것이 된다. 이러한 특성에 맞게 일반식을 수정하면 주가지수선물의 이론적 가격은 다음과 같다.

$$F_0 = (S_0 - D)(1 + r \times \frac{T}{365}) = S_0[1 + (r - d) \times \frac{T}{365}] \tag{10.4}$$

D: 주가지수에 포함된 주식들의 예상 배당금
d : 주가지수에 포함된 주식들의 예상 배당률

예제 10.2 주가지수선물의 가격

현재 KOSPI 200지수가 250, 무위험이자율이 5%, 지수에 포함된 주식들의 연간 예상 배당률이 2%라고 하자. 또 KOSPI 200선물의 계약단위가 지수 곱하기 50만원이라고 하자. 그러면 90일 후에 만기가 되는 주가지수선물 1 계약의 가치는 얼마일까요?

풀이

먼저 주가지수선물의 이론적 가격을 계산하면 다음과 같다.

$$F_0 = 250[1 + (0.05 - 0.02) \times \frac{90}{365}] = 251.85$$

따라서 선물 1계약의 가치는 다음과 같다.

$$V = 251.85 \times 500,000 = 125,924,658 \text{원}$$

1.3 금리선물

금리선물은 이자를 발생시키는 상품을 대상으로 하는 선물상품으로 채권선물이 그 예이다. 채권선물의 경우 주가지수선물과 마찬가지로 보관비용과 수송비용은 발생하지 않는다. 그러나 채권을 보유하면 일정기간마다 액면이자를 지급받게 된다. 따라서 순보유비용은 보유비용에서 액면이자로 인한 수입을 차감한 것이 된다. 이러한 채권선물의 특성에 맞게 일반식을 수정하면 채권선물의 이론적 가격은 다음과 같다.

$$F_0 = (S_0 - FV)(1 + r \times \frac{T}{365}) \qquad (10.5)$$

FV: 만기까지 지급받는 이자수입의 현재가치

채권보유자의 이자수입은 액면이자에서 경과이자를 차감한 값을 말한다. 경과이자란 채권을 매매한 후 매입자가 최초로 지급받는 액면이자 가운데 매도자가 받아야 마땅한 액면이자를 말한다. 예를 들어 매 6개월마다 액면이자가 지급되는데 채권의 매매시점이 마지막 액면이자가 지급된 날로부터 5개월 후라고 하자. 그러면 매매 후 첫 액면이자 전부를 매입자가 지급받게 되나 실제로는 이자 발생기간의 대부분인 5개월은 매도자가, 나머지 1개월은 매입자가 채권을 보유하였으므로 액면이자의 $\frac{5}{6}$는 매도자가 지급받아야 마땅하다. 여기에 해당되는 액면이자를 경과이자라고 한다.

2. 베이시스

베이시스(basis)란 선물가격과 현물가격의 차이를 말한다. 따라서 다음과 같은 식으로 베이시스를 나타낼 수 있다.

$$B_t = F_t - S_t \tag{10.6}$$

B_t: t시점에서의 베이시스
F_t: t시점에서의 선물가격
S_t: t시점에서의 현물가격

일반적으로 선물의 만기 전 어떤 한 시점에서 선물가격과 현물가격은 같지 않다. 또 시간이 흐르며 거래가 계속되면서 그때그때의 상황변화를 반영하여 선물가격과 현물가격은 계속해서 변동한다. 즉 베이시스도 시간이 지나면서 변동하게 된다. 베이시스는 시간이 흐르면서 커질 수도 있고 작아질 수도 있다. 그러나 만기에 가까워지면 베이시스는 점점 작아지다가 만기에는 선물가격과 현물가격이 일치하게 되어 베이시스는 0(영)이 된다. 개념적으로 만기에는 선물의 기초상품을 인도하여야 할 시점이 현재이기 때문에 현물거래와 차이가 없으며 따라서 가격도 같아야 하기 때문이다.

만기 전에는 선물가격이 현물가격보다 높은 것이 일반적이며 이러한 상황을 컨탱고(contango)라고 하고 이때의 시장을 정상시장(normal market)이라고 한다. 이와는 반대로 현물가격이 선물가격보다 높은 상황이 있을 수도 있는데 이를 백워데이션(backwardation)이라 하고 이때의 시장을 역조시장(inverted market)이라고 한다. [그림 10-7]은 컨탱고와 백워데이션 상황에서의 베이시스 변화를 나타낸 것이다.

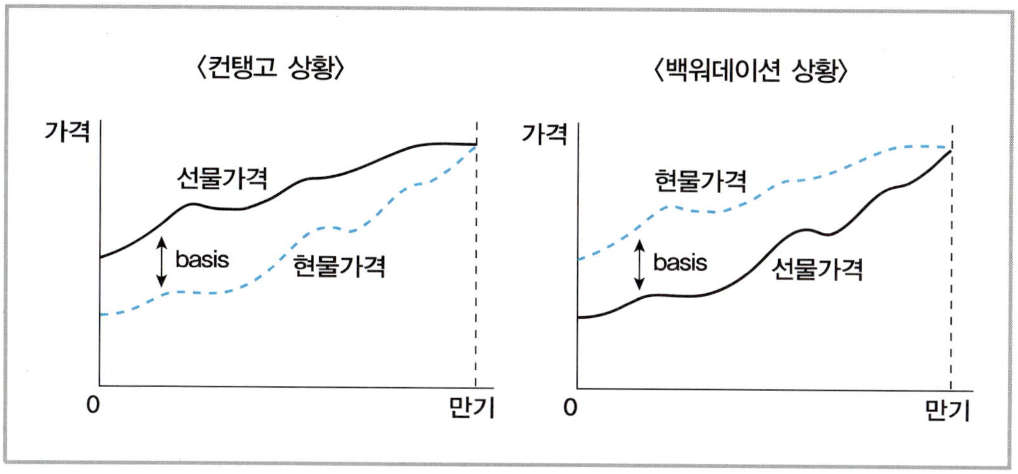

그림 10-7 베이시스의 변화

06 선물거래전략

1. 투기적 거래와 차익거래

선물을 이용한 거래전략은 투기적 거래, 차익거래, 헤지거래로 크게 나누어 볼 수 있다. 투기적 거래(speculation)는 선물가격 혹은 현물가격을 예측하여 예측이 맞았을 때 가격변동에 따른 시세차익을 얻으려는 거래이다. 선물가격이 상승할 것으로 예상하면 매입 포지션, 즉 롱 포지션을 취하고 선물가격이 하락할 것으로 예상하면 매도 포지션, 즉 숏 포지션을 취하여 이득을 얻으려는 거래가 투기적 거래의 전형적인 예이다. 예상이 맞으면 큰 이득을 얻을 수 있으나 예상이 빗나가면 반대로 큰 손실을 입을 수 있다.

차익거래(arbitrage)는 일시적으로 잘못 산정된 가격을 이용하여 저평가된 자산을 매입하고 고평가된 자산을 매도하여 위험을 하나도 부담하지 않고 이득을 얻으려는 거래를 말한다.

예를 들어 1개월 만기 밀선물 한 단위의 가격이 1,000만원이라고 하자. 또 현

표 10-1 차익거래

(단위: 만원)

내용	현재시점	선물만기
은 행 대 출	950	–(950+1)
밀 매 입	–950	$S_T - 30$
밀선물 매도	0	$1,000 - S_T$
차 익 거 래	0	19

물가격이 950만원이고 보유비용이 총 30만원이라고 하자. 또 950만원에 대한 한 달 이자가 1만원이라고 하자. 그러면 [표 10-1]과 같은 차익거래를 통해 차익거래 이익을 얻을 수 있다.

[표 10-1]에서 살펴 볼 수 있는 바와 같이 현재시점에서 950만원을 대출하여 밀을 매입하면 현금흐름이 서로 상쇄되어 순현금흐름은 없다. 또 밀선물을 매도하였으나 선물거래는 만기까지 현금흐름이 발생하지 않으므로 현재 시점에서의 현금흐름은 역시 없다.

만기에는 은행대출을 갚아야 하므로 원금과 이자를 합한 액수만큼의 현금유출이 발생한다. 또 밀을 매입하여 보유하고 있으므로 만기시점을 기준으로 한 현금흐름은 그 시점의 상품가격, 즉 현물가격에서 보유비용을 차감한 액수만큼 현금유입이 발생하게 된다. 또 밀선물 매도 포지션을 만기에 청산하면 매입가격에서 만기시점에서의 매도가격, 즉 현물가격을 차감한 액수만큼 현금흐름이 발생한다. 이를 모두 더하면 위의 표에서 알 수 있는 바와 같이 19만원의 확정이익이 발생하게 된다. 이 이익은 현재시점에서 투자자의 자산을 전혀 투자하지 않고 얻은 이익이므로 위험을 전혀 부담하지 않고 얻은 이익이라고 할 수 있다. 이처럼 위험을 전혀 부담하지 않고 얻는 이익을 차익거래이익이라고 하며 이러한 이익을 얻기 위한 거래를 차익거래라고 한다.

예제 10.3 차익거래

현재 KOSPI 200 현물가격이 200이며 만기가 90일 후인 KOSPI 200선물이 203에 거래된다고 하자. 연간 이자율이 5%이고 KOSPI 200의 연간 예상 배당률이 2%라고 할 때 어떤 거래를 통해 차익거래 이익을 얻을 수 있을까요?

풀이

먼저 KOSPI 200선물의 이론적 가격을 계산해 보면 다음과 같다.

$$F_0 = 200[1+(0.05-0.02)\times\frac{90}{365}] = 201.48$$

따라서 현재 KOSPI 200선물의 가격은 고평가되어 있다. 이러한 상황에서는 고평가되어 있는 KOSPI 200선물을 매도하고 무위험 이자율에 차입하여 현물을 매입하면 차익거래 이익을 얻을 수 있다. 만약 선물계약 1단위가 지수 곱하기 50만원이라면 선물매도 한 단위당 차익거래 이익은 다음과 같다.

내용	현재시점	선물만기
은행대출	1억 원	$-$1억 원$(1+0.05\times\frac{90}{365})$=$-$1억 123만 3천원
KOSPI 200 매입	$-200\times500{,}000=-$1억원	S_T+1억$(0.02\times\frac{90}{365})=S_T$+49만 3천원
KOSPI 200선물 매도	0	$203\times500{,}000-S_T$=1억 150만원$-S_T$
차익거래	0	76만원

2. 헤지

현물시장 또는 선물시장에서 어떤 포지션을 취함으로써 발생할 수 있는 위험을 선물시장을 이용해 제거하려는 행동을 헤지(hedge)라고 한다. 현재 현물을 보유하고 있는 투자자가 선물시장에서 숏 포지션을 취하거나 혹은 현재 선물의 숏 포지션을 보유하고 있는 투자자가 동일 선물에 대해 롱 포지션을 취하는 것이 그 예이다. 헤지는 크게 매도헤지와 매입헤지로 나누어 볼 수 있다.

2.1 매도헤지

매도헤지(selling hedge or short hedge)란 현물시장 혹은 선물시장에서 롱 포지션을 보유한 사람이 선물시장에서 매도포지션, 즉 숏 포지션을 취하여 위험을 제거하고자 하는 행위를 말한다. 예를 들어 금 1kg을 보유하고 있는 홍길동이 2달 후에 금을 처분하려고 한다고 하자. 그러면 현물의 롱 포지션을 보유한 홍길동은 2달 후 금값이 상승하면 보유하고 있는 금을 비싸게 팔 수 있으나 반대로 금값이 하락하면 금을 싸게 팔 수밖에 없어 가격위험을 부담하여야 한다. 금선물의 거래단위가 1kg이고 kg당 선물가격이 8,000만원이라고 하자. 그러면 2달 후에 만기가 되는 금선물 1단위에 대해 보유하고 있는 포지션과 정반대인 숏 포지션을 취하면, 즉 매도헤지 포지션을 취하면 [표 10-2]와 같은 현금흐름을 얻게 된다.

현물 롱 포지션에 대해 선물 숏 포지션을 취하면 현재시점에서 발생하는 현금흐름은 없다. 그 이유는 선물은 만기까지 현금흐름이 발생하지 않기 때문이다. 2달 후 만기에는 보유하고 있는 금을 현물시장에서 매도하면 그 시점의 현물가격, S_T 만큼의 현금유입이 발생한다. 또한 숏 포지션을 청산하여야 하기 때문에 매도가격

표 10-2 매도헤지

(단위: 만원)

내용	현금흐름	
	현재	2달 후
금매도	0	S_T
선물 숏 포지션	0	$8,000-S_T$
매도헤지	0	8,000

(선물가격=8,000만원)에서 매입가격(S_T)을 차감한 금액만큼 현금유입이 발생한다. 이 두 현금흐름을 합하면 8,000만원의 확정 현금흐름이 발생됨을 알 수 있다. 이 8,000만원은 2달 후 금 가격과 상관없이 확정된 것이며 따라서 가격위험이 완전히 제거된 것이다. 이와 같이 선물시장에서 숏 포지션을 취함으로써 위험을 없애고자 하는 거래가 매도헤지이다.

2.2 매입헤지

현물시장이나 선물시장에서 보유하고 있는 숏 포지션에 대한 위험을 제거하기 위해 선물시장에서 정반대 포지션인 롱 포지션을 취하는 행동을 매입헤지(buying hedge or long hedge)라고 한다. 주로 미래에 특정 상품을 매도하여야 하는 사람이 선물시장에서 롱 포지션을 취함으로써 미래의 상품가격과 상관없이 매입가격을 고정시키는데 매입헤지를 요긴하게 활용할 수 있다.

예를 들어 2달 후 금 1kg을 납품하고 8,500만원을 받기로 계약한 김철수를 생각해보자. 그러면 김철수는 2달 후 보유하고 있는 숏 포지션(금 납품)을 이행하기 위해 금을 매입하여야 하는데 2달 후 금 가격에 따라 납품원가가 달라진다. 납품원가가 달라지면 이 계약으로 인한 손익도 달라진다. 금선물의 거래단위가 1kg이고 kg당 선물가격이 8,000만원이라고 하자. 그러면 2달 후에 만기가 되는 금 선물 1단위에 대해 보유하고 있는 포지션과 정반대인 롱 포지션을 취하면, 즉 매입헤지 포지션을 취하면 [표 10-3]과 같은 현금흐름을 얻게 된다.

현물 숏 포지션에 대해 선물 롱 포지션을 취하면 현재시점에서 발생하는 현금

표 10-3 매입헤지

(단위: 만원)

내용	현금흐름	
	현재	2달 후
금매입	0	$-S_T$
선물 롱 포지션	0	$S_T - 8,000$
매입헤지	0	−8,000

흐름은 없다. 선물은 만기까지 현금흐름이 발생하지 않기 때문이다. 2달 후 필요한 금을 현물시장에서 매입하면 그 시점의 현물가격, S_T만큼의 현금유출이 발생한다. 또한 롱 포지션을 청산하여야 하기 때문에 매도가격(S_T)에서 매입가격(선물가격 =8,000만원)을 차감한 금액만큼 현금흐름이 발생한다. 이 두 현금흐름을 합하면 8,000만원의 확정 현금유출이 발생됨을 알 수 있다. 따라서 김철수는 금을 8,000만원의 확정가격에 매입하고 8,500만원의 확정수익을 얻을 수 있으므로 500만원의 확정이익을 얻을 수 있다. 이와 같이 선물시장에서 롱 포지션을 취함으로써 가격위험을 없애고자 하는 거래가 매입헤지이다.

2.3 불완전헤지

매도헤지거래와 매입헤지거래를 통해 위험을 완전히 제거하기 위해서는 헤지하여야 하는 상품의 종류, 수량, 기간 등을 선물시장에서 거래되고 있는 선물을 이용하여 정확히 일치시킬 수 있어야만 한다. 그러나 이러한 조건을 정확히 일치시키는 것이 현실적으로 불가능한 경우도 있다. 예를 들어 보유하고 있는 상품이 귤인데 귤선물은 없고 오렌지선물만 있다고 하자. 그래서 어쩔 수 없이 가장 비슷한 상품인 오렌지선물을 이용하여 매도헤지거래를 했다고 하자. 이와 같이 기초상품이 다른 선물을 이용한 헤지를 교차헤지(cross hedge)라고 한다.

이와 같이 교차헤지를 할 경우 [표 10-4]에서 볼 수 있는 바와 같이 만기에 $8,000+[S(귤)_T - S(오렌지)_T]$의 현금흐름을 얻게 된다. 그런데 만기시점에 귤 가격과 오렌지 가격이 같지 않은 것이 일반적일 것이며 또한 그 가격차이도 예상과는 달리 커지거나 작아질 수 있다. 따라서 만기의 현금흐름이 확정되지 않고 변동할

표 10-4 교차헤지

내용	현금흐름	
	현재	2달 후
귤 매도	0	$S(귤)_T$
오렌지 선물 숏 포지션	0	$8,000-S(오렌지)_T$
매도헤지	0	$8,000+[S(귤)_T - S(오렌지)_T]$

수 있으므로 가격위험이 완전히 제거되었다고 할 수 없다. 결과적으로 교차헤지로는 어느 정도 헤지효과를 거둘 수는 있으나 완벽한 헤지효과를 거두기 어렵다는 것을 알 수 있다. 그러나 귤과 오렌지 가격이 어느 정도 일정한 관계를 갖고 움직인다면 교차헤지를 하지 않는 것보다는 가격위험을 어느 정도 완화할 수 있다는 것은 분명하다.

3. 베이시스위험과 헤지

앞에서 기초상품이 일치하지 않는 교차헤지의 경우를 살펴보았다. 완전한 헤지효과를 거두기 위한 또 다른 조건 중의 하나가 헤지하려는 기간과 선물의 만기시점이 일치하여야 한다는 것이다. 이 조건이 만족되지 않는 경우를 살펴보자.

t_1시점에 현물을 보유하고 있는 홍길동이 t_2시점에 보유하고 있는 현물을 매도하려고 한다. 홍길동은 매도시점에 현물가격 하락으로 인한 손실을 피하기 위해 매도헤지를 하려고 한다. 이때 t_1과 t_2 시점에서의 현물가격을 S_1과 S_2, 선물가격을 F_1과 F_2, 베이시스를 b_1과 b_2라고 하자.

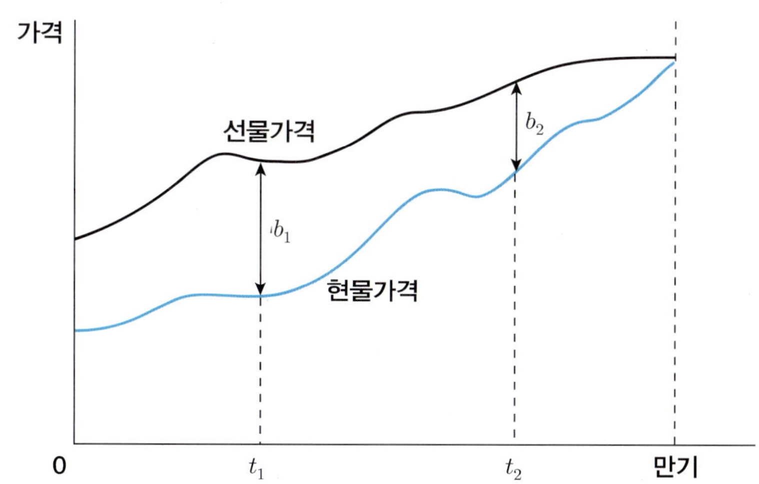

그림 10-8 베이시스와 헤지

이제 홍길동의 헤지 종료시점 t_2에서의 손익을 살펴보자. 홍길동은 현물을 매도하여 S_2의 수익을 얻을 수 있으며 숏 포지션을 청산하여 $(F_1 - F_2)$의 수익을 얻는다. 따라서 총수익은 다음과 같이 쓸 수 있다.

$$총수익 = S_2 + (F_1 - F_2) \quad (10.7)$$

한편 t_2시점에서 베이시스는 해당시점의 선물가격에서 현물가격을 차감한 것이므로 $(F_2 - S_2)$가 된다. 이를 식 (10.7)에 대입하면 다음과 같다.

$$총수익 = S_2 + (F_1 - F_2) = F_1 - (F_2 - S_2) = F_1 - b_2 \quad (10.8)$$

위의 식에서 F_1은 t_1시점에서의 선물가격이므로 우리가 이미 알고 있는 확정된 값이다. 그러나 b_2는 t_1시점에서는 확실히 알 수 없는 미래의 선물가격에서 미래의 현물가격을 차감한 것이므로 사전에 알 수 없는 값이다. 결국 위험을 제거하기 위하여 헤지를 하였지만 그 결과로 얻는 수익은 확정적이 아니며 헤지 포지션이 종료되는 t_2시점에서의 베이시스 b_2의 크기에 따라 그 결과가 좌우된다.

이러한 현상이 발생한 이유는 선물의 만기와 헤지 기간이 일치하지 않기 때문이다. 만약 헤지 기간과 선물의 만기가 동일하다면, 즉 t_2가 선물의 만기라면 이때의 베이시스, 즉 b_2는 0(영)이 된다. 만기에는 선물가격과 현물가격이 같아야 하기 때문이다. 따라서 식 (10.8)에서 총수익은 F_1이 되므로 헤져는 확정 수익을 얻을 수 있는 것이다. 이처럼 헤지의 효과는 베이시스의 변동에 따라 달라지며 베이시스의 불확실성으로 인해 발생하는 위험을 베이시스 위험(basis risk)이라고 한다. 특히 헤지 기간과 만기가 달라서 발생한 베이시스 위험을 기간 베이시스 위험(period basis risk)이라고 한다.

07 대표적인 선물거래

주가지수선물, 금리선물, 통화선물은 금융선물의 대표적인 상품이다. 여기에서는 이들 대표적인 선물을 이용한 헤지거래, 투기적 거래, 차익거래를 좀 더 구체적으로 살펴보기로 한다.

1. 주가지수선물을 이용한 헤지거래

주가가 하락할 것으로 예상될 때 주식을 보유하고 있는 투자자들은 주식을 매도하면 손실을 피할 수 있다. 그러나 일정 시간이 지난 후 주가가 상승할 것으로 예상되면 주식을 다시 매입하여야 한다. 이처럼 주가예측에 따라 그때그때 주식을 매도하고 매입하면 번거로울 뿐만 아니라 비용이 발생하게 된다. 또한 주가의 하락이 예상되더라도 매도할 수 없을 때도 있다. 중도에 해지가 불가능한 펀드를 보유하고 있는 투자자가 그 예일 것이다. 이러한 상황에서는 헤지를 통해 주식 포트폴리오의 가치를 유지할 수 있다. 그럼 구체적으로 어떤 헤지 수단을 이용하여, 어느 정도의 수량에 대해 헤지 포지션을 취하여야 하는가? 그 답에 대해 살펴보자.

1.1 최소분산 헤지비율을 이용한 헤지

현재 보유하고 있는 현물 1단위에 대해 h단위의 선물로 헤지를 하면 원래의 포트폴리오와 헤지를 위해 보유하게 된 포트폴리오를 합친 헤지포트폴리오의 가치변동은 다음과 같이 쓸 수 있다.

$$\Delta V_h = \Delta S - h\Delta F \tag{10.9}$$

ΔV_h: 헤지포트폴리오의 가치변동
ΔS: 원래 보유한 현물의 가치변동
ΔF: 헤지를 위해 보유하게 된 선물의 가치변동
h: 헤지를 위해 보유하게 된 선물의 단위

위의 식에서 헤지포트롤리오의 가치변동이 현물의 가치변동에서 선물의 가치변동을 차감한 값이 되는 이유는 보유현물에 대해 손익이 정반대로 움직이는 선물 포지션을 취하였기 때문이다. 즉 현물의 가치가 상승하면 선물의 가치는 하락하기 때

문에 헤지포트폴리오의 순가치변동은 이들의 차이일 수밖에 없다.

한편 헤지포트폴리오의 총 위험 즉, 분산을 구해보면 다음과 같다.

$$\sigma_h^2 = \sigma_S^2 + h^2\sigma_F^2 - 2h\sigma_{SF} \tag{10.10}$$

σ_h^2: 헤지포트폴리오 수익률의 분산

σ_S^2: 현물 수익률의 분산

σ_F^2: 선물 수익률의 분산

σ_{SF}: 현물과 선물 수익률의 공분산

헤지를 통해 위험을 최소화하려면 헤지포트폴리오의 위험을 최소화하여야 한다. 따라서 식 (10.10)의 총 위험을 최소화할 수 있는 h를 구하여 그 비율대로 선물에 대해 헤지 포지션을 취하면 위험을 최소화할 수 있다. 이때의 h^*를 최소분산 헤지비율(minimum variance hedge ratio)이라고 하며 아래의 식과 같이 나타낼 수 있다.

$$h^* = \frac{\sigma_{SF}}{\sigma_F^2} \tag{10.11}$$

예제 10.4 최소분산 헤지비율을 이용한 헤지

10억 원 가치의 주식 포트폴리오를 보유하고 있는 김철수는 주가지수선물을 이용하여 헤지를 하려고 한다. 보유하고 있는 현물과 선물의 분산이 각각 20과 40이고 두 자산 수익률의 공분산이 50이라고 하자. 또 주가지수선물 계약 1단위가 5,000만원이라고 하자. 헤지를 위해 필요한 매도 계약 수는 얼마일까요?

풀이

먼저 최소분산 헤지비율을 구해보면 다음과 같다.

$$h^* = \frac{50}{40} = 1.25$$

이제 헤지를 위해 매도하여야 하는 계약 수를 계산해 보면 다음과 같다.

$$\text{매도계약수} = \frac{\text{보유현물의 가치}}{\text{선물계약 1단위의 가치}} \times h^* = \frac{\text{10억 원}}{\text{5,000만원}} \times 1.25 = 25$$

따라서 10억 원 가치의 주식 포트폴리오의 위험을 최소화하기 위해서는 주가지수선물 25계약을 매도하여야 한다.

1.2 베타 헤지비율을 이용한 헤지

베타(β)는 주가지수 수익률이 변동할 때 개별 주식 혹은 주식 포트폴리오의 수익률이 얼마만큼 변동하는가를 나타내는 지표이다. 즉 베타가 1.5라면 주가지수의 수익률 변동폭을 1이라고 할 때 해당 주식의 수익률이 평균적으로 1.5배 더 변동한다는 것을 의미한다. 따라서 보유 현물 주식에 대해 베타계수만큼의 주가지수선물을 매도하면 보유 현물주식의 손익을 선물 포지션의 손익으로 상쇄시킬 수 있다.

주가지수 수익률의 분산을 σ_I^2, 보유 주식 수익률과 주가지수 수익률의 공분산을 σ_{SI}라고 한다면 보유하고 있는 현물 주식 포트폴리오의 베타는 다음과 같다.

$$\beta_S = \frac{\sigma_{SI}}{\sigma_I^2} \qquad (10.12)$$

β_S: 현물 포트폴리오의 베타

따라서 위의 베타계수를 헤지비율로 사용하여 헤지를 하기 위해 필요한 선물계약 수 n은 다음과 같다.

$$n = \frac{V_S}{V_F} \times \beta_S \qquad (10.13)$$

V_S : 보유 현물의 가치

V_F : 단위 당 선물의 가치

예제 10.5 베타 헤지비율을 이용한 헤지

홍길동은 주식 A와 B에 50%씩 투자한 10억 원 규모의 포트폴리오를 보유하고 있다. 주식 A와 B의 베타가 각각 1.7과 1.3이고 KOSPI 200 지수가 250이라고 하자. 또 KOSPI 200선물의 계약단위가 지수 곱하기 50만원이라고 하자. 보유 주식 포트폴리오를 헤지하기 위해 매도하여야 하는 계약수는 얼마일까요?

풀이

먼저 현물 포트폴리오의 베타계수를 구하면 다음과 같다.

$$\beta_s = 0.5 \times 1.7 + 0.5 \times 1.3 = 1.5$$

따라서 매도하여야 하는 선물계약수는 다음과 같다.

$$n = \frac{10\text{ 억 원}}{250 \times 500{,}000} \times 1.5 = 12\text{ 계약}$$

2. 금리선물을 이용한 투기적 거래

투기적 거래는 가격위험을 부담하는 대가로 가격이 예상대로 움직일 때 큰 이익을 얻기 위한 거래이다.

금리선물의 가격은 금리가 하락하면 상승하고 반대로 금리가 상승하면 하락하게 된다. 따라서 가장 단순한 투기적 거래는 금리가 하락할 것으로 예상되면, 즉 선물가격이 상승할 것으로 예상되면 국채선물을 매입하고 금리가 상승할 것으로 예상되면 국채선물을 매도하는 것이다.

이와 같은 단순한 투기적 거래는 선물시장에서 한 개의 포지션만을 취하므로써 큰 이익을 얻을 수 있으나 반대로 큰 손실을 입을 수도 있다. 이 때 연관성이 있는 여러 종류의 선물을 동시에 매입, 매도하고 이 선물들의 가격 차이의 증감을 통해

표 10-5 불 스프레드 거래

내용	현재 선물가격	시점 t의 선물가격	시점 t에서의 손익
3월 만기 선물 매입	104.50	105.50	1.0
6월 만기 선물 매도	103.70	104.50	-0.8
불 스프레드 포지션의 이익	2,000만 원 = 1억 원 × (1.0 - 0.8)		

이익을 추구하면 단순한 투기적 거래보다 위험부담을 줄이면서 이익을 얻을 수 있다. 예를 들어 만기가 짧은 근월물 국채선물의 가격이 만기가 상대적으로 긴 원월물 국채선물의 가격보다 더 상승할 것으로 예상되면 근월물을 매수하고 원월물을 매도하는 투기적 거래를 통해 이익을 얻을 수 있다. 이러한 거래를 불 스프레드(bull spread) 거래라고 한다.

[표 10-5]는 불 스프레드 거래의 예이다. 예상대로 근월물 국채선물의 가격이 원월물 국채선물의 가격보다 더 상승하였다면 1억 원 가치의 근월물 국채선물을 매입하고 원월물 국채선물을 매도하여 2,000만원의 이익을 얻을 수 있다.

3. 통화선물을 이용한 차익거래

현재 현물환율이 1,100원/$이고 1달 후 만기가 되는 원/달러 선물의 가격이 1,105원/$에 거래되고 있다고 하자. 그런데 이 선물의 이론적 가격이 1,101.83원/$이라고 하자. 원화 차입금리가 5%이고 외화 예금금리가 3%라고 하면 [표 10-6]과 같은 차익거래를 통해 위험을 부담하지 않고 확정 이익, 즉 차익거래이익을 얻을 수 있다.

먼저 선물시세가 이론적 가격보다 높으므로 선물을 매도한다. 그리고 만기에 정산하여야 하는 달러 액수($100만)에 해당되는 원화를 차입하여 현물시장에서 달러로 환전한 후 외화예금을 한다. 그러면 선물만기에 차입한 원화를 갚아야 하므로 11억 4,583,333원의 현금유출이 발생한다. 또한 선물만기의 현물환율을 e_T라고

표 10-6 통화선물 차익거래

내용	현재시점의 현금흐름	선물 만기의 현금흐름
원화차입	11억 원 $(=1,100\times\$1,000,000)$	−11억 (1+0.05/12) = −11억 4,583,333원
달러 매입 후 외화예금	−$100만	$e_T\times\$1,000,000(1+0.03/12)$원 = $(e_T\times\$1,002,500)$원
$100만 가치의 선물매도	0	$[(1,105-e_T)\times\$1,000,000]$원
이익	0	$(416,667+e_T\times 2,500)$원

하면 만기에 외화예금을 찾아 $(e_T\times\$1,002,500)$ 원의 현금유입이 발생한다. 그리고 매도한 선물의 정산으로 $[(1,105-e_T)\times\$1,000,000]$원의 현금흐름이 발생한다. 이것을 모두 합하면 $(416,667+e_T\times 2,500)$ 원의 순 현금흐름이 발생한다. 그런데 만기의 환율, e_T는 영보다 크므로 순 현금흐름 역시 영보다 크다. 이처럼 현재시점에서 투자된 금액 없이, 즉 위험을 부담함 없이 이익을 얻는 거래가 차익거래이다.

08 스왑

일정 수량의 특정 상품을 서로 다른 두 시점에 매입하고 매도하도록 하는 두 개의 거래를 하나로 묶은 계약을 스왑(swap)이라고 한다. 교환되는 특정 상품이 이자일 때 이자율스왑, 통화일 때는 통화스왑이라고 한다. 1981년 세계은행과 IBM 간에 통화스왑거래가 처음 이루어진 후 가격위험을 헤지하기 위한 좋은 수단으로 인식되면서 거래규모가 계속해서 증가하고 있다.

1. 이자율스왑

두 거래 당사자가 정기적으로 일정한 명목원금(notional principal)에 대해 고정금리이자와 변동금리이자를 서로 교환하는 거래를 이자율스왑(interest rate swap)이라고 한다. 다음의 예를 생각해 보자. 홍길동은 현재 고정금리를 발생시키는 자산과 변동금리를 지불하여야 하는 부채가 있다. 따라서 변동금리가 올라가면 자산에서 발생하는 고정금리이자로 부채의 변동금리이자를 갚지 못할 수도 있다. 이러한 위험을 없애는 방법 가운데 하나가 이자율스왑을 하는 것이다.

[그림 10-9]는 이자율스왑을 설명한 것이다. 홍길동이 보유한 자산의 가치가 \$100만이고 6개월마다 5%의 이자가 발생된다고 하자. 그러면 매 6개월마다 명목원금 \$100만에 대한 고정금리 5%를 지급하고 그 대가로 변동금리 LIBOR (London inter-bank offered rate)를 지급받는 이자율스왑 계약을 정반대 입장에 있는 김철수와 체결하면 된다. 이 계약으로 홍길동은 자산에서 발생하는 고정금리를 지급하고 변동금리를 지급받을 수 있기 때문에 사실상 고정금리 자산을 변동금리 자산으로 바꾼 효과를 얻을 수 있다. 따라서 변동금리가 올라가더라도 스왑으로 지급받는 이자의 액수도 커지기 때문에 부채에 대한 변동금리를 안정적으로 갚을 수 있게 된다.

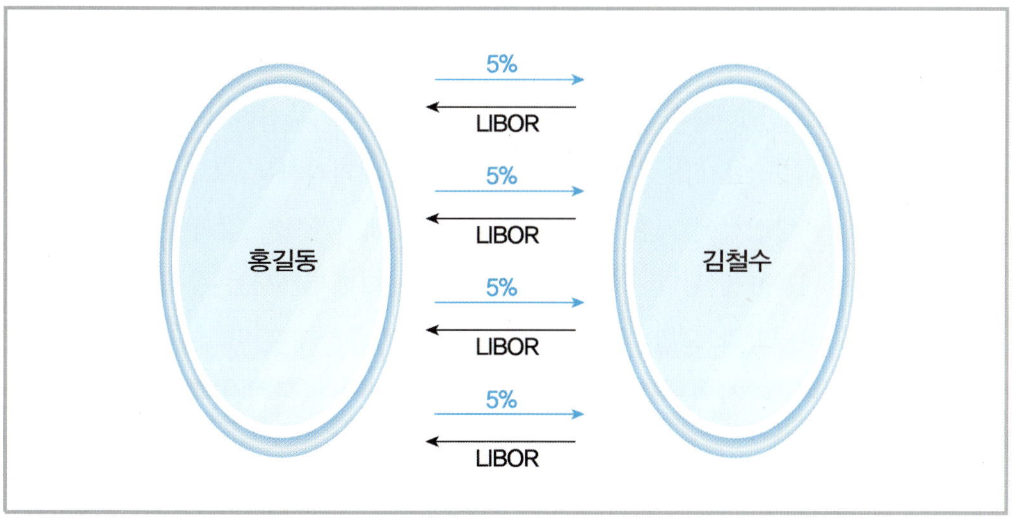

그림 10-9 이자율스왑

이자율스왑은 명목원금에 대한 이자만을 교환하고 원금 자체는 교환하지 않는 것이 일반적이며 원금과 이자는 동일한 통화로 표시하게 된다.

2. 통화스왑

특정 통화의 이자 및 원금을 다른 통화의 이자 및 원금과 상호 교환하는 계약이 통화스왑(foreign currency swap)이다. 스왑의 계약과 만기 시점에서 원금도 교환된다는 것이 이자율스왑과 다른 점이다. 통화스왑거래를 통해 두 거래 당사자가 상대적으로 이점이 있는 통화로 차입한 후 차입에 따른 의무를 교환함으로써 차입비용을 낮출 수 있다.

[그림 10-10]의 예를 살펴보자. 미국의 아메리카라는 회사는 프랑스에서 발생한 현금흐름을 헤지하기 위해 유로화를 차입하려고 한다. 반대로 프랑스의 프랑스라는 회사는 미국에서 상품판매로 발생한 현금흐름을 헤지하기 위해 미국 달러를 차입하려고 한다. 그러나 양사는 차입하려고 하는 타국의 금융시장에 잘 알려지지 않아 해당국의 회사들보다 높은 자금조달비용을 지불하여야 하는 상황이다. 이 때 두 회사가 통화스왑계약을 체결하면 서로 유리한 비용으로 자금을 조달할 수 있다.

즉 [그림 10-10]에서와 같이 아메리카사는 상대적으로 경쟁력이 있는 미국금융시장에서 $100만을 차입하고 프랑스사는 아메리카사가 차입한 $100만의 가치에 해당되는 EUR150만(현물환율을 1.5EUR/$로 가정)을 차입하여 서로 교환한다. 일정 시점이 지나면 이자를 지급하여야 하는데 아메리카사는 프랑스사가 갚아야 하는 유로화를 프랑스사에 지불하고 프랑스사는 아메리카사가 갚아야 하는 달러화를 상대방에게 지불하게 된다. 차입의 만기가 되면 아메리카사는 유로화를, 프랑스사는 달러화를 상대방과 교환하여 각사의 차입을 상환하게 된다. 이러한 통화스왑거래를 통해 아메리카사와 프랑스사는 각 회사가 직접 타국시장에서 자금을 조달하는 것보다 유리한 조건으로 자금을 차입할 수 있게 된다.

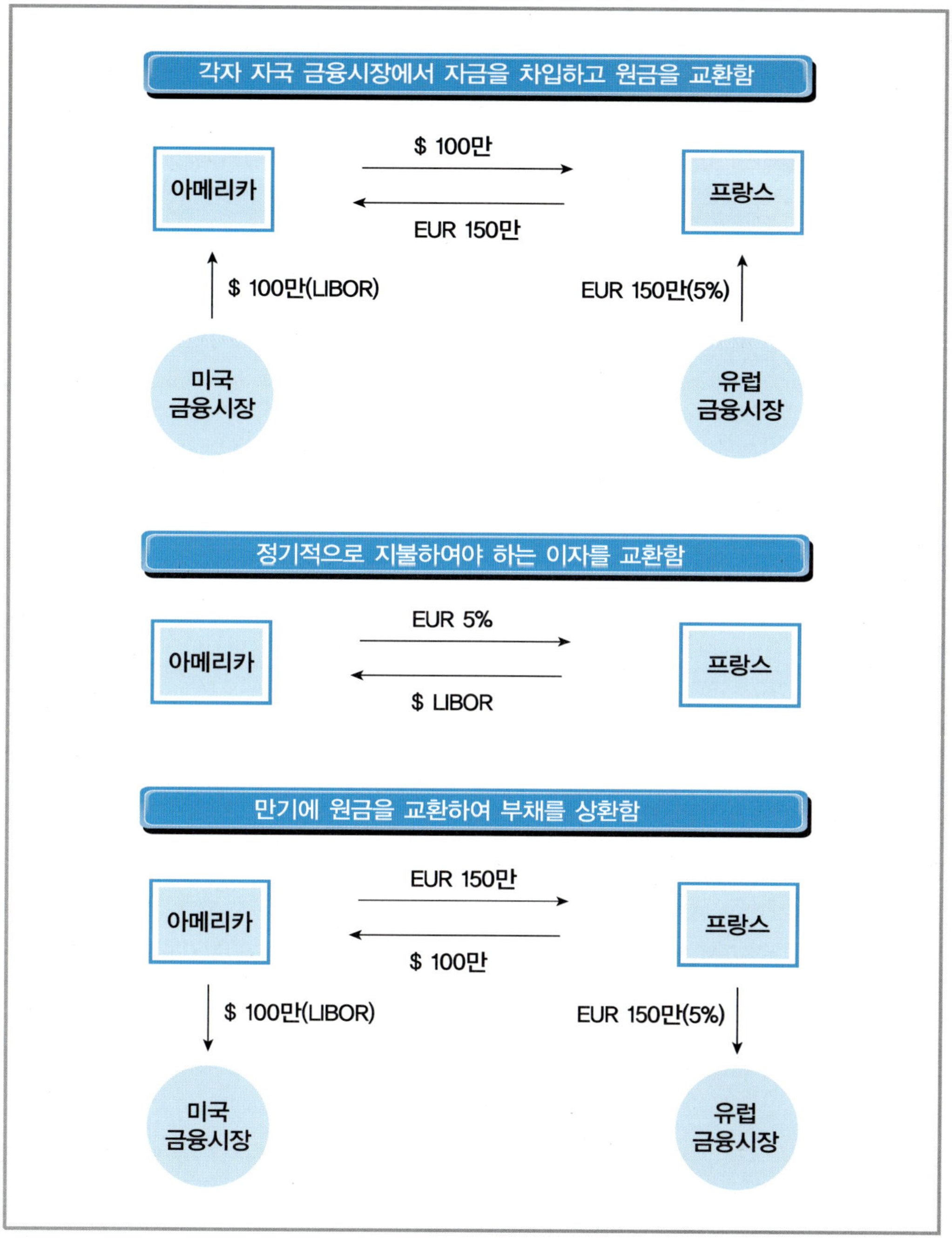
각자 자국 금융시장에서 자금을 차입하고 원금을 교환함
$ 100만
아메리카
프랑스
EUR 150만
$ 100만(LIBOR)
EUR 150만(5%)
미국 금융시장
유럽 금융시장
정기적으로 지불하여야 하는 이자를 교환함
EUR 5%
아메리카
프랑스
$ LIBOR
만기에 원금을 교환하여 부채를 상환함
EUR 150만
아메리카
프랑스
$ 100만
$ 100만(LIBOR)
EUR 150만(5%)
미국 금융시장
유럽 금융시장

그림 10-10 통화스왑

연습문제

객관식

1. 선물거래의 종료와 상관이 없는 거래는 어느 것인가?
   ① 반대매매　② 현물인도
   ③ 현금인도　④ 선물매도

2. 다음 중 보유하고 있는 현물에 대해 선물을 매도하여 위험을 없애는 거래를 고르시오.
   ① 매도헤지　② 매수헤지
   ③ 교차헤지　④ 베이시스헤지

3. 다음 중 현물 혹은 선물 포지션을 보유하고 있어야만 할 수 있는 거래는 어느 것인가?
   ① 투기적 거래　② 불 스프레드 거래
   ③ 헤지거래　④ 차익거래

4. 다음 중 선도와 선물의 공통점에 해당되는 것을 고르시오.
   ① 거래소가 존재한다.　② 증거금적립제도가 적용된다.
   ③ 계약을 중간에 해지할 수 없다.　④ 계약 단위가 표준화되어 있다.

5. 다음 중 선물의 이론적 가격이 시장가격보다 높을 때 할 수 있는 차익거래는 어느 것인가?
   ① 선물매도, 현금차입, 현물매입　② 선물매도, 현금예금, 현물매도
   ③ 선물매입, 현금예금, 현물매도　④ 선물매입, 현금예금, 현물매입

6. 주가지수선물의 개시증거금이 15%이고 유지증거금이 10%라고 하자. 증거금이 9% 수준으로 떨어졌을 때 추가로 납부하여야 하는 변동증거금의 액수는 얼마일까요?
   ① 1%　② 6%　③ 15%　④ 10%

7. 다음 헤지거래에 대한 설명 중 틀린 것을 고르시오.
   ① 헤지 기간과 선물의 만기가 달라서 발생하는 위험을 노출 베이시스 위험이라고 한다.
   ② 보유하고 있는 현물과 다른 기초상품을 이용한 헤지를 교차헤지라고 한다.
   ③ 현물을 미래의 일정시점에 매입하려고 하는 사람이 가격위험을 없애기 위해 하는 거래를 매입헤지라고 한다.
   ④ 헤지기간과 만기가 일치할 때 헤지거래의 베이시스 위험은 발생하지 않는다.

8. 다음 베이시스에 대한 설명 중 틀린 것을 고르시오.
   ① 선물가격이 현물가격보다 낮을 때를 컨탱고라고 한다.
   ② 선물가격이 현물가격보다 높은 것이 일반적이다.
   ③ 무위험이자율은 주가지수선물의 가격에 영향을 미친다.
   ④ 선물의 만기에는 베이시스가 0(영)이 된다.

9. 통화스왑에 대한 다음 설명 중 틀린 것은 어느 것인가?
   ① 명목 원금을 교환하지 않을 수도 있다.
   ② 반드시 두 개의 서로 다른 통화의 이자가 교환된다.
   ③ 변동금리이자와 고정금리이자가 교환될 수도 있고 변동금리이자와 변동금리이자가 교환될 수도 있다.
   ④ 낮은 비용으로 다른 통화를 조달할 수 있다는 장점이 있다.

10. 다음 중 베이시스의 변화가 거래의 결과에 영향을 미치지 않는 거래는 무엇인가?
   ① 헤지기간과 선물의 만기가 다른 헤지거래
   ② 보유하고 있는 현물과 선물의 기초상품이 다른 헤지거래
   ③ 헤지기간과 선물의 만기가 다르고 또한 보유하고 있는 현물과 선물의 기초상품이 다른 헤지거래
   ④ 근월물을 매수하고 원월물을 매도하는 불 스프레드 투기적거래

주관식

1. 선도와 선물의 차이를 설명하시오.

2. 선도거래에서 발생할 수 있는 신용위험을 없애기 위해 선물거래에서 채택하고 있는 제도에 대해 설명하시오.

3. 베이시스위험과 헤지의 효과에 대해 설명하시오.

4. 스왑을 이용한 위험관리에 대해 설명하시오.

5. 연 이자율이 5%, 금의 90일 보유비용이 10만원이다. 금 현물가격과 선물가격이 각각 980만원과 990만원이라면,
   (1) 90일 만기 금선물의 이론적 가격은 얼마일까요?
   (2) 선물 1단위의 차익거래 이익은 얼마일까요?

6. 현재 KOSPI 200지수가 200, 무위험이자율이 5%, 지수에 포함된 주식들의 연간 예상 배당률이 3%라고 하자. 또 KOSPI 200선물의 계약단위가 지수 곱하기 50만원이고 증거금율이 15%라고 하자. 그러면 90일 후에 만기가 되는 주가지수선물 1단위를 매수할 때 이론적 가격에 기초한 증거금은 얼마일까요?

7. 1억 원 가치의 주식 포트폴리오를 보유하고 있는 투자자가 주가지수선물을 이용하여 헤지를 하려고 한다. 보유하고 있는 현물과 선물의 수익률 분산이 각각 10과 20이고 두 자산 수익률의 공분산이 30이라고 하자. 또 주가지수선물 계약 1단위가 5,000만원이라고 하자. 최소분산 헤지를 위해 필요한 매도 계약 수는 얼마일까요?

8. 김철수는 주식 A, B, C, D에 각각 25%씩 투자한 1억 원 규모의 포트폴리오를 보유하고 있다. 주식 A, B, C, D의 베타가 각각 2.0, 1.75, 1.25, 1.0이고 KOSPI 200 지수가 200이라고 하자. 또 KOSPI 200선물의 계약단위가 지수 곱하기 50만원이라고 하자. 보유 주식 포트폴리오를 헤지하기 위해 필요한 계약 수는 얼마일까요?

9. 연 이자율이 5%, KOSPI 200의 연간 예상 배당률이 2%이다. KOSPI 200 현물 및 선물가격이 다음과 같다면 어떤 거래를 통해 차익거래 이익을 극대화 할 수 있을까요?

종 목	가 격
KOSPI 200	200
KOSPI 200 선물 30일물	200.39
KOSPI 200 선물 60일물	200.99
KOSPI 200 선물 90일물	202.48

10. 현재 KOSPI 200 선물가격이 250이다. 또 KOSPI 200선물의 계약단위가 지수 곱하기 50만원이고 증거금율이 15%, 유지증거금율이 10%라고 하자. 그러면 90일 후에 만기가 되는 주가지수선물 1단위를 매수할 때 선물가격이 얼마가 될 때 마진콜이 발생할까요?

제11장

옵션거래

옵션은 선물과 더불어 대표적인 파생상품 가운데 하나로, 금융상품으로서는 물론이고 위험관리의 중요한 수단으로서 각광을 받고 있는 유가증권이다. 또한 옵션은 경쟁이 치열한 금융환경 속에서 금융기관들이 신상품을 개발하는데 없어서는 안 될 중요한 수단이기도 하다. 이번 장에서는 옵션의 기초개념과 거래전략 등을 살펴보기로 한다.

01 옵션개요

1. 옵션의 정의

옵션(option)은 현재로부터 미래의 일정시점까지의 기간 동안 미리 정해진 가격에 특정 자산을 매입 혹은 매도할 수 있는 권리를 말한다. 이때 매입할 수 있는 권리를 콜옵션(call option)이라고 하고 매도할 수 있는 권리를 풋옵션(put option)이라고 한다.

예를 들어 앞으로 한 달 동안에 (주)하나의 주식을 10,000원에 매입할 수 있는 권리가 있다고 하자. 그러면 그 기간 동안에 (주)하나의 주가가 10,000원 이상으로 올라가면 권리를 행사하여 주식을 싼 가격에 매입할 수 있으므로 이익을 얻을 수 있다. 그러나 주가가 10,000원 이하에 머물 때 권리를 행사하면 손해가 되므로 권리를 행사하지 않게 된다. 이처럼 옵션은 유리하면 행사하고 불리하면 행사하지 않으므로 옵션을 보유하면 이득이 된다. 따라서 이와 같은 이득을 얻을 수 있는 권리 자체를 시장에서 사고팔게 되는데 이것이 바로 옵션이다.

옵션과 관련된 기초 용어를 정리해 보자. 먼저 옵션이 행사될 수 있는 기간의 맨 마지막 날을 옵션의 만기(maturity)라고 한다. 또 옵션이 행사될 때 적용되는

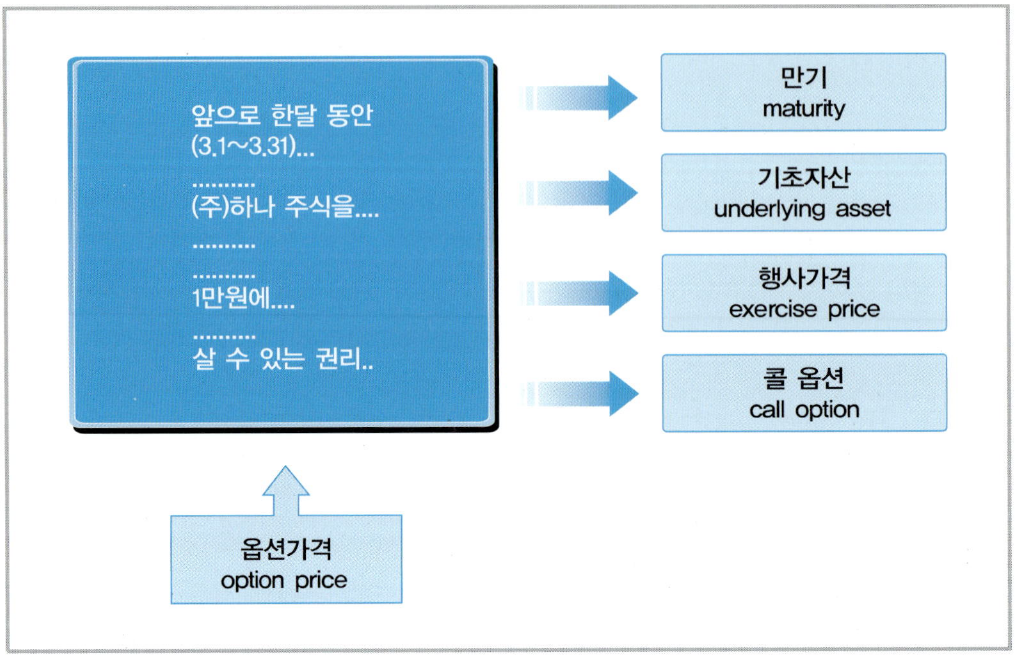

그림 11-1a 콜옵션의 정의

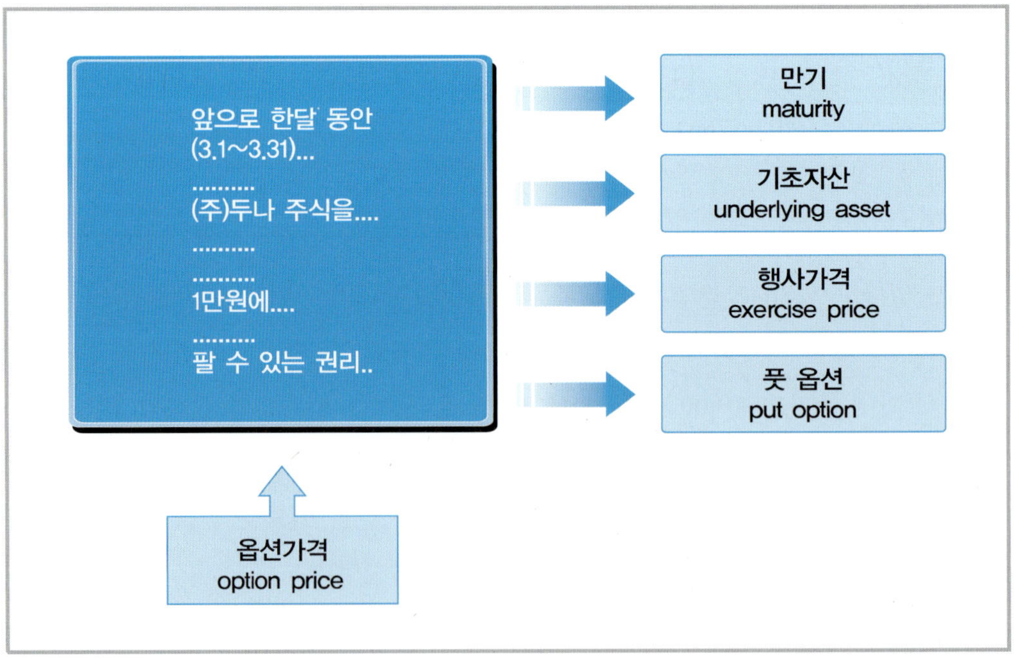

그림 11-1b 풋옵션의 정의

미리 정해진 가격을 행사가격(exercise price or strike price)이라고 하며 매입 또는 매도할 수 있는 특정 자산을 기초자산(underlying assets)이라고 한다. 앞에서 옵션의 행사 권리 자체는 이득이 되기 때문에 시장에서 권리, 즉 옵션을 사고팔게 된다고 했는데 이때 옵션거래에 적용되는 가격을 옵션가격(option price)이라고 한다. [그림 11-1a]와 [그림 11-1b]는 콜옵션과 풋옵션의 정의를 나타낸 것이다.

2. 옵션의 종류

2.1 권리행사 시기에 따른 분류

위에서 옵션은 현재로부터 만기까지의 기간 동안에 언제든지 행사될 수 있다고 하였다. 이처럼 일정 기간 동안 언제든지 옵션이 행사될 수 있는 옵션을 미국식 옵션(American option)이라고 한다. 이와는 달리 만기에만 옵션을 행사할 수 있는 옵션을 유럽식 옵션(European option)이라고 한다.

미국식 옵션은 유럽식 옵션에 비해 옵션을 행사할 수 있는 기간이 많기 때문에 상대적으로 가치가 더 크다고 할 수 있다. 현재 미국에서 거래되는 옵션의 대부분은 미국식 옵션이며 한국에서 거래되는 옵션의 대부분은 유럽식 옵션이다.

2.2 기초자산에 따른 분류

현재 시장에서 거래되는 옵션의 기초자산은 매우 다양하다. 밀, 금, 원유 등 일반상품을 비롯해 채권, 주식, 외환 등의 금융상품까지 많은 상품들이 옵션을 통해 거래되고 있다. 그 가운데 현재 널리 거래되고 있고 금융시장 참여자들이 많은 관심을 갖고 있는 상품은 주식옵션 및 주가지수옵션, 통화옵션, 금리옵션, 선물옵션 등이라고 할 수 있다. [그림 11-2]는 기초자산에 따라 다양한 옵션들을 분류한 것이다.

주식옵션(stock option)은 개별 주식을 기초자산으로 하는 옵션으로 주로 대기업의 주식이 거래되는데 미국은 물론 우리나라에서도 인기가 있는 상품이다. 개별

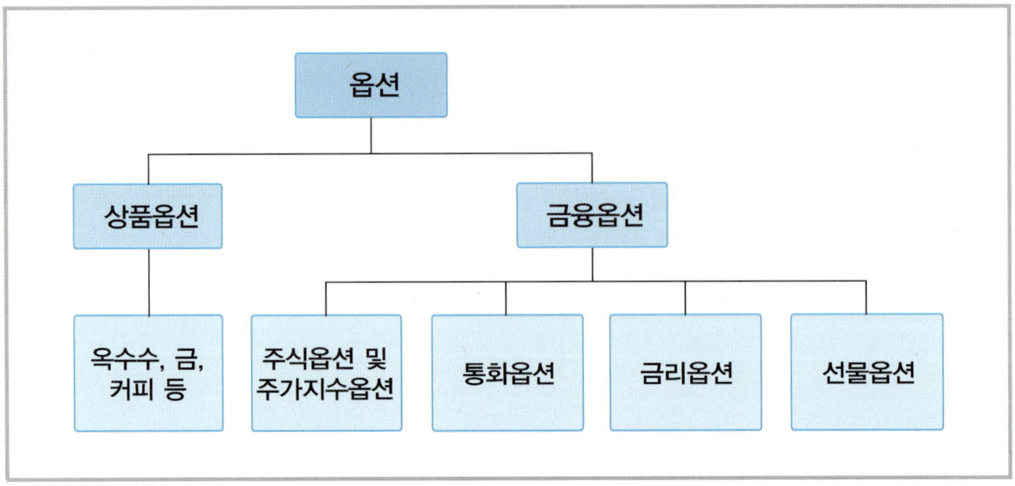

그림 11-2 기초자산에 따른 옵션의 분류

주식뿐만 아니라 주식 포트폴리오, 즉 주가지수에 대한 옵션도 활발히 거래되고 있는데 이를 주가지수옵션(stock index option)이라고 한다.

통화옵션(currency option)은 특정 외국통화를 자국통화로 사고팔 수 있는 권리가 부여된 옵션이다. 요즘처럼 환율의 변동이 심할 때에는 특히 환위험을 없애기 위한 헤지거래로 각광을 받는 상품이다. 우리나라에는 원화로 미국달러를 사고팔 수 있는 원/달러 옵션이 도입되어 있다.

금리옵션(interest rate option)은 주로 금리와 가치가 역의 관계인 채권을 기초자산으로 하여 거래된다. 즉 금리가 오르면 채권의 가격이 하락하고, 금리가 내리면 채권의 가격이 상승하기 때문에 채권가격을 통해 간접적으로 금리를 거래할 수 있는데 이러한 옵션이 바로 금리옵션이다.

선물옵션(future option)은 특정 선물상품을 기초자산으로 하는 옵션이다. 즉 파생상품을 기초상품으로 하는 파생의 파생상품인 셈이다. 초보자들에게는 매우 복잡한 상품이지만 여러 가지 장점을 바탕으로 활발한 성장세를 나타내고 있다.

2.3 기초자산 가격과 행사가격의 비교에 따른 분류

콜옵션의 경우 기초자산의 현재 가격이 행사가격보다 높을 경우 옵션을 당장 행사하면 이익을 얻을 수 있다. 예를 들어 기초자산의 가격이 12,000원일 때 행사가격이 10,000원이라면 옵션을 당장 행사하여 2,000원의 이익을 얻을 수 있다. 이처럼 옵션을 당장 행사하면 이익을 얻을 수 있는 옵션, 즉 기초자산의 현재 가격이 행사가격보다 높은 옵션을 내가격 옵션(in the money option)이라고 한다. 풋옵션의 경우 기초자산의 가격이 행사가격보다 낮은 옵션이 내가격 옵션이 된다.

이와는 반대로 옵션을 당장 행사하면 손실을 보게 되는 옵션, 즉 콜옵션의 경우 기초자산의 가격이 행사가격보다 낮은 옵션, 풋옵션의 경우 기초자산의 가격이 행사가격보다 높은 옵션을 외가격 옵션(out of money option)이라고 한다. 한편 기초자산의 현재가격과 행사가격이 같은 옵션을 등가격 옵션(at the money option)이라고 한다.

3. 옵션거래제도

3.1 거래소의 존재와 표준화

선물과 마찬가지로 옵션은 주로 조직화된 거래소에서 거래가 이루어진다. 거래소라는 물리적인 장소를 제공하고 거래에 관련된 일체의 규칙을 정하여 준수하게 한다면 거래가 쉽게 이루어 질 수 있다. 현재 미국, 영국, 프랑스, 독일, 일본, 싱가포르 등 전세계 거의 모든 나라에 옵션을 거래하기 위한 거래소가 있다. 미국의 시카고상업거래소(Chicago Board of Trade)가 대표적인 거래소 가운데 하나이며 한국에는 선물과 마찬가지로 한국거래소(Korea Exchange: KRX)에서 거래가 이루어진다.

선물과 마찬가지로 거래소에서 거래되는 모든 옵션상품은 표준화되어 있다. 대금의 지급시기, 대상상품, 거래단위, 호가단위, 상품의 인도 방법 등 거래에 관련된 모든 사항이 정해져 있으며 거래자는 이러한 규정을 준수하여야만 한다. 이러한 규정들이 거래를 어렵게 만들 것 같으나 거래에 관련된 모든 사항을 거래 당사자들이 일일이 합의하지 않아도 되므로 오히려 거래를 활성화시키는 역할을 한다.

3.2 증거금적립제도와 일일정산제도

옵션거래에도 결제소가 존재하며, 옵션계약의 이행을 보증하는 역할을 한다. 결제소가 이러한 역할을 이행할 수 있게 하기 위해서 선물거래와 마찬가지로 증거금적립제도와 일일정산제도를 도입하고 있다.

선물과 한 가지 다른 점은 증거금을 부과하는 대상이 다르다는 것이다. 선물의 경우에는 선물의 매도자와 매입자 모두가 기초상품을 매도하거나 매입하여할 의무가 있다. 따라서 쌍방 모두가 의무를 이행하지 않을 가능성이 있기 때문에 증거금을 매도자와 매입자 모두에게 부과하게 된다. 그러나 옵션의 경우는 조금 다르다. 옵션을 매입한 사람은 옵션행사에 대한 의무가 아닌 권리를 갖게 된다. 따라서 자신에게 불리할 경우에 옵션을 반드시 행사하여야 할 의무가 없으므로 증거금을 부과할 이유가 없다. 증거금은 어떠한 경우에도 의무가 이행되도록 하기 위한 것이기 때문이다. 반면에 옵션을 매도한 사람은 매입자가 옵션을 행사하면 반드시 응해야 할 의무가 있다. 즉 매도자가 응하지 않으면 옵션거래가 성립하지 않기 때문에 이행을 보증하기 위해서 옵션 매도자에게는 증거금이 부과된다.

4. 옵션 행사로 인한 손익

4.1 콜옵션의 손익

콜옵션을 행사할 수 있는 권리는 옵션의 보유자, 즉 매입자에게 있다. 따라서 옵션 보유자의 입장에서 볼 때 유리하면, 즉 이익을 얻을 수 있으면 옵션을 행사하고 불리하면 옵션을 행사하지 않는다. 콜옵션의 보유자는 기초상품의 가격이 행사가격보다 높아야 이익이 발생한다. 예를 들어 행사가격이 10,000원이면 기초자산의 가격이 12,000원으로 올라야 12,000원짜리 상품을 10,000원에 매입하여 2,000원의 이익을 얻을 수 있기 때문이다. 반대로 기초상품의 가격이 행사가격에 미치지 못할 때에는 당연히 옵션은 행사되지 않는다. 이와 같은 옵션행사로 인한 콜옵션 매입자와 매도자의 손익은 [그림 11-3]과 같다.

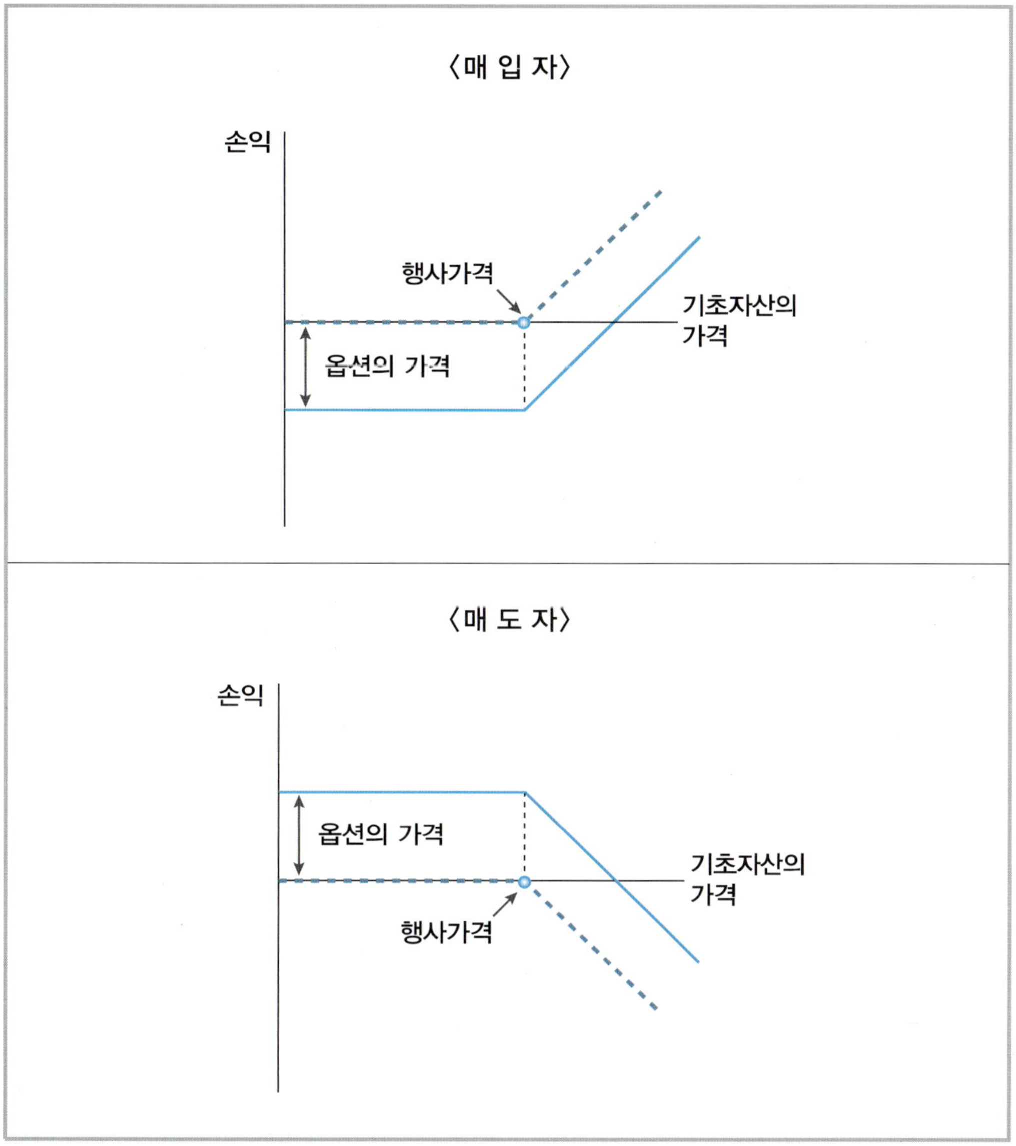

그림 11-3 콜옵션 매입자와 매도자의 손익

이 그림에서 점선은 옵션 행사로 인한 손익을 표시한 것이다. 이 그림에서 알 수 있듯이 옵션을 보유하면 이익을 볼 수는 있지만 손실을 입지는 않는다. 따라서 옵션을 보유하기 위해서는 그 대가를 지불하여야 하는데 그것이 옵션가격이다. 위의 그림에서 실선은 옵션가격을 차감한 후 옵션의 매입자와 매도자가 입게 되는 손익을 표시한 것이다.

콜옵션의 보유자는 기초자산의 가격이 행사가격에 옵션가격을 더한 값 이상으로 상승하여야 이익을 볼 수 있다. 반면에 옵션을 매도한 사람은 매입자가 옵션을 행사하면 반드시 기초자산을 싼 값에 팔아야 할 의무가 있다. 따라서 매도자의 입장에서 보면 기초자산의 가격이 행사가격에 옵션가격을 더한 값 이상으로 상승하여 옵션이 행사되면 손실을 입게 된다. 그러나 반대로 기초자산의 가격이 행사가격에 옵션가격을 더한 값 이하에 머물러 옵션이 행사되지 않으면 옵션을 팔고 받은 액수, 즉 옵션가격 만큼의 이익을 얻게 된다.

4.2 풋옵션의 손익

풋옵션도 콜옵션과 같이 옵션의 보유자, 즉 매입자가 권리를 행사한다. 따라서 옵션 보유자의 입장에서 볼 때 이익을 얻을 수 있으면 옵션을 행사하고 불리하면 옵션을 행사하지 않는다. 풋옵션의 보유자는 기초상품의 가격이 행사가격보다 낮아야 이익이 발생한다. 예를 들어 행사가격이 10,000원이면 기초자산의 가격이 8,000원으로 하락하여야 8,000원짜리 주식을 10,000원에 매도하여 2,000원의 이익을 얻을 수 있기 때문이다. 반대로 기초상품의 가격이 행사가격보다 높을 때에는 당연히 옵션은 행사되지 않는다. 이와 같은 옵션 행사로 인한 풋옵션 매입자와 매도자의 손익은 [그림 11-4]와 같다.

이 그림에서 점선은 옵션가격을 차감하기 전 옵션 행사로 인한 손익을 표시한 것이며 실선은 옵션가격을 차감한 후의 손익을 표시한 것이다.

앞에서 설명한 것처럼 풋옵션의 보유자는 기초자산의 가격이 행사가격에서 옵션가격을 차감한 값 이하로 하락하여야 이익을 볼 수 있다. 반면에 옵션을 매도한 사람은 매입자가 옵션을 행사하면 반드시 기초자산을 비싼 값에 사야 할 의무가 있다. 따라서 매도자의 입장에서 보면 기초자산의 가격이 행사가격에서 옵션가격을 차감한 값 이하로 하락하여 옵션이 행사되면 손실을 입게 된다. 그러나 반대로 기초자산의 가격이 행사가격에서 옵션가격을 차감한 값 이상으로 상승하여 옵션이 행사되지 않으면 옵션을 팔고 받은 액수, 즉 옵션가격 만큼의 이익을 얻게 된다.

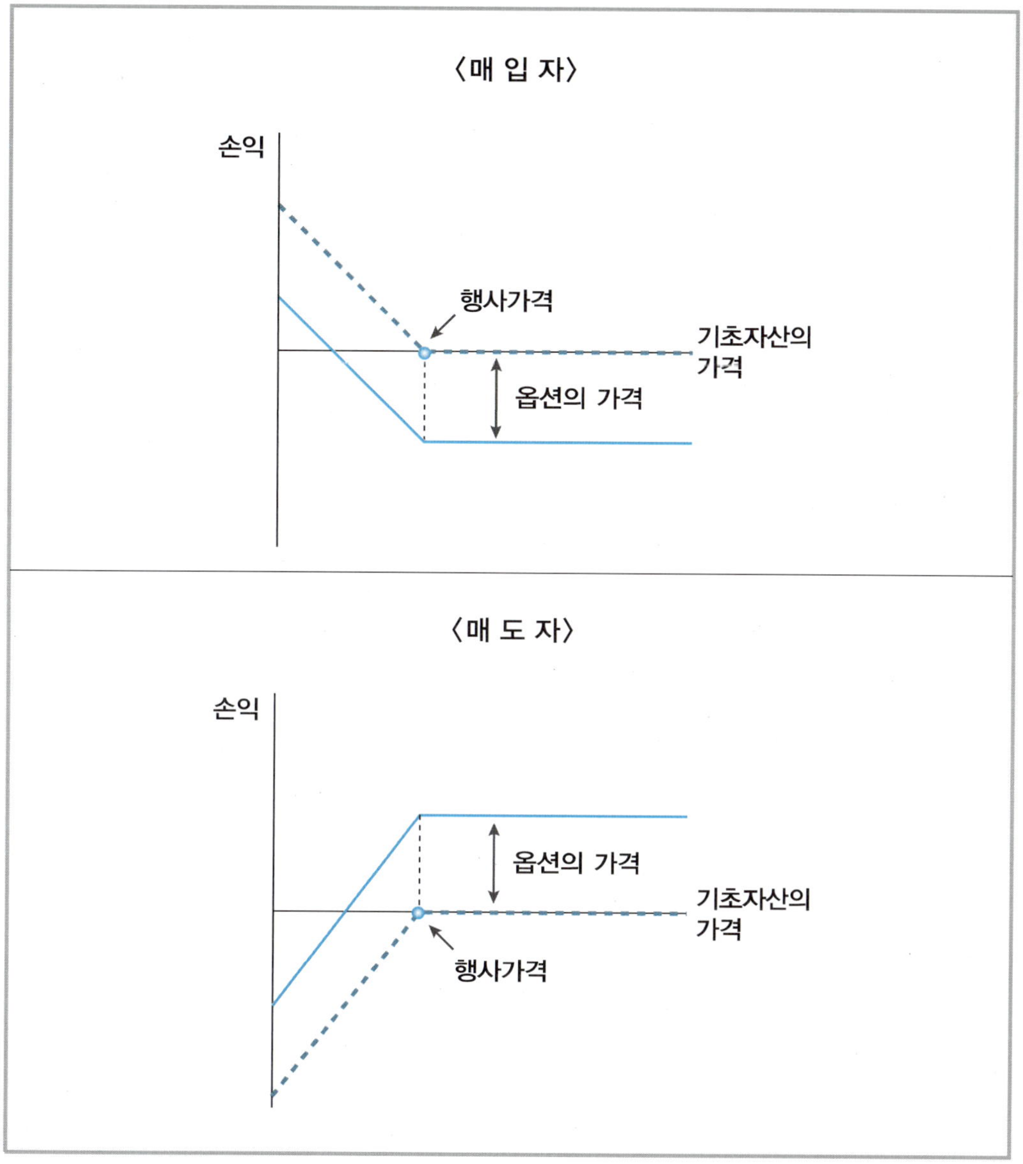

그림 11-4 풋옵션 매입자와 매도자의 손익

02 옵션거래전략

옵션이 각광을 받는 가장 중요한 이유는 기초자산 혹은 다른 옵션과 결합하여 다양한 수익구조를 가진 새로운 상품 및 투자전략을 만들어 낼 수 있기 때문이다. 여기서는 대표적인 투자전략 몇 가지를 살펴보기로 한다.

1. 방어적 풋옵션

현재 기초자산을 보유하고 있는 투자자가 기초자산의 가격이 떨어져 손실을 볼 것을 걱정하고 있다고 하자. 이 때 기초자산을 매각하는 대신에 풋옵션을 매입하여 기초자산과 함께 보유하면 손실을 막을 수 있는데 이러한 전략을 방어적 풋옵션(protective put option)이라고 한다. [그림 11-5]에서 점선은 각각 풋옵션 매입과 기초자산 보유로 인한 손익을 표시한 것이다. 이 두 점선을 합하면, 즉 기초자산과 풋옵션을 동시에 보유할 때 손익은 실선이 된다. 이 전략을 취하면 기초자산의 가격이 아무리 떨어져도 풋옵션을 행사하여 행사가격에 기초자산을 매도할 수 있다. 따라서 행사가격에서 주식과 풋옵션을 매입하는데 소요된 비용을 차감한 액수로 최대손실을 고정시킬 수 있다. 물론 주식 매입가격과 행사가격이 같을 경우에는 풋옵션 가격이 최대 손실이 된다.

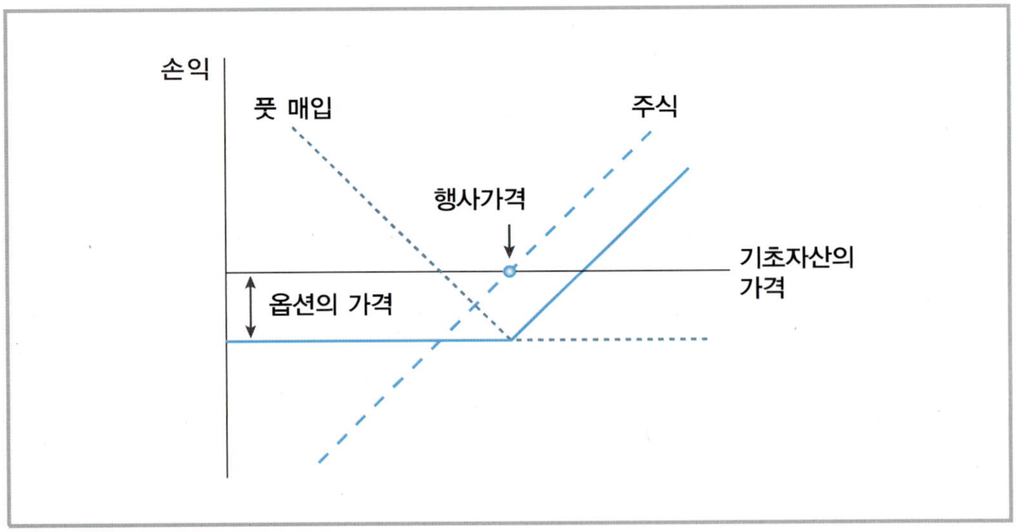

그림 11-5 방어적 풋옵션

2. 보호적 콜옵션

보호적 콜옵션(covered call option)은 기초자산의 매입과 동시에 동일 기초자산에 대한 콜옵션을 매도하는 것을 말한다. 보호적(covered)이란 용어는 콜옵션이 행사되었을 때 매도하여야 할 기초자산을 이미 보유하고 있다는 것을 의미하는 것이다. 이와는 달리 기초자산을 보유하고 있지 않는 상태에서 콜옵션을 매도할 때를 비보호 포지션(naked position)이라고 한다. [그림 11-6]의 실선은 보호적 콜옵션의 손익을 표시한 것이다. 이 전략을 취하면 매입한 기초자산을 콜옵션의 행사가격에 매도할 수 있기 때문에 매도가격을 미리 고정시킨다는 의미가 있으며 콜옵션 매도에 따른 옵션가격만큼의 이익도 기대할 수 있다.

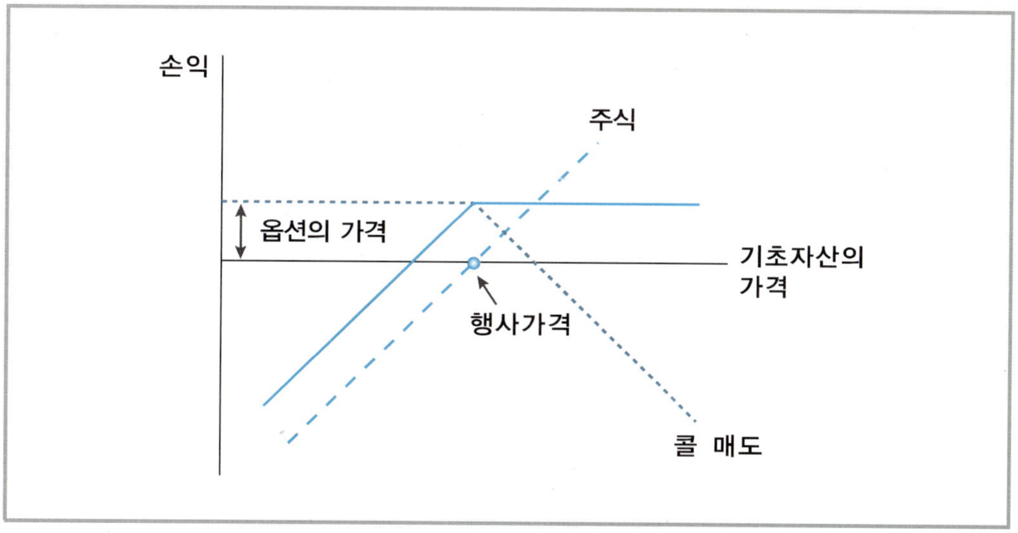

그림 11-6 보호적 콜옵션

3. 스프레드

앞의 전략들은 기초자산과 옵션을 혼합한 전략인데 옵션만을 혼합하여 원하는 수익구조를 창출할 수도 있다. 스프레드(spread)는 기초자산은 동일하나 행사가격이나 만기가 다른 콜옵션 혹은 풋옵션을 동시에 매입하고 매도하는 투자전략을 말한다. 어떤 옵션을 매입하고 매도하느냐에 따라 많은 투자전략이 있을 수 있는데 다음에서 설명할 스프레드와 스트래들이 가장 손쉬운 예이다.

3.1 수직강세 스프레드

수직강세 스프레드(bullish vertical spread)란 다른 조건은 동일하고 행사가격만 다른 2개의 옵션 가운데 행사가격이 낮은 옵션을 매입하고 동시에 행사가격이 높은 옵션을 매도하는 전략을 말한다. [그림 11-7]은 이 투자전략의 손익을 표시한 것이다. 콜옵션이나 풋옵션 어떤 옵션을 이용하여도 같은 형태의 손익구조를 만들 수 있다. 이 전략은 기초자산의 가격이 상승할 때 얻을 수 있는 커다란 이익을 제한하는 대신에 기초자산의 가격이 하락할 때 입을 수 있는 커다란 손실을 한정할 수 있는 투자전략이다.

〈콜옵션을 이용할 때〉

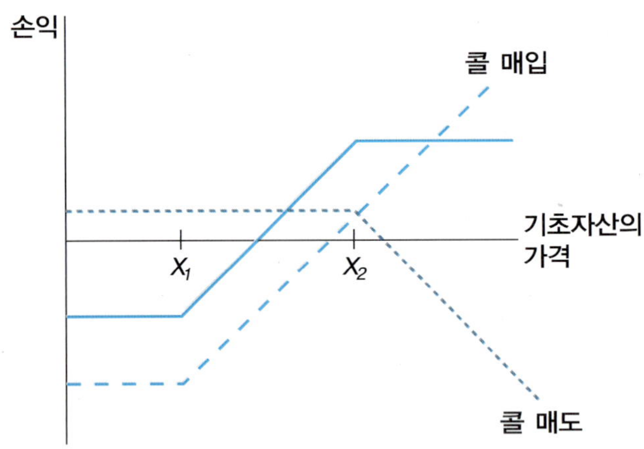

그림 11-7 수직강세 스프레드

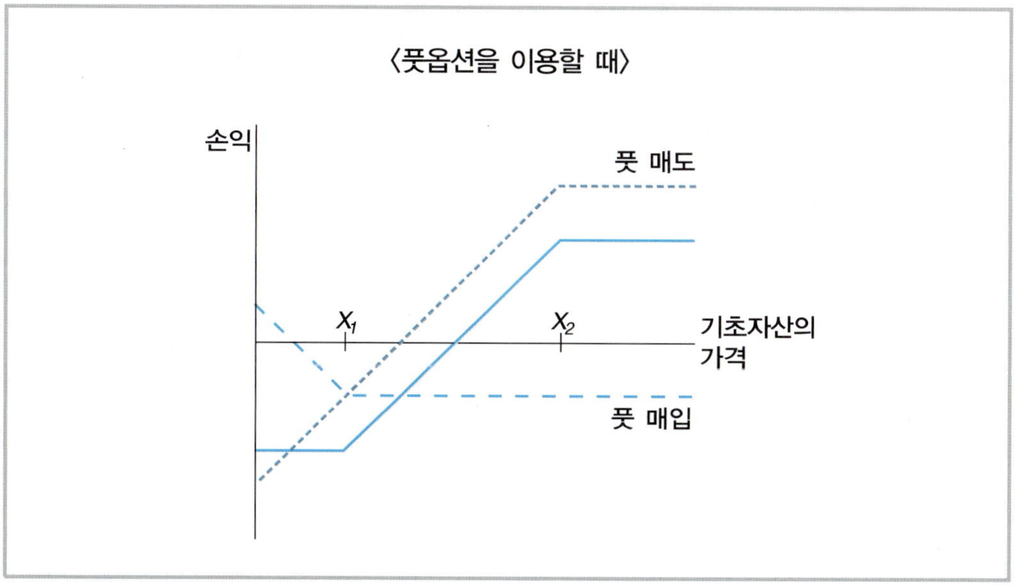

그림 11-7 수직강세 스프레드(계속)

3.2 수직약세 스프레드

수직약세 스프레드(bearish vertical spread)란 다른 조건은 동일하고 행사가격만 다른 2개의 옵션 가운데 행사가격이 높은 옵션을 매입하고 행사가격이 낮은 옵션을 매도하는 전략을 말한다. [그림 11-8]은 이 투자전략의 손익을 표시한 것이다. 콜옵션이나 풋옵션 어떤 옵션을 이용하여도 같은 형태의 손익구조를 만들 수 있다. 이 전략은 기초자산의 가격이 하락할 때 얻을 수 있는 이익을 줄이는 대신에 기초자산의 가격이 상승할 때 입을 수 있는 커다란 손실을 한정할 수 있는 투자전략이다.

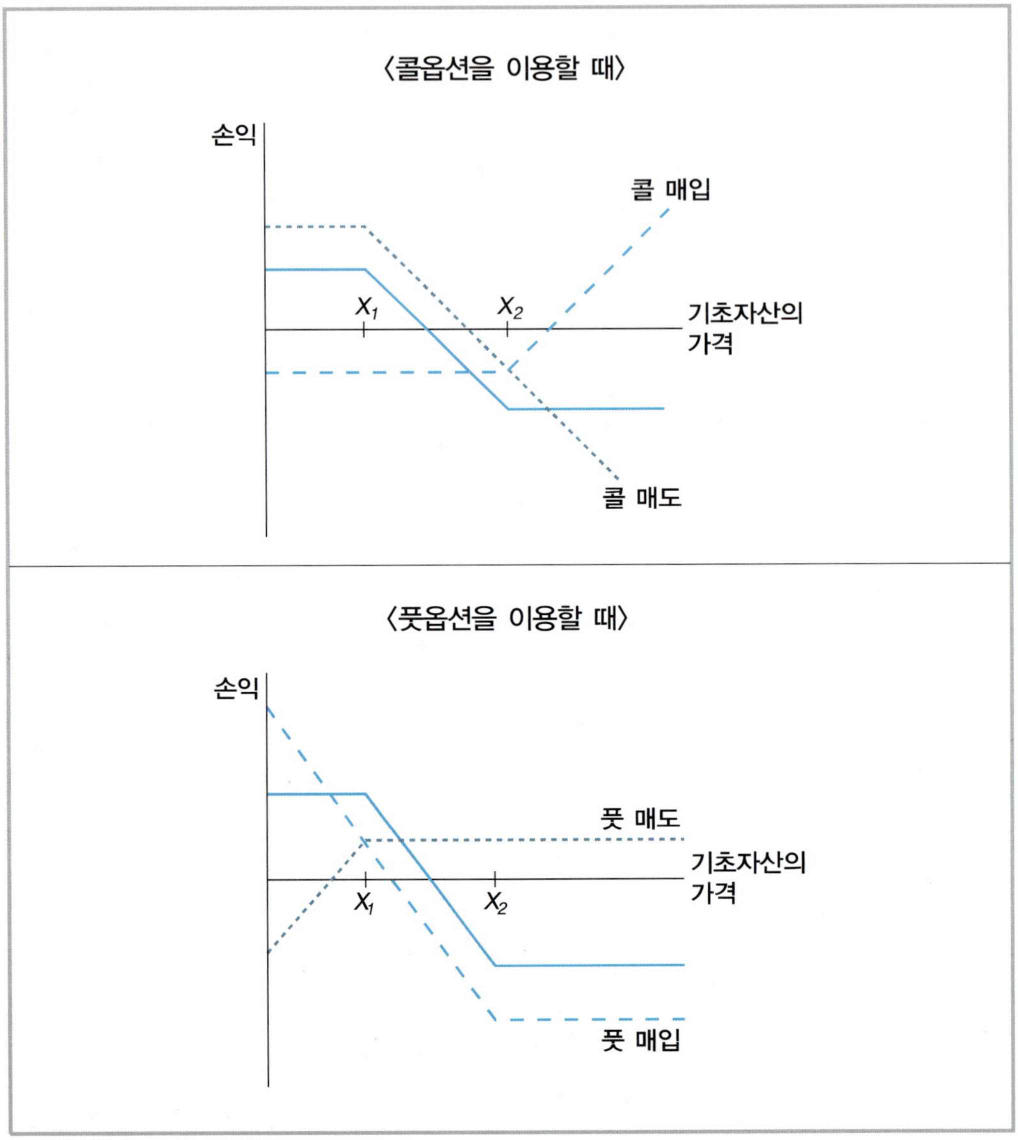

그림 11-8 수직약세 스프레드

3.3 스트래들

스트래들(straddle)은 행사가격과 만기가 같은 콜옵션과 풋옵션을 동시에 동일 비율로 매입하거나 매도하는 투자전략이다. [그림 11-9]는 이 투자전략의 손익을 표시한 것이다.

매입 스트래들의 경우 기초자산의 가격이 크게 상승하거나 하락할 때 이익을 얻을 수 있는 투자전략으로 기초자산의 가격변동 방향성에 투자하는 것이 아니라 변동성에 투자하는 투자전략이라고 할 수 있다. 이와는 달리 매도 스트래들의 경우 기초자산의 변동성이 작을 것으로 예상될 때 택할 수 있는 투자전략이다.

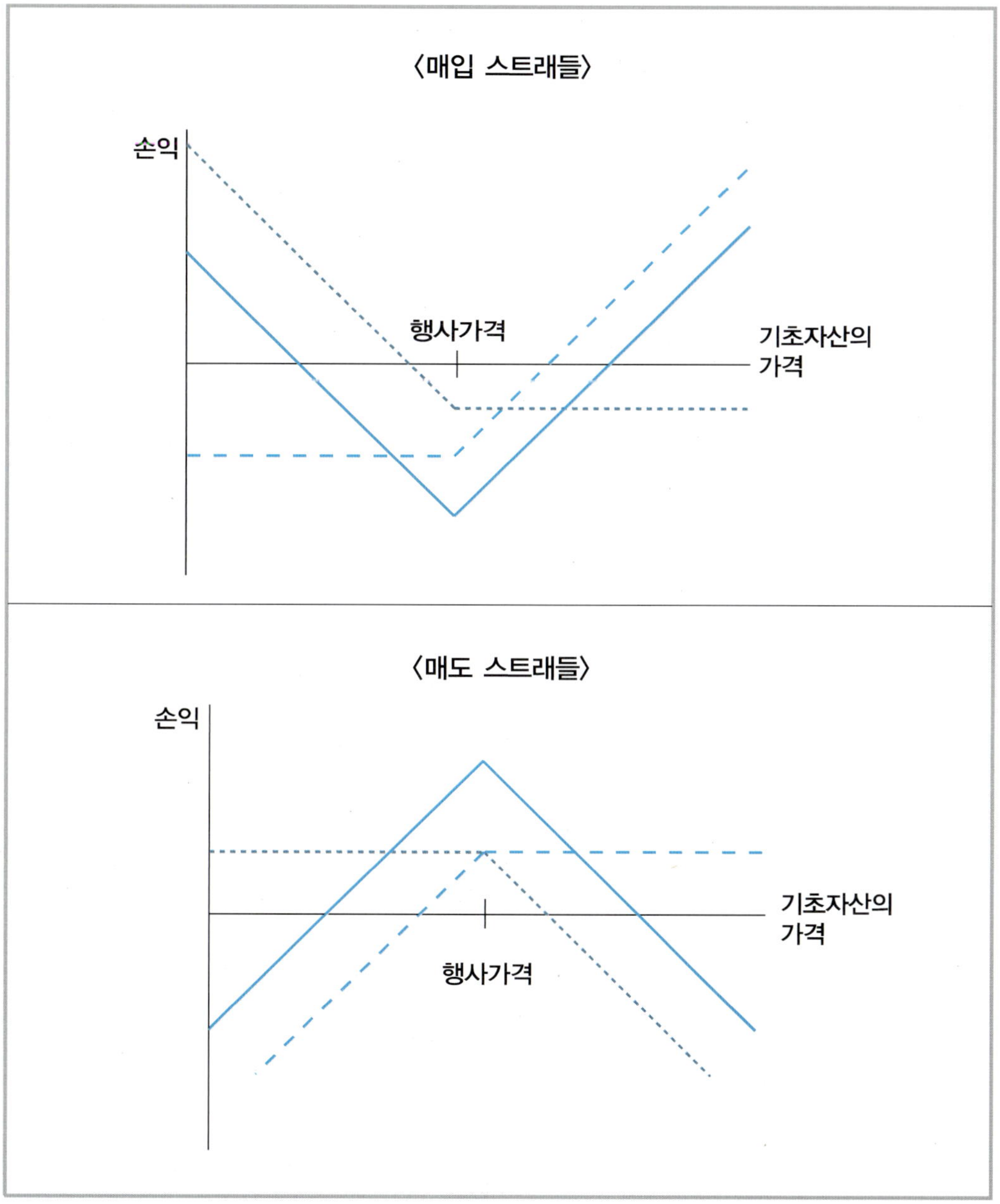

그림 11-9 스트래들

03 옵션의 내재가치와 시간적 가치

옵션을 당장 행사할 경우 손실을 보는 외가격 옵션의 가치를 생각해 보자. 외가격 옵션은 가치가 없을까? 대답은 당연히 "아니오"이다. 아직 만기까지 시간이 남아 있으므로 그 기간 동안 기초자산의 가격이 변동하여 이익을 볼 가능성이 있기 때문이다. 이처럼 만기까지 시간이 남아있기 때문에 당장 옵션을 행사하여 얻는 이익 이상의 이익을 볼 가능성이 있을 때 그 가치를 옵션의 시간적 가치라고 한다. 또한 옵션을 행사하여 얻을 수 있는 이익을 옵션의 내재가치(intrinsic value)라고 한다. 따라서 옵션의 가치, 즉 가격은 옵션의 내재가치와 시간적 가치를 합한 것이다.

내재가치와 시간적 가치를 합한 옵션의 가치는 기초자산의 가격, 행사가격, 만기까지의 기간, 기초자산의 가격 변동성, 이자율 등에 영향을 받는다. 이러한 결정 요인들이 옵션가치에 미치는 영향을 요약하면 다음과 같다.

첫째, 기초자산의 현재 가격과 행사가격의 상대적 크기에 따라 옵션의 시간적 가치가 달라진다. 만기까지의 기간이 하루 남아 있다고 하자. 행사가격이 10,000원인 콜옵션의 경우 기초자산의 현재가격이 5,000원이면 하루 동안 가격이 5,000원 이상 올라야 옵션을 행사하여 이익을 볼 수 있다. 하지만 기초자산의 현재 가격이 9,900원이면 100원 이상 만 올라도 이익을 볼 수 있기 때문에 하루라는 시간의 가치가 더 크다고 할 수 있다.

둘째, 만기까지의 기간이 길면 짧을 때에 비해 기초자산의 가격이 유리한 방향으로 움직여 이익을 볼 가능성이 더 커지기 때문에 옵션의 가치가 증가하게 된다.

셋째, 기초자산의 가격변동성이 크면 주어진 기간 안에 가격이 크게 움직여 이익을 볼 가능성이 증가하기 때문에 옵션의 가치는 커지게 된다.

넷째, 이자율도 옵션의 시간적 가치에 영향을 미친다. 콜옵션의 경우를 생각해 보자. 콜옵션을 이용해 기초자산을 매입하면 옵션이 행사될 때까지 대금을 지급하지 않아도 된다. 따라서 대금을 지급하지 않아도 되는 기간 동안 이자소득을 발생시킬 수 있다. 이자소득의 크기는 시간과 이자율에 의해 결정되는데 만기까지의 기간이 주어져 있다면 이자율이 높을수록 콜옵션의 시간적 가치는 증가하게 된다.

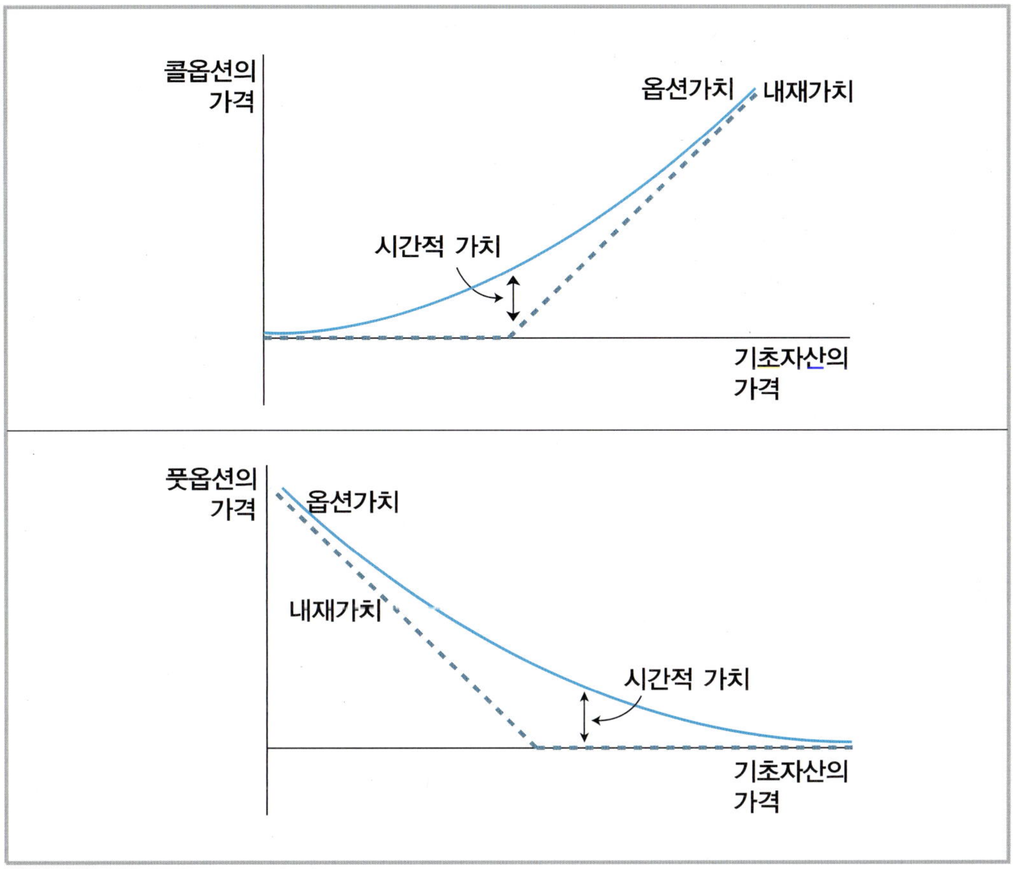

그림 11-10 콜옵션과 풋옵션의 가치

04 풋-콜 패리티

기초자산과 행사가격이 같은 콜옵션과 풋옵션은 서로 일정한 관계를 갖는다. 이 관계를 살펴보기 위해 주식, 채권, 콜옵션, 풋옵션 등으로 구성된 다음과 같은 2개의 포트폴리오를 생각해 보자.

- 포트폴리오 A: ① 유럽식 콜옵션 매입
  ② 기초자산(주식)과 행사가격이 같은 유럽식 풋옵션 매도

- 포트폴리오 B: ① 주식 매입
  ② 포트폴리오 A에 속한 옵션의 행사가격과 같은 액면가의 무이표채 매도

[표 11-1]은 두 포트폴리오의 현금흐름을 살펴본 것이다. 먼저 포트폴리오 A를 살펴보자. 현재시점에서 콜옵션 가격(C)을 지불하고 풋옵션 가격(P)을 지불받게 되므로 $(P-C)$의 현금흐름이 발생하게 된다. 만기에는 콜옵션 매입과 풋옵션 매도의 복합 포지션으로부터 기초자산의 가격에 상관없이 T시점에서의 주가(S_T)에서 행사가격(X)을 차감한 (S_T-X)의 현금흐름이 발생된다.

포트폴리오 B의 경우 현재시점에서 주식매입에 따른 현금유출(S_0)과 채권 매도로 인한 현금유입[$X/(1+r_f)^T$]이 발생하므로 총 [$X/(1+r_f)^T$-S_0]의 현금흐름이 발생한다. 한편 만기에는 포트폴리오 A와 마찬가지로 기초자산의 가격에 상관없이 (S_T-X)의 현금흐름이 발생한다.

이제 두 포트폴리오의 현금흐름을 비교해 보면 만기의 현금흐름이 동일하다는

표 11-1 풋-콜 패리티

내용	현재	만기	
		$S_T < X$	$S_T > X$
포트폴리오 A ① 콜옵션 매입 ② 풋옵션 매도	 $-C$ P	 0 $-(X-S_T)$	 S_T-X 0
합계	$P-C$	S_T-X	S_T-X
포트폴리오 B ① 주식 매입 ② 무이표채 매도	 $-S_0$ $\frac{X}{(1+r_f)^T}$	 S_T $-X$	 S_T $-X$
합계	$\frac{X}{(1+r_f)^T}-S_0$	S_T-X	S_T-X

것을 알 수 있다. 포트폴리오의 일정기간 후의 가치가 기초자산의 가격에 상관없이 동일하다면 현재 시점에서의 가치도 동일하여야 한다. 그렇지 않다면 차익거래가 발생하여 결국 균형에 이르기 때문이다. 따라서 다음과 같은 식이 성립한다.

$$P - C = \frac{X}{(1+r_f)^T} - S_0 \tag{11.1}$$

P : 풋옵션 가격

C : 콜옵션 가격

X : 행사가격

r_f : 무위험이자율

S_0: 기초자산의 현재가격

위의 식을 풋옵션 가격에 대해 정리하면 식 (11.2)와 같은 식이 되는데 이 식을 풋-콜 패리티(put-call parity)라고 한다. 이 식으로부터 행사가격과 만기가 같은 콜옵션과 풋옵션 가격은 일정한 관계를 가져야 한다는 것을 알 수 있다.

$$P = C + \frac{X}{(1+r_f)^T} - S_0 \tag{11.2}$$

예제 11.1 풋-콜 패리티

행사가격이 20,000원, 만기가 3개월 후인 (주)하나 주식 콜옵션 가격이 10,000원이다. 현재주가가 25,000원이고 무위험이자율이 5%일 때 행사가격과 만기가 같은 유럽식 풋옵션의 가격은 얼마일까요?

풀이

$$P = 10{,}000 + \frac{20{,}000}{(1+0.05)^{\frac{3}{12}}} - 25{,}000 = 4{,}758\text{원}$$

05 옵션가격결정모형

앞에서도 살펴본 것처럼 옵션은 포트폴리오의 위험을 관리하거나 새로운 상품 혹은 투자전략을 개발하는데 매우 유용한 수단이다. 따라서 옵션의 가치에도 자연스럽게 많은 관심이 모아져 왔다. 여기서는 옵션가격결정모형 가운데 가장 널리 알려진 이항옵션가격결정모형과 블랙과 숄즈의 모형을 살펴보기로 한다.

1. 이항옵션가격결정모형

이항옵션가격결정모형(binomial option pricing model)은 옵션가격에 영향을 미치는 유일한 확률변수는 기초자산의 가격이며, 기초자산의 가격은 일정한 비율로 오르거나 내리는 이항분포를 따른다는 가정 하에서 옵션가격을 도출하는 단순한 모형이다. 이항옵션가격결정모형 가운데 주어진 기간 동안 주가가 1번 변동하는 것을 가정한 1기간 모형을 살펴보기로 하자.

이항모형은 현재의 기초자산 가격(S)이 1기간 후에는 두 가지 값 중 하나만을 가질 수 있다. 즉 기초자산의 가격이 상승하거나 하락하는 두 가지 값만을 가질 수 있는데 상승률에 1을 더한 값을 u라고 하고 하락률에 1을 더한 값을 d라고 하면 1기간 후 주가는 uS이거나 dS이어야 한다. 주가가 오를 확률을 q라고 하면 [그림 11-11]과

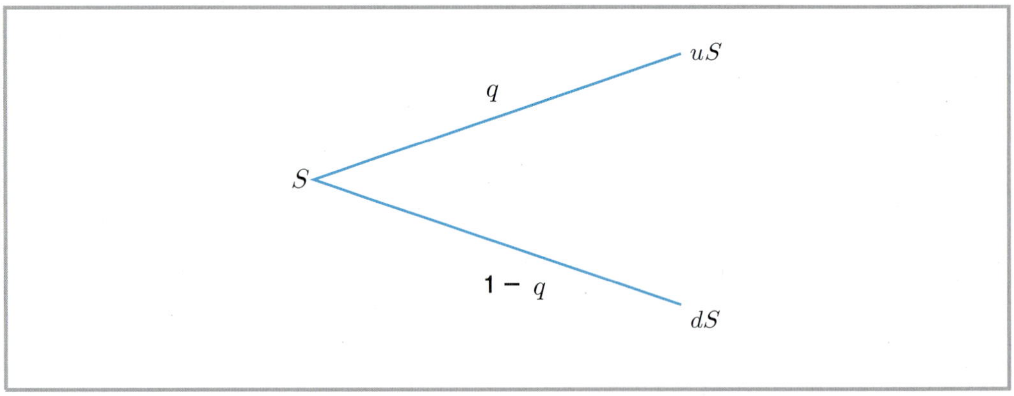

그림 11-11 1기간 후 주가변동

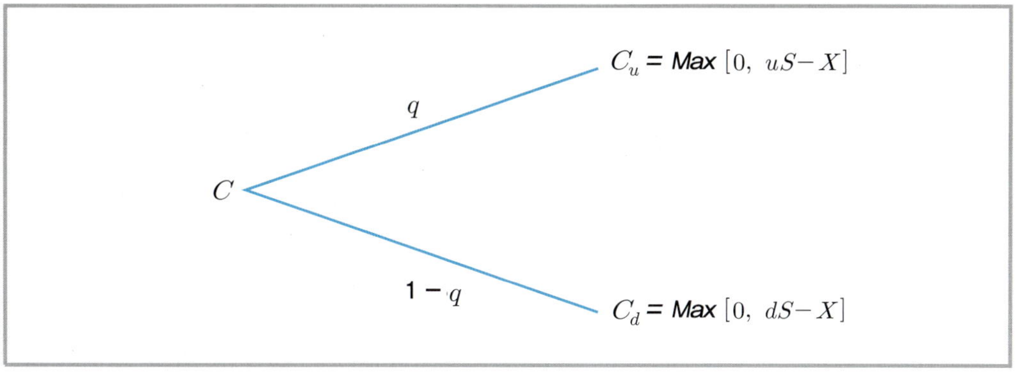

그림 11-12 만기시점의 콜옵션의 가치

같이 주가의 변동을 나타낼 수 있다.

행사가격이 X인 콜옵션을 생각해보자 1기간 후, 즉 만기일에 주가가 uS로 상승하였다고 하자. 그러면 uS가 행사가격보다 높으면 옵션을 행사하여 $(uS-X)$만큼의 이익을 얻을 수 있으며 uS가 행사가격보다 낮으면 옵션을 행사하지 않아 손익이 0(영)이 된다. 반대로 주가가 dS로 하락하였다고 하자. 그러면 dS가 행사가격보다 높으면 옵션을 행사하여 $(dS-X)$만큼의 이익을 얻을 수 있으며 dS가 행사가격보다 낮으면 옵션을 행사하지 않아 손익이 0(영)이 된다. 이것을 그림으로 표시하면 [그림 11-12]와 같다.

이제 기초자산과 콜옵션을 결합하여 무위험 헤지포트폴리오(risk-free hedge portfolio)를 구성하려고 하는데 이를 위해 콜옵션 1단위를 매도하고 주식 h주를 매입하였다고 하자. 그러면 이 포트폴리오의 1기간 후의 성과는 [그림 11-13]과 같

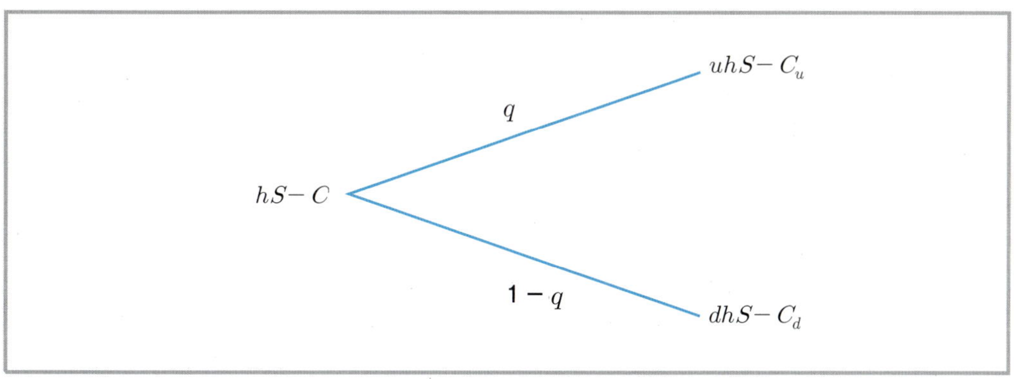

그림 11-13 무위험 헤지포트폴리오의 1기간 후 성과

이 나타낼 수 있다.

이 포트폴리오가 무위험 포트폴리오가 되기 위해서는 만기일에 주가와 상관없이 투자성과가 동일하여야 하므로 다음과 같은 관계가 성립하여야 한다.

$$uhS - C_u = dhS - C_d \tag{11.3}$$

이 식을 h에 대해 정리하면 식 (11.4)와 같다. h는 무위험 포트폴리오를 구성하기 위해 콜옵션 1개를 매도할 때 매입한 주식수를 의미하며 헤지비율(hedge ratio)이라고 한다.

$$h = \frac{C_u - C_d}{uS - dS} = \frac{C_u - C_d}{S(u-d)} \tag{11.4}$$

콜옵션 1단위를 매도하고 주식 h주를 매입한 포트폴리오가 말 그대로 위험이 없는 포트폴리오가 되기 위해서는 1년 후 포트폴리오의 성과가 무위험자산에 투자하여 얻은 성과와 같아야 하기 때문에 다음과 같은 식이 성립된다.

$$(hS - C)(1 + r_f) = uhS - C_u = dhS - C_d \tag{11.5}$$

식 (11.4)를 식 (11.5)에 대입하여 콜옵션가격 C에 대해 정리하면 다음과 같은데 이 식이 바로 1기간 이항옵션가격결정모형이다.

$$C = \frac{pC_u + (1-p)C_d}{1 + r_f} \tag{11.6}$$

단, $p = \dfrac{(1 + r_f) - d}{u - d}$

예제 11.2 1기간 이항모형

현재가격이 20,000원이고 1기간 동안 상승률이 20%이거나 하락률이 -10%인 주식이 있다고 하자. 1기간 무위험 이자율이 3%일 때 행사가격이 22,000원인 콜옵션의 가격은 얼마일까요?

풀이

$$C_u = Max[0, 24{,}000 - 22{,}000] = 2{,}000$$

$$C_d = Max[0, 18{,}000 - 22{,}000] = 0$$

$$p = \frac{1.03 - (0.9)}{1.2 - (0.9)} = 0.43$$

따라서 콜옵션의 가치는 다음과 같다.

$$C = \frac{0.43 \times 2{,}000 + (1 - 0.43) \times 0}{1.03} = 835\text{원}$$

2. 블랙과 숄즈의 모형

옵션의 가치, 즉 가격을 수학적으로 도출하는 모형 가운데 이론적으로나 실무적으로 가장 많이 이용되고 있는 모형이 블랙과 숄즈(Black and Sholes)의 모형(이하 B/S모형)이다. B/S모형의 수학적 도출은 이 책의 수준을 벗어나는 것이므로 생략하고 여기서는 그 결과와 의미를 살펴보기로 한다. B/S모형은 다음과 같은 가정을 바탕으로 하고 있다.

(1) 주식과 옵션이 거래되는 시장은 완전자본시장이다. 즉 투자자는 무위험이자율에 차입과 대출이 가능하며 거래비용과 세금이 없고 차익거래기회가 존재하지 않는다.
(2) 무위험이자율과 주식수익률의 변동성은 옵션 만기일까지 일정하다.
(3) 옵션 만기일까지 배당이 없다.
(4) 주식의 수익률은 로그정규분포(log-normal distribution)를 따른다.
(5) 옵션은 유럽식이다.

위와 같은 가정들을 바탕으로 도출된 B/S모형은 다음과 같다.

$$C = SN(d_1) - Xe^{-rT}N(d_2) \tag{11.7}$$

$$d_1 = \frac{\ln(\frac{S}{X}) + (r_f + \frac{1}{2}\sigma^2)T}{\sigma\sqrt{T}}$$

$$d_2 = d_1 - \sigma\sqrt{T}$$

C : 유럽식 콜옵션가격
S : 주식의 가격
X : 행사가격
r_f : 무위험이자율
T : 만기까지의 기간(년)
σ^2: 주식 수익률의 분산
$N(\bullet)$: 누적 정규분포

위의 식에서도 알 수 있는 바와 같이 B/S모형에 의할 때 옵션가치에 영향을 주는 변수는 기초자산의 가격(S), 행사가격(X), 만기까지의 기간(T), 주식수익률의 변동성(σ^2), 무위험이자율(r_f) 등 5가지이다.

예제 11.3 B/S모형

(주)하나의 현재 주가가 20,000원, 주식수익률 표준편차가 0.5, 연간 이자율이 5%이다. 행사가격이 18,000원, 만기까지의 기간이 3개월인 유럽식 콜옵션의 가격을 계산하시오.

풀이

먼저 d_1과 d_2를 계산해보면 다음과 같다.

$$d_1 = \frac{\ln(\frac{20,000}{18,000}) + [0.05 + \frac{1}{2}(0.5)^2] \times \frac{3}{12}}{0.5\sqrt{\frac{3}{12}}} = 0.60$$

$$d_2 = 0.60 - 0.5\sqrt{\frac{3}{12}} = 0.35$$

누적정규분포표를 이용하여 $N(d_1)$과 $N(d_2)$를 구해보면 다음과 같다.

$$N(0.60) = 0.7257$$

$$N(0.35) = 0.6368$$

이제 유럽식 콜옵션의 가격을 계산해 보면 다음과 같다.

$$C = 20{,}000 \times 0.7257 - 18{,}000 \times e^{-0.05 \times \frac{3}{12}} \times 0.6368 = 3{,}194\text{원}$$

06 옵션을 이용한 델타헤지

B/S모형에 의하면 주식가격이 한 단위 변화할 때 콜옵션과 풋옵션의 가치는 각각 식 (11.8)과 식 (11.9)와 같이 변화한다.(B/S모형을 S에 대해 편미분하여 구할 수 있으나 이 책의 수준을 넘어서기 때문에 결과만을 제시하기로 한다)

$$\Delta_C = \frac{\Delta C}{\Delta S} = N(d_1) \tag{11.8}$$

$$\Delta_P = \frac{\Delta P}{\Delta S} = N(d_1) - 1 \tag{11.9}$$

Δ_C : 주식가격이 한 단위 변동할 때 콜옵션 가격이 변화하는 정도
Δ_P : 주식가격이 한 단위 변동할 때 풋옵션 가격이 변화하는 정도
ΔS : 주식가격의 변동
ΔC : 콜옵션 가격의 변동
ΔP : 풋옵션 가격의 변동

표 11-2 델타헤지

보유자산	델타헤지
주식 1주	콜옵션 $\frac{1}{N(d_1)}$단위 매도
	풋옵션 $\frac{1}{1-N(d_1)}$단위 매입
콜옵션 1단위	주식 $N(d_1)$주 매도
풋옵션 1단위	주식 $1-N(d_1)$주 매입

위와 같이 계산된 델타를 이용하여 포트폴리오의 가치를 주가변동위험으로부터 헤지하는 전략을 델타헤지(delta hedge)라고 한다. 또 이렇게 구성된 포트폴리오를 델타중립 포트폴리오(delta neutral portfolio)라고 한다. 델타헤지는 [표 11-2]와 같은 방법으로 할 수 있다. 즉 주식을 보유하고 있을 때 콜옵션을 델타의 역수만큼 매도하거나 풋옵션을 델타의 역수만큼 매입하면 보유하고 있는 주식의 가격위험을 없앨 수 있다. 또 콜옵션을 보유하고 있을 때에는 주식을 콜옵션 델타만큼 매도하여 위험을 없앨 수 있으며 풋옵션을 보유하고 있는 경우 주식을 풋옵션 델타만큼 매입하여 위험을 없앨 수 있다.

다음의 예를 살펴보자. 예제 11.3에서 $N(d_1)$은 0.7257이었다. 이제 한 투자자가 (주)하나 주식을 7,257주를 보유하고 있다고 하자. 이 투자자가 가격위험을 없애기 위해서는 몇 단위의 콜옵션을 매도하여야 하는가? 식 (11.10)에서 알 수 있는 바와 같이 콜옵션 10,000단위를 매도하면 된다.

$$\Delta_C = \frac{1}{0.7257} \times 7,257\text{주} = 10,000\text{단위} \tag{11.10}$$

[표 11-3]은 델타헤지로 인한 포트폴리오의 가치변화를 나타낸 것이다. 먼저 주가가 1,000원 상승하면 주식의 가치는 7,257,000원만큼 증가한다. 그러나 주식가격이 1,000원 상승하면 콜옵션의 가치는 델타 곱하기 1,000원만큼, 즉 725.7원만큼 하락하기 때문에 콜옵션 1만 단위를 매도하면 주가상승을 완전히 상쇄하게 되어

표 11-3 델타헤지로 인한 포트폴리오의 가치변화

	주가가 1,000원 상승하였을 때	주가가 1,000원 하락하였을 때
주식의 가치	1,000 × 7,257 = 7,257,000원	−1,000 × 7,257 = −7,257,000원
콜옵션의 가치	−725.7 × 10,000 = −7,257,000원	725.7 × 10,000 = 7,257,000원
포트폴리오의 가치	0	0

포드폴리오의 가치는 변화가 없게 된다. 주가가 하락했을 경우에도 주가하락으로 인한 손실을 콜옵션 가격상승으로 인한 이익으로 완전히 상쇄할 수 있어 포트폴리오의 가치에는 변화가 없다.

예제 11.4 델타헤지

(주)두나의 현재 주가가 15,000원, 연간 변동성(표준편차)이 50%라고 하자. 또 (주)두나 주식에 대한 콜옵션의 행사가격이 14,000원, 만기가 1개월 후이고 무위험이자율이 5%이다.

(1) (주)두나 주가가 1단위 변동할 때 콜옵션의 가격은 얼마나 변동하는가?

(2) (주)두나의 주식 10,000주를 보유하고 있는 투자자가 델타헤지를 하기 위해 취해야 하는 포지션에 대해 설명하시오.

풀이

(1) 기초자산 가격이 1단위 변동할 때 콜옵션 가격의 변동정도를 나타내는 지표가 델타이므로 델타를 구하면 된다. 델타를 구하기 위해 먼저 d_1을 구하면 다음과 같다.

$$d_1 = \frac{\ln\left(\frac{15,000}{14,000}\right) + \left(0.05 + \frac{1}{2} \times 0.5^2\right) \times \frac{1}{12}}{0.5\sqrt{\frac{1}{12}}} = 0.58$$

이제 누적적규분포표를 이용하여 델타를 구하면 다음과 같다.

$$\Delta_C = N(d_1) = N(0.58) = 0.7190$$

따라서 (주)두나 주가가 1원 변동할 때 콜옵션가격은 0.7190원 변동한다.

(2) 델타헤지를 하기 위해서는 보유 주식 1주 당 $\frac{1}{N(d_1)}$ 단위의 콜옵션을 매도하여야 한다.

$$\text{매도 계약수} = \frac{1}{N(d_1)} \times 10{,}000\text{주} = \frac{1}{0.7190} \times 10{,}000\text{주} = 13{,}908\text{계약}$$

07 옵션의 성격을 가진 증권

시장에서 거래되는 많은 증권들이 사실은 옵션의 성격을 띠고 있다. 전환사채와 같이 옵션의 성격이 쉽게 파악되는 증권 이외에도 주식과 채권도 옵션이론으로 설명할 수 있는 증권이다.

1. 주식

블랙과 숄즈는 옵션가격결정모형을 설명하면서 주식과 채권도 옵션이론으로 설명할 수 있다고 하였다. 기업은 자기자본과 부채로 자본을 조달한다. 그런데 부채가 만기일에 일정액을 상환하는 채권으로만 구성되어 있다고 하자. 그러면 부채 만기일의 기업가치가 상환액보다 크면 주주는 부채를 상환하고 남는 기업가치를 청구할 수 있는 권리가 있다. 만약 기업가치가 상환액보다 작다면 주주가 청구할 수 있는 기업가치는 없게 된다. 따라서 부채의 만기시점에서 주식의 가치는 다음과 같이 나타낼 수 있다.

$$S_T = Max[0, V_T - D_T] \tag{11.11}$$

S_T: 시점 T에서의 주식의 가치

V_T: 시점 T에서의 기업가치

D_T: 시점 T에서의 부채상환액

따라서 주주의 입장에서 볼 때 주식의 가치(S)는 기초자산이 기업가치, 만기일이 부채상환일, 행사가격이 부채상환액인 유럽식 콜옵션으로 이해할 수 있다.

따라서 B/S모형에 의해 주식의 가치를 구해보면 식 (11.12)와 같다.

$$S = V_0 N(d_1) - D_T e^{-rT} N(d_2) \tag{11.12}$$

$$d_1 = \frac{\ln\left(\frac{V_0}{D_T}\right) + \left(r_f + \frac{1}{2}\sigma^2\right)T}{\sigma\sqrt{T}}$$

$$d_2 = d_1 - \sigma\sqrt{T}$$

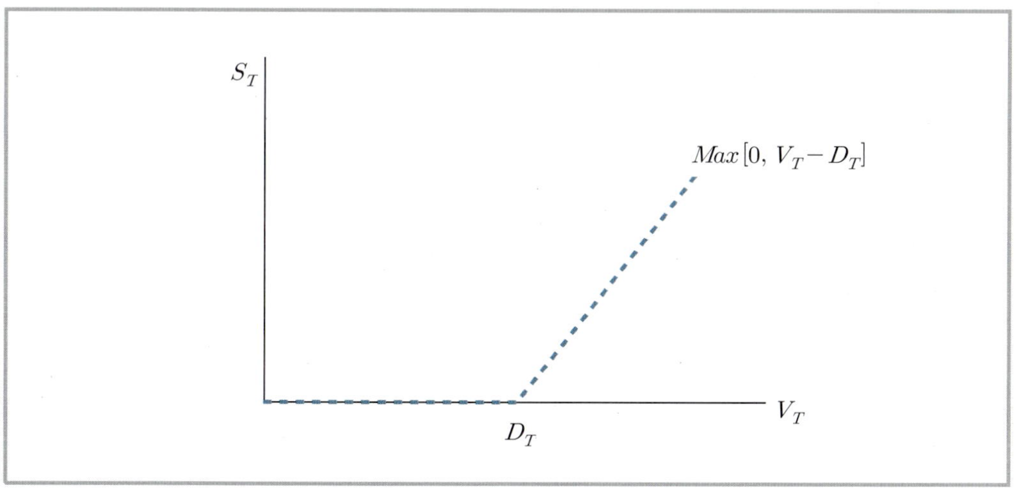

그림 11-14 만기일의 주식가치

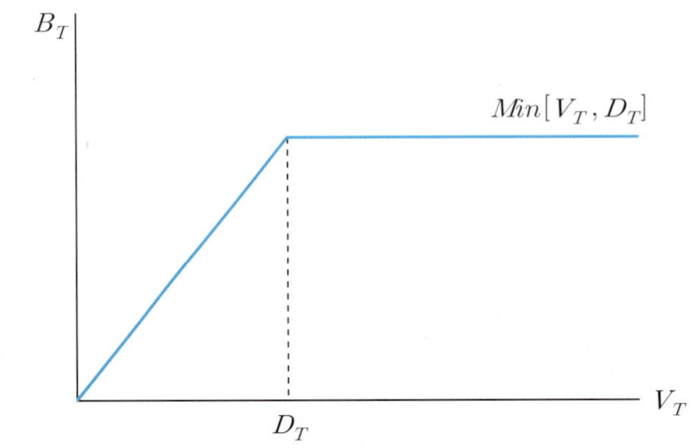

그림 11-15 만기일의 부채가치

2. 회사채

앞에서와 같이 부채가 만기일에 일정액을 상환하는 회사채로만 구성되어 있다고 하자. 그러면 회사채를 보유한 투자자의 입장에서 보면 기업가치가 회사채 만기일의 상환액보다 크면 회사채 전액을 상환 받게 되며 기업가치가 회사채 상환액보다 작으면 기업 가치만큼을 상환 받게 된다. 따라서 회사채 만기시점에서의 회사채 가치는 다음과 같이 나타낼 수 있다.

$$B_T = Min[V_T, D_T] \tag{11.13}$$

B_T: 시점 T에서 회사채의 가치

위의 식을 그림으로 그리면 [그림 11-15]와 같다.

그런데 이 그림과 같은 구조는 행사가격의 현재가치만큼 무위험자산에 투자하고 기업가치를 기초자산으로 하는 풋옵션 1계약을 매도한 것과 같다. 이처럼 회사채도 옵션의 성격을 가진 증권임을 알 수 있다.

3. 전환사채

전환사채(convertible bond)는 만기 이전에 미리 정한 조건에 따라 회사채를 해당 회사의 주식으로 전환할 수 있는 권리가 부여된 채권을 말한다. 전환사채의 보유자는 전환시점에서 주식으로 전환하였을 때의 전환가치가 채권의 가치보다 크다면 전환권을 행사하여 주식으로 전환하여 이득을 얻을 수 있으며 반대로 전환가치가 채권의 가치보다 낮다면 전환권을 행사하지 않는다. 즉 전환사채는 일반채권과 전환 옵션이 결합된 복합 상품이라고 할 수 있다. 전환시점에서의 전환 옵션의 가치를 식으로 나타내면 다음과 같다.

$$C_T = Max[0, CV - B_T] \tag{11.14}$$

C_T : 시점 T에서 전환 옵션의 가치

CV : 시점 T에서 전환가치

B_T : 시점 T에서 회사채의 가치

따라서 전환사채의 가치는 일반사채의 가치에 전환옵션의 가치를 더하여 다음과 같이 나타낼 수 있다.

$$CB_T = B_T + Max[0, CV - B_T] \tag{11.15}$$

CB_T : 시점 T에서 전환사채의 가치

[부록] 2기간 이항옵션가격결정모형

본문에서 살펴본 1기간 이항옵션가격결정모형은 주어진 기간 동안 주가가 1번 변동하는 것을 가정한 것이다. 그러나 현실에서는 주어진 기간 동안 주가가 1번만 변동하는 것이 아니다. 좀 더 현실에 가깝게 하기 위해 주어진 기간 동안 주가가 2번 변동하는 2기간 모형을 살펴보자.(현실에서 주가는 연속적으로 변동한다) 주가변동이 이항분포를 따른다면(오르거나 내리거나 두 가지 값만을 갖는다면) 2번의 주가변동 후 기간말의 주가는 [그림 11-16]과 같이 나타낼 수 있다.

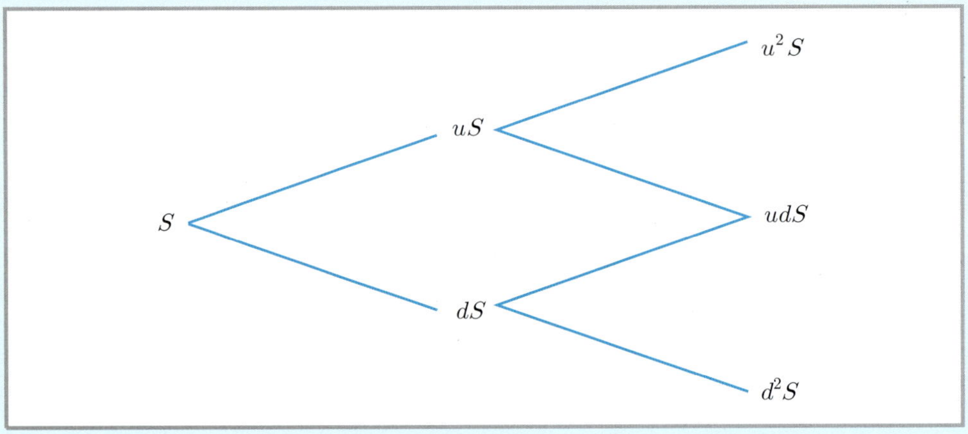

그림 11-16 2번 주가변동 후 기간 말 주가

그러면 이 주식을 기초로 하는 콜옵션의 기간 말 가치는 [그림 11-17]과 같다.

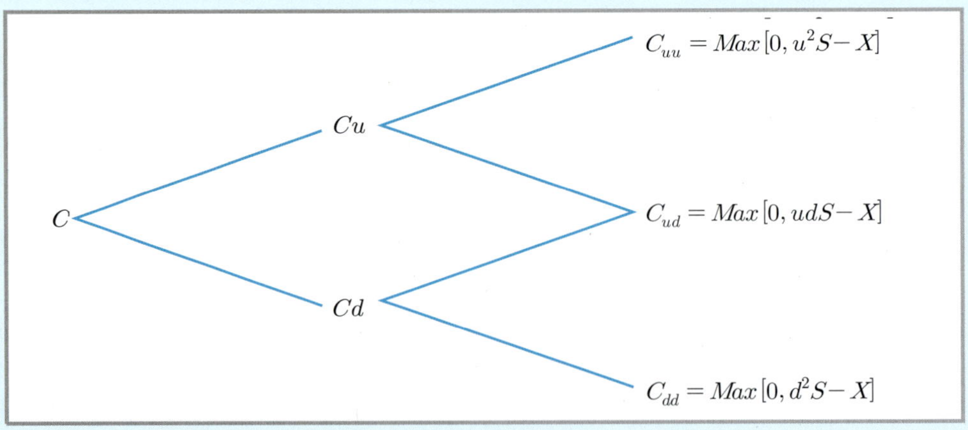

그림 11-17 2번 주가변동 후 기간 말 콜옵션가치

앞에서 살펴 본 1기간 모형을 기초로 하여 주가가 1번 변동한 후 콜옵션의 가치인 C_u와 C_d을 구해보면 다음과 같다.

$$C_u = \frac{pC_{uu} + (1-p)C_{ud}}{1+r_f} \tag{11.16}$$

$$C_d = \frac{pC_{ud} + (1-p)C_{dd}}{1+r_f} \tag{11.17}$$

$$p = \frac{(1+r_f)-d}{u-d}$$

위에서 구한 C_u와 C_d를 바탕으로 다시 1기간 모형을 이용하여 콜옵션의 가치를 구해보면 식 (11.18)과 같은데 이 식이 2기간 이항옵션가격결정모형이다.

$$C = \frac{p^2 C_{uu} + 2p(1-p)C_{ud} + (1-p)^2 C_{dd}}{(1+r_f)^2} \tag{11.18}$$

예제 11.5 2기간 이항옵션가격결정모형

현재 주가는 20,000원이고, 주가는 매 6개월마다 20% 상승하거나 10% 하락한다고 하자. 연간 무위험이자율이 3%일 때 만기가 1년이고 행사가격이 21,000원인 콜옵션의 가격은 얼마일까요?

풀이

$$C_{uu} = Max[0, (1.2)^2 \times 20{,}000 - 21{,}000] = 7{,}800$$

$$C_{ud} = Max[0, 1.2 \times 0.9 \times 20{,}000 - 21{,}000] = 600$$

$$C_{dd} = Max[0, 0.9^2 \times 20{,}000 - 21{,}000] = 0$$

$$p = \frac{1.03-(0.9)}{1.2-(0.9)} = 0.43$$

따라서 2기간모형에 의한 콜옵션의 가치는 다음과 같다.

$$C = \frac{0.43^2 \times 7{,}800 + 2 \times 0.43 \times (1-0.43) \times 600 + (1-0.43)^2 \times 0}{1.03^2} = 1{,}637\text{원}$$

연습문제

객관식

1. 옵션에 대한 다음 설명 중 틀린 것을 고르시오.
   ① 옵션을 당장 행사하면 이익을 보게 되는 옵션을 내가격 옵션이라고 한다.
   ② 풋옵션 보유자는 행사가격에서 옵션가격을 차감한 값보다 기초자산의 가격이 더 하락하여야 이익을 얻을 수 있다.
   ③ 선물과 마찬가지로 매입자와 매도자에게 증거금을 징수하는 증거금적립제도가 적용된다.
   ④ 외가격 옵션이 가치를 지니는 이유는 옵션의 시간적 가치 때문이다.

2. 기초자산, 행사가격, 만기가 같은 콜옵션과 풋옵션을 동시에 매입하는 투자전략을 무엇이라고 하는가?
   ① 보호적 콜옵션 ② 수직강세 스프레드
   ③ 스트래들 ④ 방어적 풋옵션

3. 다음 중 방어적 풋 투자전략에 해당되는 것을 고르시오.
   ① 콜옵션을 매입하고 풋옵션을 매도
   ② 콜옵션을 매도하고 풋옵션을 매입
   ③ 기초자산을 매입하고 풋옵션을 매도
   ④ 기초자산과 풋옵션 매입

4. 기초자산의 가격변동성이 증가할 때 다음 설명 중 맞는 것을 고르시오.
   ① 콜옵션 가격은 증가하고 풋옵션 가격은 하락한다.
   ② 콜옵션 가격은 하락하고 풋옵션 가격은 상승한다.
   ③ 콜옵션과 풋옵션 가격 모두 상승한다.
   ④ 콜옵션과 풋옵션 가격 모두 하락한다.

5. 이자율이 증가할 때 옵션에 대한 다음 설명 중 맞는 것을 고르시오.
   ① 콜옵션 가격은 증가하고 풋옵션 가격은 하락한다.
   ② 콜옵션 가격은 하락하고 풋옵션 가격은 상승한다.
   ③ 콜옵션과 풋옵션 가격 모두 상승한다.
   ④ 콜옵션과 풋옵션 가격 모두 하락한다.

6. 다음 투자전략 중 주가가 대폭 상승할 경우 가장 불리한 결과를 얻는 투자전략은 무엇인가?
   ① 행사가격이 동일한 콜옵션과 풋옵션을 매입
   ② 행사가격이 동일한 콜옵션과 풋옵션을 매도
   ③ 행사가격이 다른 두 옵션 중 행사가격이 높은 콜옵션을 매입하고 행사가격이 낮은 콜옵션을 매도
   ④ 행사가격이 다른 두 옵션 중 행사가격이 높은 콜옵션을 매도하고 행사가격이 낮은 콜옵션을 매입

7. 블랙과 숄즈에 의하면 주식 및 채권을 옵션이론에 의해 설명할 수 있다. 다음 설명 중 맞는 것을 고르시오.
   ① 회사채의 가치는 기업을 보유하고, 기업가치를 행사가격으로 하는 콜옵션을 매입한 것과 동일하다.
   ② 회사채의 가치는 행사가격의 현재가치만큼 무위험자산에 투자하고 기업가치를 기초자산으로 하는 풋옵션 1계약을 매도한 것과 동일하다.
   ③ 주식의 가치는 기초자산이 기업가치, 만기일이 부채상환일, 행사가격이 부채상환액인 풋옵션으로 이해할 수 있다.
   ④ 전환사채의 가치는 일반채권의 가치에서 전환옵션의 가치를 차감한 것이다.

8. 블랙과 숄즈의 옵션가격결정모형에 대한 설명 중 틀린 것을 고르시오.

① 기초자산인 주식 수익률은 정규분포를 따른다.

② 이자율이 옵션의 만기까지 일정하다.

③ 콜옵션의 경우 행사가격이 높을수록 가치가 떨어진다.

④ 유럽식 옵션가치를 설명하고 있는 모형이다.

9. 블랙과 숄즈의 옵션가격결정모형에 관한 설명 중 틀린 것은 어느 것인가?

① 주식에 대한 배당은 1년에 한번 이루어진다.

② 옵션은 만기일에만 행사가 가능하다.

③ 기초자산의 가격변동성이 만기까지 일정하다.

④ 주식과 옵션시장은 완전경쟁시장이다.

10. 델타헤지에 대한 다음 설명 중 틀린 것을 찾으시오.

① 주식을 보유하고 있을 경우 콜옵션 $\frac{1}{N(d_1)}$단위를 매도하면 된다.

② 콜옵션 1단위를 보유하고 있을 때 주식 $[1-N(d_1)]$주를 매도하면 된다.

③ 풋옵션을 보유하고 있을 때 $N(d_1)$이 크면 클수록 더 적은 수의 주식을 매입하여야 한다.

④ 콜옵션을 보유하고 있을 때 기초자산의 현재가격이 행사가격보다 상대적으로 높으면 높을수록 더 많은 수의 주식을 매도하여야 위험중립 포트폴리오를 구성할 수 있다.

주관식

1. 옵션의 가격에 영향을 미치는 변수들은 무엇이며 콜옵션과 풋옵션에 구체적으로 어떤 영향을 미치는지 설명하시오.

2. 이항옵션가격결정모형과 블랙과 숄즈 옵션가격결정모형의 차이점에 대해 설명하시오.

3. 행사가격이 작으면 작을수록 블랙과 숄즈 옵션가격결정모형에서 풋옵션의 헤지비율이 어떻게 변동하는지 설명하시오.

4. 행사가격이 10,000원인 (주)하나 주식에 대한 콜옵션과 풋옵션을 각각 2,000원과 1,000원에 매입하여 스트래들 포지션을 취하였다. 만기에 (주)하나의 주가가 14,000원이라면 이 포지션의 손익은 얼마일까요?

5. 행사가격이 20,000원, 만기가 3개월 후인 (주)두나 주식에 대한 풋옵션 가격이 5,000원이다. 현재 주가가 25,000원이고 무위험이자율이 5%일 때 행사가격과 만기가 같은 유럽식 콜옵션의 가격은 얼마일까요?

6. 현재 (주)세나의 주가가 8,000원이고 3개월 무위험이자율이 1%이다. 만기가 3개월 후로 같고 행사가격도 같은 (주)세나 주식에 대한 콜옵션과 풋옵션의 가격이 각각 1,000원, 2,901원이라면 옵션의 행사가격은 얼마일까요?

7. 현재가격이 10,000원이고 1기간 동안 상승률이 30%이거나 하락률이 −10%인 주식이 있다고 하자. 1기간 무위험 이자율이 3%일 때 행사가격이 11,000원인 콜옵션의 가격은 얼마일까요?

8. (주)네나의 현재 주가가 10,000원이다. 1년 후에 주가가 20,000원 혹은 5,000원이 되는 두 가지 경우 밖에 없다고 하자. 무위험이자율이 8%일 때 만기가 1년, 행사가격이 12,500원인 콜옵션의 가격은 얼마이어야 할까요?

9. (주)오나의 현재 주가가 10,000원, 주식수익률 표준편차가 0.5, 연간 이자율이 10%이다. 행사가격이 9,500원, 만기까지의 기간이 6개월인 유럽식 콜옵션의 가격을 계산하시오.

10. (주)유나의 현재 주가가 20,000원, 연간 변동성(표준편차)이 30%이고 무위험이자율이 5%이다. 또 행사가격이 18,000원이고 만기가 3개월 후인 (주)유나 주식에 대한 콜옵션이 있다고 하자. 그러면 (주)유나 주가가 1단위 변동할 때 콜옵션의 가격은 얼마나 변동할까요?

부 록

[수표 1] 복리이자요소(*CVIF*)

	1.0	1.5	2.0	2.5	3.0	3.5	4.0	4.5	5.0	5.5
1	1.01000	1.01500	1.02000	1.02500	1.03000	1.03500	1.04000	1.04500	1.05000	1.05500
2	1.02010	1.03022	1.04040	1.05062	1.06090	1.07122	1.08160	1.09202	1.10250	1.11302
3	1.03030	1.04568	1.06121	1.07689	1.09273	1.10872	1.12486	1.14117	1.15762	1.17424
4	1.04060	1.06136	1.08243	1.10381	1.12551	1.14752	1.16986	1.19252	1.21551	1.23882
5	1.05101	1.07728	1.10408	1.13141	1.15927	1.18769	1.21665	1.24618	1.27628	1.30696
6	1.06152	1.09344	1.12616	1.15969	1.19405	1.22926	1.26532	1.30226	1.34010	1.37884
7	1.07214	1.10984	1.14869	1.18869	1.22987	1.27228	1.31593	1.36086	1.40710	1.45468
8	1.08286	1.12649	1.17166	1.21840	1.26677	1.31681	1.36857	1.42210	1.47746	1.53469
9	1.09369	1.14339	1.19509	1.24886	1.30477	1.36290	1.42331	1.48609	1.55133	1.61909
10	1.10462	1.16054	1.21899	1.28008	1.34392	1.41060	1.48024	1.55297	1.62889	1.70814
11	1.11567	1.17795	1.24337	1.31209	1.38423	1.45997	1.53945	1.62285	1.71034	1.80209
12	1.12682	1.19562	1.26824	1.34489	1.42576	1.51107	1.60103	1.69588	1.79586	1.90121
13	1.13809	1.21355	1.29361	1.37851	1.46853	1.56396	1.66507	1.77220	1.88565	2.00577
14	1.14947	1.23176	1.31948	1.41297	1.51259	1.61869	1.73168	1.85194	1.97993	2.11609
15	1.16097	1.25023	1.34587	1.44830	1.55797	1.67535	1.80094	1.93528	2.07893	2.23248
16	1.17258	1.26899	1.37279	1.48451	1.60471	1.73399	1.87298	2.02237	2.18287	2.35526
17	1.18430	1.28802	1.40024	1.52162	1.65285	1.79468	1.94790	2.11338	2.29202	2.48480
18	1.19615	1.30734	1.42825	1.55966	1.70243	1.85749	2.02582	2.20848	2.40662	2.62147
19	1.20811	1.32695	1.45681	1.59865	1.75351	1.92250	2.10685	2.30786	2.52695	2.76565
20	1.22019	1.34685	1.48595	1.63862	1.80611	1.98979	2.19112	2.41171	2.65330	2.91776

	6.0	6.5	7.0	7.5	8.0	8.5	9.0	9.5	10.0	10.5
1	1.06000	1.06500	1.07000	1.07500	1.08000	1.08500	1.09000	1.09500	1.10000	1.10500
2	1.12360	1.13422	1.14490	1.15562	1.16640	1.17722	1.18810	1.19902	1.21000	1.22102
3	1.19102	1.20795	1.22504	1.24230	1.25971	1.27729	1.29503	1.31293	1.33100	1.34923
4	1.26248	1.28647	1.31080	1.33547	1.36049	1.38586	1.41158	1.43766	1.46410	1.49090
5	1.33823	1.37009	1.40255	1.43563	1.46933	1.50366	1.53862	1.57424	1.61051	1.64745
6	1.41852	1.45914	1.50073	1.54330	1.58687	1.63147	1.67710	1.72379	1.77156	1.82043
7	1.50363	1.55399	1.60578	1.65905	1.71382	1.77014	1.82804	1.88755	1.94872	2.01157
8	1.59385	1.65500	1.71819	1.78348	1.85093	1.92060	1.99256	2.06687	2.14359	2.22279
9	1.68948	1.76257	1.83846	1.91724	1.99900	2.08386	2.17189	2.26322	2.35795	2.45618
10	1.79085	1.87714	1.96715	2.06103	2.15892	2.26098	2.36736	2.47823	2.59374	2.71408
11	1.89830	1.99915	2.10485	2.21561	2.33164	2.45317	2.58043	2.71366	2.85312	2.99906
12	2.01220	2.12910	2.25219	2.38178	2.51817	2.66169	2.81266	2.97146	3.13843	3.31369
13	2.13293	2.26749	2.40984	2.56041	2.71962	2.88793	3.06580	3.25374	3.45227	3.66193
14	2.26090	2.41487	2.57853	2.75244	2.93719	3.13340	3.34173	3.56285	3.79750	4.04643
15	2.39656	2.57184	2.75903	2.95888	3.17217	3.39974	3.64248	3.90132	4.17725	4.47130
16	2.54053	2.73901	2.95216	3.18079	3.42594	3.68872	3.97030	4.27195	4.59497	4.94079
17	2.69277	2.91705	3.15881	3.41935	3.70002	4.00226	4.32763	4.67778	5.05447	5.45957
18	2.85434	3.10665	3.37993	3.67580	3.99602	4.34245	4.71712	5.12217	5.55992	6.03283
19	3.02560	3.30859	3.61653	3.95149	4.31570	4.71156	5.14166	5.60878	6.11591	6.66627
20	3.20713	3.52364	3.86968	4.24785	4.66096	5.11204	5.60441	6.14161	6.72750	7.36623

	11.0	11.5	12.0	12.5	13.0	13.5	14.0	14.5	15.0	15.5
1	1.11000	1.11500	1.12000	1.12500	1.13000	1.13500	1.14000	1.14500	1.15000	1.15500
2	1.23210	1.24322	1.25440	1.26562	1.27690	1.28822	1.29960	1.31102	1.32250	1.33402
3	1.36763	1.38620	1.40493	1.42383	1.44290	1.46214	1.48154	1.50112	1.52087	1.54080
4	1.51807	1.54561	1.57352	1.60181	1.63047	1.65952	1.68896	1.71879	1.74901	1.77962
5	1.68506	1.72335	1.76234	1.80203	1.84244	1.88356	1.92541	1.96801	2.01136	2.05546
6	1.87041	1.92154	1.97382	2.02729	2.08195	2.13784	2.19497	2.25337	2.31306	2.37406
7	2.07616	2.14252	2.21068	2.28070	2.35261	2.42645	2.50227	2.58011	2.66002	2.74204
8	2.30454	2.38891	2.47596	2.56578	2.65844	2.75402	2.85259	2.95423	3.05902	3.16706
9	2.55804	2.66363	2.77308	2.88651	3.00404	3.12581	3.25195	3.38259	3.51788	3.65795
10	2.83942	2.96995	3.10585	3.24732	3.39457	3.54780	3.70722	3.87306	4.04556	4.22493
11	3.15176	3.31149	3.47855	3.65324	3.83586	4.02675	4.22623	4.43466	4.65239	4.87980
12	3.49845	3.69231	3.89598	4.10989	4.33452	4.57036	4.81790	5.07768	5.35025	5.63617
13	3.88328	4.11693	4.36349	4.62363	4.89801	5.18736	5.49241	5.81395	6.15279	6.50977
14	4.31044	4.59037	4.88711	5.20158	5.53475	5.88765	6.26135	6.65697	7.07570	7.51879
15	4.78459	5.11827	5.47356	5.85178	6.25427	6.68248	7.13794	7.62223	8.13706	8.68420
16	5.31089	5.70687	6.13039	6.58325	7.06732	7.58462	8.13725	8.72746	9.35762	10.03025
17	5.89509	6.36316	6.86604	7.40615	7.98608	8.60854	9.27646	9.99294	10.76126	11.58494
18	6.54355	7.09492	7.68996	8.33192	9.02427	9.77069	10.57517	11.44191	12.37545	13.38060
19	7.26334	7.91084	8.61276	9.37341	10.19742	11.08974	12.05569	13.10099	14.23177	15.45494
20	8.06231	8.82058	9.64629	10.54509	11.52309	12.58685	13.74348	15.00063	16.36653	17.85005

	16.0	16.5	17.0	17.5	18.0	18.5	19.0	19.5	20.0	20.5
1	1.16000	1.16500	1.17000	1.17500	1.18000	1.18500	1.19000	1.19500	1.20000	1.20500
2	1.34560	1.35722	1.36890	1.38062	1.39240	1.40422	1.41610	1.42802	1.44000	1.45202
3	1.56090	1.58117	1.60161	1.62223	1.64303	1.66401	1.68516	1.70649	1.72800	1.74969
4	1.81064	1.84206	1.87389	1.90613	1.93878	1.97185	2.00534	2.03926	2.07360	2.10838
5	2.10034	2.14600	2.19245	2.23970	2.28776	2.33664	2.38635	2.43691	2.48832	2.54059
6	2.43640	2.50009	2.56516	2.63164	2.69955	2.76892	2.83976	2.91211	2.98598	3.06141
7	2.82622	2.91260	3.00124	3.09218	3.18547	3.28117	3.37931	3.47997	3.58318	3.68900
8	3.27841	3.39318	3.51145	3.63331	3.75886	3.88818	4.02138	4.15856	4.29982	4.44525
9	3.80296	3.95306	4.10840	4.26914	4.43545	4.60750	4.78545	4.96948	5.15978	5.35653
10	4.41143	4.60531	4.80683	5.01624	5.23383	5.45988	5.69468	5.93853	6.19173	6.45461
11	5.11726	5.36519	5.62399	5.89409	6.17592	6.46996	6.77667	7.09654	7.43008	7.77781
12	5.93603	6.25045	6.58007	6.92555	7.28759	7.66690	8.06424	8.48037	8.91610	9.37226
13	6.88579	7.28177	7.69868	8.13752	8.59936	9.08528	9.59645	10.13404	10.69932	11.29357
14	7.98752	8.38326	9.00745	9.56159	10.14724	10.76606	11.41977	12.11018	12.83918	13.60876
15	9.26552	9.88300	10.53872	11.23487	11.97374	12.75778	13.58953	14.47166	15.40701	16.39855
16	10.74800	11.51369	12.33030	13.20097	14.12902	15.11797	16.17154	17.29364	18.48842	19.76025
17	12.46768	13.41345	14.42645	15.51114	16.67224	17.91479	19.24413	20.66589	22.18610	23.81111
18	14.46251	15.62667	16.87895	18.22558	19.67324	21.22903	22.90051	24.69574	26.62332	28.69238
19	16.77651	18.20507	19.74837	21.41506	23.21443	25.15640	27.25161	29.51141	31.94798	34.57432
20	19.46075	21.20891	23.10559	25.16270	27.39302	29.81033	32.42941	35.26614	38.33758	41.66205

	21.0	21.5	22.0	22.5	23.0	23.5	24.0	24.5	25.0	25.5
1	1.21000	1.21500	1.22000	1.22500	1.23000	1.23500	1.24000	1.24500	1.25000	1.25500
2	1.46410	1.47622	1.48840	1.50062	1.51290	1.52522	1.53760	1.55002	1.56250	1.57502
3	1.77156	1.79361	1.81585	1.83827	1.86087	1.88365	1.90662	1.92978	1.95312	1.97666
4	2.14359	2.17924	2.21533	2.25188	2.28887	2.32631	2.36421	2.40258	2.44141	2.48070
5	2.59374	2.64778	2.70271	2.75855	2.81531	2.87299	2.93162	2.99121	3.05176	3.11328
6	3.13843	3.21705	2.29730	3.37922	3.46283	3.54815	3.63521	3.72405	3.81470	3.90717
7	3.79750	3.90871	4.02271	4.13954	4.25928	4.38196	4.50767	4.63645	4.76837	4.90350
8	4.59497	4.74909	4.90771	5.07094	5.23891	5.41172	5.58951	5.77238	5.96046	6.15389
9	5.55992	5.77014	5.98740	6.21190	6.44386	6.68348	6.93099	7.18661	7.45058	7.72313
10	6.72750	7.01072	7.30463	7.60958	7.92594	8.25409	8.59442	8.94733	9.31322	9.69253
11	8.14027	8.51803	8.91165	9.32174	9.74891	10.19381	10.65708	11.13942	11.64153	12.16412
12	9.84973	10.34940	10.87221	11.41913	11.99116	12.58935	13.21478	13.86858	14.55191	15.26597
13	11.91817	12.57452	13.26410	13.98843	14.74913	15.54785	16.38633	17.26638	18.18989	19.15880
14	14.42099	15.27804	16.18220	17.13583	18.14143	19.20159	20.31905	21.49665	22.73736	24.04429
15	17.44940	18.56282	19.74228	20.99139	22.31395	23.71397	25.19562	26.76332	28.42170	30.17558
16	21.11377	22.55383	24.08558	25.71445	27.44616	29.28675	31.24257	33.32034	35.52712	37.87036
17	25.54766	27.40290	29.38441	31.50020	33.75878	36.16913	38.74078	41.48382	44.40890	47.52730
18	30.91267	33.29452	35.84897	38.58774	41.52330	44.66888	48.03857	51.64735	55.51113	59.64675
19	37.40433	40.45284	43.73575	47.26998	51.07365	55.16606	59.56783	64.30095	69.38891	74.85667
20	45.25924	49.15020	53.35761	57.90572	62.82059	68.13008	73.86410	80.05468	86.73613	93.94512

	26.0	26.5	27.0	27.5	28.0	28.5	29.0	29.5	30.0	30.5
1	1.26000	1.26500	1.27000	1.27500	1.28000	1.28500	1.29000	1.29500	1.30000	1.30500
2	1.58760	1.60022	1.61290	1.62562	1.63840	1.65122	1.66410	1.67702	1.69000	1.70302
3	2.00038	2.02428	2.04838	2.07267	2.09715	2.12182	2.14669	2.17175	2.19700	2.22245
4	2.52047	2.56072	2.60145	2.64266	2.68435	2.72654	2.76923	2.81241	2.85610	2.90029
5	3.17580	3.23931	3.30384	3.36939	3.43597	3.50361	3.57230	3.64207	3.71293	3.78488
6	4.00150	4.09773	4.19587	4.29597	4.39805	4.50214	4.60827	4.71649	4.82681	4.93927
7	5.04189	5.18362	5.32876	5.47736	5.62950	5.78525	5.94467	6.10785	6.27485	6.44575
8	6.35279	6.55729	6.76752	6.98363	7.20576	7.43404	7.66863	7.90966	8.15730	8.41170
9	8.00451	8.29497	8.59475	8.90413	9.22337	9.55274	9.89253	10.24301	10.60450	10.97727
10	10.08568	10.49313	10.91533	11.35277	11.80591	12.27527	12.76136	13.26470	13.78584	14.32534
11	12.70796	13.27381	13.86247	14.47478	15.11157	15.77372	16.46215	17.17779	17.92160	18.69457
12	16.01203	16.79137	17.60534	18.45534	19.34280	20.26923	21.23618	22.24524	23.29807	24.39641
13	20.17515	21.24108	22.35878	23.53056	24.75879	26.04596	27.39467	28.80758	30.28749	31.83731
14	25.42069	26.86997	28.39565	30.00146	31.69125	33.46906	35.33912	37.30582	39.37374	41.54769
15	32.03007	33.99051	36.06248	38.25186	40.56480	43.00774	45.58746	48.31103	51.18586	54.21973
16	40.35789	42.99799	45.79935	48.77112	51.92294	55.26495	58.80783	62.56278	66.54161	70.75675
17	50.85094	54.39245	58.16517	62.18318	66.46136	71.01545	75.86209	81.01880	86.50410	92.33755
18	64.07218	68.80645	73.86976	79.28355	85.07053	91.25485	97.86210	104.91934	112.45532	120.50050
19	80.73095	87.04016	93.81460	101.08652	108.89028	117.26248	126.24210	135.87054	146.19191	157.25314
20	101.72099	110.10579	119.14453	128.88531	139.37955	150.68228	162.85230	175.95234	190.04947	205.21534

[수표 2] 연금의 복리이자요소($CVIF_a$)

	1.0	1.5	2.0	2.5	3.0	3.5	4.0	4.5	5.0	5.5
1	1.00000	1.00000	1.00000	1.00000	1.00000	1.00000	1.00000	1.00000	1.00000	1.00000
2	2.01000	2.01500	2.02000	2.02500	2.03000	2.03500	2.04000	2.04500	2.05000	2.05500
3	3.03010	3.04522	3.06040	3.07562	3.09090	3.10622	3.12160	3.13702	3.15250	3.16802
4	4.06040	4.09090	4.12161	4.15252	4.18363	4.21494	4.24646	4.27819	4.31012	4.34227
5	5.10100	5.15227	5.20404	5.25633	5.30914	5.36247	5.41632	5.47071	5.52563	5.58109
6	6.15210	6.22955	6.30812	6.38774	6.46841	6.55015	6.63298	6.71689	6.80191	6.88805
7	7.21353	7.32299	7.43428	7.54743	7.66246	7.77941	7.89829	8.01915	8.14201	8.26689
8	8.28567	8.43284	8.58297	8.73612	8.89234	9.05169	9.21423	9.38001	9.54911	9.72157
9	9.36853	9.55933	9.75463	9.95452	10.15911	10.36850	10.58279	10.80211	11.02656	11.25626
10	10.46221	10.70272	10.94972	11.20338	11.46388	11.73139	12.00611	12.28821	12.57789	12.87535
11	11.56683	11.86326	12.16871	12.48347	12.80779	13.14199	13.48635	13.84118	14.20679	14.58350
12	12.68250	13.04121	13.41209	13.79555	14.19203	14.60196	15.02580	15.46403	15.91713	16.38559
13	13.80933	14.23683	14.68033	15.14044	15.61779	16.11303	16.62684	17.15991	17.71298	18.28680
14	14.94742	15.45038	15.97394	16.51895	17.08632	17.67699	18.29191	18.93211	19.59863	20.29257
15	16.09689	16.68214	17.29342	17.93192	18.59891	19.29568	20.02359	20.78405	21.57856	22.40866
16	17.25786	17.93237	18.63928	19.38022	20.15688	20.97103	21.82453	22.71933	23.65749	24.64114
17	18.43044	19.20135	20.01207	20.86473	21.76158	22.70501	23.69751	24.74170	25.84036	26.99640
18	19.61474	20.48937	21.41231	22.38635	23.41443	24.49969	25.64541	26.85508	28.13238	29.48120
19	20.81089	21.79671	22.84056	23.94600	25.11686	26.35718	27.67123	29.06356	30.53900	32.10267
20	22.01900	23.12366	24.29737	25.54465	26.87037	28.27968	29.77807	31.37142	33.06595	34.86831

	6.0	6.5	7.0	7.5	8.0	8.5	9.0	9.5	10.0	10.5
1	1.00000	1.00000	1.00000	1.00000	1.00000	1.00000	1.00000	1.00000	1.00000	1.00000
2	2.06000	2.06500	2.07000	2.07500	2.08000	2.08500	2.09000	2.09500	2.10000	2.10500
3	3.18360	3.19922	3.21490	3.23062	3.24640	3.26222	3.27810	3.29402	3.31000	3.32602
4	4.37462	4.40717	4.43994	4.47292	4.50611	4.53951	4.57313	4.60696	4.64100	4.67526
5	5.63709	5.69364	5.75074	5.80839	5.86660	5.92537	5.98471	6.04462	6.10510	6.16616
6	6.97532	7.06373	7.15329	7.24402	7.33593	7.42903	7.52333	7.61886	7.71561	7.81361
7	8.39384	8.52287	8.65402	8.78732	8.92280	9.06050	9.20043	9.34265	9.48717	9.63403
8	9.89747	10.07686	10.25980	10.44637	10.63663	10.83064	11.02847	11.23020	11.43589	11.64561
9	11.49132	11.73185	11.97799	12.22985	12.48756	12.75124	13.02104	13.29707	13.57948	13.86840
10	13.18079	13.49442	13.81645	14.14709	14.48656	14.83510	15.19293	15.56029	15.93742	16.32458
11	14.97164	15.37156	15.78360	16.20812	16.64549	17.09608	17.56029	18.03852	18.53117	19.03866
12	16.86994	17.37071	17.88845	18.42373	18.97713	19.54925	20.14072	20.75217	21.38428	22.03772
13	18.88214	19.49981	20.14064	20.80551	21.49530	22.21093	22.95338	23.72363	24.52271	25.35168
14	21.01506	21.76729	22.55049	23.36592	24.21492	25.09886	26.01919	26.97738	27.97498	29.01360
15	23.27597	24.18217	25.12902	26.11836	27.15211	28.23227	29.36091	30.54023	31.77248	33.06003
16	25.67252	26.75401	27.88805	29.07724	30.32428	31.63201	33.00339	34.44155	35.94973	37.53133
17	28.21287	29.49302	30.84021	32.25803	33.75022	35.32073	36.97370	38.71349	40.54470	42.47212
18	30.90565	32.41006	33.99903	35.67738	37.45024	39.32299	41.30133	43.39127	45.59917	47.93169
19	33.75998	35.51672	37.37896	39.35318	41.44626	43.66544	46.01845	48.51344	51.15908	53.96452
20	36.78558	38.82530	40.99549	43.30467	45.76196	48.37701	51.16011	53.12222	57.27499	60.63080

	11.0	11.5	12.0	12.5	13.0	13.5	14.0	14.5	15.0	15.5
1	1.00000	1.00000	1.00000	1.00000	1.00000	1.00000	1.00000	1.00000	1.00000	1.00000
2	2.11000	2.11500	2.12000	2.12500	2.13000	2.13500	2.14000	2.14500	2.15000	2.15500
3	3.34210	3.35822	3.37440	3.39062	3.40690	3.42322	3.43960	3.45602	3.47250	3.48902
4	4.70973	4.74442	4.77933	4.81445	4.84980	4.88536	4.92114	4.95715	4.99337	5.02982
5	6.22780	6.29003	6.35285	6.41626	6.48027	6.54488	6.61010	6.67593	6.74238	6.80945
6	7.91286	8.01338	8.11519	8.21829	8.32271	8.42844	8.53552	8.64395	8.75374	8.86491
7	9.78327	9.93492	10.08901	10.24558	10.40466	10.56628	10.73049	10.89732	11.06680	11.23897
8	11.85943	12.07744	12.29969	12.52628	12.75726	12.99273	13.23276	13.47743	13.72682	13.98101
9	14.16397	14.46634	14.77566	15.09206	15.41571	15.74675	16.08535	16.43165	16.78584	17.14807
10	16.72201	17.12997	17.54873	17.97857	18.41975	18.87256	19.33729	19.81424	20.30372	20.80602
11	19.56143	20.09992	20.65458	21.22589	21.81432	22.42036	23.04451	23.68731	24.34927	25.03095
12	22.71318	23.41141	24.13313	24.87912	25.65018	26.44710	27.27074	28.12197	29.00166	29.91075
13	26.21163	27.10372	28.02911	28.98901	29.98470	31.01746	32.08865	33.19965	34.35191	35.54691
14	30.09491	31.22065	32.39260	33.61264	34.88271	36.20482	37.58106	39.01360	40.50470	42.05668
15	34.40535	35.81102	37.27971	38.81422	40.41746	42.09247	43.84241	45.67057	47.58041	49.57547
16	39.18994	40.92929	42.75327	44.66599	46.67173	48.77495	50.98034	53.29280	55.71747	58.25967
17	44.50083	46.63616	48.88367	51.24924	53.73906	56.35957	59.11759	62.02026	65.07508	68.28991
18	50.39592	52.99931	55.74971	58.65540	61.72513	64.96811	68.39405	72.01320	75.83635	79.87485
19	56.93947	60.09423	63.43967	66.98732	70.74940	74.73880	78.96922	83.45511	88.21180	93.25545
20	64.20282	68.00507	72.05243	76.36073	80.94682	85.82854	91.02491	96.55610	102.44357	108.71004

	16.0	16.5	17.0	17.5	18.0	18.5	19.0	19.5	20.0	20.5
1	1.00000	1.00000	1.00000	1.00000	1.00000	1.00000	1.00000	1.00000	1.00000	1.00000
2	2.16000	2.16500	2.17000	2.17500	2.18000	2.18500	2.19000	2.19500	2.20000	2.20500
3	3.50560	3.52222	3.53890	3.55562	3.57240	3.58922	3.60610	3.62302	3.64000	3.65702
4	5.06650	5.10339	5.14051	5.17786	5.21543	5.25323	5.29126	5.32951	5.36800	5.40671
5	6.87714	6.94545	7.01440	7.08398	7.15421	7.22508	7.29660	7.36877	7.44160	7.51509
6	8.97748	9.09145	9.20685	9.32368	9.44197	9.56172	9.68295	9.80568	9.92992	10.05568
7	11.41387	11.59154	11.77201	11.95533	12.14152	12.33064	12.52271	12.71779	12.91590	13.11710
8	14.24009	14.50414	14.77325	15.04751	15.32699	15.61180	15.90203	16.19775	16.49908	16.80610
9	17.51851	17.89733	18.28471	18.68082	19.08585	19.49999	19.92341	20.35632	20.79890	21.25135
10	21.32147	21.85039	22.39311	22.94996	23.52131	24.10748	24.70886	25.32580	25.95868	26.60788
11	25.73290	26.45570	27.19993	27.96621	28.75514	29.56737	30.40354	31.26433	32.15041	33.06250
12	30.85016	31.82089	32.82392	33.86029	34.93106	36.03733	37.18021	38.36087	39.58049	40.84031
13	36.78619	38.07133	39.40399	40.78584	42.21865	43.70423	45.24445	46.84124	48.49659	50.21257
14	43.67198	45.35310	47.10266	48.92336	50.81801	52.78952	54.84090	56.97528	59.19591	61.50614
15	51.65949	53.83636	56.11012	58.48495	60.96525	63.55557	66.26067	69.08546	72.03509	75.11490
16	60.92501	63.71936	66.64883	69.71982	72.93899	76.31335	79.85019	83.55712	87.44210	91.51345
17	71.67301	75.23305	78.97913	82.92078	87.06801	91.43132	96.02173	100.85076	105.93052	111.27371
18	84.14069	88.64650	93.40559	98.43192	103.74025	109.34611	115.26585	121.51665	128.11662	135.08481
19	98.60320	104.27318	110.28453	116.65750	123.41349	130.57514	138.16636	146.21239	154.73994	163.77719
20	115.37971	122.47825	130.03290	138.07256	146.62792	155.73153	165.41797	175.72381	186.68792	198.35151

	21.0	21.5	22.0	22.5	23.0	23.5	24.0	24.5	25.0	25.5
1	1.00000	1.00000	1.00000	1.00000	1.00000	1.00000	1.00000	1.00000	1.00000	1.00000
2	2.21000	2.21500	2.22000	2.22500	2.23000	2.23500	2.24000	2.24500	2.25000	2.25500
3	3.67410	3.69122	3.70840	3.72562	3.74290	3.76022	3.77760	3.79502	3.81250	3.83002
4	5.44566	5.48484	5.52425	5.56389	5.60377	5.64388	5.68422	5.72481	5.76562	5.80668
5	7.58925	7.66408	7.73958	7.81577	7.89263	7.97019	8.04844	8.12738	8.20703	8.28738
6	10.18299	10.31185	10.44229	10.57431	10.70794	10.84318	10.98006	11.11859	11.25879	11.40067
7	13.32142	13.52890	13.73959	13.95353	14.17076	14.39133	14.61528	14.84265	15.07348	15.30784
8	17.11892	17.43762	17.76230	18.09308	18.43004	18.77329	19.12294	19.47909	19.84186	20.21133
9	21.71389	22.18670	22.67001	23.16402	23.66895	24.18502	24.71245	25.25147	25.80232	26.36522
10	27.27381	27.95684	28.65741	29.37592	30.11280	30.86849	31.64343	32.43808	33.25290	34.08835
11	34.00130	34.96757	35.96204	36.98550	38.03875	39.12259	40.23786	41.38541	42.56612	43.78088
12	42.14158	43.48559	44.87369	46.30724	47.78766	49.31639	50.89494	52.52483	54.20765	55.94501
13	51.99131	53.83499	55.74590	57.72636	59.77882	61.90575	64.10972	66.39341	68.75956	71.21098
14	63.90948	66.40951	69.00999	71.71479	74.52795	77.45359	80.49605	83.65979	86.94945	90.36978
15	78.33047	81.68756	85.19219	88.85062	92.66937	96.65518	100.81510	105.15644	109.68680	114.41407
16	95.77987	100.25038	104.93447	109.84200	114.98332	120.36915	126.01072	131.91976	138.10850	144.58965
17	116.89364	122.80402	129.02004	135.55645	142.42948	149.65589	157.25329	165.24010	173.63562	182.46001
18	142.44130	150.20711	158.40445	167.05664	176.18826	185.82502	195.99407	206.72391	218.04452	229.98730
19	173.35396	183.50163	194.25342	205.64438	217.71155	230.49390	244.03264	258.37126	273.55564	289.63405
20	210.75829	223.95447	237.98917	252.91436	268.78520	285.65995	303.60047	322.67220	342.94455	364.49072

	26.0	26.5	27.0	27.5	28.0	28.5	29.0	29.5	30.0	30.5
1	1.00000	1.00000	1.00000	1.00000	1.00000	1.00000	1.00000	1.00000	1.00000	1.00000
2	2.26000	2.26500	2.27000	2.27500	2.28000	2.28500	2.29000	2.29500	2.30000	2.30500
3	3.84760	3.86522	3.88290	3.90062	3.91840	3.93622	3.95410	3.97202	3.99000	4.00802
4	5.84798	5.88951	5.93128	5.97330	6.01555	6.05805	6.10079	6.14377	6.18700	6.23047
5	8.36845	8.45023	8.53273	8.61595	8.69991	8.78459	8.87002	8.95618	9.04310	9.13077
6	11.54425	11.68954	11.83657	11.98534	12.13588	12.28820	12.44232	12.59826	12.75603	12.91565
7	15.54575	15.78727	16.03244	16.28131	16.53392	16.79034	17.05059	17.31474	17.58284	17.85492
8	20.58764	20.97089	21.36119	21.75867	22.16342	22.57558	22.99527	23.42259	23.85769	24.30067
9	26.94043	27.52818	28.12872	28.74230	29.36918	30.00962	30.66389	31.33226	32.01499	32.71237
10	34.94494	35.82314	36.72347	37.64643	38.59255	39.56236	40.55642	41.57527	42.61949	43.68965
11	45.03062	46.31627	47.63880	48.99919	50.39846	51.83763	53.31778	54.83997	56.40533	58.01499
12	57.73858	59.59008	61.50128	63.47397	65.51003	67.61136	69.77993	72.01776	74.32693	76.70955
13	73.75061	76.38145	79.10662	81.92931	84.85283	87.88059	91.01611	94.26300	97.62500	101.10596
14	93.92576	97.62253	101.46541	105.45987	109.61162	113.92655	118.41078	123.07058	127.91249	132.94327
15	119.34646	124.49250	129.86106	135.46132	141.30286	147.39561	153.74990	160.37639	167.28623	174.49096
16	151.37653	158.48300	165.92354	173.71318	181.86766	190.40335	199.33736	208.68742	218.47210	228.71070
17	191.73442	201.48099	211.72289	222.48430	233.79059	245.66830	258.14518	271.25020	285.01371	299.46745
18	242.58536	255.87344	269.88806	284.66747	300.25195	316.68375	334.00727	352.26899	371.51781	391.80500
19	306.65755	324.67989	343.75783	363.95101	385.32248	407.93861	431.86937	457.18833	483.97313	512.30550
20	387.38850	411.72004	437.57243	465.03753	494.21275	525.20109	558.11147	593.05886	630.16504	669.55865

[수표 3] 현가이자요소(*PVIF*)

	1.0	1.5	2.0	2.5	3.0	3.5	4.0	4.5	5.0	5.5
1	0.99010	0.98522	0.98039	0.97561	0.97087	0.96618	0.96154	0.95694	0.95238	0.94787
2	0.98030	0.97066	0.96117	0.95181	0.94260	0.93351	0.92456	0.91573	0.90703	0.89845
3	0.97059	0.95632	0.94232	0.92860	0.91514	0.90194	0.88900	0.87630	0.86384	0.85161
4	0.96098	0.94218	0.92385	0.90595	0.88849	0.87114	0.85480	0.83856	0.82270	0.80722
5	0.95147	0.92826	0.90573	0.88385	0.86261	0.84197	0.82193	0.80245	0.78353	0.76513
6	0.94205	0.91454	0.88797	0.86230	0.83748	0.81350	0.79031	0.76790	0.74622	0.72525
7	0.93272	0.90103	0.87056	0.84127	0.81309	0.78599	0.75992	0.73483	0.71068	0.68744
8	0.92348	0.88771	0.85349	0.82075	0.78941	0.75941	0.73069	0.70319	0.67684	0.65160
9	0.91434	0.87459	0.83676	0.80073	0.76642	0.73373	0.70259	0.67290	0.64461	0.61763
10	0.90529	0.86167	0.82035	0.78120	0.74409	0.70892	0.67556	0.64393	0.61391	0.58543
11	0.89632	0.84893	0.80426	0.76214	0.72242	0.68495	0.64958	0.61620	0.58468	0.55491
12	0.88745	0.83639	0.78849	0.74356	0.70138	0.66178	0.62460	0.58966	0.55684	0.52598
13	0.87866	0.82403	0.77303	0.72542	0.68095	0.63940	0.60057	0.56427	0.53032	0.49856
14	0.86996	0.81185	0.75788	0.70773	0.66112	0.61778	0.57748	0.53997	0.50507	0.47257
15	0.86135	0.79985	0.74301	0.69047	0.64186	0.59689	0.55526	0.51672	0.48102	0.44793
16	0.85282	0.78803	0.72845	0.67362	0.62317	0.57671	0.53391	0.49447	0.45811	0.42458
17	0.84438	0.77639	0.71416	0.65720	0.60502	0.55720	0.51337	0.47318	0.43630	0.40245
18	0.83602	0.76491	0.70016	0.64117	0.58739	0.53836	0.49363	0.45280	0.41552	0.38147
19	0.82774	0.75361	0.68643	0.62553	0.57029	0.52016	0.47464	0.43330	0.39573	0.36158
20	0.81954	0.74247	0.67297	0.61027	0.55368	0.50257	0.45639	0.41464	0.37689	0.34273

	6.0	6.5	7.0	7.5	8.0	8.5	9.0	9.5	10.0	10.5
1	0.94340	0.93897	0.93458	0.93023	0.92593	0.92166	0.91743	0.91324	0.90909	0.90498
2	0.89000	0.88166	0.87344	0.86533	0.85734	0.84946	0.84168	0.83401	0.82645	0.81898
3	0.83962	0.82785	0.81630	0.80496	0.79383	0.78291	0.77218	0.76165	0.75131	0.74116
4	0.79209	0.77732	0.76290	0.74880	0.73503	0.72157	0.70843	0.69557	0.68301	0.67073
5	0.74726	0.72988	0.71299	0.69656	0.68058	0.66505	0.64993	0.63523	0.62092	0.60700
6	0.70496	0.68533	0.66634	0.64796	0.63017	0.61295	0.59627	0.58012	0.56447	0.54932
7	0.66506	0.64351	0.62275	0.60275	0.58349	0.56493	0.54703	0.52979	0.51316	0.49712
8	0.62741	0.60423	0.58201	0.56070	0.54027	0.52067	0.50187	0.48382	0.46651	0.44989
9	0.59190	0.56735	0.54393	0.52158	0.50025	0.47988	0.46043	0.44185	0.42410	0.40714
10	0.55839	0.53273	0.50835	0.48519	0.46319	0.44229	0.42241	0.40351	0.38554	0.36845
11	0.52679	0.50021	0.47509	0.45134	0.42888	0.40764	0.38753	0.36851	0.35049	0.33344
12	0.49697	0.46968	0.44401	0.41985	0.39711	0.37570	0.35553	0.33654	0.31863	0.30175
13	0.46884	0.44102	0.41496	0.39056	0.36770	0.34627	0.32618	0.30734	0.28966	0.27308
14	0.44230	0.41410	0.38782	0.36331	0.34046	0.31914	0.29925	0.28067	0.26333	0.24713
15	0.41727	0.38883	0.36245	0.33797	0.31524	0.29414	0.27454	0.25632	0.23939	0.22365
16	0.39365	0.36510	0.33873	0.31439	0.29189	0.27110	0.25187	0.23409	0.21763	0.20240
17	0.37136	0.34281	0.31657	0.29245	0.27027	0.24986	0.23107	0.21378	0.19784	0.18316
18	0.35034	0.32189	0.29586	0.27205	0.25052	0.23028	0.21199	0.19523	0.17986	0.16576
19	0.33051	0.30224	0.27651	0.25307	0.23171	0.21224	0.19449	0.17829	0.16351	0.15001
20	0.31180	0.28380	0.25842	0.23541	0.21455	0.19562	0.17843	0.16282	0.14864	0.13575

	11.0	11.5	12.0	12.5	13.0	13.5	14.0	14.5	15.0	15.5
1	0.90090	0.89686	0.89286	0.88889	0.88496	0.88106	0.87719	0.87336	0.86957	0.86580
2	0.81162	0.80436	0.79719	0.79012	0.78315	0.77626	0.76947	0.76276	0.75614	0.74961
3	0.73119	0.72140	0.71178	0.70233	0.69305	0.68393	0.67497	0.66617	0.65752	0.64901
4	0.65873	0.64699	0.63552	0.62430	0.61332	0.60258	0.59208	0.58181	0.57175	0.56192
5	0.59345	0.58026	0.56743	0.55493	0.54276	0.53091	0.51937	0.50813	0.49718	0.48651
6	0.53464	0.52042	0.50663	0.49327	0.48032	0.46776	0.45559	0.44378	0.43233	0.42122
7	0.48166	0.46674	0.45235	0.43846	0.42506	0.41213	0.39964	0.38758	0.37594	0.36469
8	0.43393	0.41860	0.40388	0.38974	0.37616	0.36311	0.35056	0.33850	0.32690	0.31575
9	0.93092	0.37543	0.36061	0.34644	0.33288	0.31992	0.30751	0.29563	0.28426	0.27338
10	0.35218	0.33671	0.32197	0.30795	0.29459	0.28187	0.26974	0.25819	0.24718	0.23669
11	0.31728	0.30198	0.28748	0.27373	0.26070	0.24834	0.23662	0.22550	0.21494	0.20493
12	0.28584	0.27083	0.25668	0.24332	0.23071	0.21880	0.20756	0.19694	0.18691	0.17743
13	0.25751	0.24290	0.22917	0.21628	0.20416	0.19278	0.18207	0.17200	0.16253	0.15362
14	0.23199	0.21785	0.20462	0.19225	0.18068	0.16985	0.15971	0.15022	0.14133	0.13300
15	0.20900	0.19538	0.18270	0.17089	0.15989	0.14964	0.14010	0.13120	0.12289	0.11515
16	0.18829	0.17523	0.16312	0.15190	0.14150	0.13185	0.12289	0.11458	0.10686	0.09970
17	0.16963	0.15715	0.14564	0.13502	0.12522	0.11616	0.10780	0.10007	0.09293	0.08632
18	0.15282	0.14095	0.13004	0.12002	0.11081	0.10235	0.09456	0.08740	0.08081	0.07474
19	0.13768	0.12641	0.11611	0.10668	0.09806	0.09017	0.08295	0.07633	0.07027	0.06471
20	0.12403	0.11337	0.10367	0.09483	0.08678	0.07945	0.07276	0.06666	0.06110	0.05602

	16.0	16.5	17.0	17.5	18.0	18.5	19.0	19.5	20.0	20.5
1	0.86207	0.85837	0.85470	0.85106	0.84746	0.84388	0.84034	0.83682	0.83333	0.82988
2	0.74316	0.73680	0.73051	0.72431	0.71818	0.71214	0.70616	0.70027	0.69444	0.68869
3	0.64066	0.63244	0.62437	0.61643	0.60863	0.60096	0.59342	0.58600	0.57870	0.57153
4	0.55229	0.54287	0.53365	0.52462	0.51579	0.50714	0.49867	0.49038	0.48225	0.47430
5	0.47611	0.46598	0.45611	0.44649	0.43711	0.42797	0.41905	0.41036	0.40188	0.39361
6	0.41044	0.39999	0.38984	0.37999	0.37043	0.36115	0.35214	0.34339	0.33490	0.32665
7	0.35383	0.34334	0.33320	0.32340	0.31393	0.30477	0.29592	0.28736	0.27908	0.27108
8	0.30503	0.29471	0.28478	0.27523	0.26604	0.25719	0.24867	0.24047	0.23257	0.22496
9	0.26295	0.25297	0.24340	0.23424	0.22546	0.21704	0.20897	0.20123	0.19381	0.18669
10	0.22668	0.21714	0.20804	0.19935	0.19106	0.18315	0.17560	0.16839	0.16151	0.15493
11	0.19542	0.18639	0.17781	0.16966	0.16192	0.15456	0.14757	0.14091	0.13459	0.12857
12	0.16846	0.15999	0.15197	0.14439	0.13722	0.13043	0.12400	0.11792	0.11216	0.10670
13	0.14523	0.13733	0.12989	0.12289	0.11629	0.11007	0.10421	0.09868	0.09346	0.08855
14	0.12520	0.11788	0.11102	0.10459	0.09855	0.09288	0.08757	0.08258	0.07789	0.07348
15	0.10793	0.10118	0.09489	0.08901	0.08352	0.07838	0.07359	0.06910	0.06491	0.06098
16	0.09304	0.08685	0.08110	0.07575	0.07078	0.06615	0.06184	0.05782	0.05409	0.05061
17	0.08021	0.07455	0.06932	0.06447	0.05998	0.05582	0.05196	0.04839	0.04507	0.04200
18	0.06914	0.06399	0.05925	0.05487	0.05083	0.04711	0.04367	0.04049	0.03756	0.03485
19	0.05961	0.05493	0.05064	0.04670	0.04308	0.03975	0.03670	0.03389	0.03130	0.02892
20	0.05139	0.04715	0.04328	0.03974	0.03651	0.03355	0.03084	0.02836	0.02608	0.02400

	21.0	21.5	22.0	22.5	23.0	23.5	24.0	24.5	25.0	25.5
1	0.82645	0.82305	0.81967	0.81633	0.81301	0.80972	0.80645	0.80321	0.80000	0.79681
2	0.68301	0.67740	0.67186	0.66639	0.66098	0.65564	0.65036	0.64515	0.64000	0.63491
3	0.56447	0.55753	0.55071	0.54399	0.53738	0.53088	0.52449	0.51819	0.51200	0.50590
4	0.46651	0.45888	0.45140	0.44407	0.43690	0.42987	0.42297	0.41622	0.40960	0.40311
5	0.38554	0.37768	0.37000	0.36251	0.35520	0.34807	0.34111	0.33431	0.32768	0.32120
6	0.31863	0.31084	0.30328	0.29593	0.28878	0.28184	0.27509	0.26852	0.26214	0.25594
7	0.26333	0.25584	0.24859	0.24157	0.23478	0.22821	0.22184	0.21568	0.20972	0.20394
8	0.21763	0.21057	0.20376	0.19720	0.19088	0.18478	0.17891	0.17324	0.16777	0.16250
9	0.17986	0.17331	0.16702	0.16098	0.15519	0.14962	0.14428	0.13915	0.13422	0.12948
10	0.14864	0.14264	0.13690	0.13141	0.12617	0.12115	0.11635	0.11177	0.10737	0.10317
11	0.12285	0.11740	0.11221	0.10728	0.10258	0.09810	0.09383	0.08977	0.08590	0.08221
12	0.10153	0.09662	0.09198	0.08757	0.08339	0.07943	0.07567	0.07211	0.06872	0.06551
13	0.08391	0.07953	0.07539	0.07149	0.06780	0.06432	0.06103	0.05792	0.05498	0.05220
14	0.06934	0.06545	0.06180	0.05836	0.05512	0.05208	0.04921	0.04652	0.04398	0.04159
15	0.05731	0.05387	0.05065	0.04764	0.04482	0.04217	0.03969	0.03736	0.03518	0.03314
16	0.04736	0.04434	0.04152	0.03889	0.03643	0.03415	0.03201	0.03001	0.02815	0.02641
17	0.03914	0.03649	0.03403	0.03175	0.02962	0.02765	0.02581	0.02411	0.02252	0.02104
18	0.03235	0.03003	0.02789	0.02591	0.02408	0.02239	0.02082	0.01936	0.01801	0.01677
19	0.02673	0.02472	0.02286	0.02116	0.01958	0.01813	0.01679	0.01555	0.01441	0.01336
20	0.02209	0.02035	0.01874	0.01727	0.01592	0.01468	0.01354	0.01249	0.01153	0.01064

	26.0	26.5	27.0	27.5	28.0	28.5	29.0	29.5	30.0	30.5
1	0.79365	0.79051	0.78740	0.78431	0.78125	0.77821	0.77519	0.77220	0.76923	0.76628
2	0.62988	0.62491	0.62000	0.61515	0.61035	0.60561	0.60093	0.59629	0.59172	0.58719
3	0.49991	0.49400	0.48819	0.48247	0.47684	0.47129	0.46583	0.46046	0.45517	0.44995
4	0.39675	0.39052	0.38440	0.37841	0.37253	0.36676	0.36111	0.35557	0.35013	0.34479
5	0.31488	0.30871	0.30268	0.29679	0.29104	0.28542	0.27993	0.27457	0.26933	0.26421
6	0.24991	0.24404	0.23833	0.23278	0.22737	0.22212	0.21700	0.21202	0.20718	0.20246
7	0.19834	0.19292	0.18766	0.18257	0.17764	0.17285	0.16822	0.16372	0.15937	0.15514
8	0.15741	0.15250	0.14776	0.14319	0.13878	0.13452	0.13040	0.12643	0.12259	0.11888
9	0.12493	0.12056	0.11635	0.11231	0.10842	0.10468	0.10109	0.09763	0.09430	0.09110
10	0.09915	0.09530	0.09161	0.08808	0.08470	0.08146	0.07836	0.07539	0.07254	0.06981
11	0.07869	0.07534	0.07214	0.06909	0.06617	0.06340	0.06075	0.05821	0.05580	0.05349
12	0.06245	0.05955	0.05680	0.05418	0.05170	0.04934	0.04709	0.04495	0.04292	0.04099
13	0.04957	0.04708	0.04473	0.04250	0.04039	0.03839	0.03650	0.03471	0.03302	0.03141
14	0.03934	0.03722	0.03522	0.03333	0.03155	0.02988	0.02830	0.02681	0.02540	0.02407
15	0.03122	0.02942	0.02773	0.02614	0.02465	0.02325	0.02194	0.02070	0.01954	0.01844
16	0.02478	0.02326	0.02183	0.02050	0.01926	0.01809	0.01700	0.01598	0.01503	0.01413
17	0.01967	0.01838	0.01719	0.01608	0.01505	0.01408	0.01318	0.01234	0.01156	0.01083
18	0.01561	0.01453	0.01354	0.01261	0.01175	0.01096	0.01022	0.00953	0.00889	0.00830
19	0.01239	0.01149	0.01066	0.00989	0.00918	0.00853	0.00792	0.00736	0.00684	0.00636
20	0.00983	0.00908	0.00839	0.00776	0.00717	0.00664	0.00614	0.00568	0.00526	0.00487

[수표 4] 연금의 현가이자요소($PVIF_a$)

	1.0	1.5	2.0	2.5	3.0	3.5	4.0	4.5	5.0	5.5
1	0.99010	0.98522	0.98039	0.97561	0.97087	0.96618	0.96154	0.95694	0.95238	0.94787
2	1.97039	1.95588	1.94156	1.92742	1.91347	1.89969	1.88609	1.87267	1.85941	1.84632
3	2.94098	2.91220	2.88388	2.85602	2.82861	2.80164	2.77509	2.74896	2.72325	2.69793
4	3.90197	3.85438	3.80773	3.76197	3.71710	3.67308	3.62990	3.58753	3.54595	3.50515
5	4.85343	4.78264	4.71346	4.64583	4.57971	4.51505	4.45182	4.38998	4.32948	4.27028
6	5.79548	5.69719	5.60143	5.50812	5.41719	5.32855	5.24214	5.15787	5.07569	4.99553
7	6.72819	6.59821	6.47199	6.34939	6.23028	6.11455	6.00206	5.89270	5.78637	5.68297
8	7.65168	9.48592	7.32548	7.17014	7.01969	6.87396	6.73275	6.59589	6.46321	6.33457
9	8.56602	8.36051	8.16224	7.97086	7.78611	7.60769	7.43533	7.26879	7.10782	6.95220
10	9.47130	9.22218	8.98259	8.75206	8.53020	8.31661	8.11090	7.91272	7.72174	7.53763
11	10.36763	10.07112	9.78685	9.51421	9.25262	9.00155	8.76048	8.52892	8.30642	8.09254
12	11.25508	10.90750	10.57534	10.25776	9.95400	9.66334	9.38507	9.11858	8.86325	8.61852
13	12.13374	11.73153	11.34837	10.98318	10.63495	10.30274	9.98565	9.68285	9.39357	9.11708
14	13.00370	12.54338	12.10625	11.69091	11.29607	10.92052	10.56312	10.22282	9.89864	9.58965
15	13.86505	13.34323	12.84926	12.38138	11.93793	11.51741	11.11839	10.73955	10.37966	10.03758
16	14.71787	14.13126	13.57771	13.05500	12.56110	12.09412	11.65230	11.23401	10.83777	10.46216
17	15.56225	14.90765	14.29187	13.71220	13.16612	12.65132	12.16567	11.70719	11.27407	10.86461
18	16.39827	15.67256	14.99203	14.35336	13.75351	13.18968	12.65930	12.15999	11.68959	11.24607
19	17.22601	16.42616	15.67846	14.97889	14.32380	13.70984	13.13394	12.59329	12.08532	11.60765
20	18.04555	17.16863	16.35143	15.58916	14.87747	14.21241	13.59033	13.00794	12.46221	11.95038

	6.0	6.5	7.0	7.5	8.0	8.5	9.0	9.5	10.0	10.5
1	0.94340	0.93897	0.93458	0.93023	0.92593	0.92166	0.91743	0.91324	0.90909	0.90498
2	1.83339	1.82063	1.80802	1.79557	1.78326	1.77111	1.75911	1.74725	1.73554	1.72396
3	2.67301	2.64848	2.62432	2.60053	2.57710	2.55402	2.53129	2.50891	2.48685	2.46512
4	3.46511	3.42580	3.38721	3.34933	3.31213	3.27560	3.23972	3.20448	3.16987	3.13586
5	4.21236	4.15568	4.10020	4.04588	3.99271	3.94064	3.88965	3.83971	3.79079	3.74286
6	4.91732	4.84101	4.76654	4.69385	4.62288	4.55359	4.48592	4.41983	4.35526	4.29218
7	5.58238	5.48452	5.38929	5.29660	5.20637	5.11851	5.03295	4.94961	4.86842	4.78930
8	6.20979	6.08875	5.97130	5.85730	5.74664	5.63918	5.53482	5.43344	5.33493	5.23919
9	6.80169	6.65611	6.51523	6.37889	6.24689	6.11906	5.99525	5.87528	5.75902	5.64632
10	7.36009	7.18883	7.02358	6.86408	6.71008	6.56135	6.41766	6.27880	6.14457	6.01477
11	7.88687	7.68904	7.49867	7.31542	7.13896	6.96898	6.80519	6.64730	6.49506	6.34821
12	8.38384	8.15873	7.94269	7.73528	7.53608	7.34469	7.16073	6.98384	6.81369	6.64996
13	8.85268	8.59974	8.35765	8.12584	7.90378	7.69096	7.48690	7.29118	7.10336	6.92304
14	9.29498	9.01384	8.74547	8.48915	8.24424	8.01010	7.78615	7.57185	7.36669	7.17018
15	9.71225	9.40267	9.10791	8.82712	8.55948	8.30424	8.06069	7.82817	7.60608	7.39382
16	10.10590	9.76777	9.44665	9.14151	8.85137	8.57533	8.31256	8.06226	7.82371	7.59622
17	10.47726	10.11058	9.76322	9.43396	9.12164	8.82519	8.54363	8.27604	8.02155	7.77939
18	10.82760	10.43247	10.05909	9.70601	9.37189	9.05548	8.75563	8.47127	8.20141	8.94515
19	11.15812	10.73471	10.33560	9.95908	9.60360	9.26772	8.95011	8.64956	8.36492	8.09515
20	11.46992	11.01851	10.59401	10.19449	9.81815	9.46334	9.12855	8.81238	8.51356	8.23091

	11.0	11.5	12.0	12.5	13.0	13.5	14.0	14.5	15.0	15.5
1	0.90090	0.89686	0.89286	0.88889	0.88496	0.88106	0.87719	0.87336	0.86957	0.86580
2	1.71252	1.70122	1.69005	1.67901	1.66810	1.65732	1.64666	1.63612	1.62571	1.61541
3	2.44371	2.42262	2.40183	2.38134	2.36115	2.34125	2.32163	2.30229	2.28323	2.26443
4	3.10245	3.06961	3.03735	3.00564	2.97447	2.94383	2.91371	2.88410	2.85498	2.82634
5	3.69590	3.64988	3.60478	3.56057	3.51723	3.47474	3.43308	3.39223	3.35216	3.31285
6	4.23054	4.17029	4.11141	4.05384	3.99755	3.94250	3.88867	3.83600	3.78448	3.73407
7	4.71220	4.63704	4.56376	4.49230	4.42261	4.35463	4.28830	4.22358	4.16042	4.09876
8	5.14612	5.05564	4.96764	4.88205	4.79877	4.71774	4.63886	4.56208	4.48732	4.41451
9	5.53705	5.43106	5.32825	5.22848	5.13166	5.03765	4.94637	4.85771	4.77158	4.68789
10	5.88923	5.76777	5.65022	5.53643	5.42624	5.31952	5.21612	5.11591	5.01877	4.92458
11	6.20652	6.06975	5.93770	5.81016	5.68694	5.56786	5.45273	5.34140	5.23371	5.12951
12	6.49236	6.34058	6.19437	6.05348	5.91765	5.78666	5.66029	5.53834	5.42062	5.30693
13	6.74987	6.58348	6.42355	6.26976	6.12181	5.97943	5.84236	5.71034	5.58315	5.46055
14	6.98187	6.80133	6.62817	6.46201	6.30249	6.14928	6.00207	5.86056	5.72448	5.59355
15	7.19087	6.99671	6.81086	6.63289	6.46238	6.29893	6.14217	5.99176	5.84737	5.70870
16	7.37916	7.17194	6.97399	6.78479	6.60388	6.43077	6.26506	6.10634	5.95424	5.80840
17	7.54879	7.32909	7.11963	6.91982	6.72909	6.54694	6.37286	6.20641	6.04716	5.89472
18	7.70162	7.47004	7.24967	7.03984	6.83991	6.64928	6.46742	6.29381	6.12797	5.96945
19	7.83929	7.59644	7.36578	7.14652	6.93797	6.73946	6.55037	6.37014	6.19823	6.03416
20	7.96333	7.70982	7.46944	7.24135	7.02475	6.81890	6.62313	6.43680	6.25933	6.09018

	16.0	16.5	17.0	17.5	18.0	18.5	19.0	19.5	20.0	20.5
1	0.86207	0.85837	0.85470	0.85106	0.84746	0.84388	0.84034	0.83682	0.83333	0.82988
2	1.60523	1.59517	1.58521	1.57537	1.56564	1.55602	1.54650	1.53709	1.52778	1.51857
3	2.24589	2.22761	2.20959	2.19181	2.17427	2.15698	2.13992	2.12309	2.10648	2.09010
4	2.79818	2.77048	2.74324	2.71643	2.69006	2.66412	2.63859	2.61346	2.58873	2.56440
5	3.27429	3.23646	3.19935	3.16292	3.12717	3.09208	3.05764	3.02382	2.99061	2.95801
6	3.68474	3.63645	3.58918	3.54291	3.49760	3.45323	3.40978	3.36721	3.32551	3.28465
7	4.03857	3.97979	3.92238	3.86631	3.81153	3.75800	3.70570	3.65457	3.60459	3.55573
8	4.34359	4.27449	4.20716	4.14154	4.07757	4.01519	3.95437	3.89504	3.83716	3.78069
9	4.60654	4.52746	4.45057	4.37578	4.30302	4.23223	4.16333	4.09627	4.03097	3.96738
10	4.83323	4.74460	4.65860	4.57513	4.49409	4.41538	4.33894	4.26466	4.19247	4.12230
11	5.02864	4.93099	4.83641	4.74479	4.65601	4.56994	4.48650	4.40557	4.32706	4.25087
12	5.19711	5.09098	4.98839	4.88918	4.79323	4.70037	4.61050	4.52349	4.43922	4.35757
13	5.34233	5.22831	5.11828	5.01207	4.90951	4.81044	4.71471	4.62217	4.53268	4.44612
14	5.46753	5.34619	5.22930	5.11666	5.00806	4.90333	4.80228	4.70474	4.61057	4.51960
15	5.57546	5.44737	5.32419	5.20567	5.09158	4.98171	4.87586	4.77384	4.67547	4.58058
16	5.66850	5.53422	5.40529	5.28142	5.16235	5.04786	4.93770	4.83167	4.72956	4.63119
17	5.74870	5.60878	5.47461	5.34589	5.22233	5.10368	4.98966	4.88006	4.77463	4.67318
18	5.81785	5.67277	5.53385	5.40076	5.27316	5.15078	5.03333	4.92055	4.81220	4.70804
19	5.87746	5.72770	5.58449	5.44745	5.31624	5.19053	5.07003	4.95444	4.84350	4.73696
20	5.92884	5.77485	5.62777	5.48719	5.35275	5.22408	5.10086	4.98279	4.86958	4.76096

	21.0	21.5	22.0	22.5	23.0	23.5	24.0	24.5	25.0	25.5
1	0.82645	0.82305	0.81967	0.81633	0.81301	0.80972	0.80645	0.80321	0.80000	0.79681
2	1.50946	1.50045	1.49153	1.48272	1.47399	1.46536	1.45682	1.144836	1.44000	1.43172
3	2.07393	2.05798	2.04224	2.02671	2.01137	1.99624	1.98130	1.96656	1.95200	1.93763
4	2.54044	2.51686	2.49364	2.47078	2.44827	2.42611	2.40428	2.38278	2.36160	2.34074
5	2.92598	2.89453	2.86364	2.83329	2.80347	2.77418	2.74538	2.71709	2.68928	2.66194
6	3.24462	3.20538	3.16692	3.12922	3.09225	3.05601	3.02047	2.98561	2.95142	2.91788
7	3.50795	3.46122	3.41551	3.37079	3.32704	3.28422	3.24232	3.20130	3.16114	3.12182
8	3.72558	3.67178	3.61927	3.56799	3.51792	3.46900	3.42122	3.37454	3.32891	3.28432
9	3.90543	3.84509	3.78629	3.72897	3.67310	3.61863	3.56550	3.51368	3.46313	3.41380
10	4.05408	3.98773	3.92318	3.86039	3.79927	3.73978	3.68186	3.62545	3.57050	3.51697
11	4.17692	4.10513	4.03540	3.96766	3.90185	3.83788	3.77569	3.71522	3.65640	3.59918
12	4.27845	4.20175	4.12737	4.05523	3.98524	3.91731	3.85136	3.78733	3.72512	3.66469
13	4.36236	4.28128	4.20277	4.12672	4.05304	3.98163	3.91239	3.84524	3.78010	3.71688
14	4.43170	4.34673	4.26456	4.18508	4.10816	4.03371	3.96160	3.89176	3.82408	3.75847
15	4.48901	4.40060	4.31522	4.23272	4.15298	4.07588	4.00129	3.92912	3.85926	3.79161
16	4.53637	4.44494	4.35673	4.27161	4.18941	4.11002	4.03330	3.95914	3.88741	3.81802
17	4.57551	4.48143	4.39077	4.30335	4.21904	4.13767	4.05911	3.98324	3.90993	3.83906
18	4.60786	4.51147	4.41866	4.32927	4.24312	4.16006	4.07993	4.00260	3.92794	3.85582
19	4.63460	4.53619	4.44152	4.35042	4.26270	4.17818	4.09672	4.01816	3.94235	3.86918
20	4.65669	4.55653	4.46027	4.36769	4.27862	4.19286	4.11026	4.03065	3.95388	3.87983

	26.0	26.5	27.0	27.5	28.0	28.5	29.0	29.5	30.0	30.5
1	0.79365	0.75051	0.78740	0.78431	0.78125	0.77821	0.77519	0.77220	0.76923	0.76628
2	1.42353	1.41543	1.40740	1.39946	1.39160	1.38382	1.37612	1.36849	1.36095	1.35347
3	1.92344	1.90943	1.89559	1.88193	1.86844	1.85511	1.84195	1.82895	1.81611	1.80343
4	2.32019	2.29994	2.27999	2.26034	2.24097	2.22188	2.20306	2.18452	2.16624	2.14822
5	2.63507	2.60865	2.58267	2.55713	2.53201	2.50730	2.48300	2.45909	2.43557	2.41243
6	2.88498	2.85269	2.82100	2.78990	2.75938	2.72942	2.70000	2.67111	2.64275	2.61489
7	3.08332	3.04560	3.00866	2.97247	2.93702	2.90227	2.86821	2.83484	2.80211	2.77003
8	3.24073	3.19811	3.15643	3.11567	3.07579	3.03679	2.99862	2.96126	2.92470	2.88891
9	3.36566	3.31866	3.27278	3.22797	3.18421	3.14147	3.09970	3.05889	3.01900	2.98001
10	3.46481	3.41396	3.36439	3.31606	3.26892	3.22293	3.17806	3.13428	3.09154	3.04982
11	3.54350	3.48930	3.43653	3.38514	3.33509	3.28633	3.23881	3.19249	3.14734	3.10331
12	3.60595	3.54885	3.49333	3.43933	3.38679	3.33566	3.28590	3.23745	3.19026	3.14430
13	3.65552	3.59593	3.53806	3.48183	3.42718	3.37406	3.32240	3.27216	3.22328	3.17571
14	3.69485	3.63315	3.57327	3.51516	3.45873	3.40394	3.35070	3.29896	3.24867	3.19978
15	3.72607	3.66257	3.60100	3.54130	3.48339	3.42719	3.37264	3.31966	3.26821	3.21822
16	3.75085	3.68582	3.62284	3.56180	3.50265	3.44528	3.38964	3.33565	3.28324	3.23235
17	3.77052	3.70421	3.64003	3.57789	3.51769	3.45936	3.40282	3.34799	3.29480	3.24318
18	3.78613	3.71874	3.65357	3.59050	3.52945	3.47032	3.41304	3.35752	3.30369	3.25148
19	3.79851	3.73023	3.66423	3.60039	3.53863	3.47885	3.42096	3.36488	3.31053	3.25784
20	3.80834	3.73931	3.67262	3.60815	3.54581	3.48549	3.42710	3.37057	3.31579	3.26271

[수표 5] 누적표준정규분포값

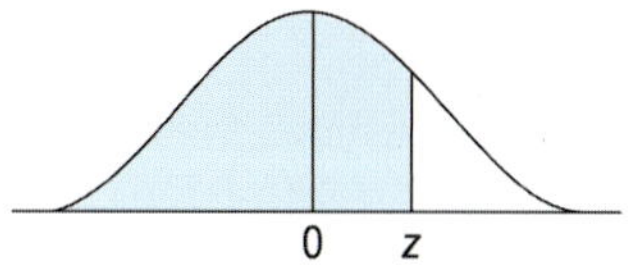

z	.00	.01	.02	.03	.04	.05	.06	.07	.08	.09
0.0	0.5000	0.5040	0.5080	0.5120	0.5160	0.5199	0.5239	0.5279	0.5319	0.5359
0.1	0.5398	0.5438	0.5478	0.5517	0.5557	0.5596	0.5636	0.5675	0.5714	0.5753
0.2	0.5793	0.5832	0.5871	0.5910	0.5948	0.5987	0.6026	0.6064	0.6103	0.6141
0.3	0.6179	0.6217	0.6255	0.6293	0.6331	0.6368	0.6406	0.6443	0.6480	0.6517
0.4	0.6554	0.6591	0.6628	0.6664	0.6700	0.6736	0.6772	0.6808	0.6844	0.6879
0.5	0.6915	0.6950	0.6985	0.7019	0.7054	0.7088	0.7123	0.7157	0.7190	0.7224
0.6	0.7257	0.7291	0.7324	0.7357	0.7389	0.7422	0.7454	0.7486	0.7517	0.7549
0.7	0.7580	0.7611	0.7642	0.7673	0.7704	0.7734	0.7764	0.7794	0.7823	0.7852
0.8	0.7881	0.7910	0.7939	0.7967	0.7995	0.8023	0.8051	0.8078	0.8106	0.8133
0.9	0.8159	0.8186	0.8212	0.8238	0.8264	0.8289	0.8315	0.8340	0.8365	0.8389
1.0	0.8413	0.8438	0.8461	0.8485	0.8508	0.8531	0.8554	0.8577	0.8599	0.8621
1.1	0.8643	0.8665	0.8686	0.8708	0.8729	0.8749	0.8770	0.8790	0.8810	0.8830
1.2	0.8849	0.8869	0.8888	0.8907	0.8925	0.8944	0.8962	0.8980	0.8997	0.9015
1.3	0.9032	0.9049	0.9066	0.9082	0.9099	0.9115	0.9131	0.9147	0.9162	0.9177
1.4	0.9192	0.9207	0.9222	0.9236	0.9251	0.9265	0.9279	0.9292	0.9306	0.9319
1.5	0.9332	0.9345	0.9357	0.9370	0.9382	0.9394	0.9406	0.9418	0.9429	0.9441
1.6	0.9452	0.9463	0.9474	0.9484	0.9495	0.9505	0.9515	0.9525	0.9535	0.9545
1.7	0.9554	0.9564	0.9573	0.9582	0.9591	0.9599	0.9608	0.9616	0.9625	0.9633
1.8	0.9641	0.9649	0.9656	0.9664	0.9671	0.9678	0.9686	0.9693	0.9699	0.9706
1.9	0.9713	0.9719	0.9726	0.9732	0.9738	0.9744	0.9750	0.9756	0.9761	0.9767
2.0	0.9772	0.9778	0.9783	0.9788	0.9793	0.9798	0.9803	0.9808	0.9812	0.9817
2.1	0.9821	0.9826	0.9830	0.9834	0.9838	0.9842	0.9846	0.9850	0.9854	0.9857
2.2	0.9861	0.9864	0.9868	0.9871	0.9875	0.9878	0.9881	0.9884	0.9887	0.9890
2.3	0.9893	0.9896	0.9898	0.9901	0.9904	0.9906	0.9909	0.9911	0.9913	0.9916
2.4	0.9918	0.9920	0.9922	0.9925	0.9927	0.9929	0.9931	0.9932	0.9934	0.9936
2.5	0.9938	0.9940	0.9941	0.9943	0.9945	0.9946	0.9948	0.9949	0.9951	0.9952
2.6	0.9953	0.9955	0.9956	0.9957	0.9959	0.9960	0.9961	0.9962	0.9963	0.9964
2.7	0.9965	0.9966	0.9967	0.9968	0.9969	0.9970	0.9971	0.9972	0.9973	0.9974
2.8	0.9974	0.9975	0.9976	0.9977	0.9977	0.9978	0.9979	0.9979	0.9980	0.9981
2.9	0.9981	0.9982	0.9982	0.9983	0.9984	0.9984	0.9985	0.9985	0.9986	0.9986
3.0	0.9987	0.9987	0.9987	0.9988	0.9988	0.9989	0.9989	0.9989	0.9990	0.9990
4.0	1.0000	1.0000	1.0000	1.0000	1.0000	1.0000	1.0000	1.0000	1.0000	1.0000

연습문제 해답

연습문제 해답

제1장

객관식 문제

1. ② 2. ③ 3. ③ 4. ③ 5. ① 6. ① 7. ① 8. ① 9. ① 10. ③

제2장

객관식 문제

1. ④ 2. ② 3. ② 4. ④ 5. ④ 6. ① 7. ④ 8. ③ 9. ③ 10. ②

제3장

객관식 문제

1. ② 2. ④ 3. ③ 4. ④ 5. ② 6. ④ 7. ③ 8. ② 9. ④ 10. ③
11.① 12.③ 13.④

제4장

객관식 문제

1. ② 2. ③ 3. ② 4. ① 5. ① 6. ③ 7. ④ 8. ④ 9. ① 10. ②

주관식 문제

4. 0.1737(17.37%)

5. (1) $E(r_A)=13\%$, $E(r_B)=10\%$

   (2) $\sigma_A=11.87\%$, $\sigma_B=3.87\%$

   (3) $Cov(r_A, r_B)=0.0045$

6. $U_{홍길동A}=0.102>\ U_{김철수A}=0.088$, $U_{홍길동B}=0.097<\ U_{김철수B}=0.096$

   따라서 홍길동은 주식 A를 김철수는 주식 B를 선택한다.

7. (1) $w_A=0.7$, $w_B=0.3$

   (2) $E(r_M)=17\%$, $\sigma_p=23.97\%$

8. $E(r_p)=10\%$, $\sigma_p=14.83\%$

9. $\rho_{AB}=0.085$

10. (1) $E(r_p)=0.08+0.28\sigma_p$

    (2) $E(r_p)=10.1\%$, $\sigma_p=7.5\%$

    (3) $\sigma_p=0.1429(14.29\%)$

제5장

객관식 문제

1. ③ 2. ② 3. ③ 4. ② 5. ③ 6. ① 7. ③ 8. ③ 9. ② 10. ④

주관식 문제

4. $\beta_{하나}=1.4$

5. 51.61%

6. 1천만원

7. $E(r_B) = 15\%$

8. $E(r_A) = 12\%$ 따라서 주식 A는 증권시장선 위쪽에 위치하고 있으므로 과소평가되어 있다.

9. $E(r_M) = 10\%$

제6장

객관식 문제

1. ② 2. ④ 3. ③ 4. ② 5. ③ 6. ③ 7. ① 8. ② 9. ④ 10. ④
11.①

제7장

객관식 문제

1. ④ 2. ② 3. ③ 4. ④ 5. ② 6. ③ 7. ② 8. ① 9. ② 10. ③
11.① 12.①

주관식 문제

3. $P_0 = 50{,}000$원

4. $P_0 = 15{,}582$원

5. $V_0 = 145$억 원

6. $EVA = 25.68$억원

7. $PBR = 3.75$

8. 주가=53,530원

9. $P_0 = 17{,}657$원

10. (1)

	1	2	3	4	5
잉여현금흐름	75	95	115	135	155

(2) $V_0 = 1383.95$억 원

(3) $P_0 = 9{,}840$원

제8장

객관식 문제

1. ① 2. ④ 3. ④ 4. ④ 5. ② 6. ① 7. ③ 8. ③ 9. ④ 10. ①
11.③ 12.①

주관식 문제

4. $y = 3.4\%$

5. (1) $9{,}500 = \dfrac{10{,}000}{(1+y_1)}$ $y_1 = 5.26\%$

$9{,}000 = \dfrac{10{,}000}{(1+y_2)^2}$ $y_2 = 5.41\%$

$8{,}500 = \dfrac{10{,}000}{(1+y_3)^3}$ $y_3 = 5.57\%$

(2) $(1+0.0541)^2=(1+0.0526)(1+f_2)$

$\therefore f_2=5.56\%$

6. (1) $P=10{,}011$원

(2) $y_R=6\%$

7. $P_1<P_5<P_4<P_6<P_2<P_3$

제9장

객관식 문제

1. ④ 2. ① 3. ③ 4. ① 5. ③ 6. ② 7. ③ 8. ③ 9. ④ 10. ①
11.③ 12.④

주관식 문제

1. $D=2.78$년

2. $D_p=5.61$년

3. 0.253%

4. 채권 A에 $\frac{5}{7}$, 채권 b에 $\frac{2}{7}$

5. (1) 무이표채권과 영구채권에 50%씩 투자한다.

(2) 무이표채권과 영구채권에 5,000원씩 투자한다.

(3) $D_{자산}=7.5$년

(4) 무이표채에 57%, 영구채권에 43% 투자한다.

(5) 영구채권을 270원 가치만큼 매각하여야 한다.

6. $y=0.091(9.1\%)$

7. 만기가 2.15년인 무이표채에 투자하면 된다.

8. (1) 8.73년
   (2) 80.5%

9. 2.2년

10. (1) 1.48년
    (2) 0.99년

제10장

객관식 문제

1. ④ 2. ① 3. ③ 4. ③ 5. ① 6. ② 7. ① 8. ① 9. ① 10. ②

주관식 문제

5. (1) $F_0=1{,}002$원
   (2) 2.1억원

6. 15,074,250원

7. 3계약

8. 7.5계약

9. 투자자의 현금 투자 없이 30일 선물매수와 90일 선물매도로 차익거래 이익을 극대화할 수 있다.

10. $I=237.5$

제11장

객관식 문제

1. ③ 2. ③ 3. ④ 4. ③ 5. ① 6. ② 7. ② 8. ① 9. ① 10. ②

주관식 문제

4. 1,000원

5. $C=10,242$원

6. $X=10,000$원

7. $C=641$원

8. $C=2,685$원

9. $C=1,858$원

10. 콜옵션가격은 0.7246원 변동한다.

찾아보기

ㄱ

가격변동 제한폭 · 79
가격순응자 · 156
가계 · 26
간접금융시장 · 28
간접발행 · 65
간접증권 · 28
감채기금부사채 · 41
강형 효율적 시장가설 · 200
개별자산접근법 · 12
개별주식선물 · 357
개시증거금 · 356
개인투자자 · 11
갭관리 · 329
거래대금 · 98
거래대금회전율 · 98
거래량 · 98
거래량회전율 · 98
거래소 · 354
거시적 공통요인 · 172
결산기 · 101
결제소 · 355
경과이자 · 365
경제적 부가가치 · 259
경제적 부가가치모형 · 260
계절적 이례현상 · 234
고가 · 102
고객예탁금 · 99
고정수익증권 · 285
공매 · 78
공매도의 제한 · 81
공모발행 · 64
공분산 · 127
공사채 · 37
과잉반응가설 · 210
관리종목 · 81
교차헤지 · 372
교환사채 · 42
구주주배정(주주할당발행) · 68
국채 · 37
권리락 · 104
규모효과 · 229
금리선물 · 46, 49, 357, 365
금리연동부사채 · 43
금리옵션 · 51, 394
금융 · 25
금융감독원 · 87
금융공학 · 17
금융선물 · 45, 357
금융시스템 · 25
금융시장 · 25
금융위원회 · 87
금융자산 · 8
금융중개기관 · 25
금융채 · 37
기간 베이시스 위험 · 374
기간 수익률 · 111
기간구조이론 · 303
기관투자자 · 11, 102

기대이론 · 303
기명주 · 35
기본적 분석 · 12, 199
기세 · 103
기술적 분석 · 12, 198
기업 · 27
기업공개 · 66
기업내부자의 투자성과 · 223
기업내용공시제도 · 82
기업잉여현금흐름 · 275
기업특성요인 · 172
기초자산 · 50, 353, 393
기하평균수익률 · 113

ㄴ

내가격 옵션 · 395
내부수익률 · 113
내부자거래 · 84
내재가치 · 12, 247
내적효율성 · 196
누적비정상수익률 · 212
누적적우선주 · 36

ㄷ

다단계모형 · 256
다요인 APT모형 · 180
다요인 CAPM · 169
단기주가변화 · 204
단일요인모형 · 172
담보사채 · 39
당일결제거래 · 77
대용포트폴리오 · 167
대주거래 · 78
대주잔고 · 100
대체스왑 · 338
델타중립 포트폴리오 · 416
델타헤지 · 416
동시호가매매(단일가매매) · 76
동일 가중방법 · 93
듀레이션 · 320
등가격 옵션 · 395
등락 · 103

ㄹ

랜덤워크 · 195
롱 포지션 · 358
리츠 · 11

ㅁ

만기 · 285, 353
만기수익률 · 295
매경지수 · 96
매도 스트래들 · 405
매도헤지 · 370
매매거래정지 · 80
매매거래중단 · 80
매입 스트래들 · 404
매입헤지 · 371
면역전략 · 328
명령상장 · 73
명목원금 · 381
목표시기 면역전략 · 330
목표투자기간 · 330
목표투자기간분석방법 · 340
무기명주 · 35
무담보사채 · 39
무보증사채 · 39
무성장모형 · 250
무액면주 · 34
무위험 헤지포트폴리오 · 411

무위험이자율 · 5
무위험자산 · 5, 37
무이표채 · 38, 286
무차별곡선 · 120
뮤추얼펀드 · 10
미결제약정 · 361
미국식 옵션 · 393
미상환융자금 · 100

ㅂ

반대매매 · 359
발행기관 · 63
발행시장 · 60
발행지 · 63
방어적 풋옵션 · 400
배당락 · 104
배당성향 · 102
배당수익률 · 102
배당할인모형 · 249
배분효율성 · 195
백워데이션 · 366
베이시스 위험 · 374
베이시스 · 366
변경상장 · 73
변동증거금 · 356
보관 · 7
보유비용 · 362
보유비용모형 · 363
보증사채 · 39
보통거래 · 77
보통주 · 33
보합 · 103
보호적 콜옵션 · 401
복리채 · 38
본원적 시장 · 60
부의 극대화 · 7
부채 포트폴리오 · 329
분리정리 · 137
분산 · 116
분산투자효과 · 131
불 스프레드 · 379
불공정거래예방제도 · 83
블랙과 숄즈의 모형 · 413
비누적적우선주 · 36
비보호 포지션 · 401
비전환우선주 · 36
비정상수익률 · 164, 197
비참가적우선주 · 36
비체계적 위험 · 133, 172

ㅅ

사건연구 · 199
사모발행 · 64
사적 정보 · 221
산술평균수익률 · 112
상관계수 · 127
상장 · 72
상장주식수 · 101
상장폐지 · 81
상충관계 · 7
상품선물 · 45, 357, 363
상한가와 하한가 보합 · 103
선도 · 353
선도가격 · 353
선도이자율 · 302
선물 · 10, 353
선물거래 · 44
선물매도 · 47
선물매입 · 47
선물옵션 · 52, 394

성장기회의 순현재가치 · 254
세계화 · 17
세금스왑 · 340
셀 접근법 · 328
소극적 채권투자전략 · 327
소극적 투자관리 · 15
소외기업효과 · 230
수의상환사채 · 40
수의상환위험 · 309
수익률 획득 스왑 · 339
수익률곡선 · 299
수익률스프레드 · 306
수익사채 · 43
수익증권 · 10
수정 듀레이션 · 326
수직강세 스프레드 · 402
수직약세 스프레드 · 403
순수할인채권 · 286
순자산가치 면역전략 · 329
스왑 · 10, 52, 380
스타지수 · 95
스트래들 · 404
스프레드 · 338, 401
시가 · 102
시가총액 · 98
시가총액가중방법 · 93
시가총액법 · 93
시간선호 · 4
시간에 대한 보상 · 4
시계열상관분석 · 204
시장가주문 · 75
시장가치 대 장부가치 비율 · 233
시장간 스프레드 스왑 · 338
시장감시 · 83
시장분할이론 · 306
시장위험 · 133
시장포트폴리오 · 141
시장프리미엄 · 162
시행착오법 · 295
신규상장 · 73, 104
신규증권시장 · 60
신용거래 · 78
신용융자잔고 · 100
신종기업어음 · 32
신주상장 · 73, 104
신주인수권 · 68
신주인수권부사채 · 42
실물자산 · 8
실현수익률 · 297, 298

ㅇ

아메리칸 옵션 · 50
액면가 · 101, 285
액면이자 · 285
액면이자율 · 285
액면주 · 34
약형 효율적 시장가설 · 198
양도성 예금증서 · 31
역조시장 · 366
연금 · 323
연속상환사채 · 41
연의 검정 · 207
영구연금 · 250
영구채권 · 39, 286, 322
예납조치 · 82
옵션 · 10, 49, 391
옵션가격 · 393
옵션의 내재가치 · 406
옵션의 만기 · 391
옵션의 시간적 가치 · 406
외가격 옵션 · 395

외국인 동향 · 102
외국인투자자 · 11
요구수익률 · 247
요인포트폴리오 · 186
우선주 · 33
운영효율성 · 196
월요일효과 · 237
위탁매매업무 · 86
위탁모집 · 65
위탁자미수금 · 99
위험보상비율 · 139, 158, 159
위험선호 · 4
위험에 대한 보상 · 4
위험자산 · 6
위험전부수익률 · 5
유가증권시장 · 70
유동성 프리미엄 · 305
유동성선호이론 · 305
유동성위험 · 309
유동성효과 · 231
유럽식 옵션 · 393
유로피언 옵션 · 50
유지증거금 · 356
유통시장 · 61
유행가설 · 210
이상급등종목 · 81
이익공시 · 216
이익사채 · 43
이익참가사채 · 43
이익평가모형 · 258
이자율 기간구조 · 299
이자율스왑 · 52, 380, 381
이자율 예상 스왑 · 339
이자율 위험 · 317
이표채 · 38, 285
이항옵션가격결정모형 · 410
익일결제거래 · 77
인도 · 362
인수주선업무 · 87
인적자산 · 11
일반공모 · 69
일반사채 · 40
일일정산제도 · 356, 396
잉여현금흐름 · 263
잉여현금흐름모형 · 263

ㅈ

자기매매업무 · 87
자본시장 · 29
자본시장선 · 139
자본시장의 이례현상 · 203, 228
자본이득률 · 251
자본자산가격결정모형 · 14, 155
자본환원율 · 259
자산 포트폴리오 · 329
자산담보부증권 · 11
자산배분 · 15
자산부채종합관리 · 329
잔액인수 · 65
잔여소득증권 · 9
장기주가변화 · 208
장외시장 · 70, 71
재상장 · 73
재정증권 · 32
재투자수익률 · 252
재투자 위험 · 317
재투자수익률 위험 · 309
저가 · 102
저축 · 7
적극적 투자관리 · 15
적극적 투자전략 · 338

전매 · 359
전문투자자 · 11
전환사채 · 41, 421
전환우선주 · 36
접속매매(복수가매매) · 76
정규시장 · 70
정보공시의 시장반응 · 211
정보의 효율성 · 16, 196
정부 · 27
정상시장 · 366
정크본드 · 307
제3자 배정(연고자할당발행) · 69
제로-베타 모형 · 184
제로-베타 포트폴리오 · 185
조건부 면역전략 · 342
조건부지정가주문 · 75
종가(또는 기준가) · 102
종목명 · 101
종속무담보채권 · 40
주가 대 장부가치 비율효과 · 233
주가배수 · 268
주가수익비율 · 231, 259, 268
주가수익비율모형 · 268
주가장부가치비율 · 270
주가지수 · 90
주가지수선물 · 46, 48, 357, 364
주가지수옵션 · 51
주가평균 · 97
주당 수익률 · 252
주당가격 가중방법 · 91
주당장부가치 · 270
주말효과 · 234, 237
주식공매 · 78
주식분할공시 · 215
주식시장지표 · 90
주식옵션 · 51
주주우선공모발행 · 69
주주잉여현금흐름 · 275
주중효과 · 237
주택저당채권담보부채권 · 11
준강형 효율적 시장가설 · 199
증거금 · 355
증거금적립제도 · 355, 396
증권금융회사 · 88
증권분석 · 12
증권분석가의 투자성과 · 221
증권시장 · 59
증권시장선 · 160
증권화 · 17, 28
증권회사 · 86
지방채 · 37
지배원리 · 7, 122, 135
지수전략 · 327
지수펀드 · 328
지정가주문 · 75
직상장 · 73
직접공모 · 69
직접금융 · 60
직접금융시장 · 28
직접발행 · 65
직접증권 · 28

ㅊ

차익거래 · 175, 367
차익거래가격결정모형 · 155, 171
참가적우선주 · 36
채권 · 285
채권가격의 이자율 탄력성 · 324
채권등급평가 · 307
채권수익률의 기간구조 · 299
채권스왑 · 338

채권스왑전략 · 338
채권지수 · 328
채권포트폴리오 · 327
채무불이행 위험 · 307
체계적 위험 · 133, 172
초과수익률 · 164, 197
총액인수 · 65
최소분산 헤지비율 · 376
최초공모주 · 67

ㅋ

컨탱고 · 366
코스닥시장 · 70
코스닥지수 · 95
코스피 200지수 · 95
코스피지수 · 94
콜 · 30
콜론 · 30
콜머니 · 30
콜옵션 · 50, 391

ㅌ

통화선물 · 46, 49, 357
통화스왑 · 52, 380, 382
통화옵션 · 51, 394
투기 · 7
투기적 거래 · 367
투자기회집합 · 134
투자등급채권 · 307
투자매매업자 · 86
투자신탁회사 · 89
투자의 정의 · 4
투자자 · 63
투자자문회사 · 89
투자정책 · 15
투자중개업자 · 86
투자회사 · 89
투하자본 · 259, 264
특수채 · 37

ㅍ

파생상품 · 353
파생상품시장 · 70
파생증권 · 9
펀드매니저의 투자성과 · 224
평균-분산모형 · 118, 156
포트폴리오 · 126
포트폴리오접근방법 · 12
포트폴리오효과 · 131
표면이자율 · 285
표준편차 · 116
풋옵션 · 50, 391
풋-콜 패리티 · 409
프리보드 · 71
필터기법 · 207

ㅎ

한경지수 · 96
한국거래소 · 87
한국금융투자협회 · 88
한국예탁결제원 · 88
한국증권금융 · 88
할인채 · 38
합병발표 · 219
항상성장모형 · 251
행사가격 · 50, 393
헤지 · 369
헤지거래 · 367
헤지비율 · 412
헤지포트폴리오 · 375

현금인도 · 362
현금흐름 대응전략 · 337
현물가격 · 353
현물거래 · 44, 353
현물이자율 · 298
현물인도 · 362
화폐시장 · 29
확률변수 · 114
확률분포 · 115
확정(고정)이자부사채 · 43
확정소득증권 · 9, 37
환매 · 359
환매조건부채권 · 31
회계변경 · 219
회사채 · 38
효용 · 118
효율적 시장가설 · 196
효율적 투자선 · 135
효율적 포트폴리오 · 135
후배주 · 33

기타

1월효과 · 234
1차 시장 · 60
2기간 이항옵션가격결정모형 · 422
2차 시장 · 61
B/S모형 · 413
EVA모형 · 259
KRX 100지수 · 96
PER모형 · 268

A

abnormal rate of return · 165
abnormal return · 197
active investment management · 15
active investment strategy · 338
actual delivery · 362
allocational efficiency · 195
American option · 50, 393
annuity · 323
anomaly · 203
arbitrage pricing model: APT · 155, 171
arbitrage · 175, 367
arithmetic mean rate of return · 112
asset allocation · 15
asset backed security: ABS · 11
asset by asset approach · 12
asset liability management: ALM · 329
at the money option · 395

B

backwardation · 366
basis risk · 374
basis · 366
bearer stock · 35
bearish vertical spread · 403
beneficiary certificate · 10
best effort offering · 65
binomial option pricing model · 410
bond rating · 307
bond swap · 338
bond with warrant: BW · 42
bond · 285
book value per share: BPS · 270
brokering · 86
bull spread · 379
bullish vertical spread · 402
buying hedge · 371

C

call loan · 30
call money · 30
call option · 50, 391
call · 30
callable bond · 40
callable risk · 309
capital asset pricing model: CAPM · 14
capital asset pricing model: CAPM · 155
capital gain yield · 251
capital market · 29
capitalization ratio · 259
cash delivery · 362
cash flow matching and dedication · 337
cellular approach · 328
certificate of deposit: CD · 31
circuit breaker · 80
circulating market · 61
clearing house · 355
CML: capital market line · 139
commercial paper: CP · 32
commodity futures · 45
common stock · 33
compounding bond · 38
console · 39
constant growth model · 251
contango · 366
contingent immunization · 342
convertible bond: CB · 41
convertible bond · 421
convertible preferred stock · 36
corporate bond · 38
corporate disclosure system · 82
correlation coefficient · 127
cost of carry model · 363
cost of carry · 362
coupon bond · 38, 285
coupon rate · 285
coupon · 285
covariance · 127
covered call option · 401
cross hedge · 372
cumulative abnormal return: *CAR* · 212
cumulative preferred stock · 36
currency futures · 46
currency option · 51, 394

D

daily resettlement · 356
day-of-the-week effect · 237
dealing · 87
debenture · 40
default risk · 307
deferred stock · 33
delivery · 362
delta hedge · 416
delta neutral portfolio · 416
derivative securities · 10
derivatives · 353
direct financing market · 28
direct financing · 60
direct security · 28
discount bond · 38
diversification effect · 131
dividend discount model · 249
dominance principle · 122

duration · 320

E

earnings valuation model · 258
efficient frontier · 135
efficient market hypothesis:EMH · 196
EPS · 252
equally weighted index · 93
European option · 50, 393
EVA(economic value added) · 259
event study · 199
excess rate of return · 165, 197
exchangeable bond: EB · 42
exercise price · 50
exercise price · 393
expectation hypothesis · 303

F

face value · 285
fads hypothesis · 210
filter rule · 207
financial assets · 8
financial engineering · 17
financial futures · 45
financial instruments · 25
financial intermediaries · 25
financial market · 25
Financial Services Commission · 87
Financial Supervisory Service · 87
financial system · 25
financing · 25
firm commitment underwriting · 65
firm · 27
fixed income securities · 9, 37, 285
foreign currency swap · 52, 382
foreign investors · 11
forward interest rate · 302
forward · 353
Free Board · 71
free cash flow model · 263
free cash flow to equity holders: FCFE · 275
free cash flow to the firm: FCFF · 275
fundamental analysis · 12, 199
future transaction · 44
future · 10, 353
futures option · 52, 394

G

gap management · 329
general cash offer · 69
geometric mean rate of return · 113
globalization · 17
going public · 66
government · 27
guaranteed bond · 39

H

hedge ratio · 412
hedge · 369
holdings · 7
horizon analysis · 340
household · 26
human capital · 11

I

immunization strategy · 328
in the money option · 395
income bond · 43

index fund · 328
indexing strategy · 327
indifference curve · 120
indirect financing market · 28
indirect security · 28
individual investors · 11
informational efficiency · 16, 196
initial margin · 356
initial public offerings: IPO · 67
insider trading · 84
institutional investors · 11
interest rate futures · 46
interest rate option · 51, 394
interest rate risk · 317
interest rate swap · 52, 381
inter-market spread swap · 338
internal efficiency · 196
internal rate of return · 113
intrinsic value · 12, 247, 406
inverted market · 366
invested capital · 259, 264
investment grade bond · 307
investment policy · 15
investor · 63
issuer · 63
issuing market · 60

J

January effect · 234
junk bonds · 307

K

Korea exchange 100 index · 96
Korea Exchange · 87
Korea Financial Investment Association · 88
Korea Securities Depository · 88
Korea Securities Finance Corporation · 88
KOSPI(Korea composite stock price index) · 167

L

LIBOR(London inter-bank offered rate) · 381
limit order · 75
liquidity effect · 231
liquidity preference hypothesis · 305
listing · 72
long hedge · 371
long position · 47

M

maintenance margin · 356
margin requirement · 355
market order · 75
market portfolio · 141
market risk · 133
market segmentation hypothesis · 306
market value weighted index · 93
maturity · 285, 353, 391
mean-variance model · 118
minimum variance hedge ratio · 376
modified duration · 326
Monday effect · 237
money market · 29
mortgage backed security: MBS · 11
multistage dividend discount model · 256
muti-factor CAPM · 169

mutual fund · 10

N

naked position · 401
neglected firm effect · 230
net present value of growth opportunity: NPVGO · 254
net worth immunization · 329
new issue market · 60
non-bearer stock · 35
non-convertible preferred stock · 36
non-cumulative preferred stock · 36
non-par value stock · 34
non-participating preferred stock · 36
normal market · 366
notional principal · 381

O

open interest · 361
operational efficiency · 196
opportunity set · 134
option price · 393
option · 10, 49, 391
out of money option · 395
overreaction hypothesis · 210
Over-the-Counter: OTC · 71

P

par value stock · 34
participating bond · 43
participating preferred stock · 36
passive investment management · 15
passive investment strategy · 327
PBR effect · 229, 233
PER effect · 229
PER(price earning ratio) · 259
period basis risk · 374
perpetual bond · 39
perpetuity · 250, 286, 322
portfolio approach · 12
portfolio effect · 131
portfolio · 126
preemptive right, right · 68
preferred stock · 33
price average · 97
price earning ratio: PER · 268
price multiple · 268
price to book value ratio: PBR · 233, 270
price weighted average · 91
price-earnings ratio: PER · 231
price-taker · 156
primary market · 60
principle of dominance · 7
private placement · 64
probability distribution · 115
professional investors · 11
protective put option · 400
public issue · 64
public offering · 64
pure discount bond · 286
pure yield pickup swap · 339
put option · 50, 391
put-call parity · 409

R

random variable · 114
random walk · 195
rate anticipation swap · 339

real assets · 8
real estate investment trusts: REITs · 11
realized compound yield · 297
re-investment risk · 317
repurchase agreements: RP · 31
residual income securities · 9
reward to volatility ratio · 139
risk preference · 4
risk premium · 4
risk-free asset · 5, 37
risk-free hedge portfolio · 411
risk-free rate · 5
risky asset · 6
run test · 207

S

savings · 7
secondary market · 61
secured bond · 39
securities analysis · 12
securities market · 59
securitization · 17, 28
security market line: SML · 160
selling hedge · 370
semi-strong form of EMH · 197
separation theorem · 137
serial bond · 41
short hedge · 370
short position · 47
short sale · 78
single factor model · 172
sinking fund bond · 41
size effect · 229
speculation · 7, 367
spot interest rate · 298
spot transaction · 44, 353
spread · 338, 401
stand-by agreement · 65
standby rights offer · 69
stationary · 103
stock index futures · 46
stock index option · 51
stock market index · 90
stock option · 51
stock price index · 90
stock watch · 83
straddle · 404
strike price · 393
striking price · 50
strong form of EMH · 197
subordinated debenture · 40
substitution swap · 338
swap · 10, 52, 380
systematic risk · 133, 172

T

target date immunization · 330
tax swap · 340
technical analysis · 12, 198
temporal anomaly · 234
term structure of interest rate · 299
term structure of yields · 299
theories of term structure · 303
time preference · 4
time premium · 4
trade-off relationship · 7
treasury bill: T-bill, TB · 32

U

underlying asset · 50, 353, 393
underwriter · 63
underwriting · 87
unguaranteed bond · 39
unsecured bond · 39
unsystematic risk · 133, 172
utility · 118

V

variation margin · 356

W

weak form of EMH · 197
wealth maximization · 7
weekend effect · 234

Y

yield curve · 299
yield spread · 306
yield to maturity: YTM · 295

Z

zero-coupon bond · 38, 286
zero growth model · 250
zero-beta model · 184